扎祥毅文集

金融史 I

（六）

经济管理出版社

ECONOMY & MANAGEMENT PUBLISHING HOUSE

图书在版编目（CIP）数据

孔祥毅文集/孔祥毅著 . —北京：经济管理出版社，2016. 10

ISBN 978 - 7 - 5096 - 4344 - 0

Ⅰ. ①孔…　Ⅱ. ①孔…　Ⅲ. ①金融学—文集　Ⅳ. ①F830—53

中国版本图书馆 CIP 数据核字（2016）第 074940 号

组稿编辑：杜　菲
责任编辑：杜　菲
责任印制：司东翔

出版发行：经济管理出版社
　　　　　（北京市海淀区北蜂窝 8 号中雅大厦 A 座 11 层　100038）
网　　　址：www. E - mp. com. cn
电　　　话：(010) 51915602
印　　　刷：北京九州迅驰传媒文化有限公司
经　　　销：新华书店
开　　　本：787mm × 1092mm/16
印　　　张：233. 75（全九卷）
字　　　数：3916 千字（全九卷）
版　　　次：2016 年 10 月第 1 版　　2016 年 10 月第 1 次印刷
书　　　号：ISBN 978 - 7 - 5096 - 4344 - 0
定　　　价：1280. 00 元

本书承瀚华金控股份有限公司资助出版

票号与金融危机

山西货币商人的金融创新

近代银币与银行

专　访

农业经济时代的金融

古晋阳的商业与货币

背景说明

本文是 2008 年应太原市晋阳文化研究会之约而写，原载《晋阳文化研究》第二辑下，山西古籍出版社 2008 年出版。后被收录《建设特色文化名城——理论探讨与实证研究》，北岳文艺出版社 2008 年 10 月出版。

古晋阳是中国商业活动最早的地区、先秦金属铸币出土最多的地区；从汉晋到隋唐古晋阳商业表现出北拓与西进、与少数民族和国外不断进行商品交换的开放性特点；适应商品交易的发展需要，信用与信用机构及其相应的信用工具也出现了；舜帝是华夏第一商，古晋阳是世界上最早使用金属铸币的地区，侯马东周造币遗址是世界上最早、最大的造币工厂，隋唐时期晋阳开始使用类似支票等信用工具。

公元前 21 世纪以前，山西一带是部落首领尧的领地，其活动的中心在晋阳、平阳地区。晋阳，初为陶唐之地，东汉郑玄《毛诗谱·唐谱》说："唐者，帝尧旧都之地，今日太原晋阳是也。尧始居此，后乃迁河东平阳。"司马迁《史记·晋世家》说："唐在河、汾之东，方百里。"[①] 西晋皇甫谧《帝王世纪》说："尧始封于唐，今中山唐县是也，尧山是也……尧之都后徙晋阳，今太原县是也……及为天子，都平阳。"又说：

---

① 《史记》。

"禹自安邑都晋阳，至桀徙都安邑。"西周初年，周成王封弟叔虞于尧之故墟，曰唐侯，因为南有晋水，叔虞子燮父改国号为晋，这是在公元前1018年的事。杨伯峻《春秋左传注》说："唐叔之子燮父改唐为晋，即今之太原市。四世至成侯，南徙曲沃，今山西闻喜县东。又五世至穆侯，复迁于降，降即翼。"故唐城究竟在何地，说法不一，一说在翼城县西20里；一说在并州晋阳县北2里。不论故唐城在哪里，故唐城与古晋阳有着不可分割的关系。本文所说的古晋阳的商业与货币，实际是研究今太原及太原周边地区从先秦到汉唐的商业与货币。

一、华夏商祖出陶唐

现代商业行为，一般与市关系密切，城市是商业活动的中心。但是，在城市产生之前，商品交易与市的活动已经开始了。据《易·系辞下》："包牺氏没，神农氏作……日中为市，致天下之民，聚天下之货，交易而退，各得其所。"① 这是中国最早的商业活动。《易·系辞下》接着说："神农氏没，黄帝、尧、舜氏作，通其变……刳木为舟，剡木为楫。舟楫之利，以济不通，致远以利天下……服牛乘马，引重致远，以利天下。"改进运输工具，连通水陆交通，"引重致远"，进行商品交换。据《淮南子·齐俗训》记载："尧之治天下也……其导万民也，水处者渔，山处者木，谷处者枚，陆处者农，地宜其事，事宜其械，用以其人，泽皋织网，陵阪耕田，得以所有，易其所无，以所工易其所拙。"② 这分明是说尧实行社会分工，生产品通过交换，互通有无。可以说，尧帝是中国最早的商品交换的组织者。"相传尧时都邑内有三个市，而尧毫不为市上五光十色的商品所诱，仍然穿粗布衣，吃糙米饭，过着简朴的生活。"③

《史记·五帝本纪》记载："舜，冀州之人也。舜耕历山，渔雷泽，陶河滨，作什器于寿丘，就时于负夏。"④ 就是说舜做过农夫、渔夫、手工业者和小贩等。《史记索引》解释"就时于负夏"时说："就时犹逐时"，孟子曰："迁于负夏是也"。《绎史》卷十引《尸子》："顿丘买贵，于是贩于顿丘；传虚卖贱，于是债于传虚，以均救之。"⑤ 在贱的地方买，

---

① 陈鼓应等：《周易今注今译》，商务印书馆2005年版。
② 《淮南子·齐俗训》。
③ 《中华古文明大图集·通市》。
④ 《史记·五帝本纪》见《史记》三卷本上册，天津古籍出版社1993年版。
⑤ 田兆元等：《商贾史》，上海文艺出版社1979年版。

到贵的地方卖，这是典型的商业活动。可以说，舜帝就是中国第一商人，称得上华夏商祖。"舜巡视天下，不幸死于道途，即'葬南已之市'。"①

尧舜是新石器时代的人物，已经有了商品交换的集市。传说禹的父亲鲧，也是一位部落首领，"筑城以卫君，造郭以守民"，开始修筑城郭。②城市的发展是沿着集市—街市—城市逐步演进的，简单的、偶然的商品交换在交通方便的地方首先开始，时间长了、规模大了，就不再以日中为市，交易而退，而是就地盖房屋，形成街市；街市进一步发展，规模扩大，演变为城市。鲧所造的城郭也许已经包含了商品交换的街市。

夏代，在夏都以及各部落活动的中心，平阳、蒲坂、安邑、夏县、翼城、垣曲等地，市场交易最为活跃。相传，夏县是黄帝妻子嫘祖出生地，她发明了育桑养蚕、缫丝织帛，并染成各种颜色，用来缝制衣物。考古学家曾在夏县西引村发现蚕茧化石，证明蚕丝在山西已有4000多年历史。③手工业的发展，必然促进商品交换发展。"据说夏朝的末代君主桀荒淫无道，竟然'放虎于市，以观其惊'，拿百姓的性命当儿戏。难怪商汤兴师讨伐时，市上卖东西的人都抛弃自己的货物，纷纷出城投奔商汤。"④可见夏朝的市，已经发展到相当的规模了。

二、最早的金属铸币

从禹到夏代，是不是商品交换已经由物物交换发展到通过货币的交换，现在没有考古的实物证明，《管子》说的"禹以历山之金铸币"，可能是一种推想。司马迁在《史记》说得比较客观："农工商交易之路通，龟贝金钱刀布之币兴焉……虞夏之币，金为三品或黄，或白，或赤；或布，或刀，或龟贝。及至秦，中一国之币二等，黄金以镒名，为上币；铜钱识曰半两，重如其文，为下币。而珠玉、龟贝、银锡之属为器饰宝藏，不为币。"⑤他没有说舜、禹到夏朝有固定的金属货币，而是说虞舜、夏到商朝，货币是由多种金、布、刀、龟贝等物品扮演的，"及至秦"货币才得到统一。那么夏、商、周之间将近1800余年，就是商品交换对交易媒介物单一化的选择与淘汰的过程。在这个过程中，晋阳地区仍然是走在最前面的。

①②④《中华古文明大图集·通市》。
③ 渠绍淼：《山西与"丝绸之路"》，山西卫视农网，2006年8月10日。
⑤ 《史记》三卷本中册，天津古籍出版社1995年版。

商代，晋阳及其周边地区出现了不少城市，特别是封国和方国的封地中心，"比如今长治市西南、榆社、介休西南、太原南部、平陆县北、石楼县，都为商人们开辟了市场。此外，部落酋长的驻地和商王朝在山西统辖范围以外的周边部族，也是商人的贸易之地。他们用珠玉、饰品、食盐、织物、牲畜、毛皮以及奴隶等进行交易；酒不仅是当时社会上层不可缺少的饮料，而且也是社会下层普遍需求的商品。当时有所谓'屠畜易酒'之说，这大概指的是一般平民。"① 因为晋阳地区始终是汉民族与北方游牧民族的交叉地带，这对商品交换流通影响很大。由于专门从事产品交换的人不断增多，逐渐形成了商人阶层，商业开始成为社会经济的重要组成部分。充当商品交换媒介物的物品种类由宽泛变得简约，在晋阳及其周边地区有当地农具铲子，有打仗或者自卫用的刀，有纺轮，也有来自海边的装饰品海贝，海贝数量不能满足需要，就用兽骨、玉石磨制骨贝、石贝，青铜出现以后，就用青铜仿制海贝。1971 年山西考古工作者在保德县林遮峪商代墓葬中发掘出铜贝 109 枚，海贝 112 枚。证明商代在晋阳地区已经开始使用了铜铸币。

周代的市场管理比较严格，按照《周礼·地官》的描述，"市有市门，门旁站立着执鞭的市胥。市内有市师（又称司市，掌管市政的官员）的办公室，称为思次，上面悬着旗帜，司市通过变换旗帜来发号施令。市内又有胥师、贾师的办公室，称介次。市内的大事和重大争讼，在思次决断；小事和争吵则在介次处理。思次设官吏多人，以司市为首长，其下有质人，负责开立买卖和借贷文书，有廛（chan）人负责征税，贾师负责掌握物价，司虣（bao）、司稽负责维持秩序和治安，有肆长负责市内场地规划安排，泉府负责用征税的税款买进卖出，以调节物价，收取利润，并出贷取息，兼济官私，此外还有负责杂役的市胥多人。官吏都有各自的印章。日中大市，百姓聚集；早晨朝市，行商坐贾为主；傍晚夕市，贩夫贩妇为主。国家针对市制定有法禁，关于百姓、行商、坐贾、工匠的规定各十二条。"② 这种描述可能有所夸大，因为周朝八百年，跨度大，也很难完全否定。

到了春秋战国时期，商品化程度提高，晋阳地区经济富庶，手工业发达，很多农产品与手工业制品进入市场，加上汾河与黄河水上交通，商业

---

① 黎风：《山西古代经济》，山西经济出版社 1997 年版。
② 《中华古文明大图集·通市》。

空前繁荣。晋文公（公元前697～前628年）登基时，把百工和商贾纳入政府管理之列，使之成为官工和官商，即所谓"工商食官"，制定了"轻关易道，通商宽农"政策①，即减轻商税，除盗安民，商旅沿途往来安全。随着领主封建制向地主封建制过渡，"工商食官"制度逐渐废弃，自由商人大批出现。《史记·赵世家》记载：上党"有城市邑十七"。在这些城邑里，一般"列市成行，店铺林立"，牲畜也在交易之列。②在晋阳以北以西地区，农牧相杂或以牧为主，以游牧狩猎为业的戎狄民族，不仅用牲畜和畜产品与商人进行贸易，而且"贵货易土"，连他们赖以发展畜牧业的草地和宅圃，有时也用来同商人交易，换取其所需物资。所以商人们在那里也开辟了广阔的市场。山西自古有"盐铁之饶"，凡经营盐铁的商人，都很快发迹。《国语·晋语》中提到这些暴发为巨富商人时曾这样记载："夫晋之富商"，"能金玉其车，文错其服，能行诸侯之贿，而无寻尺之禄"。③司马迁说："昔唐人都河东，殷人都河内，周人都河南，夫三河在天下之中，若鼎足，王者所更居也。建国各数百千岁，土地狭，民人众，都国诸侯所聚会。故其俗纤俭习事。杨（今洪洞）、平阳（今临汾）陈西贾秦、翟（指陕西和西北戎狄民族），北贾种、代（山西阳高和河北蔚县一带）。种、代，石北也，地边胡，数被寇。然迫近北夷，师旅亟往，中国委输时有奇羡。其民羯羠不均，自全晋之时……其谣俗犹有赵之风也。故杨、平阳陈掾其间，得所欲。温（温县）、轵（济源）西贾上党，北贾赵、中山。"④可见晋阳地区确实已经成为中原商业枢纽。随着商品交换的频繁和规模的扩大，以生产工具和其他实物作为媒介物越来越不方便，不易分割，不易携带，体积大，价值低，而铜的出现与运用，使商品交换的媒介物逐渐被青铜替代。前述1971年保德林遮峪商代（公元前1600～前1100年）墓葬铜贝出土，堪称中国铜铸币之滥觞，也是世界上最早的金属铸币，比公元前600多年地中海地区一些国家铸币早500～1000年（公元前700～前600年小亚细亚和希腊铸造金银币，是西方铸币之始）。

春秋时期（公元前770～前476年），古晋国大量铸造金属货币，山

---

① 《国语·晋语四》。
② 吴慧：《中国古代商业史》第一辑，中国商业出版社1983年版。
③ 黎风：《山西古代经济史》，山西经济出版社1997年版。
④ 《史记》三卷本下册，天津古籍出版社1995年版。

西考古专家朱华在他的《三晋货币》一书中说："在侯马东周晋国遗址内出土空首布的地方还清理出一处铸造青铜器的作坊遗址，于大量铸造青铜器的陶范中还同时出土相当数量的空首布陶范和布首銎（qiong）内的范芯，空首布陶范中以范芯尤多，如一个4米×4米的发掘方中范芯的堆积厚达60厘米，据多年来积累所得范芯估计约有数十万件。有的布范内还留有尚未取出的空首布。这些现象足以说明当时铸造空首布的规模与数量是相当庞大的"。[①] 这显然是一个规模宏大的造币厂，公元前5~8世纪的古晋国造币厂比欧洲出土的公元后3世纪罗马铸币工场早700~1000年。

贝币从殷商至春秋初行用较多，并经历了从真贝到铜贝的演变过程。铜贝行用约三四百年，东周初逐渐退出流通。侯马晋国遗址曾一次出土铜贝1600多枚，属东周初期货币。在古晋国出土春秋战国空首布的地点有太原、榆次、寿阳、侯马牛村、运城李店铺、稷山吴城等地；出土平首布的地点有太原瓜地沟、太原金胜、祁县下王、交城、汾阳、高平箭头、阳高天桥、原平武彦、陵川、天镇、盂县洪塘、盂县东固、盂县南村、夏县司马、洪洞师士、朔县沙楞、襄汾小赵、运城西袁庄、屯留、代县沱阳、浮山大邢、山阴、翼城上吴、侯马、朔县北旺庄、黎城、繁峙牛村、夏县、怀仁、平陆、大寨、忻州、朔县秋寺院、定襄南关、右玉梁家油坊、左云、灵丘、五台、忻县、万荣西解、永济薛家岩、芮城城南等地；出土刀币的有交城、山阴故驿、永济薛家岩、高平箭头、原平武彦、朔县沙楞、盂县南村、浑源、神池、怀仁、右玉梁家油坊、左云等地；出土圆钱的地点有闻喜苍底、侯马东门外、侯马、翼城上吴等。

晋阳地区出土布币的文字大体上有：晋阳（太原晋源）、甘丹（邯郸西南）、榆即（榆次境内）、兹氏（汾阳境内）、蔺（离石西）、离石（离石西）、平匋（文水平陶）、文阳（文水境内）、肤虒（五台古城）、中阳（中阳境内）、西都（孝义境内）、平州（介休境内）、寿阴（寿阳境内）、北兹（汾阳北）、新城（朔县南）、藿人（繁峙境内）、阳曲（阳曲境内）、辛城（朔县南）、处奴（太原郊区）、隰城（隰县）、土匀（石楼）、阳邑（太谷阳邑）、祁（祁县古县）、中都（平遥中都）、邬（介休邬城）、乌乏（介休邬城）、鄈氏（沁水端氏）、平阳（临汾西南）、长子（长子西）、露（潞城东北）、屯留（屯留县南）、涅（武乡故城）、同是

① 朱华：《三晋货币》，山西人民出版社1994年版。

（沁县西南）、高都（晋城高都）、襄垣（襄垣县北）、莆子（蒲县略东村）、奇氏（临猗境内）、北曲（吉县北）、皮氏（河津太阳）、虞阳（平陆县北）、霍（霍县北）、安邑（夏县禹王城）、蒲反（永济蒲州城）、垣（垣曲县北）等。属于三晋货币的还有很多在当时赵、魏、韩的货币在今河北、内蒙古、河南、陕西铸造地有 20 处，还有现在尚未能辨认的货币铸造地约 32 处。[①] 最精美的布币是晋阳布。公元前 497～前 247 年，晋国公卿大夫赵简子执政时，铸有耸肩大尖足布、小布和类圆足布，币文"晋易"即晋阳，此币在山西原平、阳高县等均有出土，形如铲，是接近器物原状的早期货币，耸肩尖足小布铸有"晋易半"三字，是大尖布的一半，这是中国最早的主币与辅币之分。

三、中原商业的北拓

秦国时期，建立了太原郡，郡治设在晋阳，秦统一了币制，"半两"钱在山西河津县、安泽县、榆次市均有出土。

汉高祖六年（公元前 201 年），为了防御匈奴南下，高祖刘邦改太原郡为韩国，都城设在晋阳，封韩信为行王，坐镇北方。公元前 196 年，又把雁北和太原郡划在一起，称为代国，封他的儿子刘恒为代王。晋阳又成为代国的都城。公元前 180 年（汉高后八年）吕后去世，周勃等人拥戴刘恒继位，史称汉文帝。刘恒苦心经营的晋阳，不仅是军事重镇，也是北方的商业中心，农业也很发达，手工业水平很高，能造耀眼夺目的钢镜、铁镜等商品。据《汉书·地理志》记载，汉代太原郡"户十六万九千八百六十三，口六十八万四千八十八，县二十一"。当时，在今天的山西境内有 252 万余人，可见其中有近 30% 的人口生活在太原地区。从晋阳城创建，经秦到两汉时代，这个时期是古晋阳的又一个兴旺时期。虽然汉民族与匈奴时有战争发生，但因为地理关系，晋人出塞与匈奴进行贸易很频繁，多在边关进行，称为"关市"。《汉书》卷九十四上《匈奴传》记载："匈奴自单于以下皆亲汉，往来长城下，汉使马邑人聂翁壹，间阑出物，与匈奴交易。"[②] 聂翁壹"以财雄边"，他除经营大牧群外，还和匈奴进行走私贸易，聂翁壹的后代张辽，也与匈奴勾结进行走私贸易，谋取厚利。张辽曾经通过边地贸易，为曹魏筹集军饷。除了"关市"以外，还

---

① 朱华：《三晋货币》，山西人民出版社 1994 年版。

② 《二十五史》，上海人民出版社、上海书店出版社 1986 年版。

有一种市易叫"军市"，即沿边驻军和军屯之地，都有小型市集。"汉发三将军屯北地，代屯勾注。"① 勾注即雁门山，就设有军市，通过商人贩运货物，补充军用物资。与北边游牧民族和边防驻军的贸易，始终是古晋阳商贸发展的一个特点。

西汉以来，潞、泽栽桑养蚕、缫丝织帛已很普遍，使山西得以用丝绸对外易货，除有少数山西商人经"丝绸之路"西去做丝绸买卖外，多半是西域商人来山西交易，间或有欧洲商人前来，各地多留有他们的足迹。《中国交通史料汇编》曾记有："清末西人在山西霍州灵石县地方掘得罗马古铜钱十六枚。现钱面镌文，盖悉为罗马皇帝梯拜流斯至安教皇帝时代所铸者也"，梯拜流斯为罗马第三代皇帝，时值我国西汉末、东汉初。当时，灵石为山西古代三大都会之一，是来往于晋阳，洛阳、长安之间的要冲。灵石出土外币说明那时外商是假丝绸之路之便而来到山西的。与此同时，北越长城，途经蒙古，到西伯利亚转欧洲的商路，成了当时东西方贸易的丝绸之路的分支。这从西伯利亚和山西境内发掘的青铜器以及太原通往蒙、俄边境和林的路上挖掘出土的汉代漆器都可以得到证明（参见渠绍淼：《山西与"丝绸之路"》山西卫视农网，2006 年 8 月 10 日）。两汉时期，晋阳地区商业贸易进一步发展，除了盐铁及其他日用品外，粮食也经汾河、黄河漕运长安。《汉书》卷七十六载："霍光秉政，诸霍在平阳，奴客持刀，入市斗变，吏不能禁。及翁归为市吏，莫敢犯者。公廉不受馈，百贾畏之。"② 可以看出，两汉时期城市商业管理已经显得十分重要。

西晋（公元 265～316 年）以后，到北魏统一北方以前，战乱不停，冲击农耕，商业凋敝。北魏建都平城（今大同，公元 398 年）以后，社会稳定，商品交换随着经济恢复与发展而趋于活跃，除与南朝通商外，还恢复陆上丝路贸易。随着佛教交流活动的发展而有了频繁的商业往来。翦伯赞的《中国史纲要》一书中提到，在今吐鲁番、西宁、太原等地，均先后发现过四世纪以来的拜占庭金币和波斯银币，即为佐证。在北齐（公元 550～577 年），晋阳城是各地物资集散地，大量的畜产品、手工业产品在此交易，与国内以至西域诸国贸易往来，甚至城内出现了依靠租赁店铺而获取利润的人。当时，中亚、西亚人成群结队，络绎而来，在晋阳地区进行贸易。政府还设立专门供西方商人开展贸易的场所，便利来华外

---

① 吕思勉：《秦汉史》。
② 《二十五史》，上海人民出版社、上海书店出版社 1986 年版。

商的生活和商务活动，促进了中外贸易的发展。1999 年 7 月 9 日，太原市晋源区王郭村发掘了隋代虞弘墓，经山西省考古研究所考证，虞弘的祖先出自西域，他从其父起就已经转变为或者依附于一个柔然的部落，成为柔然手下的官员，曾出使波斯和吐谷浑，北齐时作为使节来到中原。不久柔然王朝被高车族灭亡后起用了他，随后又在北周、隋朝受到重用，临终前为隋朝的仪同三司，封爵广兴县开国伯，食邑达到了 600 户之多。在他 59 岁时，死在了晋阳城，选择太原作为归宿之所。虞弘在 579 年前后曾统领代州、并州、介州三州的检校萨保府。萨保府是专管入华西域人事务的机构，其首领多为粟特、突厥等胡人，由于职能特殊，萨保的身份非同一般，检校萨保府级别还要高于萨保，这就是虞弘。在虞弘墓出土地 5 公里外的太原市王家峰，有北齐将军徐显秀的墓，墓内壁画墓主人仪仗队中也有胡人形象。太原之所以具有这样大的吸引力，主要是晋阳向西与灵州相通；向南可达长安和洛阳；向北通漠北突厥；向东则可到达河北道重镇恒州和幽州。天然的地理优势，晋阳地区成了民族融合的大舞台。从魏晋南北朝到隋唐，晋阳地区始终参与了与西域文明大交融，特别是素有"古代世界商贩"的中亚粟特人的络绎而至，带来了异域的物产、风俗与文化，在一定程度上强化了晋阳商业文化多民族融合的特点。

西汉以后，黄金藏匿，流通中货币主要是铜钱，也有少量布帛。铜钱由国家垄断铸造，而民间私铸也常常出现。汉武帝元狩五年（公元 118 年），鉴于半两钱过重，不便流通，废止半两钱，统一行用五铢钱，迄唐高祖武德四年（公元 621 年）行用开元通宝止，700 年间五铢钱为中国的主要货币。但其间的魏晋南北朝，不同时期的各个政权都铸行自己的货币，在晋阳地区就有曹魏的五铢，后赵石勒的丰货，北魏的太和五铢和永安五铢，北齐的常平五铢，北周的布泉和五行大布、永通万国，隋五铢等。这个时期，借贷活动有了进一步的发展，货币借贷成为人们生活中的常事。《北齐书》卷二十二《李元忠传》记载李元忠"性仁恕……家素富实，其家人在乡，多有举贷求利。元忠每焚契勉责，乡人甚敬重之。"[①]

四、隋唐商业与票据萌芽

公元 581 年杨坚灭周建立隋朝，封次子杨广为晋王，镇守太原郡，驻

---

① 《二十五史》，上海人民出版社、上海书店出版社 1986 年版。

扎晋阳。杨广后来继承皇位称为隋炀帝，在北齐建筑的晋阳宫外筑起城墙名曰"新城"，后又在新城边筑一座"仓城"，重修了晋阳宫。当时国家统一，社会安定，经济繁荣，开皇元年（公元581年）铸"五铢"钱，禁止以前各种货币与私钱流通，史称开皇五铢，制作精良。公元618年李渊父子灭隋，因其发祥地晋阳是古唐国，祖父李虎又在南北朝时被周封为唐公，李渊继承这一爵位，故立国号为唐，晋阳是大唐帝国的发祥地，遂升为大总管府，领十三县。公元690年改为"北都"，公元742年再改为"北京"。唐王朝在晋阳不仅储备军用物资，又大修宫殿城池，贞观十一年（公元637年）李世明派大将李勤在汾河东岸修建东城。后来女皇武则天派刺史崔神庆在汾河之上建筑中城，形成了都城、东城、中城水上连城的北方最大的景观。晋阳规模宏伟，府库殷实，户丁雄盛，成为除长安之外最大的城市。在李渊执政时的武德四年（公元621年），实行货币改革，铸行"开元通宝"钱，废止了自汉武帝以来至隋朝通行的"五铢钱"。虽然钱的形状与前代相同，但不再以重量为名，标准钱改称"通宝"、"元宝"，加重的大钱称为"重宝"。这种制度一直沿用了1300多年。当时的晋阳交通四通八达，经济富庶，手工业、商业十分发达，是全国铸造货币的中心。铁制武器日臻完美，并州剪刀锋利无比，铁镜、铜镜盛誉全国。此外，晋阳硝石、葡萄酒都是当时的贡品。唐代的晋阳不仅城市繁华，而且文化荟萃，人才辈出。《通典·边防》中《经行记》记载，唐人杜环随镇西节度使高仙芝西征，天宝十年（公元751年）至西海（即地中海），在坦罗斯战役后被俘，在大食（今阿拉伯）共十年，后被释放，从海路回到广州。他到过该国的都城亚俱罗（即关德，今属伊拉克），看到"梭绢机杼"和"织络者河东人乐义懁、吕礼"。[①]说明山西手工业在公元8世纪就已在阿拉伯国家传授技艺。公元742年（唐玄宗天宝元年）改晋阳为北京，与首都长安及南京（成都府）、西京（凤翔府）、东京（河南府）合称五京。据记载，当时的太原府"领县十三，户十二万八千九百五，口七十七万八千二百七十八"，太原进入了历史上的鼎盛时期。《通典》卷七说：唐代开元年间，"南诣荆襄，北至太原、范阳，西至蜀川、凉府，皆有店肆，以供商旅，远适数千里，不持寸刃。"

　　中国民间的借贷活动发展到南北朝时，已经出现了一些办理借贷活动

[①]《山西外贸志》。

的信用机构，谓之"质店"。到唐朝出现"柜坊"、"僦柜"、"寄附铺"等信用机构，这些办理信用业务的机构多是兼营，还不是专业金融机构。晋阳与晋阳人参与当时信用机构，史料亦有记载，比如存款于寺庙，《会昌解颐录·牛生》记载了柜坊的事："牛生自河东赴举……至菩提寺……僧喜曰，晋阳常寄钱三千贯文在此，绝不复来取。某年老，一朝溘至，便无所付，今尽以相遇。"[①] 晚唐晋中祁县人温庭筠（约公元 812～870 年），在他的《乾𢃝子》中《扶风宝乂（yi）》记载："尝有胡人米亮，因饥寒，乂见辄与钱财帛，凡七年不之问。异日，乂见亮，哀其饥寒，又与钱五千文。亮因感激而谓人曰：亮终有所报大郎。乂方闲居无何，亮且至，谓乂曰：崇贤里有小宅出卖，直二百千文，大郎速买之。乂西市柜坊，锁钱盈余，即以直出钱市之。书契日，亮与乂曰：亮攻于览玉，尝见宅内有黑石，人罕知之，是捣衣砧，真于阗玉，大郎旦立致富矣。"

货币的借贷活动，空口无凭，需要立约为证，作为最早、最简单的信用工具借条（借据），在春秋战国时期已经出现。唐代出现了异地款项汇兑的票据——"飞钱"，作为当时北都或北京的太原，与长安之间飞钱当是可能的。特别值得重视的是，支票支取存款是不是最早在晋阳发生，这是个很有趣的事情。《太平广记》卷二四三引《唐逸史·尉迟敬德》一段故事耐人寻味。尉迟敬德（公元 586～658 年）山西朔州人，传说曾在太原打过铁，文中说："隋末有书生，居太原，苦于家贫，以教授为业。所居抵官库，因穴而入。其内有钱数万贯，遂欲携挈。有金甲人持戈，曰：汝要钱，可索取尉迟公帖来。此是尉迟敬德钱也。书生访求，不见。至铁冶处，有锻铁尉迟敬德者，方袒露蓬首，锻炼之次。书生伺其歇，乃前拜之。尉迟公问曰：何故？曰：某贫困，足下富贵，欲乞钱五百贯，得否？尉迟公怒曰：某打铁人，安有富贵，乃侮我耳。生曰：若能哀悯，但赐一帖，他日自知。尉迟公不得已，令书生执笔曰：钱付某乙五百贯，具月日，署名于后。书生拜谢持去。尉迟公与其徒拊掌大笑，以为妄也。书生既得帖，却至库中。复见金甲人，呈之，笑曰：是也。令系于梁上高处，遣书生取钱，止于五百贯。后敬德左神尧立殊功，请归乡里。敕赐钱，并一库物未曾开者，遂得此钱。阅簿欠五百贯，将罪主者。忽于梁上得帖子，敬德视之，乃打铁时书帖。"中国著名的金融史专家彭信威评论说：

---

① 彭信威：《中国货币史》，上海人民出版社 1965 年版。

"这帖或书帖大概可以说是世界上最早的支票，上面有付款数目，出帖日期，收款人姓名，出帖人署名，所和现代支票不同的就是出于临时书写，而不是印好的空白格式。"

公元 907～979 年的 70 多年间，晋阳古城经历了后唐、后晋、后汉、北汉等几个王朝，轮番占领，经济凋敝。公元 960 年赵匡胤建立宋王朝，969 年派兵攻打北汉，979 年赵光义率兵攻取晋阳，放火焚烧晋阳城，第二年又引汾水灌了晋阳城废墟，先后几次将晋阳地区商民强迫迁往河南等地，很多人离开家园，失去土地，被迫走上了商途。

五、唐晋遗风的商业理念

中国古代圣贤尧、舜、禹起于陶唐，最早的商业活动发生于陶唐，舜帝是华夏商祖。周初，成王封其弟叔虞为唐国候，当时周成王要求叔虞在唐地要"启以夏政，疆以戎索"，又因为唐地系民族杂居地区，应当按照游牧民族的生产方式和生活习惯来分配牧地。唐叔虞按照中央政府的要求制定的施政方针，既适当保留了夏代以来的一些制度，维护夏人的传统习俗，暂不实行以周礼为中心的宗法制度；同时依照游牧民族生产和生活习惯分配土地，便利农牧生产，暂不实行中央的井田制度，实行了不完全等同于周朝的政治经济政策。由此晋国孕育出政治上博大宽厚、兼容并蓄，经济上求同存异、自强不息的管理理念。

战国时，帮助越王勾践复国的范蠡，后来弃政经商，成为巨富，三次分散财富于人，三次致富，称为陶朱公。但是范蠡经商曾向计然讨教，计然的"贾人旱则资舟，水则资车"、"平粜齐物，关市不乏"的经营理念影响了范蠡，范蠡则发展为"贵上极则反贱，贱下极则反贵"。不过有人说计然是晋国公子，有人说计然不是人名，而是计而然之。大商人白圭，《史记》说他是魏国人，但是太原徐沟白氏族谱，记载白圭是他们的祖先，距徐沟不远就有祁县白圭镇，白圭提出了"人弃我取，人取我予"等商业经营艺术。不管计然、白圭是不是古晋阳人，唐晋遗风绵延流长，始终是历代晋商取之不尽、用之不竭的智慧源泉。

明以前中国农业社会的商业
文明与金融活动

背景说明

本文是所承担的山西省人文社科基地研究课题的一部分，曾在 2012 年 11 月 2 日中国商业史学会在徽州召开的学术讨论会上作演讲。文章探讨了中国商业文明的源头与山西商业的关系，介绍了中国商业的几次高潮。明代以前中国商业文明的特点是：稳固的商业伦理观念、有限的政府市场管理、开放的对外贸易政策、灵活的货币借贷交易、平行的官营民营市场。

商业文明，是伴随着商业发展，一步步地从远古走到今天的。研究中国商业文明，需要从商业的源头说起。本文讨论商业是如何在农业社会中诞生的，是如何由小到大发展过来的。

在传说中的史前社会，已经出现了简单的社会分工，生产品自己消费不了，也拿去交换自己不能生产的东西，甚至有人偶尔做一些贩运贸易的事，这是商品交换的开始。西周已是"氓之蚩蚩，抱布贸丝"①，到春秋战国时期，商业已经相当活跃。虽然直到明清以前中国经济社会还是自给自足的农业社会，但是其商业文明已经显示了较高的水平。

一、中国商业文明之源

（一）"日中为市"

中国商业活动最早的记载，见于《易经》："包牺氏没，神农氏

---

① 《诗经·卫风》。

作……日中为市，致天下之民，聚天下之货，交易而退，各得其所。"①

据《淮南子·齐俗训》记载："尧之治天下也……其导万民也，水处者渔，山处者木，谷处者牧，陆处者农，地宜其事，事宜其械，用宜其人，泽皋织网，陵阪耕田，得以所有，易其所无，以所工易其所拙。"②说明尧帝时已经有了一定的社会分工，生产品通过交换，互通有无。尧生活于陶唐，都平阳，即今山西临汾。舜，都蒲坂，即今山西永济。禹，都安邑，即今山西运城。司马迁在《史记》中写道："舜耕历山，渔雷泽，陶河滨，作什器于寿丘，就时于负夏。"③《史记索引》解释"就时于负夏"时说："就时犹逐时"，即在贱的地方买，到贵的地方卖；"负夏"是地名，在今黄河北岸的垣曲县境内，可见虞舜曾在今黄河中游由北而南到由西而东流的拐弯之处蒲坂（永济）到垣曲负夏贩运贸易。他在接受尧的禅让之前，做过农夫、渔夫、手工业者和小贩。"舜巡视天下，不幸死于道途，即'葬南已之市'。"④

（二）殷商是中国商业文明之源

《诗经·商颂·玄鸟》说道："天命玄鸟，降而生商，殷宅土茫茫。"说的就是契。契是黄帝的四世孙，曾经跟随大禹治水，因为有功，舜帝命契担任司徒，封于商地。相传舜帝对契说：现在老百姓不相亲爱，父子、君臣、夫妇、长幼、朋友之间五伦关系不顺，你任司徒后，要认真地施行五伦教育。施行五伦教育，要本着宽厚的原则。商部落从契开始，传14世，到成汤建立了商朝。商王朝传17世，31王，历时600年。从先商一直到商朝被周替代之前，商人为中国商业文明做出了巨大的贡献。

据《管子·轻重戊》记载："殷人之王，立帛（皂字之误）牢，服牛马，以为民利"，指的是商祖契的孙子相土，"作乘马"，相土的五世孙即商汤的七世祖王亥，"作服牛"，用牛马作运载工具，为人类服务，相土和王亥是中国畜牧业的创始人。随着农业与畜牧业的发展，王亥又开始了一项前所未有的事业，开始从事商业贸易活动。他作为商部落的首领，率领部落成员同其他部落进行贸易，外部落的人把他们称为"商人"。王亥最后一次贸易是与有易氏交易，据《山海经·大荒东经》记载："王亥托

---

① 陈鼓应等：《周易今注今译》，商务印书馆2005年版。
② 《淮南子·齐俗训》，载《传世藏书》第二卷，华艺出版社1997年版。
③ 《史记·五帝本纪》，载《史记》三卷本上册，天津古籍出版社1993年版。
④ 《中华古文明大图集·通市》。

于有易，河伯仆牛，有易杀王亥，取仆牛。"就是说王亥因为贸易在有易居住时间过长，引起对方不满，被对方杀死。其子上甲微借助于河伯的武力，打败有易氏，进一步扩大了自己的势力。商部落的商业贸易活动，发展了自己的经济实力，为商灭夏打下了坚实的物质基础。诚如范文澜在《中国通史》中说道："汤灭夏以前，商已是一个兴旺的小国……'宅殷土茫茫'。也说明了当时的商国已是房屋成片、人口众多的状况。随着商业的发展，交易的货物必须增加其数量……商国的农业、手工业、商业都比夏朝进步。因此造成代替兴起的形势。"可见殷商人"肇牵车牛远服贾"是中国商业开创者。正因如此，王亥受到殷商后代的隆重祭祀。王国维在《殷卜辞中所见先公先王考》中说："然则王亥祀典之隆，亦以其为制作之圣人，非徒以其为先祖。"在《殷墟卜辞综类》所收祭祀王亥的卜辞，多达96条。殷人有时用祭天的礼节来祭祀王亥，可见王亥在商朝人心中具有极高的威信。正是王亥所开创的畜牧业和所开始的商业贸易活动给当时的商部落注入了新的活力，使商部落迅速壮大起来。遗憾的是，当时文字正在形成之中，对商业活动的记载不多，使现代人对于中国商业文明的始祖了解甚微。据《管子·轻重甲》记载，商汤时，夏王朝的统治者骄奢淫逸，挥霍无度，夏桀仅女乐就有3万人，而且"无不服文绣衣裳"。商汤则采用宰相伊尹的策略，命令自己部落的妇女赶织"文绣纂组"，换取夏朝大量的粮食，通过这些商业贸易活动，为灭夏准备物质基础。由此可见，商国的强大应是从王亥所进行的商业贸易创新开始的。通过持续不断的商业活动，使商国的经济实力日渐强盛，终于在汤时取代夏朝，建立起中国历史上具有重要历史意义的商王朝[①]。以商部落首领王亥开创的商业贸易活动，迈出了中国商业文明的第一步，靠商业繁荣经济，显现了商文化的丰富内涵和巨大力量。

从契、相土、王亥、成汤等30代，传承五伦教育和成功的商业活动，是中华民族悠久的商业文明的源头。《尚书》中《盘庚》三篇，保存下来了商王盘庚迁殷时对臣民的三次演讲词，他曾要求贵族不得贪求财富，告诫官吏施惠于民。商朝最活跃的地区在黄河中游两岸，特别是山西、河南，在商代纵膈地区就有很多商品交换中心，特别是封国和方国的封地中心，"比如今长治市西南、榆社、介休西南、太原南部、平陆县北、石楼

---

① 王瑞平：《王亥与中国商业贸易的肇端》，光明网，2004年6月6日。

县，都为商人们开辟了市场。此外，部落首领的驻地和商王朝在山西统辖范围以外的周边部族，也是商人的贸易之地。他们用珠玉、饰品、食盐、织物、牲畜、毛皮以及奴隶等进行交易；酒不仅是当时社会上层不可缺少的饮料，而且也是社会下层普遍需求的商品"。① 因为那时太原地区是汉民族与北方游牧民族的交叉地带，商品交换势不可当。专门从事生产品交换的人不断增多，逐渐形成了商人阶层，成为社会经济的重要组成部分，充当商品交换媒介物，也逐渐由宽泛变得简约，有农具铲子、刀、纺轮和来自海边的装饰品海贝，海贝数量不能满足需要，就用兽骨、玉石磨制骨贝、石贝，青铜出现以后，就用青铜仿制海贝或铲、刀。1971 年山西考古工作者在保德县林遮峪商代墓葬中发掘出海贝 112 枚，铜贝 109 枚。证明商代时已经开始使用铜铸币了。

周灭商以后，因殷商之人善于从事商品交易，周公姬旦便要求商的遗民继续做买卖。《诗经·周风》所记述的"氓之蚩蚩，抱布贸丝"，正是亡国之民忙忙碌碌进行贸易活动。人们将从事这种贸易活动的人称为商人，从而商品交易这一行业也就被称为商业。

简单的商品交换，在交通方便的地方首先开始，时间长了、规模大了，就不再是"日中为市"，交易而退，而是就地盖房屋，形成街市。街市进一步发展，规模扩大，演变为城市。城市的发展是沿着集市—街市—城市逐步演进过来的。社会经济的发展是沿着商品化、货币化、市场化、工业化、城市化、国际化的趋势发展的。

二、明以前中国商业发展的几次高潮

中国古代商业的发展，受社会政治经济制度和战争等诸多因素影响，常常是时高时低，战国时期的商业是古代最早的商业高潮。在大量的古籍中可以看到当时的商业繁荣程度，看到许多大商人，看到早期的商业文明的典型已成为后世之范。

（一）春秋战国时期

东周时，在郑国还诞生了第一个保护商家利益的法典《质誓》，郑相子产严格执行《质誓》，体现了政府对商业利益保护的坚决态度。"子产为相，市不豫质"是对历史上郑州地区良好的商业文明的最好记录。

---

① 黎风：《山西古代经济》，山西经济出版社 1997 年版。

司马迁说："昔唐人都河东，殷人都河内，周人都河南，夫三河在天下之中，若鼎足，王者所更居也。建国各数百千岁，土地狭，民人众，都国诸侯所聚会。故其俗纤俭习事。杨（今洪洞）、平阳（今临汾）陈西贾秦、翟（指陕西和西北戎狄民族），北贾种（今河北西北部）、代（今山西北部一带）。种、代，石北也（指常山郡石邑县，今石家庄西南），地边胡……故杨、平阳陈掾其间，得所欲。温（今温县）、轵（今济源）西贾上党，北贾赵、中山。"① 这里是黄河中游地区与北方游牧民族商品交换的枢纽。

春秋战国时期，商品化程度已经有了很大发展。例如晋国，手工业发展，经济富庶，很多农产品与手工业制品进入市场，利用汾河与黄河水上交通进行贸易，商业繁荣。晋文公（公元前697～前628年）登基时，把百工和商贾纳入政府管理之列，使之成为官工和官商，即所谓"工商食官"，制定了"轻关易道，通商宽农"政策②，即减轻商税，除盗安民，商旅沿途往来安全。随着领主封建制向地主封建制过渡，"工商食官"制度逐渐废弃，自由商人大批出现。《史记·赵世家》记载：上党"有城市邑十七"。在这些城邑里，一般"列市成行，店铺林立"，牲畜也在交易之列。③ 在太原以北以西地区，农牧相杂或以牧为主，以游牧狩猎为业的戎狄民族，不仅用牲畜和畜产品与商人进行贸易，而且"贵货易土"，连他们赖以发展畜牧业的草地和田圃，有时也用来同商人交易，换取其所需物资，所以商人们在那里也开辟了广阔的市场。山西自古有"盐铁之饶"，凡经营盐铁的商人，都很快发迹。《国语·晋语》中提到这些暴发为巨富商人时曾这样记载，"夫晋之富商"，"能金玉其车，文错其服，能行诸侯之贿，而无寻尺之禄"。

随着商品交换的频繁和规模的扩大，以生产工具和其他实物作为媒介物越来越不方便，不易分割，不易携带，体积大，价值低，而铜的出现与运用，使商品交换的媒介物逐渐被青铜替代。公元前770～前476年，古晋国大量铸造金属货币。据考古出土资料，在侯马"晋国遗址内出土空首布的地方还清理出一处铸造青铜器的作坊遗址，于大量铸造青铜器的陶范中还同时出土相当数量的空首布陶范和布首銎（qiong）内的范芯，空

---

① 《史记》三卷本下册，天津古籍出版社1995年版。
② 《国语·晋语四》。
③ 吴慧：《中国古代商业史》第一辑，中国商业出版社1983年版。

首布陶范中以范芯尤多，如一个 4 米×4 米的发掘方中，范芯的堆积厚达 60 厘米，据多年来积累所得范芯估计约有数十万件。有的布范内还留有尚未取出的空首布。这些现象足以说明当时铸造空首布的规模与数量是相当庞大的"。[①] 这显然是一个规模宏大的造币厂，比欧洲出土的公元后 3 世纪罗马铸币工场早 700～1000 年。铜贝作为货币行用约三四百年，东周初逐渐退出流通。侯马晋国遗址也曾一次出土铜贝 1600 多枚，属东周初期货币。

（二）春秋战国时期的大商人，史籍记载最典型的是子贡和范蠡

子贡（公元前 520～前 456 年），姓端木名赐，子贡为其字，卫国（今河南）人，是孔子最得意的学生之一，善于经商之道，曾商于曹、鲁两国之间，富致千金，亦曾担任鲁、卫两国之相，是儒商始祖。日本著名作家井上靖在 20 世纪末曾预言：对子贡的研究"不久的将来可能居于孔门研究中心"[②]。子贡的商业思想商业伦理影响了中国商人 2500 多年。从子贡身上可以看到儒家伦理与商品交易是相通的。在《论语》中有不少关于义利并重，经济与伦理相依的记述。《论语·子罕》记载："子贡曰：'有美玉于斯，韫椟而藏诸？求善贾而沽诸？'子曰：'沽之哉，沽之哉。我待沽者也。'"这是说子贡问孔子，如果这里有块美玉，是把它收藏在柜子里还是找个识货的人卖掉呢？孔子回答说：卖掉，卖掉。连我都在等待识货的人来买呢。足见孔子懂得商业，重视商业。其实孔子是王亥的 38 代孙，作为商人之后，他的思想在一定程度上传承着其先祖契、王亥、成汤等的伦理思想。《论语》中多处记载子贡与孔子探讨"信"的问题，深知"信"乃人之立足之本，没有了信，一切都不可能存在，"言必信、行必果"使他在经商中赢得了很好的信誉，并且掌握了商业规律。《论语·先进》记载孔子之言曰："赐不受命，而货殖焉，臆则屡中"，即是说子贡不安本分，囤积贩运，猜测行情，且每每猜对。《史记·仲尼弟子列传》亦载："子贡好废举，与时转货资……家累千金"，即依据市场行情的变化，贱买贵卖从中获利，以成巨富。子贡一生崇仁立德，富而不骄，施民济众。子贡是儒家学说的创造者之一，是依儒家伦理经商最成功的实践者。

春秋末期还有另一位著名的政治家、军事家和商人范蠡（约公元前

---

① 朱华：《三晋货币》，山西人民出版社 1994 年版。

② 井上靖：《孔子》。

517～前 420 年），字少伯，楚国宛（今河南南阳）人。帮助勾践兴越灭吴，雪会稽之耻，后急流勇退，泛舟于五湖之中，操计然之术①以治产，"劝农桑，务积谷"、"农末兼营"、"务完物、无息币"、"平粜各物，关市不乏，治国之道也"。"夏则资皮、冬则资绤、旱则资舟、水则资车，以待乏也。"三次经商致富，三散家财，定居山东定陶，号陶朱公。世人誉之其"忠以为国，智以保身，商以致富，成名天下"。

《盐铁论·贫富》中记载："子贡以著积显于诸侯，陶朱公以货殖尊于当世。富者交焉，贫者赡焉。故上自人君，下及布衣之士，莫不戴其德，称其仁。"子贡和陶朱公都因货殖发财而名扬于世，他们交往富者，同时也帮助和抚恤贫者，所以上自君王，下至平民，没有一个不得到他们的好处，从而也都称颂他们的仁德。

我们从子贡和范蠡的经商之道中可以看出，诚信是商业文化的根本，必须义利兼顾，适应市场。当时的吕不韦、计然、白圭、猗顿等成功的商人，富比王公，名驰天下，是千古商人的楷模。

（三）两汉时期

汉代商业有了进一步的发展，又出现了一个高潮，汉代的南阳孔氏、洛阳师史氏、卜氏都是以经商而著称。汉高祖刘邦封其子刘恒为代王（代国在今山西中北部地区），刘恒苦心经营，当时的晋阳不仅是军事重镇，也是北方商业中心，农业发达，手工业水平很高，能造耀眼夺目的钢镜、铁镜等商品。因为盐铁生产交易利润很高，是官营还是民营，或是官民同营，当时政界意见不一，故有盐铁会议及其争论，政府有抑商政策与国家专卖制度，有贱商令及算缗告缗令，均输平准等政策，政府对商业的管理比较重视。《汉书》卷七十六记载："霍光秉政，诸霍在平阳，奴客持刀，入市斗变，吏不能禁。及翁归为市吏，莫敢犯者。公廉不受馈，百贾畏之。"②可以看出，两汉时期城市商业管理已经有了很高的水平。

公元前 201 年（汉高祖六年），为了防御匈奴南下，高祖刘邦改太原郡为韩国，都城设在晋阳，封韩信为行王，坐镇北方。公元前 196 年派刘恒管理雁北和太原。虽然汉民族与匈奴时有战争，但汉人出塞与匈奴人贸易始终很频繁，多在边关进行，称为"关市"。《汉书》卷九十四上《匈

① 计然乃晋国公子，熟知经商之术，即根据时节、气候、民情、风俗等，人弃我取、人取我与，顺其自然、待机而动。
② 《二十五史》，上海人民出版社、上海书店出版社 1986 年版。

奴传》记载："匈奴自单于以下皆亲汉，往来长城下，汉使马邑人聂翁壹，间阑出物，与匈奴交易。"① 聂翁壹"以财雄边"，他除经营大牧群外，还和匈奴进行走私贸易，聂翁壹的后代张辽，也与匈奴联系进行走私贸易，通过边地贸易，为曹魏筹集军饷。除了"关市"以外，还有一种市易叫"军市"，即沿边驻军和军屯之地，都有小型市集，通过商人贩运货物，补充军用物资。这是古代中国北方，特别是山西商贸发展的一个特点。

汉代的对外贸易发展是商业文明的亮点。以丝绸对外易货，形成了历史上长时期的丝绸之路。除有少数中国商人经"丝绸之路"西去做丝绸买卖外，多半是西域商人，间或有欧洲商人前来，各地多留有他们的足迹。《中国交通史料汇编》载："清末西人在山西霍州灵石县地方掘得罗马古铜钱十六枚。现钱面镌文，盖悉为罗马皇帝梯拜流斯至安教皇帝时代所铸者也。"梯拜流斯为罗马第三代皇帝，时值西汉末、东汉初年。当时，灵石为山西古代三大都会之一，是来往于晋阳、洛阳、长安之间的要冲。灵石出土外币说明那时外商是假丝绸之路之便而来到中国内地。与此同时，北越长城，途经蒙古，到西伯利亚转欧洲的商路，成了当时东西方贸易的丝绸之路的分支。这从西伯利亚和山西境内发掘的青铜器，以及太原通往蒙、俄边境和林地区的路上挖掘出土的汉代漆器得到证明。②

（四）南北朝时期

西晋（公元265～316年）到北魏统一北方以前，战乱不停，冲击农耕，商业凋敝。公元398年北魏建都平城（今大同）以后，社会稳定，商品交换随着经济恢复与发展而趋于活跃，除与南朝通商外，还恢复陆上丝路贸易。随着佛教交流活动的发展而有了频繁的商业往来，翦伯赞在《中国史纲要》中提到，在今吐鲁番、西宁、太原等地，均先后发现过四世纪以来的拜占庭金币和波斯银币，即为佐证。在北齐（公元550～577年），晋阳城是各地物资集散地，大量的畜产品、手工业产品在此交易，与国内以至西域诸国贸易往来，甚至城内出现了依靠租赁店铺而获取利润的人。当时，中亚、西亚人成群结队，络绎而来，在晋阳地区进行贸易。政府还设立专门供西方商人开展贸易的场所，便利来华外商的生活和商务活动，促进了中外贸易的发展。

---

① 《二十五史》，上海人民出版社、上海书店出版社1986年版。
② 渠绍淼：《山西与"丝绸之路"》，载李希曾：《晋商史料与研究》，山西人民出版社1996年版。

1999年7月9日，太原市晋源区王郭村发掘了隋代虞弘墓，经山西省考古研究所考证，虞弘的祖先是西域人，虞弘从其父起就已经转变为或者依附于一个柔然的部落，成为柔然手下的官员，曾出使波斯和吐谷浑，北齐时虞弘作为使节来到中原。不久柔然王朝被高车族灭亡后起用了他，随后又在北周、隋朝受到重用，临终前为隋朝的仪同三司，封爵广兴县开国伯，食邑达到了六百多户之多。在他59岁时，卒于并州（太原）。虞弘在公元579年前后曾统领代州、并州、介州三州的检校萨保府。萨保府是专管人华西域人事务的机构，其首领多为粟特、突厥等胡人，由于职责特殊，萨保的身份非同一般，检校萨保府级别还要高于萨保，这就是虞弘。在虞弘墓出土地5公里外的太原市王家峰，有北齐将军徐显秀的墓，墓内壁画墓主人仪仗队中也有胡人形象。太原之所以具有这样大的吸引力，主要是晋阳向西与灵州相通，向南可达长安和洛阳，向北通漠北突厥，向东则可到达河北道重镇恒州和幽州。天然的地理优势，山西地区成了民族融合的大舞台。从魏晋南北朝到隋唐，山西始终参与了与西域文明大交融，特别是素有"古代世界商贩"的中亚粟特人的络绎而至，带来了异域的物产、风俗与文化，在一定程度上强化了中国北方商业文化多民族融合的特点。

南北朝时期，借贷活动有了进一步的发展，货币借贷成为人们生活中的常事。《北齐书》卷二十二《李元忠传》记载李元忠"性仁恕……家素富实，其家人在乡，多有举贷求利。元忠每焚契勉责，乡人甚敬重之。"[①]当时，一些办理借贷活动的信用机构，谓之"质店"。南北朝时期质店、当铺的产生，标志着商业、金融业又大大向前跨越了一步。

（五）隋唐时期

公元581年杨坚灭周建立隋朝，封次子杨广为晋王，镇守太原郡，后来继承皇位称为隋炀帝。公元618年李渊父子灭隋，因其发祥地太原是古唐国，祖父李虎又在南北朝时被北周封为唐公，李渊继承这一爵位，故立国号为唐，太原是大唐帝国的发祥地，遂升为大总管府，领十三县。公元690年改称"北都"，公元742年再改"北京"。唐王朝在晋阳不仅储备军用物资，又大修宫殿城池，公元637年（贞观十一年）李世民派大将李勤在汾河东岸修建东城。后来女皇武则天派刺史崔神庆在汾河之上建筑

---

① 《二十五史》，上海人民出版社、上海书店出版社1986年版。

中城，形成了都城、东城、中城水上连城的北方最大的景观。晋阳规模宏伟，府库殷实，户丁雄盛，成为除长安之外最大的城市。当时的晋阳交通四通八达，经济富庶，手工业、商业十分发达，是全国铸造货币的中心。铁制武器日臻完美，并州剪刀锋利无比，铁镜、铜镜盛誉全国。此外，晋阳硝石、葡萄酒都是当时的贡品。当时的太原府"领县十三，户十二万八千九百五，口七十七万八千二百七十八"。《通典》卷七说唐代开元年间，"南诣荆襄，北至太原、范阳，西至蜀川、凉府，皆有店肆，以供商旅，远适数千里，不持寸刃。"

唐代是商业发展的又一个高峰，不仅国内大小商业城市兴起，而且海陆商路拓展，对外开放政策与国际地位提高，呈现繁荣盛世。《通典·边防》中《经行记》记载，唐人杜环随镇西节度使高仙芝西征，公元751年（天宝十年）至西海（即地中海），在坦罗斯战役后被俘，在大食（今阿拉伯）居住了十年，后被释放，从海路回到广州。他到过该国的都城亚俱罗（即关德，今属伊拉克），看到"梭绢机杼"和"织络者河东人乐义儇、吕礼"。① 可见，在公元 8 世纪，中国就已在阿拉伯国家传授技艺了。唐代洛阳作为陪都以商业发达著称，并在东南北三市中设立管理市场的官吏"市长"。

随着商业的发展，唐朝产生了"柜坊"、"僦柜"、"寄附铺"等信用机构。这些办理信用业务的机构多是兼营，还不是专业金融机构。《会昌解颐录·牛生》记载："牛生自河东赴举……至菩提寺……僧喜曰，晋阳常寄钱三千贯文在此，绝不复来取。某年老，一朝溘至，便无所付，今尽以相遇。"② 晚唐晋中祁县人温庭筠（约公元 812～870 年），在他的《乾巽子》中《扶风宝乂（yi）》记载："尝有胡人米亮，因饥寒，乂见辄与钱财帛，凡七年不之问。异日，乂见亮，哀其饥寒，又与钱五千文。亮因感激而谓人曰：亮终有所报大郎。乂方闲居无何，亮且至，谓乂曰：崇贤里有小宅出卖，直二百千文，大郎速买之。乂西市柜坊，锁钱盈余，即以直出钱市之。书契日，亮与乂曰：亮攻于览玉，尝见宅内有黑石，人罕知之，是捣衣砧，真于阗玉，大郎旦立致富矣。"③ 唐代金属货币数量不足，出现了金属货币的代用品票据，号称"飞钱"。

---

① 《山西外贸志》。
②③ 彭信威：《中国货币史》，上海人民出版社 1965 年版。

（六）宋元时期

到宋、元时期，中国商业出现又一个高潮。当时，手工业产品的增加，商业城镇的繁荣，区域性市场和海外贸易的发展，对周边地区的互市和榷场制度。宋代，中原与北方游牧民族的贸易往来频繁，山西、陕西成为南北货物的重要中转站和集散地。宋王朝所需的战马，大都依靠北方的辽来供应，而辽更需要宋的手工业制品。公元996年（宋至道二年）政府在"边州置榷场，与藩人互市"，而"沿边商人深入戒界"进行贸易。后来赵宋王朝怕危及自己的政权，曾几度下令闭市，但是事实上无法办到。据历史文献记载，宋朝庆历（1041～1048年）时，"出藏绢两千余市马于岢岚。又诏三司出绢三万市马于府州（今陕西府谷）"。后来，常在并州设榷场和市，"夏人西来，辽兵南下，聚于麟府二州界上，对渡之合河、保德非当冲受敌，征调无时，辽夏皆利于和市。以此为控御之道。互市以缯帛纑绮易驼马牛羊、玉、氈毯、甘草，以香药、瓷漆器、姜桂易蜜腊、麝脐、毛褐𪏏、羚角、锢沙、柴胡、苁蓉、红花、翎毛，非官市著，听其民便。"① 商人在代州雁门关与塞外商人贸易，"私市硫磺、烟硝以及炉甘石入他界"，时禁时放，或者"经商于塞外甚至通商于欧洲"。② 宋神宗时，商人参与中外互市商船的进出口贸易，在山东当时的密州板桥镇与舶来商品交换。元祐时，南方广、闽、浙商人运物至河东路，与晋商交易。山西商人也运解州盐到四川换取丝茶。宋辽对峙时期，北方的大同、应县、朔州为辽的统治区，商业活跃，与西夏贸易往来频繁，"西京（今大同）为商品主要集散地"，而民间走私贸易更是不可抑制的贸易渠道。③宋都开封以人口众多、商业发达而成为著名的国际大都会，《清明上河图》反映了当时京城的繁华。同时开放口岸和建立市舶司制度，使对外贸易也有很大发展。金政权统治地区的商业也相当活跃，铁钱源源流入蒙古地区，贸易额之大，竟致蒙古人可以利用流入的铁钱铸造武器。④

宋王朝实行纸币制度，名曰"交子"，初由商人发行，后改为政府发行，建立交子务会子务，使中国商业一步步提升，金融业从无到有，不仅当铺有了发展，金银交钞交易铺或钱庄也发展很快。2008年山西汾阳市东龙观发掘宋、金墓葬群，其中王全的八角墓葬壁画中有一幅货币汇兑场景：在有木栅栏的柜台内桌子边坐着一位男士正用毛笔在纸上书写，女主

① 康基田：《晋乘搜略》卷二十。
②③④ 黎风：《山西古代经济》，山西经济出版社1997年版。

人站着手拿着一串铜钱，柜台外的男士则拿着一张纸币或票据做兑现交易，显然一幅钱庄图像。就是说，山西汾阳这种金融机构最迟设置在1196年（金明昌七年）之前，可见宋金时代中国已经出现了从事钱币兑换的钱庄。

元代，帝国疆域横跨亚欧，塞北通往欧洲的商路进一步拓展。"俄国同我国北部已建有完备的驿站，交通畅达，商旅大得其便。在和林（今外蒙古哈尔和林）形成了一个具有相当规模的国际交易市场。这个市场的物资交换，以谷物易马为主。"[1] 马可·波罗《行记》中写道，太原府工商业颇盛，产葡萄酒及丝，还有人经商到国外，到印度经商谋利，平阳府居住商人不少，太原、平阳之外，泽、潞的商人也相当繁荣。[2] 商人不仅活跃于城乡，而且从事对外贸易。

纵观古代中国，商人与商业活动始终很活跃，不仅有很多重要商业城市，而且有长期的对外贸易往来。在贸易中涌现出的一批批大商人，不仅自己经营致富，而且创造了"贵上极则反贱，贱下极则反贵"，以及"人弃我取，人取我与"等商业经营艺术，传承并发展了商代以来商业伦理思想，成为取之不尽、用之不竭的智慧源泉。

三、明以前中国商业文明的特点

（一）稳固的商业伦理观念

在人类社会发展进程中，商业贸易起着至关重要的作用。从夏代商部落王亥经商开始，到春秋战国已经逐渐形成了中华民族的商业伦理观念。

在上面我们曾提到商人道德起源从商族之伦理，是从契开始的，作为职业商人的道德，应当从王亥算起，他们"肇牵车牛远服贾，用孝养厥父母"。从王亥经商到成汤建立商王朝，经历七代商业积累，靠勤劳与商品交换强盛了部族、壮大了国力，形成不怕艰苦、不畏风险的创业精神。儒家文化在诞生中，第一位儒商孔子的学生子贡经商致富，支持孔子学术活动；陶朱公经商"三致千金"，三次散金而去；白圭薄利多销，广施仁术。古代之诚商良贾史料记载很多。商人一般都需要一定的文化和修养，其商业伦理与经商哲学来自于儒学，其行商原则也是文化的反映。儒家文化强调勤俭，强调诚信。司马光说："诚者天之道，思诚者人之道，至臻

---

[1][2] 渠绍淼等：《论清代山西驼帮的对俄贸易》，《晋阳学刊》1983年第4期。

其道则一也。""诚"与"不欺"上通"天之道",这种道德理念有着宗教性的超越思想。儒家思想的长期传播,始终印刻在商人心中,诚商良贾的"诚信"理念顺理成章。经商中坚持"君子爱财、取之有道"、"以义制利"、"诚信不欺",可以说古代社会已经建立了理性的商业环境。诚如荀子所言:"儒术诚行,天下大富。"

(二)有限的政府市场管理

中国金融机构本滥觞于西周。《汉书》记载:"太公为周立九府环法",时有"泉府"之设,办理赊贷,属国家信用。"凡赊者,祭祀无过旬,丧纪无过三月。凡民之贷者,与其有司辨而授之,以国服为息。"赊,仅限于祭祀或办丧事,属消费性开支,不计息;贷,限于经营产业,会带来收入,要计息。利息以国税的比例为准。《周礼》记载"听称责以别傅",即政府的官员在审理民间的借贷纠纷时要以债券为凭。可见信用凭证在先秦已经萌芽。

西汉武帝时,中央政府曾派博士在全国巡查,发现鳏寡废疾不能谋生者,就发放救济或救济性贷款,可谓政策性金融之始。这些政策性金融机构及其活动在历代时隐时现,与欧洲早期的公共银行相似。

隋、唐时期,政府设置一种金融机构公廨,官方任命"捉钱令史",放款取息,收入归财政支配。隋公廨是地方官府直接经营,目的是让公廨"回易生利,以给公用",即"出举生利","诸处兴生","在市回易",以解决地方政府"公用"经费不足。唐公廨是诸州令史即"捉钱令史",资金来源以税钱充本,全部高利贷给有偿还能力的"高户"经营,谓之"捉钱户",官府不管公廨钱的具体经营,由捉钱户以公廨钱为资本进行盈利活动,包括贸易、质库、高利贷等,唐代的这种制度安排,在形式上似乎避免了官府与民争利,实际仍是一种官府经营的高利借贷资本。针对当时寺庙质店放款利息过高,武则天在公元701年(大足元年)下令,不得复利计息,并且在长安大街上悬挂标准铜货币,不许任何人私铸不足值货币冒充好钱,盘剥民众。

(三)开放的对外贸易政策

早在公元8世纪前,中国已经通过丝绸之路与西域进行贸易往来。在4~5世纪,波斯萨珊王朝垄断着中国到中亚的丝绸贸易,大量的波斯银币在丝绸之路上流通。当时中国是主要生产者,中亚、西亚商人为中间商,地中海沿岸城市则为亚洲商品对欧洲销售的最终市场。也许是因为活跃在这条商路上的大部分是波斯、拜占庭、西突厥等国的商人，也许是因为他们所使用的金银币在国际贸易中优于中国铜币，这个时期波斯银币和拜占庭金币似乎是国际货币，与国内劣币驱逐良币规律相反，国际市场上货币流通则是良币驱逐劣币。姜伯勤在《敦煌与波斯》中谈道："从中国往西方的丝绸之路，也是从波斯往东方的白银之路。"① 近代在中国出土的东罗马金币很多，除了真品外，还有许多仿制品。活跃于"丝绸之路"的中亚粟特人在贸易中使用的是东罗马金币和波斯银币，后来粟特人仿制萨珊银币，继而仿造了大量的中国的方孔铜钱，也仿制东罗马金币。② 中国商人介入了国际贸易与货币交换。前述太原市晋源区王郭村出土的隋代墓葬，墓主人西域人虞弘，北齐时作为使节来到中原，后来竟成为统领代州、并州、介州三州的检校萨保府，专管入华西域人事务。足见当时的对外开发政策与外贸的发展水平。

（四）灵活的货币借贷交易

据《后汉书·刘虞传》记载："虞所赍赏，典当胡夷，瓒数抄夺之。"③ 说的是东汉末年，甘陵相刘虞奉命攻打幽州，与部将公孙瓒发生矛盾。刘虞打算把受赏之财质押给外族，却被公孙劫掠。有人据此认为典当萌芽于汉朝，距今约1800多年，但多数人认为始于南北朝的寺庙。由于"寺庙银行"不能满足社会的信用需求，与其平行发展的民间高利贷者、摊桌兑换商发展超过寺庙，逐渐取而代之。

典当业萌芽于西、东两汉，兴起于南北两朝，成熟于隋唐五代，立行会于两宋，鼎盛于明清，衰落于清末民初。宋朝行会组织相当成熟，典当行会也从市井工商诸业中脱颖而出。

唐时许多商业城市的金融业很活跃，信用放款叫"出举"、"举放"、"举债"、"责息钱"；抵押放款叫"质"、"收质"、"纳质"。武则天的太平公主，就开有质店。

在唐代，柜坊与邸店不同，邸店是专营钱币存放与借贷的机构。柜坊的经营规模很大，唐德宗时政府曾向长安的柜坊借钱八十余万缗，足见柜坊财力之巨。柜坊资产主要是钱帛、粟麦。钱，包括自有的资金和客户存款，因其实力雄厚，有钱人乐于寄存，而帛、粟、麦则是农民借钱的抵押

---

① 姜伯勤：《敦煌与波斯》，《敦煌研究》，1990 年第 3 期。
② 罗丰：《关于西安所出东罗马金币仿制品的讨论》，《中国钱币》1993 年第 4 期。
③ 范晔：《后汉书·刘虞传》。

品。唐代流通中货币是铜钱，每贯（1000 文）重六斤四两，携带大量铜钱出门很不方便，柜坊代人存钱，自然有利贸易往来。柜坊的金融业务活动：一是代客保管金银、货币，收取保管费；二是接受存放金钱者所开出的支票，支付指定的钱数，即"持帖支钱"；三是对客户贷款，多数需要抵押；四是受人委托，出卖贵重物品。范文澜在《中国通史》写道："唐时商业多至二百余行，每行总有较大的商店。据现有材料看，最大的商业当是放高利贷的柜坊。"

柜坊又有僦柜、寄附铺、质库、质舍等名称。柜坊中设置储钱、储物的设施，代客保管钱物或者"出租保险柜"，故称"僦柜"；柜坊对外贷款，需要有抵押物品，到期未赎取的抵押品，要出售变现，同时还有受托寄卖商品，类似后世的寄卖商店，寄卖商店虽是商品交易行为，不过委托售卖具有信用性质，且为金融行业兼营，故将柜坊、寄附铺认定为金融业当无争议。唐蒋防《霍小玉传》记载，霍小玉由于资用屡空，往往私令侍婢卖箧中服玩之物，多托于西市寄附铺。柜坊办理借贷需要抵押，抵押信用称为"质"，后人也称"典"或者"当"，故柜坊也称质库。隋唐已经有了代替铜钱流通支付的纸质信用工具，异地款项调运的工具谓之"飞钱"或"便换"。《唐会要》记载，"时商贾至京师，委钱诸道进奏院及诸军、诸使富家，以轻装趋四方，合券乃取之，号'飞钱'。""商人于户部、度支、盐铁三司飞钱，谓之'便换'。"便换汇费高昂，有时达10%。所以，唐代名之曰柜坊、寄附铺、僦柜、质库、质舍等机构，是专业金融机构，兼营一定范围的商业活动，带有较大的综合性，在各城市非常活跃。彭信威在《中国货币史》中描述道，京城"长安的西市便是中国初期的金融市场，在这个金融市场里，流通着各种信用，供给这些信用的，除个人性质的富商官吏以外，有供给抵押信用的质库；有供给普通信用的公廨；有收受存款或供给保管便利的柜坊、寄附铺和各种商店；有从事兑换业、买卖生金银的金银店；有办理汇兑业务的商人组织。"柜坊是中国商业银行的开端。

唐宋时期的典当业通称为质库，有时亦称为解库、解典库等。宋代以后，质库在进行一般的消费性动产抵押放款的同时，也开始进行经营性质的放款。在此同时，还逐步发展出了有息存款，从而初步显示出了作为信贷中介人的职能。

唐代金属货币数量不足且流通不便，出现票据，号称"飞钱"，不动现钱，可以"便换"。宋代飞钱发展，有便换、便钱、兑便等名称，政府在东、西两京开设便钱务，官营便钱务发行"关子"，民间便钱务发行"会子"，都是纸币。初是商人发行，后为政府发行。公元 8～14 世纪，中国的票据和纸币代替金属货币流通已经达到了很高的水平，其设计、操作、管理的大量工作，柜坊等金融机构做出了重要贡献。"便换"的经营机构，在公元 811 年（唐元和六年）以前为诸道进奏院、诸使、富商等自由经营；公元 812 年（元和七年）后改为户部、盐铁、度支三司垄断经营。便换使用广泛，在江淮、两浙和四川等地，特别是茶商，使用便换最多。便换盛行于 8 世纪 80 年代至 9 世纪 20 年代初的自由经营时期，政府机构垄断经营以后就走了下坡路。宋朝生产活跃，商业发达，从事金融交易和兑换的店铺增多，有银铺、金银铺、金银交引铺、金银交引交易铺、金银盐钞交易铺等，流通中便钱、便换、兑便更是活跃。因而政府不得不进行必要的金融管理，如 1057 年（北宋嘉祐二年），福州府就有"银行辄造吹银出卖，许人告捉"的政令。

（五）平行的官营民营市场

战国时，管仲曾帮助齐国实行盐铁官营，商鞅也为秦国制定官营手工业和商业。但是真正官营商业是从汉武帝开始的。桑弘羊为汉武帝管理财政，实盐铁官营和酒类专卖。唐宋以后，实行官商分利，官营和专卖中不便的经营性承包给商人，官营改为民营，政府的直接收入名誉上减少，但没有经营成本，实际国家收入是大大增加了。这是刘晏的一大贡献，官民两利。除盐铁酒之外，后还有茶叶、香药等。这项政策一直到明清，仍然官、商分利，很多商人承办政府经营项目，公私商业都得到了发展。

从事货币经营业务的当铺，因其丰厚的盈利，有所谓寺当、皇当、官当、商当之别。遂使典当业竞争加剧，经营管理水平有了提高，出现了《典业须知录》一类内部管理文献。老百姓将家具、衣服，甚至庄田作为质物换取钱两，十分便利。由于公私质库争相牟取暴利，朝廷不得不严加整饬，颁布法令对质钱利率做出明确规定。如《大唐六典》载："凡质举之利，收子不得逾五分出息，债过其倍。若回利充本，本官不理。"当时，典当业为便利市民，促进流通，活跃唐朝经济做出重大贡献。《金史·百官志》载："大定十三年（1173），上谓宰臣曰：闻民间质典，利息重者至五七分，或以利为本，小民苦之。若官为设库务，十中取一为息，以助官吏廪给之费，似可便民。"于是，金政府在中都（今北京）、南京（今开封）、东平（今山东东平）等各大城市广泛设置官典——"流泉务"达28所，并派专门官员管理。金世宗还专门制定了官营典当业管理规则，这是迄今见于我国历史文献最早的一部由政府颁布的典当业管理规则，是我国典当业成熟的一个标志。

票号的兴衰

山西票号产生的历史背景及其性质

背景说明

本文是 1982 年 6 月在由山西财经学院与人民银行山西省分行联合召开的全国首次"山西票号学术讨论会"上的即席发言，根据录音整理，没有加工，被学校科研处编发在《山西票号研究集》第一集上。

票号的性质问题是这次会议争论的核心。会议上有三种截然不同的意见：一是高利贷论；二是货币经营资本论；三是资本主义借贷资本论。笔者当时是站在第一种立场上的。现在看来，票号研究的重点，是票号的历史贡献和它的经验教训，这才是最有现实意义的问题。但是在当时的背景下，性质被多数人认为是关键和核心问题。1963 年，一家有名的出版社审阅《山西票号史料》初稿时说，"史料填补了中国经济史中的空白"，要求山西财经学院加紧编纂出版。但是 1966 年"文化大革命"开始后，却来信说"你们为资本家树碑立传的书是不能出版的"，并退回了书稿。对此，我们能够理解。虽然我在会议上提出要对山西商人与威尼斯商人作比较研究，这只是受了梁启超先生 1912 年在北京对山西票号商人的讲话的启发，当时并没有去这样做。后来我做了一些比较，才有了一些新的看法，它其实是由封建社会向资本主义社会过渡中的产物，没有必要穷追一个姓封姓资问题。为了保留当时发言的原貌，一字未动。

研究山西票号首先有个方法问题。一个事物的产生，必然和当时的社会、政治、经济各方面发生密切的联系，孤立地谈票号，有许多问题难以

35

说清。所以，研究山西票号，应当考虑以下两个方面：

一是将山西票号放在世界经济环境中加以比较。例如，威尼斯商人、犹太商人，他们早期的商业活动是怎样的？究竟犹太商人和山西商人，威尼斯银行和山西票号有什么异同。如果能从这些方面做出比较，对于正确认识票号这一事物是很有益的。

二是要从社会经济关系上考察。票号在它发生和发展的一百多年中，在社会经济中处于什么样的地位？做什么工作？与社会经济各方面的关系如何？即从社会经济结构上来考察票号的发生、发展、灭亡及其历史地位和作用。这里，重点谈一下中国社会经济关系上观察票号的方法问题。

从这个角度看，票号作为专业汇兑组织，不仅一度垄断国内汇兑，还做了一些国际汇兑。它的产生必须具备以下三个条件：第一，要有巨额资本；第二，在全国各地必须有广泛的分支机构和代理关系；第三，要有充分的信用和社会声誉。

以上三条必须同时具备，否则票号作为专业汇兑组织是无法产生的。然而这三个条件是如何形成的？我认为必须从山西票号和山西商人、商业资本的发展中去寻找。

众所周知，山西人善于经商。为什么山西人经商多？根据笔者的了解，山西商人产生得很早，司马迁在《史记》中已有记载。《史记·货殖列传》中记载：陶朱公"治产积居，与时逐而不责于人，十九年之中三致千金，后年衰老而听子孙，子孙修业而息之，遂至巨万。"[1]《孔丛子》中又记载：鲁之穷士猗顿"耕则常饥，桑则常寒。闻朱公富，往而术焉。朱公告之曰：'子欲速富，当畜五牸'于是乃适西河，大畜牛羊于猗氏之南，十年之间其息不可计，赀拟王公，驰名天下。"[2] 山西临猗县有猗顿的坟墓，商人所崇拜的陶朱公庙，至今犹存。真正的山西商人和商业资本的发展当在明、清时期。如果要把山西商人的发展划分成几个时期的话，笔者认为，唐以前是发轫初期，宋元时期是发轫时期，发展时期是在明清。在清代，乾、嘉、道、同四朝是鼎盛阶段，光绪以后直向没落，辛亥革命后就衰败至尽。清代中后期，山西商人足迹达到俄罗斯、阿富汗、朝鲜、日本等国家，而且商号规模很大。"大盛魁"一家拥有两万头骆驼的专业运输队，总号先设科布多，后移归绥。其从业人员受过蒙语、俄语、

---

① 《史记·货殖列传》，中华书局标点本。
② 裴骃：《史记·货殖列传集解》，中华书局标点本。

哈萨克语、维吾尔语几种语言的专门训练。经营商品"上至绸缎，下至葱蒜"。庞大的骆驼商队往返于莫斯科—西伯利亚—恰克图—科布多—库伦—归绥—张家口—祁县—开封—周口（骆驼最南到周口），再往南则是经水路至汉口、广州。

山西商人为什么在明清时期有较大的发展呢？笔者认为，阶级斗争的因素虽然应当考虑，但更重要的是从社会经济方面找原因。

第一，山西地瘠民贫。土地瘠薄，人口众多。一些县志都讲这个问题。司马迁也讲过。为了生计，不得不离乡背井，外出谋生。

第二，山西是我国南北物资交流要道。山西北连畜牧产区的蒙古，南与发达的中原地区相接，处于物资交流的要冲。山西本来就在丝绸之路的延长线上，而后又成为中俄贸易的重要通道。

第三，手工业发达。山西农业条件差，但手工业发达。晋城的缝衣针供应全国，以及西亚和欧洲。

第四，移民。移民和经商似乎有一定联系。山西曾发生过几次大的移民，金诗人元好问在《晋阳怀古》一诗中感叹道："可恨河南往来苦，至今父老哭主夫。"明代移民有洪洞大槐树为证，先后向安徽、北京等地移民几次，达几万户。

尤其以下两点最突出：一是明代盐政实行"开中法"输粟入边，给予盐引，山西商人自然捷足先登；二是清入关以前，山西商人在东北已与清政权有了往来，并在清初的军需贸易上大显身手，从而取得了政府的信任。这是明清时期山西勃发的重要条件。山西商人不仅是大商人、高利贷者，又是大地主，一身三任。他们活动地域广，资本雄厚，交结官场，资助政府，有的还可出入王府官衙，甚至组织军队协助政府军队镇压农民起义。如此巨大的经济势力，在资金的调度上必然要求有相应的专业组织。因此，笔者认为，山西商人和商业资本的发展，是山西票号产生的基础和前提。

关于山西票号产生的时间问题。回答这个问题，需要提一下镖局。票号发生于什么时间和镖局有一定联系。票号在融通资金时，一直沿用"镖期"，放款利息也按"镖利"。镖期、镖利延续很长时间。镖局发生于何时？按卫聚贤的说法，是清乾隆年间。笔者有些怀疑，是不是更早一点。镖局什么时候结束？过去说票号是代镖局而起的。看来镖局的产生不应在乾隆年间，镖局的结束也不应是票号的产生。票号搞汇兑，但不能解决所有问题，还要运现。

票号究竟产生于何时？唐代的"飞钱"是汇兑的产生。宋元记载不多。到明代，记载"会票"的事很多，特别是在南方。但没有发现专业汇兑机构，一般似乎是由商业组织兼营的。以后由山西商人发展为专业汇兑组织——汇兑庄（票号）。这个事发生在哪一年？清顺治间，山西商人搞汇兑有记载，但史料无法说明是专业汇兑庄。有史料可证的是在道光初。从明末到清初，"会票"记载颇多，南北均有。为什么专业汇兑庄在山西商人之中形成？是否与以下三点有关：①南商北商之差异：山西商人在外搞零售者少，搞批发者多；异地资金调拨频繁；南方商人则零售者多。②山西商人经营商业多采分支号制，而南商则多单独经营或联号制。③山西商人在政治上有靠山，信用卓著。

票号发生在何年？就现有资料讲，似乎说道光四年较合适。不仅是因为卫聚贤说到了"万金账"和七松老人写的牌匾，另外还有一个人物值得一提，即五台县徐继畬，其生于1795年，是我国第一个研究外国地理的人。他在1826年做进士前在平遥超山书院，与平遥商人往来密切。据说蔚字号票号的号规是徐继畬协助制定的，其父还给蔚字号写过一副对联。徐继畬在道光六年离开平遥，订号规应在六年之前，但也不会太早，因六年时其年仅31岁。

研究山西票号的性质，既要看票号本身的活动特点，又要看到当时的社会经济背景。票号从事汇兑、存款、放款等信用活动，在它存在的一百多年中，前后业务重点曾有过变化。太平天国革命运动之前，主要从事商款汇兑；太平天国革命失败以后，则大量从事官款存收和汇兑。商款汇兑无疑是为商品流通服务，官款存放和汇兑实际上涉及分配问题，但不论是流通、分配，都是由生产决定的。从这个角度来考察，生产方式是决定票号性质的关键。

为了探讨票号的性质，需要弄清以下几个关系：

第一，票号和商人的关系。山西票号是在山西商人资本发展的基础上产生的，也可以说山西票号是从山西商品经营资本中分离出来的，而且相互支持，混合生长（票号的财东大多同时又是商号的财东）。山西商人的商品经营资本和作为票号的货币经营资本，正是马克思在《资本论》所说的前资本主义商人的资本的"两个亚种"。马克思说："不仅商业，而且商业资本也比资本主义生产方式出现得早，实际上它是资本在历史上最为古老的、自由的存在形式。""……货币经营业和预付在它上面的资本只需要批发商业的存在，进一步说，只需要商品经营资本的存在，就可以发展起来。""资本作为商人资本而具有独立的、优先的发展，意味着生产还没有从属于资本。""商人资本的独立发展和资本主义生产的发展程度成反比这个规律，在如威尼斯人、热那亚人、荷兰人等经营的转运贸易的历史上表现最为明显。在这种贸易上，主要利润的获取不是靠输出本国产品，而是靠对商业和一般经济都不发达的共同体的产品交换起中介作用，靠对两个生产国家进行剥削。在这个场合，商人资本是纯粹的商业资本，同两极即以它作为媒介的各个生产部门分离了。这就是商人资本形成的一个源泉。"我们完全可以把山西商人比作威尼斯人、热那亚人。把票号比作威尼斯银行、圣乔治银行、阿姆斯特丹银行。票号就是为那种依靠转运贸易的商品经营资本服务的，并大量从事封建政府官款存放汇兑，它在辛亥革命后的垮台与热那亚人的圣乔治银行的关闭基本出于同一原因，即对政府放款过多。票号前期与商人资本相联系，后期与官场发生了联系，均属前资本主义的生息资本范畴。

第二，票号与官场的关系。本来山西商人与政府就有一定联系，太平军兴起，清政府财政困难，要山西商人捐款，要票号汇兑军饷和各种公款，这种关系得到了进一步发展。几乎每家票号都与官吏有勾结，与政府财政款项的收解和拨付有密切的联系。票号与清政府的结合，用一句话说，19世纪60年代后逐渐成为清王朝的财政支柱。其表现是：①代办捐纳，为清廷筹措财政经费。一方面票号财东和经理人员自捐；另一方面代办捐纳，实际上已成为清政府卖官制度的一个办事机构。②为政府解交税款。③为各省关借垫京、协各饷。④为清政府筹措借款，抵还外债。⑤还代理部分省关的财政金库。这种关系一直持续到清政府的灭亡，亦即票号的垮台。

第三，票号与工业的关系。票号对于近代工业，很少介入。据笔者所见资料，只经营过一些股票，至于投资、借款、透支很少。经营股票主要代客推销，如川汉铁路股票、粤汉铁路股票等。直接投资借款最突出的是阳泉保晋公司。保晋公司是与洋人斗争的产物，票号商人曾经支持过与洋人的斗争。在为数不多的对近代工业投资中，南帮票号则多于平、祁、太三帮。这是什么原因？我想大概与南帮票号的投资人不少人本身就是买办，或与买办有联系，以胡光墉为代表。北方票号与近代工业联系较为密切的是大德通、大德恒两家。这两家票号是乔家的生意，经理渠本翘，祁县"旺财主"渠源祯之子，自幼在天津上学，后留学日本，受近代西方思想影响较深。他领乔家资本经营大德通票号曾支持近代工业，后因在太原的争矿群众集会上发表演说，被财东辞退。保晋矿务公司向英福公司赎矿借款二十七万两是他经手向票号借来的。这位具有民族资本家经营思想的票号经理的活动，无法代表票号的全体。在对近代工业投资上，总体看票号投资不多。

第四，票号与洋人的关系。据笔者所接触的材料，南帮票号与洋人的联系较多，平、祁、太票号与洋人联系比南帮为少，票号仅放款给钱庄，经钱庄之手转贷于买办商人，输入洋货，输出土特产品，而直接从事买办活动很少。与洋人在利益上的矛盾使他们对洋人不满，但与洋人的斗争又不突出。晋省赎矿比较积极。在相当长时间里，票号、钱庄、外国银行有三足鼎立之势，而钱庄势力弱，不得不两边依靠，保存自己。从这方面看，票号是外国银行对华经济侵略的对立势力。

第五，票号与土地的关系。票号的财东，基本都是土地所有者，又是生息资本的所有者，同时又开办别的商业企业，是地主、商人、高利贷者的统一，一身三任。票号的财东购买田产、房产、雇工、出租、放账、投资商业贸易，但对近代工业投资较少。

第六，票号与借者的关系。票号作为生息资本，其借者，一是政府和候补官员；二是较大的封建商人和钱庄。前者用于消费，后者用于高利贷放。从贷者的资金来源看，是封建商业利润的投资和票号积累，另有政府官款存放，不是产业资本周转过程中暂时闲置的货币资本，基本与产业资本没有任何联系。

从以上诸方面的考察，票号是为封建生产关系服务并存在的，与雇用资本和剩余价值的分割基本没有联系。因此，笔者的结论，票号是封建高利贷的金融机构。

主张票号不是封建高利贷而是借贷资本的同志，提出了票号利率比较低，大体是"商业平均利润率"，是与我国资本主义萌芽相联系的，等等。笔者认为利率的高低不是衡量借贷资本和高利贷的根本界限。票号放款的来源，很大一部分是无息存款，利率低不等于利润低，世界上利率发展的趋势，似乎西方是由低到高，中国则是由高而低。衡量借贷资本和高利贷的根本标志，在于它与什么样的生产方式相联系，必须从货币信用所体现的生产关系上进行分析，平均利润率是资本主义自由竞争的产物，在封建的中国社会很难找出一个商业平均利润率。票号资本的运动也不符合借贷资本的运动规律。借者不是把贷款转化为资本来使用，而是用于消费和转运贸易。票号财东未参加也不可能参加剩余价值的瓜分。

最后，笔者不反对票号是货币经营资本这个提法。货币经营资本实际属前资本主义的高利贷性质的范畴。笔者对于马克思在《资本论》中对货币经营资本的论述是这样理解的。

山西票号与清朝官吏的关系

背景说明

对于票号性质的争论，在一定程度上与票号和清政府的关系有联系。到底票号与清政府是什么关系，需要搞清楚，在把握历史事实的基础上做出判断。1983 年秋就此写了这篇综述。

19 世纪 60 年代到 90 年代，票号进入了它的"黄金时代"。本来，票号是适应国内商品经济发展的需要发生和发展起来的。它直接从商业中分离出来，经营商品交换中的汇兑业务。自 19 世纪 50 年代太平天国革命军兴起，票号为清政府筹款，办理捐纳汇兑，开始与官场结托，互为利用，代理财政收支汇解，与清王朝的关系逐渐密切起来，从而使票号的机构、业务、利润，获得了迅猛的发展。

一

19 世纪 60～90 年代的 30 余年间，在中国金融市场上山西票号曾称雄一时。有人说这个时期票号和外国银行、钱庄呈三足鼎立之势，其实票号势力之盛，尤其在政府金融方面独占鳌头。据山西平遥、祁县、太谷总号账目、信稿以及清政府的档案、民间商人的回忆记录等资料，这个时期票号发展很快。

第一，家数增加。票号从 19 世纪 20 年代初产生到 50 年代初，只有日升昌、蔚泰厚等 9 家，50 年代增加了 5 家，而 60～90 年代初，票号新增 37 家，虽有歇业 13 家，大体保持 30～40 余家，1893 年为 38 家。与

50 年代初相比，30 年内增加了 4 倍多。

第二，突破了平、祁、太三帮垄断，出现了南帮票号。19 世纪 60 年代，经营汇业的金融机构仅山西平遥、祁县、太谷三县的票号商人。1863～1865 年浙江买办商人、捐官后补道员、左宗棠上海转运站负责人胡光墉，仿照山西票号，分别在上海和杭州设立阜康、胡通裕两票号，另在京师、镇江、宁波、湖南、湖北、福州等地设立分号。19 世纪 80 年代中期江苏官僚、买办严信厚设立源丰润票号于上海，另在京师、天津、福州、广州、香港设分号。80 年代末期，李鸿章之兄李瀚章开设义善源票号于上海，由其子李经楚出面经营。此外，还有云南商人在昆明设立天顺祥票号，于重庆、成都、汉口、上海、京师分别建立分支机构。江苏粮道英朴和广东陆路总督、云南高州镇总兵杨玉科（湖南人）与平遥商人合资设立松盛长、云丰泰票号于平遥，分支机构遍及大江南北。

第三，活动地域广大，分支机构遍及全国。19 世纪 60 年代以前，票号活动范围主要是在内陆各重要商埠，除山西以外，分布于京师、张家口、天津、盛京（辽宁）、西安、三原、开封、周口、济南、汉口、常德、沙市、苏州、江西、芜湖、屯溪、扬州、成都、重庆、广州、湘潭、清江浦等 30 多个城市，其业务重心在北方。19 世纪 60 年代以后，票号通汇地向全国边远地方扩展，尤其是对外通商口岸，包括对俄贸易的蒙古、新疆各城镇发展，如上海、福州、厦门、香港、昆明、乌鲁木齐、归绥以至库伦、恰克图等地，在北起蒙疆，南至闽粤，西起川康，东临海滨的重要城镇、商埠、码头，大都建立了通汇点。据《冠棠萃会》载，1881 年仅汉口一地就有票号 32 家。上海在 1875 年有票号 24 家，它们为了联合对外，协调内部，合组了"山西汇业公所"，商定条规，举定董事，购买七浦路旧广东花园为所址，使票号在上海金融界的地位愈加稳固，数年之后又陆续增加到 40 多家。

第四，经营范围扩大。19 世纪 50 年代以前，票号主要是办理商人的异地汇兑，咸丰年间清政府因财政困难扩大捐纳，票号大量承做捐纳业务，并积极"报效"清廷，开始与官吏相勾结，千方百计收存官款，扩大其营运资本，代办捐纳，借垫公款，业务迅速发展。据不完全统计，票号为各地汇兑公款（包括借垫汇兑）1862 年为 10 万两，1864 年为 56 万两，到 1893 年扩大为 525 万两。

这个时期，票号之所以能够获得迅速的发展，其主要原因是结托官场，夺得了大量官款存储，扩大了资力，而且垄断官款汇兑、借贷业务；同时还取得了官方的保护，诸如现银搬运时，官吏常派兵护送；票号业务收入利润多少，官方从不过问，且免于课税（而资本数千两的当质业却得照章纳税）。这些优待与票号的发展不无关系。最根本的是这个时期清政府对大西北、大西南连年用兵，饷糈调运絮浩，均需各省关特别是东南沿海省关协助，从而扩大了对官款汇兑的要求，而且在入不敷出时，只有依赖票号垫汇，舍此莫属，这是票号发展的关键。其次外国资本主义商品输入的扩大，国内商品经济的发展和商业城市的兴盛，资金调度的频繁，向汇兑业提出了较大的要求。而当时外国银行虽然在东南沿海迅速扩张，而在中国广大腹地，金融周转仍然依赖中国旧式金融机构，这是票号发展的条件。

第五，旧式金融机构中钱庄（银号）、典当等一般均是独家经营、一地营业，有分支机构者甚少。而票号实行联号制。总号虽在平遥、祁县、太谷三县，分支机构遍及全国城镇码头，这是票号发展的重要前提。

二

票号与官吏的勾结始自咸丰年间，同光以后已经如胶似漆。其最初关系的建立，《山西票庄考略》有如下一段生动的描述："票庄交官的伎俩，无微不至，各省试子入都应试，沿途川资，概由票庄汇兑。川资不足，可向票庄借款。对于有衔无职的官员，如果有相当希望，靠得住的人，票庄也喜欢垫款，替他运动差事。既放外官，而无旅费赴任者，也由票庄先垫，寒儒穷士感激票庄济急，一旦发达，则公私款项必尽存于票庄。清末捐官风气甚盛，票庄代替生员及富家子弟在京运动捐功名。票庄经理走熟衙府，手续敏捷。"因为各官吏或捐官谋缺者，直接向户部交款，库内必有若干挑剔。层层关卡，层层剥皮，票庄上结尚书、郎中，下交门房、库兵，手续娴熟，交款无阻。票号交款，自库兵以至郎中，分别等级行贿，逢年过节，必赠款送礼，腊月二十到除夕，每日两三辆轿车，专门拉包送礼，自管事至老妈子，都有名单，按名奉送。对王公大人，均在相公下处，殷勤招待。"官僚乐意拉拢票庄，自然是图个人私利，他们以公款存储票庄（按清朝定例，凡属公款，在京则存户部，在省则存藩库，并无令存票号的明文），好做私下的人情。个人的私款、贿赂的横财，自然是以存票号为最相宜。因为票庄与官吏有密切的关系，私人款项，可以代守秘密，如遇查抄处分，决定不敢实告，所以官僚很喜欢利用票庄，朋比为奸。"特别是太平军起义后，清王朝财政拮据，捐纳功名之例大开特开，"文官可至道台，武职可待为游击，京堂二品，各部郎中，鬻实官并卖虚衔，加花翎而宽封典。票庄乘机居间揽办，得利优于其他汇款"。这就是票号勾结官吏的原因和背景。

据记载，票庄经理与督抚往来密切，得其信任，亦步亦趋。虽调任亦与之同行。如大德通的经理高钰追随赵尔巽，赵往东北，高则往东北，赵来京师，高则同来，赵放四川，高就到四川，大德通成了赵尔巽的账房。协成干、志成信两票号之所以能够独揽广东粤海关税款存储及汇解京师国库款项，全在于与官吏的拉拢，协成干驻广东分号经理无一任不与粤海关监督为磕头之交。其北京分号经理杨哲臣竟然能与户部尚书戴鸿慈、那桐和慈禧太后的亲信李莲英成为拜把兄弟。票号步入黄金时代就是从这里开始的。

票号交结各省官吏情况表

票号名称	官吏姓名	职务
蔚盛长	庆亲王奕劻	总理各国事务大臣、军机大臣
百川通	张之洞	两广、湖广总督、内阁学士、洋务派首领
协同庆	李莲英	慈禧太后亲信
	那桐	
	戴鸿慈	户部尚书
	董福祥	新疆陕甘总兵、提督
志成信	叶名琛	两广总督
大德通	李闲	广西布政使
	庆亲王	总理各国事务大臣、军机大臣
	赵尔巽	户部尚书
	端方	陕西巡抚
	杜金标	平阳知府
	徐葆生	朔州知州
	恩囚	雁平道台
三晋源	岑春煊	巡抚
日升昌	庆亲王	总理各国事务大臣、军机大臣
	伦贝子	
	振贝子	
	赵舒翘	

续表

票号名称	官吏姓名	职务
蔚丰厚	赵尔巽	户部尚书
	余子厚	太史、川汉铁路总办
	童瑶圃	安徽芜湖道台
	张麟阁	四川川北道台
	申吉甫	陕甘督抚
	徐春荣	四川候选道
天顺祥	崔尊彝	云南粮道
	潘英章	永昌府知府
阜康	文煜	刑部尚书
	锡镇	驻藏大臣
	左宗棠	闽浙、陕甘、两江总督、湘军军阀、洋务派首领
宝丰隆	赵尔丰	川滇边务大臣
蔚丰厚	崇实	四川将军
	有魁	四川将军
义善源	李绍庭	保定电报局督办

山西票号与清政府的勾结

背景说明

　　本文原载《中国社会经济史研究》1984 年第 3 期。文章全面系统地分析了票号和政府之间的关系，并提出了四点结论。曾获山西省教育委员会人文社会科学优秀成果一等奖。

一

　　山西票号是适应国内商品经济发展的需要，直接从封建商业资本中分离出来，专门经营商品交易中货币汇兑业务的金融机构。明末清初民间虽然已经有了大量货币汇兑业务，但就现有史料，到清道光初年（19 世纪 20 年代初）到 20 世纪 30 年代衰亡，历经 100 多年。而它与清政府的联系，则是从 19 世纪 50 年代太平天国革命运动兴起以后开始的。票号与清政府的联系，步步升级，以至达到如胶似漆的程度，直到清王朝的崩溃为止。此间大体分作三个阶段：咸丰元年（1851 年）到同治三年（1864 年），为票号与清政府的初步结托；同治四年（1865 年）到光绪二十年（1894 年）中日甲午战争以前，是票号与清政府的进一步勾结，并充当清王朝的财政支柱；甲午战争（1894 年）到辛亥革命（1911 年），为票号与清政府勾结的顶峰。辛亥革命以后，票号失去靠山迅速衰败。

　　山西票号在创设的最初 30 年，只有日升昌、蔚泰厚、天成亨、蔚丰厚、蔚盛长、新泰厚、日新中、广泰兴、合盛元、志成信十家。而从 1851 年开始到 1864 年的十四年中，又有协和信、协同庆、百川通、大德兴、元丰玖、协成干、干盛亨、谦吉升、蔚长厚、其德昌、三晋源、存义公、巨兴源、大德玉、祥和贞、义盛长等十几家票号的建立，它们的营业利润是极其优厚的。如蔚盛长在1856～1858年3年中，资本虽然只有30000两，而盈利却有82499.13两，每年盈利为资本额的91.66%。

票号在这个时期之所以能有较迅速的发展，并有如此优厚的利润，是由于外国资本主义势力的入侵，沿海和长江沿岸主要城市对外开放，洋货大量涌入，土产品大量外流的情况下，向票号提出了更多的商业汇兑的要求。可以说自然经济解体，商品货币经济迅速发展，是票号发展的一个原因。但是这种商业汇兑的数量在票号的全部汇兑总量中究竟能占多大比重，现在还没有确切资料。不过这种不断扩大的贸易所引起的汇兑需求，不能不承认帝国主义的商品输入起了很大的推动作用，这是一种殖民贸易的需要。当然商业汇兑的扩大，也有国内封建商人对中原和南方经济发达地区与北方经济落后地区进行贩运贸易的需求，这两种情况都与我国资本主义的商品生产和商品流通无缘。因为在这一时期我国资本主义近代工业尚未发生。可以肯定，山西票号在19世纪50年代的迅速发展与商业贸易的发展有密切关系。然而，山西票号发展的更为重要的原因是得官所助。各家票号资本大多数十余万两，但汇兑额动辄数百万两，如此巨大的周转资本，主要是靠吸收存款。票号吸收的存款，以各省政府机构之公款及贵族显宦之积蓄为多数，公款如税款、军饷、边远各省丁漕等，私款如官场之蓄、绅富之储蓄等，无一不存票庄之内。所以祁县老商人杨某说："与其说票号的股东是山西富商大贾，还不如说是清政府及其显宦要员更确切些。"

那么，票号与清政府及其官吏的勾结是怎样开始的？大概通过三个门径：

（一）资助穷儒寒士入都应试以至走马上任

"各省试子入都应试，沿途川资，概由票庄汇兑。川资不足，可向票庄借款。对于有衔无职的官员，如果有相当希望，靠得住的人，票号也喜欢垫款，替他运动差事。既放外官，而无旅费赴任者，也由票庄先垫，寒儒穷士感激票庄济急，一旦发达，则公私款项尽存于票庄。"[①]

（二）代办、代垫捐纳和印结

咸丰时，为筹措镇压农民运动的军费，大开捐纳，按虚实官衔等级定

---

① 陈其田：《山西票庄考略》。

价，输银加封。社会各界下层人士或基层官吏，要取得官衔和封典，即可向政府捐纳银两。"文官可至道台，武职可待为游击，京堂二品，各部郎中，鬻实官并卖虚衔，加花翎而宽封典。票庄乘机居间揽办，得利优于其他汇款。"① 自从"咸丰初年，筹饷例开，报效者纷纷，大半归票庄承办其事，而营业渐次扩张"②。各省捐生因"道路遥远，银两难以携带，且恐盗贼抢劫，每托京外汇票银两递至京中上兑，各省票号，虽不比开设堂名③之市侩索需过多，亦每于正项外添一二名目，向捐生包揽"。④ 已捐虚衔者为了取得实官，还需票号为其打听消息，如某地官位有缺，如何运动，打通关节。已放实官者，为了取得更高一级的职务，亦请票号代办"印结"。⑤ 捐官谋缺者之所以要请票号代办，是因为他们直接向户部交款，库内必有若干挑别，层层关卡，层层剥皮。票号上结尚书、郎中，下交门房、库兵，手续娴熟，交款无阻。票号交款，自库兵以至郎中，分别等级行贿，逢年过节，必赠款送礼，腊月二十到除夕，每日两三辆轿车，专门拉包送礼，自管事至老妈子，都有名单，按名奉送。对王公大人，均在相公下处，殷勤招待。当报捐者取得实官，自然对票号感激不尽，于是个人的私款，贿赂的横财，尽存票号，票号可以代守秘密，一旦遇到查抄处分，票号绝不实告，或转汇原籍支取，至于任上的公款，按清朝定例，在京则存户部，在省则存藩库。但官吏则将其公款存蓄票号，好做私下的人情。这样，官僚在票号的支持下，既获得了高官厚禄，又有了藏富的保险柜；而票号则不仅取得了大量公私款项的存放，扩大了其营运资本，还取得了官僚的政治保护。二者互为利用，朋比为奸。

（三）票号财东与经理人员直接捐纳报效，买取官衔和封典

据山西巡抚哈芬、恒春、王庆云等奏折不完全统计，有日升昌、元丰玖、志成信、协同庆、协和信、蔚泰厚票号的财东和主要经理人员，都捐纳银两，买有各级职衔，据清档记载，由于捐纳有功，咸丰六年（1856年）正月初十日清文宗奕詝对内阁指示："山南太谷县议叙员外郎监生贠亿，着赏给举人……仍留员外郎衔，并赏戴花翎；伊子议叙守备职衔贠不

---

① 陈其田：《山西票庄考略》。
② 李宏岑：《山西票商成败记》。
③ 堂名，指包揽常捐的组织之名称，常称"某某堂"。
④ 清档：军机处《录附奏折》咸丰元年十一月初十日云南道监察御史周长芦奏折。
⑤ 印结，是一种签有印签的证明文书，官吏向上级办理印结，可以由票号代理，概由代办捐纳发展而来，最后成为票号的一种普通业务。

铺，着注销守备衔，作为贡生，以道员分发陕西分缺先补用，并赏戴花翎。祁县后选郎中孙郅，着以道员不论单双月分缺先选；伊子监生孙中伦，着赏给举人……太谷县举人曹培滋，着以郎中不论单双月选用，并赏戴花翎。余着户部速议具奏"。[1] 这几位加官晋爵者，太谷贠亿正是志成信票号东家，祁县孙郅正是同治初改营票号的巨兴隆东家，太谷曹培滋正是后来锦生润票号的东家。平遥日升昌票号的财东李箴视，不仅自捐官衔，还给已经死去的父亲、祖父、曾祖父捐衔，其兄弟七人及下一辈男子十二人均捐有文武头衔，李家的妇女亦均受封为"宜人"、"夫人"。平遥蔚字号（即蔚盛长、蔚长厚、蔚泰厚、新泰厚、天成亨，系一个财东所办，统一管理，分别核算）首任经理毛鸿翙，从其父亲到玄孙五代三十一名男子均捐官"将军"、"大夫"，花翎顶戴，女子亦都"夫人"、"恭人"，冠冕堂皇。三晋源，长盛川、百川通票号财东祁县渠家，渠同海受武德骑尉守备衔、守御"千总"；其子渠应璜，受朝议大夫，盐运使运同、直隶州州同；其孙渠长赢，受朝议大夫，盐运使运同；妻孟、罗、渠、马氏俱奉"恭人"。大德通，大德恒票号财东祁县乔家，乔景僖受花翎员外郎，乔景侃受花翎四品贡生，乔景信受花翎二品衔补用道员，乔景儼受花翎员外郎，兄弟十人均花翎顶戴。平遥干盛亨、其德昌票号财东介休北辛武村冀家当家人马太夫人，当咸丰初，清廷劝谕票商捐饷助炮以镇压太平军时她曾说："此吾家报国之时也"，寄信各分庄，令竭力捐输助饷，前后共捐白银数十万两。不仅票号财东个个名登仕版，而票号经理人员亦一捐再捐，加官进衔。咸丰三年（1853 年）日升昌经理程殊泮已捐俊秀，又报效 750 两，赏监生并布政司理问。蔚字号经协理十一人为加捐高衔，一次报效银两近 2000 两。[2] 据清档不完全统计，咸丰三年（1853 年）五月初三到十月初十，山西各票号和账局捐资以"铸炮"共白银 340000 两，钱 70000 吊，同年十月下旬，日升昌、天成亨等 13 家票号又捐银 6000 多两。咸丰二三年（1852～1853 年）山西票号商人捐款达 2670000 两。就这样，清政府用虚实官衔换得了票号商人的大量白银；票号商人则以白银易得了各种封典，取得了政治特权。

由于上述原因，票号与清政府及其各级官吏的关系日益密切起来。票号分号的经理，大都与所在省份的督抚交往甚厚，为了保持这种固定关

---

① 清档：《上谕档》咸丰六年正月。
② 清档：军机处《录附奏折》，太平天国卷 1129。

系，总号调任分号经理很注意与官吏的调任相协调，分号经理亦很注意与所在地官吏的私人情谊。协成乾驻广州分号经理无一任不与粤海关监督为磕头之交，其北京分号经理与户部尚书往来甚密，所以能长期把持广东粤海关税款存储及向京师国库汇解业务。山西票号正是从与官府的勾结中步入了它的黄金时代。

二

从 1865 年太平天国失败到 1893 年甲午战争以前，山西票号与清政府勾结又有了进一步的发展。大德恒票号与曾任山西巡抚、四川巡抚的赵尔丰，九门提督马玉琨，山西巡抚岑春煊、丁宝铨等都有往来，两湖总督端方曾在大德恒财东祁县乔家堡乔在中堂家中居住。大德通老板高章甫与赵尔丰关系甚密，赵任调遣，高则随往，票号内部伙友呼高为"二督抚"。合盛元票号汉口经理史锦刚是两湖总督瑞澂的干儿子，总督府差役称史为"三少"，而不敢呼其名。张之洞任两广总督时，百川通广州分庄经理邢象宾出入张之洞督抚府衙门如走平路。袁世凯为了巴结北洋大臣李鸿章，多次求见未成，最后还是请三晋源票号老板引他在票号账房会见李鸿章的。没有票号的帮助，官吏的许多欲为之事是难以成功的，他们要想升官发财，必须有票号予以运筹，同治年间，左宗棠降收了董福祥，任以新疆陕甘总兵，后升提督，军饷调拨频繁需要有人经办，遂通过朋友与蔚丰厚票号商议，由蔚丰厚派人在迪化设立分号，经汇和收存董福祥军队军饷。蔚丰厚票号积利甚多，董福祥私蓄亦达十几万两。安徽芜湖道童某卸任返乡时，将在任所搜刮的赃款 100000 两，交蔚丰厚票号汇回原籍重庆，每年支取 10000 两，10 年取完，不计利息。[①] 光绪八年有名的（1882 年）"户部云南贪污案"，也是由票号参与进行的。在捐职监生、天顺祥票号经理王敬臣和捐职布政使理问，平遥干盛亨票号经理阎时灿的积极帮助下，云南省粮道崔尊彝和永昌府知府潘英章通过办理云南报销，由昆明汇京白银 185000 两，以 80000 两贿赂户部、工部官员 16 人，其中包括太常寺卿、御史、户部云南司主稿、掌印、主事、书吏和工部书吏等，打通关节，崔、潘二人除在京购买奇珍异宝及挥霍浪费之外，还有部分银两又汇回原籍藏入私囊[②]

① 《重庆工商史资料选辑》第三辑。
② 清档：军机处《录附奏折》太平天国卷 1213-1。

票号与官吏关系的发展，造成了票号的迅速发展。从同治元年（1862 后）以甲午战争前夕（1894 年），又有巨兴隆、兴泰魁、长盛川、大德通、大德恒、汇源涌、永泰庆，大盛川、大德源，世义信、三和源、大德玉等几十家山西票号成立，分别称为平遥帮、祁县帮、太谷帮，统称西帮，投资者基本是平遥、祁县、太谷、介休、榆次商人。这个时期，由于票号业务发达，利润优于其他商人，其他省份的商人和官僚，尤其是南方商人和官僚，也仿效西商投资开设票号，称为南帮。如 1863 年以后浙江买办商人、捐官候补道员、左宗棠上海转运站负责人胡光墉，在上海设立阜康票号（在杭州称胡道裕票号），分号设于京师、镇口、扬州、宁波、长沙、汉口、福州等地。云南商人王兴斋、万伊年在云南昆明设立天顺祥（亦称同庆丰）票号，设分号于京师、重庆、成都、汉口、上海等地。北方商人杨谷山设杨源丰票号于杭州，立分号于京师、天津等地。江苏粮道英朴、云南提督杨玉科与平遥商人合资设立松盛长、云丰泰票号于平遥，设分号于云南、上海等地。到甲午战争前，南帮达到七八家之多。

随着票号家数增多，分支机构扩大，活动地区也随之扩展。如果说 19 世纪 60 年代以前它们活动的范围主要是在内陆各重要商埠，那么 60 年代以后，票号通汇地逐渐向边远和沿海开拓，尤其是对外通商口岸，包括对俄贸易的蒙古、新疆各城镇发展，如上海、福州、厦门、香港、昆明、乌鲁木齐、归化、库伦、恰克图等地，在北起蒙疆，南至闽粤，西起川康，东临海滨的重要城镇、商埠、码头，大都建立了通汇点。据《冠棠萃会》载：1881 年仅汉口一地就有票号 32 家，1875 年上海有 24 家。上海票号为了联合对外，协调内部，合组了"山西汇业公所"，商订条规，举定董事，购买七浦路旧广东园为所址，使票号在上海金融市场上的地位愈加稳固。数年以后，在上海的票号又增加到 40 多家。

这个时期山西票号的发展，不仅表现在家数增多、机构扩大，更主要的是表现在已经发展成为清王朝的财政支柱。其主要表现在以下几个方面：

（一）充当清政府捐纳筹饷的办事机构

清政府财政一年年恶化，捐纳筹饷也形成了一项扩大财政收入的制度。当时规定捐官人纳银，在省则交省库，在京则交户部，省库缴户部或其他用款地点，亦由票号办理，从而票号成了清政府财政体系中不可或缺的环节——捐纳筹款的办事机构。

（二）汇兑公款，为户部解缴税收

早在道光末年，浙江省解往京师内务府银两曾托票号汇兑，在浙交款，在京取银，然后送往内务府。为此曾受到政府的处罚。此后公款上解是押运现银还是请山西票号汇兑，在政府内部先后进行过四次较大的论争。中央政府每次都是饬令地方解现，而地方督抚等则出面多方辩解，并最后取得胜利，仍将公款交付票号汇兑。主张由票号汇兑公款的理由是：①农民运动此起彼伏，道路不靖，汇兑比解现安全；②解现费用昂贵，特别是马匹应征打仗，无运载工具，由票号汇兑相对费用低廉；③南省款项由水运上解天津入京，需支付海运保险费用，保险要大大超过汇兑时的汇水，既不节省，又有海盗威胁；④地方税款所收银两成色大多不佳，不能上解，就地熔炼加工，又增开支，款项必有亏空；⑤由于地方税款往往不能按时收讫，上解京、协各饷常常不能准时起解，要保证款项按时上缴，不得不向票号借贷，票号只同意借垫汇兑，不同意借给现银，不借垫汇兑就难以保证皇上用款。然而官吏为票号争汇并不完全是上述原因，无法公开的原因是地方督抚等官吏与票号的私人拉拢。故咸同以后，装鞘解现日少，由山西票号汇兑日增，据不完全统计，1865～1893年，鲁、赣、湘、鄂、川、晋、浙、苏、皖、滇、黔各省及江海、粤海、闽海、浙海、瓯海、江汉、淮安各关通过票号汇兑公款达15870余万两，1862年为100000两，1893年扩大为5250000两，32年增长到52倍多。

（三）为各省关借垫京、协各饷，解救清中央政府和地方政府的财政危机

近照清朝定例，中央政府经费及各种专用款项，诸如"西征薪饷"（镇压西北回民起义费用）、伊犁协饷、乌鲁木齐月饷、奉省捕盗经费等，均由户部指派各省关将税款直解用款地点。但因各省关收入困难，用款单位则"急如星火"，各省关不得不向票号借款汇解。据部分清档统计，粤海关从同治三年（1864年）到光绪十六年（1890年）先后请协成乾、志成信、谦吉升、元丰玖、新泰厚借垫清廷指派"西征"军费，洋务经费等款项1420000两。其他如闽海、浙海、淮安、太平各关与广东、福建、四川等省，均大量由票号借垫财政款项。可以说，无票号支持，饷款简直无从上解。正如光绪十年（1884年）福州将军兼闽海关负责人穆图善给皇帝的奏折中所说："历年所以无误饷款者，全赖各号商通挪汇解。"又如"晋省欠解西征粮台银十余万两，前任乌里亚苏台将军金顺军饷银二

十余万两，加以绥远城将军完安拟撤马步各队与晋省应交水路十一营欠饷，又共需银三十余万两，统计约需银六七十万两之多。本应下忙所收之款拨解已空……因思平遥、祁县、太谷等外……票号，令其暂行设法通融。"① 不仅协款省关无款可协，需要票号支垫，而且用款单位亦往往协款不济，不能按时收到，不得不向票号借款支饷，如云南省历年镇压乌索、景东、开化、镇雄、宾川、邓川、宁州及腾越、顺之、永昌各处少数民族起义"紧急军需，刻不容缓，先后向各商号借用银398100两，填给库收，令付各省分拨归还。""滇省库藏空虚，住恃此商号二三家（指天顺祥、云丰泰、乾盛亨票号）随时通融，稍免哗溃之忧。"② 甚至军队调防途中，也不得不向票号借款。光绪十一年（1885年）甘军两营由京撤防回甘，行经山西汾州，檄令"将东南各勇即在晋境遣归"，但无川资，只得向平遥票号借银数千两以充遣返川资。③ 据左宗棠供认，从同治五年（1866年）到光绪六年（1880年）的十四年中，左军在湖北、上海、陕西向票号借款8323730两，支付票号利息499591两。④

1865～1893年山西票号为部分省关汇款和垫汇情况

省关	汇兑总金额（两）	其中垫汇金额（两）	垫汇（％）
广东省	9396706	4245561	45.19
粤海关	6607553	4539947	68.71
福建省	8552202	3521645	41.18
闽海关	1033963	295000	28.59
浙海关	125781	50000	39.75
淮安关	45000	14000	31.11
浙江省	2197591	230000	10.47

（四）为清政筹借、汇兑抵还外债

据清档有关资料记载，阜康票号财东胡光墉为清政府左宗棠军队镇压捻军和回民起义，向怡和洋行、丽如银行等外国商人借款，从同治六年（1867年）到光绪七年（1881年）先后六次，第一次120万两，第二次

① 清档：《朱批奏折》，同治十二年十二月，山西巡抚鲍源琛奏折附片。
② 清档：军机处《录附奏折》光绪二年，云南巡抚潘鼎新折片。
③ 清档：《朱批奏折》，光绪十三年七月十六日，陕甘总督谭钟麟折片。
④ 《左文襄公全集》卷四五、卷五四、卷五五、卷五九。

100 万两，第三次 300 万两，第四次 500 万两，第五次 175 万两，第六次 400 万两，共计 1595 万两，均在上海办妥，由票号汇往山西运城或西安，转左宗棠军队提用。所借款项，以海关税作抵，仍由票号经办将各海关税收汇往上海外国银行还本付息。① 从而充当了清政府向外国侵略者乞求贷款的中介人，不仅解决了清政府镇压人民革命的经费，也为票号本身开拓了业务，同时也使外国洋行和银行的资本找到了出路。

（五）票号代理部分省关的财政金库

由票号代理财政金库，最初仅仅是少数省关，以后互相效尤，以至上解京师的款项"无论交部库，交内务府、督抚委员起解，皆改现银为款票，到京之后，实银上兑或嫌不便，或银未备足，亦只以汇票交纳，几令商人掌库藏之盈亏矣。"② 究其原因，一是由于同治以后清政府财政愈益困难，京协各饷常常需要请票号支垫。二是由于捐纳制度所促成的票号与官吏的勾结，互相利用，且官僚存公款于票号，便于上解不足时请票号垫汇。票号之所以能以少量资本在全国通汇，运转灵活，全赖公款存储，扩大于资力，贷放便利，获利丰厚。

三

甲午战争以后，票号与清王朝的勾结达到了顶峰。那种如胶似漆的关系，一直保持到清王朝的覆灭。

甲午战争期间，票号曾一度惊恐彷徨，纷纷收账观望，以致造成京师及各地银根奇紧。但是它们对政府官吏的业务却仍然尽力去做。台湾失守后，"在事文武各官及幕中佳客，麾下健儿各拥厚资，满载而归。又有各营官、统领，各局委员、经理、司事细载白镪（白银）先期汇兑或临时兑换汇单到厦，向各洋行或转香港支取银款，计数何止百数十万"。③ "内有铁路捐项四五十万，各捐生报捐加级，实职、虚衔、封典、翎枝之类，祗有实收而未经达部者不知凡几……军械机器局总办苏治生、司马朱子京、别驾鑫承接交待存款五万余元，分汇厦门源丰润……兑付福州、上海等处"，④ 票号帮助贪官墨吏借势乘危，吞没公款。

---

① 《左文襄公全集》卷二一、卷二九、卷四六、卷五〇、卷五三、卷五八。

② 《论官商相维道》，《申报》1883 年 12 月 3 日。

③ 《台岛纪事》，《申报》1895 年 7 月 6 日。

④ 《追究赃官》，《申报》1895 年 8 月 7 日。

至于对清政府的财政需求，票号则尽最大努力予以支持。第一，承借、承借承汇"商款"。据档案记载："倭韩事起，征兵构械，需款浩繁。本年（1894年）八月间，当经臣部（户部）解派司员，向京城银号、票号借银一百万两，备充饷需"。① 接着户部又要各省息借商款，解部备用，并订有《息借商款章程》，汉口日升昌票号曾为湖北省提供借款140000两。② 广州源丰润也为政府提供借款100000两。③ 在江西，这种借款，"随收随交蔚长厚、天顺祥两汇票号汇数存储，另立清折计数"，听候藩台文批，发交该二号汇解。④

第二，承办"四国借款"还本付息。《马关条约》签订后，对日赔款2亿两，接着又增加赎辽费3000万两，当时清政府全年财政收入尚不足8900万两。为筹还赔款，被迫三次举借外债，第一次向俄、法借款4亿法郎，折合白银9800余万两；第二次向英、德借款1600万英镑，折合白银9700余万两，均以海关税收担保；第三次向英德续借款1600万英镑，因汇价变动，折合白银11200余万两，以苏州、松沪、九江、浙东货厘及宜昌、鄂岸盐厘担保。四国借款每年计还本付息1200万两，加上清政府的其他外国借款还本付息和开支，全国财政支出每年要增加2000余万两。户部只得将每年所增开支，按省分摊，由各省筹款，不管是用盐斤加价还是地丁货厘附加等，必须按时将白银汇往上海还债。于是山西票号的生意又勃然增加。以下是几个主要票号包揽部分省份债款汇兑的情况：

四川—上海：协同庆、天顺祥

云南—上海：同庆丰、天顺祥

广东—上海：协同庆

广西—上海：百川通

浙江—上海：杨源丰、源丰润

安徽—上海：合盛元

江西—上海：蔚盛长

湖南—上海：乾盛亨、协同庆、蔚泰厚、百川通

陕西—上海：协同庆

---

① 清档：户部档光绪二十年十一月二十九日《户部复议侍郎寥寿恒议提各省公款归官借的奏折》。
② 清档：军机处《录附奏折》，光绪二十一年二月二十七日，湖北巡抚谭继洵折片。
③ 清档：《朱批奏折》光绪二十年□月□日，两广总督李翰章奏折附片。□为字迹不清。
④ 清档：《朱批奏折》，光绪二十一年二月初四日，江西巡抚法馨奏折附片。

福建—上海：蔚泰厚、源丰润

河南—上海：蔚盛长、新泰厚、日升昌

山西—上海：合盛元、蔚盛长、日升昌、协成乾

第三，认购和推销"昭信股票"。1898 年，清政府又以盐税担保，发行"昭信股票"，规定认购 10 两以上者给予奖励。清政府把办理股票推销业务的任务交给了票号和几家满族人开办的钱店。其中票号是：百川通、新泰厚、志一堂（志成信）、存义公、永隆泰 5 家和恒和、恒典、恒利、恒源 4 家钱店。当时在京城的 48 家票号，每家认购股票 10000 两，共计 480000 两。① 由于流弊太多，社会抨击，被迫在同年停止了这种股票的发行。

庚子事变，清政府对票号的依赖又大大迈进了一步。慈禧太后挟光绪帝逃出北京，亡命西安，经太原时住山西巡抚衙门，经济困难，难得开支，慈禧在衙门宴请驻太原各票号人员，并请求借款。大德恒票号贾继英慷慨应允借银四十万两，而东家则犹豫不决，经总经理阎维藩劝导，令贾骑马追至介休递交款项。故事后有贾继英被召入京，赐穿黄马褂，着徐世昌伴陪，徐贾结为盟兄弟等。慈禧一行经过晋中几县时，大德通票号活动尤为积极，以下信件即可为证。大德通经理高钰八月初五给王静轩信："皇太后、皇上于七月十八日出京西巡到陕，由东口而绕山西。护驾者系瑞、庄、肃、庆四王爷，薄、伦、兰三公爷；贝子、贝勒四位，刚、起、英三大臣，余不甚确。闻不日即抵太原，鄙县已有传单，令办皇差，刻已安置有绪矣"。随驾大臣桂月亭给大德通经理信："銮舆定于初八日起程，路经祁县，特此奉闻。即候同安，拟到时趋叩不尽。"大德通票号给桂月亭复信："蒙示銮驾西幸，隆情关重，感激良殷，想大人必随驾迳祁，已与本县台详时，将公馆备至鄙号，俟荣旌迳祁，即祈移节鄙号为叩，肃此奉复，敬识升安，余希朗照不宣。"大德通吕永和给王静轩信："圣驾于初八日由省起銮，初八日路经敝县小住一宿，次晨冈王公大臣西幸去矣……董宫保于銮驾前一日迳祁赴陕。其护驾者：庄、瑞二王爷，澜、泽、薄、志、定、传、桂公爷七位，橚贝子、王夔帅、鹿次帅、赵中堂、刚子良、岑中丞、桂月亭等诸翁。所有马、宋二帅，奉旨驻扎山西，闻来把守固关等处各要口，似此情形，我省可冀安然。"

---

① 《户部昭信股票章程》、《认领股票》，《申报》1898 年 4 月 13 日。

在此期间，慈禧太后住大德通票号，随驾大臣董福祥则住在协同庆票号，其他人员亦都由票号安置下榻。同时，光绪皇帝传旨，令"各省解京饷款，改电汇山西票号老庄——平遥、祁县、太谷。"顿时山西平、祁、太票号总号成了清廷总出纳。光绪二十六年（1900年）八月十八日湖西巡抚俞廉三打电报给军机处说："圣驾西巡"惶悚万分，深恐需用繁巨，解现缓不济急，"谨将库平银一十万两备充内帑，转交日升昌、天成亨、百川通、新泰厚、蔚长厚、蔚泰厚、蔚盛长、协同庆、乾成亨九家商号，限八月二十日汇交平遥县，届期乞提用。"① 其他各省，莫不如此。至次年慈禧、光绪由陕返京，票号继办"回銮差款"的汇兑。至今，山西晋中一带民间流传票号为慈禧西窜筹办皇差，提供借款等许多故事。至1949年土地改革时，大德通票号东家祁县乔家堡乔家女主人还保存着慈禧驻大德通时随手所赠金钗。

1901年9月，李鸿章全权代表清政府与外国侵略者签订了卖国投降的《辛丑条约》。其中规定付给各国战争赔款白银45000万两，年息四厘，分39年还清，本息共计98223万两。清政府为支付赔款，除从国家财政收入中腾挪出一部分款项外，其余则全部摊派各省，要求各省按年分月汇解上海集中，以便交付外国侵略者。庞大的赔款汇解、垫借汇兑为票号增加了新的业务。同时也把票号与清政府的关系推向了一个更加密切的阶段，据不完全统计，1894~1911年，各票号承汇各省关公款情况如下：

1894~1911年各票号承汇各省关公款汇总 单位：两

地区	款项总计	地区	款项总计
山东省	197000	江西省	5586509
湖南省	4583686	福建省	1223200
广东省	17633782	湖北省	8114672
四川省	28618194	山西省	3217926
江苏省	2184156	安徽省	8724364
浙江省	16545569	江海关	1557777
粤海关	12358814	江汉关	97000
闽海关	7164076	浙海关	1228311
淮安关	110000	蒙自关	133599

---

① 清档：军机处《录附奏折》。

地区	款项总计	地区	款项总计
太平关	112640	瓯海关	40000
广西省	1063305	云南省	202664
贵州省	463372	陕西省	4838788
河南省	6637303	甘肃省	4518
天 津	220246	宜 昌	38000
重 庆	140000	营 口	12000
芜 湖	3000	河东道	426863
镇江关	102085	梧州关	30000
江 宁	40000	宁 波	4308
杭州关	20000	奉 省	12314
上 海	432485		

票号汇兑公款的内容和汇入地汇总 单位：两

收汇地	款项内容	汇兑额
京 师	京饷	28864983
京 师	内务府经费	2145055
京 师	其他经费	908413
上 海	归还四国借款	37210918
上 海	庚子赔款	49690138
上 海	归还其他借款	7099314
陕甘新	协饷	5267357
其他地区	协饷	8208011
铜本银		666000
洋务经费		1490219
合 计		141864475

以上所汇公款中，仅汇往上海归还四国借款和赔款达 94000370 两，占到 66.3％。这些款项由驻上海的票号集中交付汇丰银行、德华银行、华俄道胜银行、法兰西银行、日本横滨正金银行等外国在华银行，转往外国侵略者手中。

票号在办理如此庞大的公款汇兑中，手中经常川流大量资金，利用收汇交汇的时差，占有大量存款和在途款项。据蔚泰厚票号一个职员回忆说："宣统元年（1909 年）我在西安驻班时，陕西烟酒公卖局、电报局、税务局的上解银两，都由我们蔚泰厚拨兑，一般存银三五千两，有时上万两，就丁解藩库。公家款一般不计利。"尽管清政府为了增加财政收入，于光绪三十年（1904年）制定了公款发商生息的办法，但仍然漏洞很多，利率也不过年息4～5厘，都是票号可以利用的资金。据光绪三十二年（1906年）度支部在京各金融机构存款看，仅存大德通、大德恒、义善源、存义公几家票号的款项即达2064596两，占度支部在外存款的30%，而存入国家银行——大清银行为61%，外国银行8%。票号并且吸收生息银两，仅商部在上海合盛元票号就有53万余两。由于票号占有如此巨大的存款，不仅可以承办巨额汇兑和垫汇，同时又对政府放款。清中央政府及地方各级政府究竟在票号借款若干，无法稽考，但就部分史料分析，这种放款不在少数。宣统三年（1911年）十月，经度支部大臣绍英向内阁大臣袁世凯请示批准"向京师各西票庄借银五百万两，当外款（外借）议定后再行发还"。当政府要员赴票号商议时，各票号均因"前欠各号之款已逾七百余万，归还尚无着落"，而裹足不前。[1]

《马关条约》、庚子赔款，给清政府带来了财政的极度困难，却给票号带来了业务的畸形繁荣，票号积极通过资金融通，解救清政府的财政危机，使其在社会上的地位由红发紫，中国广大劳动人民却因之在捐税重压下陷入了灾难。小生产者的剩余劳动产品，以捐税形式通过清政府之手，大量地流进了票号老板的银窖。下面以大德通为例看一看票号的利润。

大德通票号同其他票号一样，四年一个账期，即四年进行一次红利分配。1888年每股分红850两，而1900年则为4024两，扩大到4.7倍。到1908年每股分红17000两，是甲午战争前的20倍。

大德通票号各账期资本利润率

年份	资本额（两）	每股分红（两）	股利增长指数（两）	备注
1888	100000	859	100	股数包括资本股和人身股两种，若只按资本额计算其利润率为数将更大
1892	130000	3040	358	
1896	140000	3150	371	
1900	160000	4024	473	
1904	180000	6850	851	
1908	220000	17000	200	

---

① 《度支部急错商款而无效》，《大公报》1911年12月14日。

　　票号的高额利润，刺激着其他逐利商人和官僚也千方百计地挤入这个行列。在甲午战争到辛亥革命的 17 年中，又有永泰裕，锦生润、大德川、义成谦、晋益升、大庆源等西帮票号的成立，和宝丰隆、义善源、源丰润公记等南帮票号的投资组设。这个时期，票号活动遍及各地。总号所在地有：平遥、祁县、太谷、太原、上海、昆明、杭州。分号则有：介休、张兰、交城、文水、汾阳、忻州、大同、曲沃、解州、运城、寿阳、绛州、京师、天津、保定、通州、获鹿、张家口、归化、多伦、包头、喇嘛庙、库伦、恰克图、泊头、赤峰、沈阳、营口、锦州、东沟、吉林、安东、哈尔滨、济南、周村、烟台、青岛、南京、徐州、苏州、镇江、柏州、上海、青江浦、安庆、芜湖、蚌埠、正阳关、屯溪、杭州、宁波、福州、厦门、南京、九江、河口、广州、潮州、汕头、琼州、九龙、香港、梧州、桂林、南宁、湘潭、常德、长沙、武昌、汉口、沙市、宜昌、老河口、成都、重庆、万县、自流井、昆明、蒙自、贵阳、雅安、打箭炉、巴塘、理塘、拉萨、迪化、肃州、甘州、凉州、兰州、宁夏、汉中、西安、三原、孟县、道口、清化、禹州、开封、郑州、周家口、怀庆、赊旗镇、五河等。

　　为了兜揽清政府对外活动款项汇兑等国际业务，票号商人又在国外设立分支机构。祁县合盛元票号总经理贺洪如于光绪三十三年（1907 年）给清政府的一个报告中说："我国之在西洋以及南洋群岛从事工商业者实繁有徒，且近岁留学欧日之学生不下万人……其存放汇兑无不仰外人鼻息……职商有鉴于此，是以不掸艰阻，遴选妥人，新设本号之分号于日本神户，照章呈由日官禀经日政府批准，业于本年四月三十日开业，定名合盛元银行神户支店"，"现又设出张所于日本之东京，朝鲜之仁川等处"，"惟事关始创，如荷官府提倡，尤是以资信用。所有出使经费及官生留学费，求恩准予由上海本号随时汇兑，其汇费当格外撙节，用效微忱"。这个报告获得了清政府的批准。同年三月二十日又在《大公报》刊登广告，宣传其在日本东京、横滨、神户、大阪设有分支机构，大力招徕生意。除合盛元外，据资料，还有平遥票号永泰裕在印度加尔各答亦有分号，该号成立于 1901 年以后，营业时间不长。

　　正因为山西票号侧身于政府的金融业务，到辛亥革命时，便不能不因清朝的覆灭，放款无法收回，提款无法应付，而趋于破产。自辛亥革命以后票号家数迅速减少：1911 年 26 家，1913 年 20 家，1915 年 17 家，1917

年 12 家，1919 年 10 家，1921 年 5 家，1932 年 2 家。1932 年以后名义上还有大德通、大德恒两家票号，实际已成了普通信用机构，早已不是原来意义上的票号了。

四

纵观山西票号与清政府勾结的历史，可以得到这样的结论：

首先，票号与清政府的勾结，是它们一致的阶级利益造成的。封建社会的剥削阶级，他们对于农民运动都是极端仇视的，票号需要政府的政治保护和款项过局的业务利益，政府需要票号的汇兑机构和资金通融。对小生产者的统治与剥削的政治经济利益决定了二者勾结的可能性与必要性，连续不断的农民运动和财政困难，使这种勾结变成了现实。如果票号是一些同志所说的属于资本主义性质的借贷资本，那么票号资本家作为资产阶级与封建地主阶级代表的清王朝的勾结将是不可思议的。正因为票号是封建商人的资本，它能与封建统治者相勾结，并且同命运。

其次，票号的蜕化，是其衰亡的根源。票号是一种专业汇兑的金融机构，它是随着商品交换发展和货币流通扩大的需要而产生的，而且它本身又是直接从商业中分离出来的。但是它在 19 世纪 50 年代以后与官吏勾结，攀结政府，逐渐把其业务转向了对政府的汇兑和借贷，存款以至代理政府金库，成为政府的财政支柱，与商品流通的关系逐渐疏远了。不把普通商人和百姓的小额存、放、汇业务看在眼中，限定汇额非 500 两以上不办，脱离了产生它自身的早期商品经济，而钻进了财政体系之中。而且它的经营管理人员，也捐纳官衔封典、花翎顶戴，交结官僚、出入王府衙门，生活方式也以官吏为榜样，不少经理出入要肩舆、轿车，前有随从喝道，后有保镖护卫。在清政府财政危机一天天加深的情况下，二者一步步加紧了勾结，各票号从不同程度上成了清政府的财政机构。因此，在辛亥革命以后，票号无法再返回最初独立从事商业汇兑的正常业务。虽然它们在后期仍然有着商业存放汇业务，然而毕竟不占主导地位。

再次，山西票号有着与中世纪欧洲银行业一样的历程。由于山西地扼北方游牧民族和中原农业、手工业发达地区的要冲，又邻丝绸之路东端，便利的地理位置和交通条件，加上其他原因形成了山西商人势力的发展，犹如地中海沿岸国家借助优越的地理位置和便利的水上交通在公元 11 世纪到 15 世纪，形成了威尼斯、热那亚、比萨、佛罗伦萨、米兰等商业城镇。在中国的山西商人中出现了专业金融组织如账局、印票庄、印局、票号、钱铺等银行业，在欧洲则出现了威尼斯银行、热那亚银行、圣乔治银行等。这些东西方的早期银行业有着许多相似之处：①存放汇业务与帝王贵族往来居多，虽然都有商业联系，但数量较少；②封建币制混乱，平色不一，是他们共同的利源；③以银钱过投为主，很少发行钞票，基本没有创造代替金属货币流通的信用流通工具；④命运相似，大多数都因对政府放款过多，随着政权的灭亡而倒闭关门。如 1407 年设立的圣乔治银行，是欧洲最早设立的银行之一，主要业务是经理政府债务，保管关税等政府收入，吸收存款，对政府提供信用。后因为对政府放款过多，周转不灵，19 世纪初，拿破仑军队侵入热那亚，这个银行随之倒闭。1609 年成立的阿姆斯特丹银行，贷款给东印度公司，业务范围遍及全欧；1820 年因贷款给政府过多，白银准备不及负债从而破产。高利贷信用的没落是必然的，历史所趋，无人能够挽回。

最后，票号与清政府的勾结，充分体现了票号资本的非生产性运用。票号的资本来源，除自有资本外，主要是吸收政府存款和官吏私蓄。资本运用主要是为政府提供信用，票号资本经政府之手，主要用于镇压农民运动，支付对外国侵略者赔款及债务利息，以及封建王室的奢侈生活的需要。对商业放款为数有限，且主要是对大商号及钱庄、银号融通资金，用作封建商人异地贩运贸易需要，或作高利贷放的资本。而票号的收入，不论是对政府放款的利息收入或汇费收入，也不论是商业放款的利息收入，不是来自小生产者向政府交纳的税收，便是来自被商人、高利贷者剥夺小生产者的剩余劳动。票号资本没有用于产业资本的周转，从而也不可能有剩余价值的生产过程。随着资本主义生产关系的逐步形成，票号资本必然让位于新的信用形式。

山西票号壬子九十年祭

背景说明

本文原载《中国国情国力》2002 年第 9 期。山西票号于 1823 年诞生，到 1911 年轰轰烈烈 90 年，1912 年（也是农历壬子年）衰败下来，至今又是 90 年。

1823 年，山西票号诞生后很快就占领了全国市场，并将"触角"伸向国外，下连巨商大贾，上结王公贵族，调动白银动辄就是数万两、数十万两、数百万两，轰轰烈烈 90 年。然而，1911 年秋冬一场辛亥革命，至壬子年以后，山西票号却像多米诺骨牌，接二连三倒下去了，至今又是 90 年。在当今人们聚焦企业改革与发展，大谈经济全球化与金融化的时候，《中国国情国力》要我谈谈曾经影响全国、名扬世界的山西票号的兴衰，方遵嘱草拟此文，以祭票号，以示今人。

一、在商品经济发展中诞生

（一）概念

狭义说山西票号是由山西商人经营的从事异地款项汇兑的金融机构，但是后来它以汇兑为主，也做存款、贷款、兑换等业务。山西商人经营的金融机构在票号之前还有钱庄、当铺、印局、账局。钱庄主营钱币兑换，当铺主营消费抵押贷款，印局主营短期小额信用放款，账局主营商业信贷，实际上业务逐渐交叉，外界人往往弄不清楚，特别是钱庄、账局和票号存、放、兑、汇业务一般都做。所以外国人常用山西银行或山西票号、

64

山西钱庄统而称之。所以，广义上山西票号也可以理解为上述几种金融机构的统称。本文讨论的是狭义的山西票号。

（二）背景

明清时期是中国由农业经济时代向工业经济时代过渡的时期，即商业革命和金融革命时期，也是我们常说的中国资本主义萌芽时期。明代，国内商人借助于政府为巩固边防实行开中法的军需物资供应的特殊政策和城市建设背景，积极进行异地贩运贸易，国内商品生产和商品交换有了很大发展。农业商品化程度提高，手工业以棉织、丝织、制瓷、矿冶空前发展，并出现了一批工商业发达的城市，尤其是沿海和长江流域。清初，政府对北方边疆地区的统一和台湾的收复，使中国商品经济在已经发展的基础上又大大向前推进了一步，使蒙古、新疆民族地区和俄罗斯、欧洲的贸易有了迅速发展。满洲里、恰克图（在当时中俄边界，也称其为买卖城）、塔尔巴哈台都是北方重要的商品集散市场。比如在恰克图，通过蒙古草原有一条中国通向欧洲的商路，即中国南方物资经长江、运河、汉水运达河南的周口、赊旗镇，经过清化—泽州—潞安（长治）—子洪口—晋中—太原—雁门关—黄花墚—西口（杀虎口）—归化—库伦—恰克图—伊尔库茨克—新西伯利亚—莫斯科—彼得堡；或南方物资经由运河直达北京，出东口（张家口）经库伦，到达恰克图。恰克图市场在 1723 年（雍正初年），商品交换额大约为 100 万卢布，1765 年前后（乾隆中期）增至 200 万卢布左右，到 1795 年（乾隆末年）达到 300 万卢布以上，1796～1820 年（嘉庆年间）增至 600 万卢布以上，道光咸丰年间持续增加，以 1843 年（道光二十三年）为例，经山西商人之手，运往恰克图的商品，仅茶叶一项达 12 万箱（每箱 100 磅）。[①]

一位西方学者评论 18 世纪以前几个世纪的中国时说："中国的经济已经商业化了，这种发展的一个标志就是经营结构变得越来越复杂了"，如介入跨地区贸易的钱庄、票号和商会的成长，以及地方市场网络密度的增加，企业家才干的提高，"可以得出结论：在中国前现代化的最后三个世纪里，涌现出远比以前多得多的私人经济组织；这里既有量变，也有质变。特别是乡村工业通过愈益细密的市场网络而得以协调，城镇工业通过这个网络而获得原料和顾客并形成大批雇佣工人的新结构"。[②] 可以说，

---

① 孔祥毅：《金融贸易史论》，中国金融出版社 1998 年版。
② 弗兰克：《白银资本》，中央编译出版局 2001 年版。

山西票号的诞生是中国商品经济发展的必然产物。

（三）时间

中国的异地款项汇兑萌芽于唐朝的"飞钱"。到明末清初，由于商业的发展，资金调度的频繁，异地款项汇兑的要求越来越普遍，于是有分支机构的大商号开始兼营银两汇兑业务。专业汇兑机构的产生需要具备一定的条件：一要有遍布各地的分支机构；二要有雄厚的资本；三要有卓著的信用；四要有民间邮政的开通。那么，第一家专业汇兑组织到底是谁？有说山西平遥日升昌票号；有说山西太谷志成信票号。[①] 专业汇兑组织发生于何时？有说明末清初[②]；有说乾隆年间[③]；有说嘉庆二年（1874年）[④]；有说道光三年（1823年）[⑤]；有说道光四年（1824年）[⑥]，各执一词，没有历史档案可稽。根据有关史料和民间一些传说综合分析，一般认为第一家票号为平遥日升昌票号，成立于1824年，即清道光四年。

（四）原因

票号这一金融机构，虽然是适应市场需要的全国性的金融组织，但是在它存在的百余年间始终被晋商所垄断，中间只有胡雪岩等人仿晋商成立过几家票号，时间很短，势力很弱，而且号内经理人员多是山西人。那么是什么原因造成这一经济历史现象，并发生在这个时间，还被这一群体所操纵呢？恐怕与晋商的特点和在当时的地位是分不开的。第一，晋商商号实行总分支机构制，总号在山西原籍，分支机构遍布全国以至国外，这是晋商的独特之处。第二，晋商是当时中国十大商帮之首，资本雄厚，"平阳、泽、潞富豪甲天下，非数十万不称富"[⑦]。第三，晋人自古以来忠厚老实，晋商以诚实守信称著。晋商的发展为票号在资本、组织、人才、技术各方面创造了条件。第四，款项汇兑在电报产生之前只有信汇，或自带或邮寄，专业汇兑机构产生与民间邮政有关，中国民信局大约产生于清嘉庆年间，它为专业汇兑机构的诞生创造了条件。

（五）特点

山西票号的特点，最突出的是：第一，总号集中在山西平遥、祁县和

---

① 孔祥毅：《金融贸易史论》，中国金融出版社1998年版。

②⑦ 卫聚贤：《山西票号史》，重庆说文社1944年版。

③ 《支那经济全书》第三辑第五编。

④ 李宏龄：《山西票商成败记》，太原石印，民国6年。

⑤ 山西省商业专门现学校编：《晋商成败记》，太原石印，1923年。

⑥ 黄鉴晖：《山西票号史》，山西经济出版社1992年版。

太谷三县，分支机构散布全国及国外，总号、分号统一核算；第二，票号投资者出资后，平时不干预号事，聘任经营者经营，授以全权，所有权与经营权两权分离；第三，企业的组成，"有钱出钱，有力出力"，出钱的股东有银股（货币资本股），出力的经营者有身股（人力资本股），货币资本股与人力资本股共同参与企业利润的分配；第四，投资经营票号的股东一般都是其他商品经营资本的所有者，商品经营资本与货币经营资本混合生长，互相支持；第五，票号在业务上不断创新，"银行密押"详尽严密，没有史料显示票号因为被诈骗遭受损失的案例；第六，号规严密，行会制度严格。

二、在市场竞争中发展

（一）环境

15 世纪末 16 世纪初的地理大发现，不仅改变了世界贸易的路线，也促进了国际市场的形成，加快了世界商品经济的发展，企业组织制度有所创新，不管中国的皇帝是否愿意，世界商业革命的潮流事实上已经将中国卷入了世界贸易网。不仅中国的瓷器、茶叶、丝绸等流向西方国家，而且洋货也源源不断地涌向中国市场。票号在 19 世纪 20 年代诞生以后，40 年代的鸦片战争和首批外资银行入驻，60 年代的洋务运动、民族工商业的发展和外资银行第二次入驻高潮，90 年代的甲午战争、八国联军进北京、辛丑条约和外资银行第三次入驻高潮等，新兴的工商业面临着国内外的多重市场竞争和冲击，山西票号既要处理好与工商业企业和各级政府的关系，又要与国内账局、钱庄、银号竞争，还要与外国来华银行竞争，在此复杂的公关、竞争之中，练就了一身过硬的本领，在竞争中迅速成长。

（二）总号

山西票号的发展首先表现在规模的扩大。其总号全部集中在晋中太谷、祁县和平遥三个县，太谷帮先后有志成信、协成乾、会通远、世义信、锦生润、恒隆光、徐成德、大德玉、大德川 9 家；祁帮先后有大德通、大德恒、大盛川、存义公、三晋源、大德源、中兴和、巨兴隆、合盛元、兴泰魁、长盛川、聚兴隆、松盛长、长盛涌、公升庆、公合全、恒义隆、天德隆、裕源永、福成德 20 余家；平遥帮先后有日升昌、蔚泰厚、蔚盛长、蔚丰厚、天成亨、蔚长厚、协同庆、协和信、协同信、百川通、汇源涌、永泰庆、宝丰隆、乾盛亨、其德昌、谦吉升、广泰兴、承光庆、日新中、广聚兴、三和源 21 家。19 世纪 60 年代南方商人介入票号领域，南帮先后有胡雪岩的阜康、胡通裕，云南的天顺祥、云丰泰，浙江严信厚的源丰润等几家。[①]

票号的活动舞台，我们可以完全肯定地说，在国内，从白山黑水到云贵高原，从东海之滨到北漠边疆，无处没有山西票号的分支机构。在国外的分支机构有日本的东京、大阪、横滨、神户，朝鲜的仁川，俄罗斯的彼得堡，印度的加尔各答和新加坡等地。所以，有"山西票号汇通天下"的美誉。[②]

（三）业务

山西票号的业务和服务社会的内容可以概括为以下几方面：第一，汇兑商业款项。由于国内商业发展，商人异地采购和销售引起资金大量异地调拨，票号为商人划转资金，减少了委托镖局运现的麻烦，降低了成本，并且安全、快捷。如著名的日升昌票号 1853 年全国各分支机构对商号收汇 134518 两，占收汇总额的 74.3%；同年对商号交汇总额 142598 两，占交汇总额的 81.68%。第二，为商人融通资金。票号为商业融资有两种形式：一是信用贷款，且利率低于当铺和其他高利贷者，一般在月息 4~8 厘；二是开出即期汇票，如内地商人在上海洋行采购，得向他的往来钱庄开一期票，经钱庄承兑后，交给当地票号买一张汇票寄上海代理人，该代理人将汇票交票号上海分号换取上海流通的票据，再交给洋行代理人取得货物。这里票号与钱庄共同帮助内地进口商人完成了交易，当然也是帮助洋行完成了商品销售。第三，汇兑公款。地方公款上解中央财政，历来是用鞘装订，押运现银，能否由票号汇兑，政府曾有过四次较大争论，每次结果都是不许票号汇兑，但事实上禁而不止，因为汇兑比押运白银方便得多。据 18 个省关不完全统计，经由票号汇兑公款 1863 年 10 万两，到 1893 年 525 万两，30 年增长 52.5 倍，1865~1893 年共汇公款 15870 万两。第四，代办捐纳和印结。中国古代中央政府时断时续有一种捐纳制度，始于秦汉，盛于清朝，即在财政困难时，将京官自郎中以下，外官自道台以下，按品级和虚衔实职定价出售。在京纳银叫常捐，在省纳银叫大捐。不论在哪里纳银对捐纳者都会有七折八扣和暗中的各种费用，票号遍布各地的分支机构就抓住机遇，代办捐项，并把此业务加以拓展，一是资

---

① 谢肇淛：《五杂俎》。
② 卫聚贤：《山西票号史》，重庆说文社 1944 年版。

助穷儒寒士入都应试以至走马上任；二是代办、代垫捐纳和印结（签有印鉴的证明文书），收取手续费和融资利息。一旦成人之美，做了实职官吏，便可以争取其辖内公款存入，扩大业务。第五，借垫京协各饷。按清朝定制，中央政府经费及各种专用款项均由户部指派各省关直解用款地点，因各省关收入困难，用款单位"急如星火"，不得不向票号借款汇解。粤海关 1864～1890 年先后请志成信等 5 家票号借垫京协各饷 142 万两。湖北、上海、陕西从 1866 年到 1880 年向票号借汇左宗棠军队协饷 8323730 两，票号仅利息收入 499591 两。正因为票号业务较宽，加上当时白银货币平色不一，出纳兑换之中压平擦色也是生利之源。所以，票号利润很高，大德通票号 1884～1888 年账期（4 年一个会计年度）每股（1000 两 1 股）分红 850 两，之后连续 5 个账期每股分红分别是 3040 两、3150 两、4024 两、6850 两、17000 两，20 年之内增长 4.7 倍。①

三、波折与异化

（一）波折

票号发展并非一帆风顺，其间遭受到的最大打击有三次：第一次打击是太平天国运动。1850 年太平军由广西至湖南、湖北、江苏，其部分军队达豫、鲁、直、晋、浙、赣、川等省区，太平军与清军打仗的地方，工商业逃离，失业增加，汇兑不通，金融死滞，票号被迫撤庄或关门。长江流域分支机构撤离者近 80%。北方其他城市也有不少停业。京城市场一片恐慌，票号、账局、钱庄止账不放，或收本回籍。清政府为筹措镇压太平天国的经费，大力加收税款，动员捐输，向商业铺户要钱。票号在业务收缩情况下还得增加税捐。1853 年 2 月 10 日到 11 月 29 日，山西各票号和账局捐资"铸炮"白银 34 万两，制钱 7 万吊。1852～1853 年仅票号商人捐款达 367 万两。② 第二次打击是第二次鸦片战争。1856～1860 年英法联军先后进犯广州、南京、天津、北京，市场混乱，物价飞涨，金融业无法正常经营，票号损失惨重。第三次打击是中日甲午战争和八国联军进北京。这两次战争票号损失惨重，当时公私款项汇兑和一切银钱往来不能进行，票号在京津等地分号大都撤庄回籍。

（二）异化

1900 年 8 月 15 日慈禧太后西逃途经山西时，各省巡抚纷纷电汇款项

①② 孔祥毅：《金融贸易史论》，中国金融出版社 1998 年版。

到平遥票号，在款项缓不济急时，票号慷慨支垫，外逃官吏、皇上及在京官员无不称赞，未待慈禧回銮，顺天府和都察院就咨会山西巡抚催票号返京复业。以后就由票号承揽了各地庚子赔款的收解汇兑业务，并负责划解外商汇丰银行。各地分摊的赔款在不能按时上解时，就请票号垫汇。于是，交票号承汇公款的省关骤然增加 23 个，达到 39 个之多。1894～1911 年承汇公款 141864475 两，并且主要是汇往上海外国银行，[①] 票号尽收利息和汇费。在这些款项划转外国银行之前，存在票号有个空隙时间，这也成了票号的可用资金，又是一重利源。就在业务扩大、红得发紫的时候，票号在不知不觉中由商业金融转向了政府金融。其实，早在咸丰皇帝为筹措镇压太平天国经费而大开卖官捐纳时，票号就已经开始与捐官者和卖官者建立了联系，并成为政府筹饷机关，与政府结下不解之缘，此时更成了清廷的财政支柱。山西票号正在重复着意大利热那亚银行和荷兰阿姆斯特丹银行的路子。有人说 19 世纪末到 20 世纪初的世纪之交是山西票号的回光返照，其实是山西票号异化的顶点。

四、在拒绝改革中衰亡

（一）机遇

19 世纪末到 20 世纪初十几年中，票号的业务虽然发展很好，利润也很高，其实是一种表象，由于市场竞争越来越激烈，凭借清政府的支持和庇护是不能持久的，票号已经潜伏着危机。外国银行几度潮水般地涌入，国内新式银行不断增加，火车轮船开通使得对欧洲贸易商路改变，邮政交通进步也使票号业务减少，票号急需制度创新，这些虽然没有被票号的决策人重视，但驻外分号的经理们却早有预见，纷纷寄信总号东家和掌柜，倡议改组银行。1904 年 8 月中旬《南洋官报》发表《劝设山西银行说帖》道："票号之生意，视商务为盛衰……中国近年以来，市面萧条，银根紧急，商务已不可问。票号生意遂因之不能持久，若不及时别开生面，另立根基，窃料数年之后，号东因无利可图，收庄回里，势必坐吃山空，伙友知号业将收，急于自谋，群思趁机攫取，彼时即欲设法挽回，而大势已去，噬脐无及，山西票号之利权从此去矣，山西之生计从此绝矣。所望晋省富商从速变计，予筹善后，以保大局。"列陈 16 条具体建议，却被

---

① 孔祥毅:《金融贸易史论》，中国金融出版社 1998 年版。

东家斥回。蔚丰厚北京经理李宏龄联络各地票号经理上书总号，亦被束之高阁。更为遗憾的是清政府责成户部组设户部银行，聘请山西票号派人筹划，共商金融改革大计，也被山西票号财东回绝。

（二）衰亡

1911 年 10 月 10 日武昌起义，继而各省响应，清军反扑，土匪蜂起，社会混乱，许多城市发生焚烧抢掠，殷实商号和金融业受灾最重。天成亨票号仅汉口、成都、西安 3 处被抢现银 100 多万两，至大局已定共计亏损二百几十万两。日升昌票号仅陕西、四川损失 30 余万两，放款无法收回，损失 300 万两以上；天成亨、大德川等 14 家票号在全国 68 个城市的 222 个分支机构存款 25091708 两、放款 31509295 两，放款大于存款的 25.57%，居然因挤兑而关闭。曾代理国库的志成信票号在庚子以后把业务重心移至北京，该号尽收国库余资，贷放南省，辛亥革命中清廷用款刻不容缓，在应收款 400 余万，应付款 200 余万的情况下，因周转不灵而宣布倒闭。号中经理人员连同股东均被押入大牢。山西票号在 1911 年 10 月以前有 26 家，1912 年 24 家，1913 年 20 家，1915 年 17 家，1917 年 12 家，1920 年 9 家，1921 年 5 家，此时的票号事实上已经不是原来意义上的票号了。[1] 真是落花流水，一去不返。

五、留给后人的思索

清代著名书法家徐润弟曾给一位票号财东的庭堂写了一副对联："读书好经商亦好学好便好，创业难守业亦难知难不难。"一批轰轰烈烈的金融创业者们的后辈子孙没有守住自己应有的事业，使山西票号退出了市场。后来者，歌颂昔日辉煌者有，讨论失败教训者也有。90 个春秋过去了，又一个世纪之交，又一个变革的时代，又一场面对国际化的冲击，前车之鉴后事之师，我们总该有所领悟。山西票号历史告诉人们，创新制度就是走向发展，拒绝改革就是死路一条。呜呼，山西票号。

---

[1] 《山西票号史料》，山西人民出版社 1990 年版。

日升昌票号的兴衰

背景说明

本文是 2003 年 11 月应中国平安保险公司的邀请为其高管人员讲授票号兴衰经验教训时提供的背景资料。文章简要地概括了第一家票号日升昌的兴衰演变，未作任何分析，可作史料参考。

一、日升昌票号由颜料庄改组而来

日升昌票号是由平遥西裕成颜料庄改组的专业汇兑金融组织。

西裕成颜料庄原是山西平遥县城西街的一个普通商号，大约成立于清嘉庆初年（1796 年），到嘉庆末年（1820 年）已经有 20 多年的历史。此时西裕成财东李大全，已不仅仅是平遥县的大财主，而且在北京、汉口等地的商界有了一定的名望。曾在西裕成颜料庄汉口、北京分号担任过大掌柜（总经理）的雷履泰已经调回到平遥总号升任总号大掌柜。自明末清初以来，特别是到清中期，由于商业发达，异地资金调度频繁，社会需要寻求一个快捷、方便而且安全的资金调度办法，为此山西商人们常常在亲朋好友和"相遇"之间通过协商进行异地款项的"客兑"（拨兑），尽量避免通过镖局武装押运现银的麻烦，以降低成本，节省时间，避免途中意外。随之出现了具有多家分支机构的知名且信用卓著的殷实商号兼办异地款项汇兑的事情。西裕成颜料庄当时就是兼营汇兑的普通颜料商号，而且很受商界欢迎。

道光三年（1823 年），西裕成总号大掌柜雷履泰，向财东李大全提出一项建议，将西裕成颜料庄改为专营异地款项汇兑的商号，以适应社会需求。这一提议得到了二掌柜毛鸿翙、三掌柜程大培的支持，东家李大全更是高兴，"东伙情投意合"，于是共同决定改组颜料庄为汇兑庄，取名日升昌，意在生意兴隆，如日初升。不过开始时，有的驻外分号也还没有立即放弃颜料生意，比如汉口分号兼营颜料的时间就比较长。

二、日升昌的组织制度

日升昌创立时，仍然实行晋商传统的股份制。相传由财东李大全出"银股"（货币资本股）30 万两白银，1 万两为 1 股，计资本股 30 股；大掌柜、二掌柜和分号经理等高层管理人员顶"身股"（人力资本股），由 1 股到 0.25 股不等，银股与身股一律记入"万金账"（股本账），身股与银股到"大账"（会计年度）分红时同股同酬。

道光六年（1826 年），李大全病故。日升昌由李大全年仅 16 岁的长子李箴视执东。这年雷大掌柜和毛二掌柜有些隔阂，日升昌隔壁的蔚泰厚绸布庄东家介休北贾村侯培余趁机用重金聘请毛鸿翙筹划蔚泰厚绸布庄改组票号，委以全权。毛鸿翙担任蔚泰厚大掌柜后，锐意改革，誓与日升昌决一雌雄，在侯东家的支持下，先后将侯家的蔚泰厚绸布庄、蔚丰厚钱庄、蔚盛长绸缎庄、天成亨细布庄、新泰厚绸缎庄 5 家商号改组为 5 个票号，称为"蔚"字五联号。

从道光九年（1829 年）起，日升昌开始把大账期（会计年度）由 6 年改为 4 年。财东李箴视将资本银增加到 36 万两，与其二弟李箴听、三弟李箴言 3 人每人 12 股，银股共 36 股。号内高层管理人员仍然享受人力股。道光二十九年（1849 年），雷履泰病故，由程大培之子程清泮接任大掌柜。光绪六年（1880 年），大掌柜程清泮以"余庆堂"名义，在日升昌内加入附股，计银 10 万两，合附股 10 股。

三、日升昌两权分离体制的破坏

光绪十八年（1892 年），日升昌财东李五典开始执领号东，他大胆选拔人才，果断决策，聘请自幼入号、票业经验丰富的张兴邦担任大掌柜，日升昌步入鼎盛时期。财东李家每年在票号、钱庄、商号的收入白银百万多两。随着李五典兄弟的成长，财东直接插手号事，到宣统初年，东伙矛盾日趋严重。宣统二年（1910 年），日升昌财东另聘郭树柄等分别任大掌柜、二掌柜、三掌柜，财东李五典直接参与管理，并调整银股结构和身股结构，财东李五典与 4 位掌柜各享身股 1 股。从此财东不问号事，全权委托大掌柜经营的两权分离制度遭到破坏。甚至东家常常在号内随便提取银两也无人过问。日升昌的危机日益加深。

四、日升昌的衰败

民国三年（1914 年）九月初一，日升昌北京分庄掌柜侯垣，因为对祁县合盛元票号担保而受累，在检察厅追逼下，携伙友及账簿逃回平遥总号。第二天北京分号不能开门营业，被债权人告到法庭。不久，北京分号及平遥总号以至李财东在平遥西达蒲村老家的财产，均被查封。财东李五典、李五峰被县衙扣押，各地分号关门停业。

在日升昌的危难之中，离号退休的总号大掌柜梁怀文挺身而出，周旋于各债权人、商会以及北京检察厅、司法部等部门，才使日升昌暂免关门破产。民国十一年（1922 年），对债权人的债权二折顶债，以债入股，勉强重新复业，号名改为"日升昌记"，原财东李家只顶照牌银 1000 两，股东改归债权顶股人。如此苟延残喘持续至民国二十一年（1932 年）歇业。后来日升昌的部分旧日伙友集股成立了"日升昌钱庄平遥总庄"，经营至 1948 年平遥解放。

从山西票号的兴衰看金融协调

背景说明

本文是 2004 年 10 月 30 日在厦门举行的"全国金融学年会"上的演讲稿。金融协调则金融发展，经济发展；金融不协调则金融滞涩，经济发展缓慢。山西票号的兴衰与票号和经济、社会的协调发展密切相关。金融协调直接关系到金融效率、金融安全，也决定着票号的兴衰。

贯穿金融发展史中的主线是金融制度的变迁，一部金融史就是一部金融制度变迁史。金融不协调，必然导致改革与制度创新，然后出现金融发展并推动经济社会发展。金融协调与经济社会发展是一个互动的过程。金融协调在市场的"看不见的手"和政府的"看得见的手"的驱使下各金融行为主体以金融安全与效率为中心，通过金融工具创新、组织创新和制度创新，实现金融与经济、社会协调发展过程。它是金融与经济发展的推动力。

票号的兴衰史为我们提供了金融协调与不协调的典型案例。

票号发生发展于清代，原名"汇兑庄"，主要经营异地款项汇兑业务。当时山西商人以其雄厚的资本、遍布全国以至国外的分支机构网络和卓著的信用垄断了票号，称雄中国商界一二百年。[①] 期间曾经历几次经济

---

① 山西票号发生的年代，目前有两种说法：第一种说法是清道光三年（1823 年）平遥日升昌，到 1925 年票号完全倒闭存在了 98 年；第二种说法是清康熙十八年（1679 年）太谷志成信，到 1925 年存在了将近 242 年。

危机（1883 年、1897 年和 1910 年）而不动摇，但是辛亥革命以后一败涂地。1911 年 10 月以前有 26 家，1912 年 24 家，1913 年 20 家，1915 年 17 家，1917 年 12 家，1920 年 9 家，1921 年 5 家，此时的票号事实上已经完全改组。[①]

票号的兴衰历史向人们展示，一部票号发展史也是一部金融协调史，协调则兴，不协调则衰。

一、金融协调使票号走向全盛

（一）从宏观层面看

1. 协调与经济关系：在商业革命中创新

票号的兴起源于晋商的勃兴。明代，内地社会安定，生产发展，沿边大量驻军，需要物资供应，山西人借助地理优势捷足先登，在政府的开中法中成就了晋商遍布全国各地的贸易网络。清代，北部边疆开拓，晋商北进蒙古、俄罗斯贸易，市场进一步扩大，成为明清中国十大商帮之首。贩运贸易带动了商品化、货币化、市场化以至国际化趋势的发展，不可避免的资金异地调度成为商业发展的重要问题，商品经营资本中逐渐分离出一批货币经营资本，追随商品经营资本的足迹，山西商人的商品经营资本伸向哪里，货币经营资本也跟着伸向哪里。晋商与其他商帮相比，其商业组织形式与制度有自己很多独特之处，如股份制、两权分离的委托代理制、总分支机构制（连锁网络制）、资本金的正本副本制等，加上雄厚的资本、卓著的信用，使晋商在清中期创办的专业异地款项汇兑的金融机构票号一举成名。19 世纪 60 年代以后，由于轮船的开通，由晋商垄断的对俄罗斯的陆路贸易逐渐冷落，而外商在沿海沿江的贸易不断扩大，此时山西票号把自己的业务重心转移到了上海，随着中国对外交往的扩大，票号还把"触角"伸到了国外，如合盛元票号 1907 年开始在日本横滨、神户、大阪、东京及朝鲜的仁川设立分支机构，拓展业务。当时有些票号还下设小号，经营账局、钱庄、印局、当铺。适应经济社会发展的需要。票号在中国商业革命中协调适应了中国商品经济发展的需要得以产生和发展。

2. 协调与政府的关系：在财政困难中拓展

咸丰（1851～1861 年）时期，太平天国切断清廷与长江以南各省的

---

① 中国人民银行山西省分行、山西财经学院：《山西票号史料》，山西人民出版社 1990 年版。

联系，财政收入锐减，财政支出激增，被迫实行卖官鬻爵。票号抓住机遇，代办捐纳印结业务，与官员和政府建立密切关系，取得巨额官款无息存入，贷放生息。1860～1900 年的 30 年间，清政府为了镇压太平天国运动和应付甲午战争，需要从全国各地筹措大量军饷，但战争又导致传统的陆路解运军饷方式中断，不得不依靠票号。这期间票号通过汇兑公款、借垫军协各饷、代理部分财政金库、承办"四国借款"的还本付息等业务，几乎成了清政府的"财政支柱"。特别是在慈禧太后西逃中，帮助清廷度过了财政困难时期，得到了中央及地方政府的好感和支持，扩大了业务，壮大了自己。[①]

3. 分支机构随盈利与风险大小而伸缩

票号设置分支机构，先行调查研究，在掌握市场动向的基础上添置新号，扩展经营地域。如果不能经营，立刻撤庄。票号分支机构设遍通都大邑商埠码头，如在拉萨、巴塘、理塘、打箭炉、雅安等藏区虽然地理偏僻，因财政和商务原因则设有分号。在太平军进军南京时，曾在长江一线太平军所到商埠收缩。因为日俄战争，营口业务困难，调整力量，设庄于朝鲜仁川，后又伸向日本神户、横滨、大阪、东京。

4. 业务与资金随经济社会需要而松紧

票号的业务经营，主要依靠自有资本，很少发行银行券，这一点与意大利金钱商相似，慎于出票。但是随着业务的发展，不仅自己资金不足，也无法满足社会的货币需求。他们通过收受商业票据或者发行自己的短期银行票据，满足社会对交易媒介和支付手段的需要。当时流通的票据有：凭帖（类似本票）；兑帖（类似支票）；上帖（银行汇票）；上票（商业汇票）；壶瓶帖（类似融通票据）。在流通中货币数量不足时，创造票据及其背书转让，有效地调节了当时货币供求的矛盾。[②]

5. 协调同业的关系：组织行会

为防范和控制金融风险，协调票号内部、票号与社会其他机构间利益关系，票号在一些大城市设立行会。如汉口的钱业公所、上海的山西汇业公所、北京汇兑庄商会、包头的裕丰社、归化的宝丰社等。这些行会能够为本行的营业事项订定共同规则组织金融市场运行，如汇兑平色、汇水、市场利率、票据交换、银行清算等，约束同业遵守，协调同行间的无序竞

---

① 孔祥毅：《金融票号史论》，中国金融出版社 2003 年版。
② 孔祥毅：《近代的山西》，山西人民出版社 1988 年版。

争；同时能够仲裁会员间的商务纠纷，协调会员与其他社会组织以及政府间的关系，维护共同利益，部分地执行了"中央银行"的职能。

6. 协调债权债务清偿与社会信用：信约公履制度

商品经济的发展比如产生大量的商业信用和银行信用关系，晋商谓之"信用贷货"与"信用贷款"。其债券债务的清偿和诚信约束，创立了镖局、标期与标利制度，即社会信约的公履制度，来协调债权债务的清偿。根据镖局押运商品物质与现银的距离远近决定标期，按照标期内外决定利率（标利）。过标时，第一天清偿银两债务；第二天清偿制钱债券；第三天"订卯"（金融机构间轧差清算）。不能按时履行信约，就不能获得信用。

7. 协调金融伦理与社会

中国传统社会伦理以孔子仁爱和中庸哲学为基础，人伦关系以仁、义、礼、智、信为标准。关公一生忠实地实践了孔子思想，是忠义的典范。晋商崇祀关公，行会组织同行修建关庙，以关庙为聚会办公场所，以关公忠义教育约束职工。票号的经营方针与利润导向，亦与社会伦理道德相协调，其经营理念和伦理思想主要体现在两个方面：一是诚信理念，先义后利，以义制利。明代蒲州商人王文显诫子书说，商与士异术而同心。善商者，处财货之场，而修高明之心，虽利而不污。善士者引先王之经，而绝货利之经，必名而有成。所以利以义制，名以清修。山西票号的经营正是贯彻了这一理念。二是讲究和气生财，慎待"相与"，同舟共济。凡讲信用的客户与同行称为"相与"，业务上相互支持，和谐相处，并世代相传，一旦发现不诚不信，永不往来。这些理念的贯彻为山西票号树立了极高的品牌，是其历经战乱、危机而又能再度辉煌的企业文化的根本。

（二）从微观层面看

1. 协调企业资本金："正本"与"护本"制

中国企业投资实行股份制始于明代的山西商人，多数晋商企业为多个投资人合作，订立合约，载入"万金账"。投资人的资本金一次交足，为"正本"；另外设立"护本"，资金来源一是从股东和顶身股职员的分红中提取一定比例，二是股东存款或者"统事"。"护本"计息不分红，是票号的风险基金，从而保证了票号的资本充足率。

2. 协调东掌关系：委托代理制

票号投资人（东家）聘请大掌柜（总经理），委以全权，平时不问号事，既不定政策于事前，也不实施监督于事后，只等年终分红。票号的所有权与经营权严格分离，便于经理人的稳健经营，就连聘用人位也完全由大掌柜负责，东家绝不干预。谓之"用人不疑，疑人不用"。这种完全信任的东掌关系，看似出资人风险较大，但实际上将大掌柜的经营置于全社会的监督之下，大掌柜若经营不善或不够尽心，一方面会面临信誉的损失，另一方面在当时的经理人市场上被人看低，这样的结果对东家、大掌柜及大掌柜的保人都不利，所以大掌柜都是尽心尽力的，谓之"受人之托，忠人之事"。

3. 协调东伙关系：人身股制

在协调东伙关系方面，票号有激励制度、保证制度和严格的培养考核制度，这些制度从不同的方面促使伙计全心全意地为票号工作。激励制度即"人身股"制度。票号组建的原则是，"有钱出钱，有力出力，出钱者为股东，出力者为伙计，东、伙共而商之"。大掌柜和业务骨干都可以顶股，大掌柜一般顶1股，高层管理与业务骨干几厘不等，普通职工经过12~15年，只要工作勤奋、没有过失，也可以顶股。票号在每个大账期都会对员工进行考核，成绩突出者晋升身股；保证制度即票号聘用员工一律实行"铺保"制度，员工失职造成的损失，保证人负连带经济责任；严格的培养考核制度，即票号的学徒制，所有学徒都要经过笔试、面试、考核、试用、三年学徒期后才能成为正式员工。

4. 协调总分支机构关系：报告制和考核制

山西票号实行总分号制，总号对分号实行集中管理。总分号之间的关系就向大脑和四肢的关系一样，总分号间的信息传递依靠报告制度来实现，报告制有口头汇报和书面报告，口头汇报是每晚面报和巡视时汇报、班期回籍汇报。书面报告分正报、复报、附报、行市、叙事报。总分号之间的资金调度，遵循"酌盈济虚、抽疲转快"的原则相互接济。对分号及全体员工考核，以"结利疲账定功过"，但以不对他号造成损失为前提，否则给予处罚，有功者增加人身股份，载入万金账。

5. 协调混乱的货币制度：本平制

清代货币是银两与制钱并行，由于各地平砝制度混乱，票号要实现异地汇兑，首先要解决的就是各地银色折合和平砝折合问题。为此，每家票号不仅经过大量调查制定各地银色折合标准，编出朗朗上口的"银色歌"，便于员工快速辨认计算各地白银成色，而且还都设置了自己的天平砝码，简称"本平"。即自置一个 50 两的砝码，与各地商埠周行的平砝作比较，弄清各平与本平在每百两银子上的差异，作为收交银两的准绳，也是会计账务核算的记账单位，借以维护主客双方的经济利益。

6. 协调会计核算："龙门账"与金融稽核

山西票号在财务核算的协调上，以经济活动为基础，按会计核算程序，分别从进缴表（收支表）和存该表（资产负债表）两个方面进行核算，然后"合龙门"。如果两表不能合拢，说明核算过程有问题，就要查找原因。就是中国早期的复式记账，又是金融稽核，以此保证财务核算的准确无误。

7. 协调风险与安全：密押制度

在控制票据使用风险与安全上，山西票号采取了以下措施：①专用票纸，统一计数；②水印；③专人书写，字迹在总号及各分号备案；④票据使用多枚印鉴，抬头章、押款章、落地章、骑缝章、套字章、防伪章；⑤汇票时间与金额设置多重暗号，数字、位数、月、日、自暗号等。汇票密押不定期更换，编成押韵口诀，有关人员死记硬背，烂在脑子里。由于采取了这些措施，使票号签发的汇票无一冒领、伪造事件，堪称金融防伪成功之最。

8. 协调内部管理：内控制度

票号的内部控制制度的核心是对人的控制，在人身股的激励制度和铺保约束制度的基础上，授权大掌柜统领号事。内控制度的主要措施有：①号内人事由总号大掌柜安排，财东不得举荐人位，干预人事。②财东平时不得在号内食宿、借钱或指使号内人员为自己办事。③大掌柜巡视分号，各分号人位不宜、同人不端、手续不合、市面情形变迁诸事，可立即处置。④各分号不准买空卖空、囤积货物，节外生枝。⑤职员不准在外巨数支使；不准私自捎物；不准就外厚道；不准私代亲族；不准私行囤积放人名贷款；不准奢侈浪费；不准侵袭号中积蓄；不准花酒赌博自堕品行；不准吸食鸦片；不准亲友浮挪暂借；不准向财东和掌柜送礼；不准到财东和掌柜家闲坐；不准到小号串门；伙友之间不准互相送礼；下班归里不准私先回家后到柜上汇报等。严格的内控制度杜绝了票号内部营私舞弊现象的发生。

二、金融不协调使票号走向衰败

票号创造了大量服务经济发展需要的金融工具、金融业务以及相应的金融制度，为中国商业革命与金融革命做出了巨大贡献，但是却在工业革命的曙光初露之时败下阵来，其衰败的原因不能不引起人们的深思。

事实上，票号与晋商的衰落是同步的。晋商是商品经营资本与货币经营资本混合生长，多为同一投资人。晋商衰落的原因，客观上一是科技进步，轮船的开通，陆路贸易因为成本过高而逐渐冷落；二是外商入驻，市场缩小；三是战乱与政治动荡，晋商财产损伤巨大。票号赖以生存的基础渐衰，而且票号指导思想与业务制度与当时的经济社会环境处于极不协调之中，没有根据环境变化进行相应的调整和改革，不仅与当时社会、经济形势的发展不相适应，而且内部管理和制度漏洞百出，上下内外互不协调，降低了经营效率，失去了竞争力，在时势风云变幻中固守旧制，不得不被时代淘汰。

1. 社会经济环境变化而拒绝改革

票号经营制度与环境不协调。外国资本涌入，大银行占据通商口岸，票号机构多而分散，资本金少，无法与之抗衡。从国内银行业来看，60年代后，南帮票号出现，开始与票号争夺业务；70年代大的钱庄在一些重要城镇开设联号，这些城镇之间的汇兑业务可不依赖票号自主进行；1896年中国通商银行成立之初，便试图包揽各省管款存汇项目，与票号抢夺业务；1904年户部银行成立，将票号从官款存汇领域排挤出去；其后，各省官银钱局、地方银行等纷纷成立，票号的活动范围渐渐缩小。外国在华银行在50年代就插手通商口岸之间的汇兑业务，70年代插手内地汇兑业务，80年代以后，外国在华银行对华商的汇兑、存贷款业务呈急剧上升趋势。在内外银行的挤压下，留给票号的是越来越小的生存空间。有识之士和驻外分号掌柜建议改革旧制，遭到大掌柜和东家的拒绝。

2. 由商业金融异化为政府金融

票号19世纪50年代以前主要服务于商人，60年代以后逐渐演变为主要从事政府金融，成为清政府的财政支柱，商人汇款有所放松，放款结构不协调。辛亥革命，存款逼提，贷款无法收回，纷纷倒闭。

3. 股东无限责任制

市场发展，外商进入，竞争加剧，票号的无限责任公司制与经营环境不协调，在辛亥革命发生挤兑时，不仅号内资产赔光，连老家的房产土地亦被政府封存以清偿债务。一些票号东家被迫沿街乞讨。

4. 企业缺少监督机制

票号东家对大掌柜委以全权，企业没有董事会，没有监事会，大掌柜权力过大，缺少制约，权利与责任义务不协调。名义上"受人之托，忠人之事"，实际上经营能否成功全系于大掌柜的德与能，决策缺少民主性与科学性。

另外，票号生存的外部环境恶化而未能及时调整管理制度。比如，1860 年以前，票号的主要服务对象是经营陆路贸易的山西大商贾，但在太平天国运动和两次鸦片战争期间，山西商人在长江流域、淮河流域、河南一带的商业资本受到了严重的打击；第二次鸦片战争后，传统的中俄陆路贸易，又被沙俄趁机控制，并攫取了原由山西商人垄断的中俄砖茶贸易。北方传统陆路贸易的衰落和南方中外贸易的繁荣，使票号在 60 年代后将其经营中心向上海等通商口岸转移。同时，票号的服务对象也集中在钱庄、大商贾、政府身上，这造成了票号服务对象的收缩。

清朝中后期的中外金融、贸易、政治关系链上，票号处于一个非常不利的位置。在贸易上，中国商人受制于洋商；在政治上，中国政府受制于外国政府；在金融上，钱庄是中国商人最大的融资者，票号与外国银行在其次；但票号、外国银行又是钱庄的资金后盾，票号融资于受外国银行、外国政府控制的钱庄、政府，而外国银行则代表外国商人、外国政府及其本身的利益，总操这一金融链条上的生杀大权，为了极力扩大自己的势力范围，他们常常利用危机抖动这一链条，甚至不惜制造危机，而每一次危机都相当于中国金融领域的一次重新"洗牌"，每次"洗牌"的结果必然是外来金融力量的强化，本地金融力量的削弱。

李宏龄在《山西票商成败记序》中提到了票号与外国银行的差距："……而银行一设，未免相形见绌者，其间亦自有故。以存款而言，彼则五六厘，而我四厘也。以运款而言，彼则钞票，而我汇兑也。而且金库全归该行，贷借必有抵押，已难相提并论。而尤足寒心者，一遇倒账，外洋银行凭借外力，大清银行则依仗官权，同属财产关系，而彼各挟势力以凭陵。如丁未营口东盛和之事，银行收十成有余，票行收五成而不足，尚何公理之可言哉！"

三、简短的结论

票号虽然已经离开我们八九十年了，但是票号所创造的金融工具、金融业务、金融制度仍然存在于我们的金融业中。

票号的兴衰告诉人们，金融业的发展，需要金融协调，一是金融与经济、社会发展相协调；二是金融内部的机构、工具、业务与制度相互协调。金融协调的路径是实行金融创新，包括机构创新、工具创新、业务创新、制度创新。

　　金融协调是金融制度变迁的一条主线。一部金融史就是一部金融制度变迁史。金融协调的方法，需要注意兼顾数量与质量的统一、宏观与微观的统一、协同与竞争的统一；注意整体性、结构性、动态性。所有协调都需要在市场规则基础上，各金融主体以金融安全与效率为中心，通过金融组织、金融产品、金融制度的创新，实现金融与经济、社会的协调发展。

票号的经营管理

山西票号的利润导向

背景说明

　　本文是 2003 年 11 月为中国平安保险公司高管人员培训的讲稿，原载人民银行总行直属《河南金融管理干部学院学报》2004 年第 6 期。票号利润来源有汇费收入、存放利差、"吃空期"、平色余利、代办业务包括代办捐纳印结等。先义后利、以义制利的利润导向是其原则，也是中国传统文化和传统商业伦理的核心。包括金融企业在内的当代所有企业，都应当坚持财富功能和社会功能两个方面，坚持诚信，才能发展。诚信就是市场经济的通行证，诚信就是资本。

　　在明清时期，中国商业、手工业迅速发展，形成了山西、徽州、陕西、广东、山东、洞庭、江右、宁波、龙游、福建十大商帮。山西帮在财富积累、活动舞台、企业组织制度等各方面雄踞各帮之首，特别是它的资本实力、联号制度、信用卓著使得山西商品经营资本中分离出了票号这种货币经营资本，同时还有当铺、钱庄、印局、账庄、票号等几类金融企业，遍布全国各地乃至亚欧一些国家。外国人把这些金融机构统称山西银行。其中主要从事异地款项汇兑的票号在全国以至国外产生了巨大的影响。

　　日本人说："汇票庄俗称票庄，总称是山西银行。据说在一百多年以前业已成立。主要从事中国国内的汇兑交易，执行地方银行的事务。"①
美国著名学者费正清说："在外国人来到以前，在最上层信贷的转让，是
由钱庄经手，这些钱庄集中于山西中部汾河流域的一些小镇。山西银行常
常靠亲属关系在全国设立分号，把款子从一个地方转给其他地方的分号，
为此收取一些汇水。""在上层和低层之间还有几类大大小小的外国人称
为地方银行的钱庄。小钱庄可以服务于它们所在地的社区，大的钱庄则常
和分布在通都大邑的地方银号有往来。"②

这里简要地分析一下票号的利润导向，对当代中国银行业经营未必没
有好处。

一、山西票号的利润来源

山西票号的业务既然是以汇兑为主，自然汇费收入就是票号的主要利
润来源。但是他们除主营异地款项汇兑外，对存款、放款等业务也很重
视，并且利用当时全国各地平砝不统一，流通之银两成色的差异，通过压
平擦色获得平色之利。而且随着形势发展和社会需要，不断创新利润来
源，使得票号的业务日升月昌，诚如日升昌票号后院一副对联所说："日
丽天中万宝精华同耀彩，升临福地八方辐辏独居奇。"横批："丽日凝辉。"

票号的利润来源可以分述如下：

（一）汇费收入

异地款项汇兑的手续费即汇费，亦称"汇水"。票号汇水没有固定的
标准，由顾客和票号面商而定。主顾在商定汇水高低时，一般是以两地
"银色之高低，期口之淡旺，路途之远近，银根之松紧，汇兑之逆顺"等
具体情况来决定。一般情况下，"在交通便利的通都大邑，每千两仅需二
三两的汇水，若是交通不便的地方，每千两的汇水达二三十两，时或高至
七八十两。"③ 就平遥、祁县、太谷三帮票号汇水高低而言，通常平帮的
汇水往往比祁太两帮略低。由于票号收取汇费的标准灵活，往往因经手人
不同而有所区别，其中奥妙不是票号职员与客户之间有什么猫腻，而是票
号职员在计算通汇地距离远近、银根松紧、汇款数量对票号会有不同的
受益。

---

① 《天津志》，东京出版，日本的中国驻屯军司令部编写，1909 年版。
② 费正清：《伟大的中国革命》，世界知识出版社 2000 年版。
③ 陈其田：《山西票庄考略》，商务印书馆 1937 年版。

1886 年 8~10 月日升昌票号桂林分号汇款及汇水

时间	汇往商埠	汇款数（两）	实得汇费（两）	汇费率（%）
8.15	湘潭	2000	196.72	9.8360
8.18	北京	300	35.96	11.6530
8.22	上海	100	9.60	9.7380
8.25	湘潭	1000	97.38	9.7380
9.4	成都	40	4.79	11.9750
9.6	北京	200	24.47	12.2350
9.18	重庆	5000	553.63	11.0726
9.20	湘潭	2000	182.95	9.1475
9.20	湘潭	1000	97.38	9.7380
9.25	长沙	1200	122.03	10.1690
9.25	湘潭	1000	97.38	9.7380
10.13	上海	100	2.00	2.0000
10.13	梧州汇重庆	1000	103.12	10.3120
10.13	梧州汇重庆	500	51.56	10.3120
10.13	梧州汇桂林	400	4.03	1.0075
10.15	汉口	400	42.40	10.6000
10.15	湘潭	500	48.69	9.7380
10.15	梧州汇桂林	1700	17.12	1.0099
10.25	湘潭	1000	97.38	9.7380
10.25	重庆	300	31.71	10.5700

（二）存放利差

经营存款放款，获取利息差额是票号盈利的又一重要途径。存款一般分活期、定期。定期之中有三个月、六个月、一年或长期存款等不同档次。短期存款利息一般为 2~4 厘，长期存款可达 8 厘。短期有一个月、两个月、三个月、半年，一年以上为长期。放款一般为信用放款，抵押放款较少，放款利息根据当时市场银根松紧而定，银根松时六七厘，银根紧时一分到一分一二厘。一般来说，平遥帮的存放款利率较祁县帮、太谷帮略低，存轻而放亦轻。

日升昌票号清江浦分号在咸丰二年（1852 年）收存款银 13039.30 两，放贷款银 7500 两；蔚泰厚票号苏州分号道光二十七年（1847 年）收存款银 36053.6 两，放贷款银 80873.6 两；日新中票号京都分号道光三十年（1850 年）收存款银 36683.65 两，放贷款银 68469.81 两；日新中票号京都分号在咸丰二年（1852 年）收存款银 84976.07 两，放贷款银 49860.01 两。①

票号放款利息的特点：一是低于当铺、印局等从事消费贷款的金融机构；二是从全国看南高北低，有"北存南放"之说。如道光二十四年（1844 年）日升昌苏州分号三月二十一日和四月二十三日两笔放款利息分别为垫汇月息 9 厘和月息 6 厘；同年北京四月初五和五月十六日两笔放款利息月息分别是 5 厘和 4 厘。②

（三）"吃空期"（利用在途资金）

票号汇款，无论票汇和信汇，除了即票（见票即付，见信即付或者见票三五日交付）之外，很重视"吃空期"的盈利办法。"吃空期"，是指其汇款从起汇之日起，到言定在某地交汇之日止，所有汇款在途期间，票号则可以充分运用于盈利。如日升昌张家口分号汇往平遥需要 40 天、汇往天津需要 30 天、汇往江西河口需要 75～100 天、汇往苏州需要 80 天，由成都汇到北京为 80 天，南方各省关汇往北京的京协各饷一般都在 90 天左右，等等。这中间相隔的时间就成为票号无须付息的资金来源，可以用于短期周转或短期拆放而盈利，故名"吃空期"。

另外，票号汇兑公款的在途时间较汇兑私款的在途时间略长，由于公款数额一般都比较大，更有利于票号的盈利。

（四）平色余利

所谓平，是指天平，度量白银重量的器具；所谓色，是指白银的成色，银锭的纯度。当时票号办理存放汇兑，收受银两，每次都要鉴定银两成色，称量银两重量，成为票号一项日常性工作。由于各地的天平砝码不统一，公私银炉并存，熔炼白银技术差异较大，纯度难以统一，各地所铸银锭的成色不一。票号为了较量各地平砝的大小，以便建立自身统一的记账货币单位，在度量衡没有国家统一标准情况下，每个票号都不得不建立自己的平砝即"本平"，与各地之平砝权衡，较出每百两比自置的平砝大多少或小多少，作为银两收交的标准，以便维护顾客以及票号自身的利益。这种用本平与各地平砝较量的差额，就是票号的本平制度。它一方面促进全国各地汇兑业务以及存放款业务的进行，另一方面也为票号在承担

---

①②　中国人民银行山西省分行、山西财经学院：《山西票号史料》，山西人民出版社 1990 年版。

汇兑存放款业务的过程中获得"余平"提供了条件。余平就是票号在收交银两中，由于各路平砝的折合的原因而多余出来的银两。这就是票号营业以外的收入。各地平砝折合的习惯，是古代度量衡不统一形成的历史习惯，沿用久远，但是用什么平收银，用什么平交银，对收付双方是不同的。[1] 余平是怎么来的？以大德恒为例：

甲：上海—祁县

上海：申公平 1000 = 祁公平 925.88 = 大德恒本平 920.1357

祁公平 1000 = 本平 993.7

上海—祁县（上海收申公平，祁县付出祁公平）

上海收申公平 1000 = （折）大德恒本平 920.1357

祁县付出申公平 1000 = （付）祁公平 925.88

= （折）本平 925.88 × 993.7 ÷ 1000

= 本平 920.046956

净利 920.1357 − 920.0469567 = 本平 0.088744

祁县—上海（即祁县收祁公平，上海付出申公平）

祁县收祁公平 1000 = （折）大德恒本平 993.7

上海付出本平 993.7 = （付）申公平 993.7 × 1000 ÷ 920.1357

= 申公平 1079.949403

= （折）祁公平 1079.949403 × 925.88 ÷ 1000

= 祁公平 999.9035533

净利祁公平 1000 − 999.9035533 = 祁公平 0.0964467

乙：北京—祁县

京公平 1000 = 祁公平 978 = 大德恒本平 973

祁公平 1000 = 大德恒本平 993.7

北京—祁县（北京收京公平，祁县付出祁公平）

北京收京公平 1000 = （折）本平 973

祁县付出京公平 1000 = 祁公平 978

= 本平 971.8286

净利本平 973 − 971.8386 = 本平 1.1614

祁县—北京（祁县收祁公平，北京付出京公平）

① 陈其田：《山西票庄考略》，商务印书馆 1937 年版。

祁县收祁公平 1000 ＝（折）本平 993.7

北京付出需本平 993.7 ＝（付）京公平 993.7 × 1000 ÷ 973

    ＝ 京公平 1021.274409

    ＝（折）祁公平 998.806327

净利祁公平 1000 － 998.806372 ＝ 祁公平 1.193628

日升昌票号在咸丰年间的利润

时间	分号	汇费收入（两）	占比（%）	平色收入（两）	占比（%）
1852 年（咸丰二年）	清江浦	3744.72	75.45	1218.52	24.55
1853 年（咸丰三年）	江西	1471.85	92.20	124.47	7.79
1856 年（咸丰六年）	苏州	3340.89	79.11	882.02	20.88

资料来源：中国人民银行山西省分行、山西财经学院：《山西票号史料》，山西人民出版社 1990 年版。

（五）代办捐纳和印结

在中国历史上，中央政府曾经多次实行捐纳制度，即在财政困难时，将京官自郎中以下，外官自道台以下，按品级和虚衔实职定价出售。在京纳银叫常捐，在省纳银叫大捐。不论在哪里纳银对捐纳者都会有七折八扣和暗中的各种费用。票号利用遍布各地的分支机构，就抓住机遇，代办捐项，并把此业务加以拓展。一是资助穷儒寒士入都应试以至走马上任；二是代办、代垫捐纳和印结（印结是签有政府印鉴的文书，这里指虚实官衔的证明文件），收取手续费和融资利息。一旦成人之美，做了实职官吏，便可以争取其辖区内公款存入，扩大业务。由于清政府规定金库收入不能存放民间金融机构，但是得到票号帮助做官以后的地方官员也不能拒绝票号的请求，更何况自己通过各种渠道获得的银两也需要票号为其存储保密，而且公款放在公库根本不可能生息，票号收存公款虽然不付利息，但是逢年过节票号送以厚礼，何乐而不为？票号无息获得存款，用于贷放生息自然获利丰厚。

（六）金融创新

票号通过不断的金融创新，拓展业务，扩大自己的利润来源。其金融创新有工具创新、机构创新、业务创新、制度创新等。比如在业务方面，他们创造了转账结算、票据贴现、旅行支票、银行轧差清算、货币交易市场等。下面列举几例：

例1：重庆商人要到汉口、南京、上海采购，可将一定数额的旅费和采购资金，如将10000两白银交给日升昌票号重庆分号，言明汉口、南京提款若干，重庆分号开出一张10000两的汇票，并通知汉口、南京日升昌分号（或联号），说明汇款人（亦即提款人）的姓名，待汇款人到汉口后，可到指定分号提款若干，汉口分庄在提款人手执汇票上记录提款若干，下余若干。汇款人途中经过到南京亦如此，直到上海提毕，由上海分号收回汇票。这种办法，如同现在的旅行支票或信用卡。

例2：日升昌等票号承办异地汇兑，常常出现一些分号收汇多，而另一些分号付汇少，时间一长，付汇多的分号就会出现现银不足，不能支付，就要调入现银，成本较高。后来他们创造了"逆汇"（亦称"倒汇"）办法，不仅减少现银异地调拨，节约了大量的流通费用，而且扩大了信贷业务，又获得了贷款利息收入。1917年第14卷《东方杂志》评论说："倒汇：中国此种汇兑，向所未有，至近年与外国通商，关系密切，内地市场间之贸易随之而盛，汇兑之种类不得不因之变化……倒汇之手续亦别无烦累……有信用之商人立一汇票，交于票号，票号即买取之，送交收兑地之支店，索取现金。"顺汇和逆汇之区别在于，顺汇是汇出地分号先收款，汇入地分号后付款。逆汇是汇入地分号先付款，汇出地分号后收款。所以逆汇也是存、放、汇联系。乙地分号先收款，甲地分号后付款，是汇兑与存款结合；乙地分号先付款，甲地分号后收款，是汇兑与贷款结合。此种逆汇，不仅收取手续费，还计利息。这样，一是满足了商人异地采购急需款项的需求；二是减少了票号资金闲置，增加了利息收入；三是减少了异地现银运送，被称作"酌盈济虚，抽疲转快"。当然逆汇要求票号主动寻找客户，兜揽业务。

例3：山西票号汇兑，其汇票有见票即付，还有见票过几日再付两种。如果汇票已到，按汇款时商定的兑付时间未到，则不能提款，如果要提前支取，需交纳一定的费用，即如今的期票贴现。这一制度的运用，不仅使企业资金调度安全方便，同时为票号增加了生利门径。

山西票号盈利水平到底如何，由于现存史料有限，无法了解其详细盈利情况，就现有资料，大约日升昌票号在鼎盛时期营业额可达2000万两白银以上，一个会计年度每股（前期每股1万两，后期每股1.2万两）

最高分红 1.6 万~1.7 万两，通常为 5000~7000 两，最少时为 500 两左右。①

二、山西票号的诚信义利观

"君子爱财，取之有道。"正确处理"利"和"义"的关系，是山西票号利润导向的根本原则。

我们知道，山西商人走到哪里就把关帝庙修建到哪里，关公崇拜达到了极点。关公一生身体力行"忠义"二字，忠肝义胆，诚信磊落，令万民景仰，被政府封为"关圣大帝"，民间视为战神、财神，是忠实实践孔子的仁、义、忠、信的典范。孔子思想的核心是仁爱和中庸。他认为"己所不欲，勿施于人"，立身处世的标准应当是忠义、诚信、礼节、德政，以此建立一种稳固、和谐的人际关系，实现"天下为公"、"讲信修睦"的大同世界。这是中国人几千年以来的一整套特定的思维范式和行为准则。晋商的关公崇拜，体现在其诚信义利的价值观，认为义为利之先，必须先义后利，以义制利。明代晋商王文显，初涉宦海不成而经商，但善心计，识重轻，适时机变，恪守信义，"与人交，信义秋霜，能析利于毫末，故人乐取资斧。又善审势伸缩，故终身弗陷于井罗。"他坚持"凡事以道德信义为依据"。40 年间，足迹几半天下，成为一代名商。他训诫其子说："夫商与士，异术而同心。故善商者，处财货之场，而修高明之心，是故虽利而不污。善士者引先王之经，而绝货利之经，是故必名而有成。故利以义制，名以清修。各守其业，天之鉴也。如此则子孙必昌，自安而家肥富。"②乔家大院的乔致庸也对信义与利润作过次序排队：那就是首重信，次讲义，第三才是利。

山西票号商人诚信品格的表现是：

（一）重人信用大于重物信用

票号放款，以信用放款为主，其次是保证放款，很少抵押放款。票号重信用，轻抵押，与意大利金钱商有着惊人的相似之处。他们不做抵押贷款的原因有三：一是他们的贷款大部分是商业性贷款，具有自偿性。二是大商家以信誉为生命，而且资力雄厚。三是无合适抵押物。首先，商家贷款采购的商品不宜做抵押物，若商品损毁，抵押物也无用；其次，他们的

---

① 中国人民银行山西省分行、山西财经学院：《山西票号史料》，山西人民出版社 1990 年版。

② 葛贤惠：《商路漫漫五百年》，华中理工大学出版社 1996 年版。

家产不宜做抵押物，行商们背井离乡，行游天下，其家产可能远在千里万里之外，不易估价也不易处理；最后，当时没有发达的金融市场，也没有适合的金融工具用于抵押。

（二）严格执行信约公履期

商品赊销的货款清偿和货币借贷的归还期限，一般按标期确定，到期必偿。标期是商业行会规定的按照镖局押运商品和现银由甲地到乙地的时间计算的期限作为债务清偿期。标期分年标、季标和骡标（即月标）。从西口（杀虎口）、东口（张家口）到山西金融中心太谷县是季标。太谷县一县一标，称为太谷标，周围各县为太汾标（太原府和汾阳府两府），太谷标在前，周围各县在后，标期一到，一切债务必须立即清偿：第一天是银两债券债务清偿；第二天是铜钱债券债务清偿；第三天是银行间"订卯"——银行间债券债务清偿。这种制度，成为山西商人不易之规，这就是晋商的信约公履期。[①]

（三）家庭教育信义忠诚

很多大商业家族定有家训和家规。榆次常家家训要求"凡语必忠信"，"凡行必笃敬"，"饮食必慎节"，"字画必楷正"，"容貌必端庄"，"衣冠必肃整"，"步履必安详"，"作事必谋始"，"出言必顾行"。力求戒除富家子弟坐享荣华富贵、骄奢淫秽的恶习，自律、自尊、自爱、自信。

（四）票号号规诚信约束

对号内人员规定：不准在外巨数支使；不准私自捎物；不准就外厚道；不准私代亲族，影射号中银钱；不准私行囤积，放人名贷款；不准奢侈浪费，以耗财物；不准侵袭号中积蓄；不准花酒赌博，至堕品行；不准吸食鸦片；不准亲友浮挪暂借；不准向财东和掌柜送礼；不准到财东和掌柜家闲坐；等等。[②]

（五）行业协会严格监督

山西票号成立有"汇业公所"，无论在上海、北京或者汉口，均建会馆，修关庙，以其信义教育同行，以其武功保佑他们的商业利益。行会定有严格的行规，负责处理商务纠纷，维护市场秩序和商民利益。要求各商重信义，除虚伪，节情欲，敦品行，贵忠诚，鄙利己，奉博爱，薄嫉恨，喜辛苦，戒奢华，反对采用任何卑劣手段骗取钱财。

---

① 葛贤惠：《商路漫漫五百年》，华中理工大学出版社1996年版。

② 人民银行山西省分行、山西财经学院：《山西票号史料》，山西人民出版社1990年版。

（六）票号用人宗族约束

新学徒的来源，原则上只在财东或经理的同乡人中选拔，在对其家庭出身、上辈人的为人处世、德行信誉等都很了解的人员中挑选，所以多为亲朋引进，知根知底。而且推荐人都很认真负责，事关个人信誉，绝不敢推荐不肖子弟。当了学徒表现不好被开除回家者，别的商号多不再录用。故一旦被开除，将会绝其后路，所以学徒和正式职员都能够严格遵守号规。

（七）重视相与和谐合作

票号很尊重"天时不如地利，地利不如人和"的古训。重人和，主要是重视人的团结，人的凝聚，人的群体价值。晋商的组织形式——两权分离和人身股制度就是这种和谐精神的体现。他们有钱出钱，有力出力，出钱者为股东，出力者为伙计，"东伙共而商之"。掌柜全权负责，东家不问号事，相互信赖，体现了企业内部"和为贵"的精神。他们还互相认定诚信交往的老客户为"相与"。对于"相与"，诚信合作，世代相传，即使无利可图，也不中途绝交，必善始善终，同舟共济。

由上可见，山西票号的诚信经营是建立在其"诚信义利观"的商业伦理基础之上的，在以德治理企业的同时，还设置了严格的制度约束和宗法约束。他们的经验，至今仍然有着积极的借鉴意义。

当然，在晋商晚期衰败没落时，驻外经理人员，不执行总号规定，贪污作弊以致劫资潜逃的事例也有一些记述，这正是其衰亡的原因。

笔者认为无论工商企业还是金融企业，应当有两个功能，一是财富功能，二是社会功能。不能单纯以股东利润最大化为企业的唯一目标。一个公司如果一心把利润最大化作为目标，就可能会走向唯利是图，不择手段，就可能遗忘自身与社会的协调发展。强调企业的社会责任，并不是要求企业不要重视盈利，尽做善事，而是在做生意的时候要诚实守信，重视自己在客户中的信用，善待每个雇员，强调生财必须有"道"，以合理合法的方式来盈利，将社会责任与提高企业效益融合在一起。

在市场经济中，诚信是企业成功的奠基石，是资格和能力，是市场经济的通行证。所以诚信是财富，诚信是资本，诚信是企业的生命和灵魂。诚信高者风险低；诚信低者风险高。凡是能够坚持先义后利，以义制利的企业，总会生意兴隆，财源滚滚。

山西票号高效执行力的动力机制

背景说明

　　本文原载《广东社会科学》2005年第2期。高效执行力是企业最重要的竞争力之一，文章以山西票号的案例，评价其经营战略与制度的执行情况，分析其高效执行力来自动力机制与训育机制，其动力机制是两全分离制、人身股制、薪酬福利制、宗法与担保制，其训育机制是学徒制，这些历史经验对当代企业管理有重要的现实意义。

　　执行力是企业最重要的竞争力之一。一个好的企业，除了有好的战略、好的班子、好的品牌外，还要有实施这些战略的执行力。企业执行力的培养不能只停留在管理者知识技能层面上，更要重视管理者和员工执行文化的塑造。称雄中国商界百十多年以至在国外产生巨大影响的山西票号，其执行力是惊人的。今天，仍然具有重要的现实意义。例如大德通票号，在光绪三十一年至三十四年会计年度（1905～1908年，四年一个账期），货币资本股与人身股共计43.95股，每股分红1.7万两白银，平均每年4250两。① 日升昌票号在光绪十一年（1885年），每股分红2800余两白银，平均每年700两。② 其业绩不能不令人叹服。这样的效率不能不说与其高效执行力有关。

　　为了说明其管理层的执行力，需要简单地了解一下它的组织构架。

---

① 中国人民银行山西省分行、山西财经学院：《山西票号史料》，山西人民出版社1990年版。
② 王夷典：《日升昌票号》，山西经济出版社1998年版。

一、票号的组织构架

（一）总号决策层与管理层

山西票号实行总分支机构制，各总号决策层与内部管理层的机构职位设置，大体上是相同的。一般设大掌柜（总经理）1人，为全号之领袖，有总理全号内外事务之权；二掌柜1人，辅助大掌柜总理全号事务，负督促全号人员勤怠之责，故各伙友对于二掌柜，常常较大掌柜尤为畏惧；三掌柜1人，辅助二掌柜督促全号伙友，负柜台上接待顾客之责；管账先生1人，管账与文牍皆称先生，冠之以姓氏，而不称掌柜，负责总理全号账目，负银钱出纳之责；副管账1员，辅助管账经管账目；帮账2员，受副管账指挥，助理各项账簿；帮账职务多由入号一年以上之伙友充任，借以练习，故无定员；文牍先生1员，文牍先生地位较为清高，犹如号中客卿，大掌柜对之亦很客气，故各票号多聘用科甲中人，办理号中对外文件；录信员2员，亦系练习伙友充任，无定员，誊写号中来往文件；正跑街1员，俗称上街头，负上市接洽存放款及一切银钱往来之责；副跑街1～3员，辅助正跑街办理一切上市业务；练习跑街数员，以入号半年以上伙友充任；坐掌柜1员，俗称拦柜头，负管理门市部之责。①

（二）分号管理层

票号各分号管理层的人员及职位设置，虽然各地业务繁简不同，分号人员数额有多有少，但是内部分科负责者则大致相同。业务较繁各分号，亦不过在负责人员外，多加一二个助员而已。一般是：掌柜1人，总理分号中一切事务；管账1人，总理分号中账目，并负银钱出纳之责；司信1人，办理分号中文书，并负通告各埠连号金融市况之责；二掌柜1人，负上市接洽业务之责。②

除此之外，各地分号常常有在总号练习尚未足期，派在分庄补习的人员。但是有些地方情形特别，内部组织较庞大，比如各票号驻北京分号，大都人数较多，有的与总号不相上下。

清朝末年上海分号的人员安排情形大体是：正掌柜1人，副掌柜1人，外账房2人，内账房2人，跑市2人，跑街4人，招待2人，管银1人，小伙2人，司务8人。③

---

①② 李清渭：《山西太谷银钱业之今昔》，《中央银行月报》1937年，第6卷第2期。
③ 陈其田：《山西票庄考略》，商务印书馆1937年版。

二、票号经营战略和制度的执行

山西票号实行总分号，总分号实行统一核算，在总号与分号之间，分号与分号之间的业务联系和经营策略的贯彻执行，需要有效的执行力。因为总号的正确的决策来源于对市场变化和各分号情况的深刻把握，其信息来源只能依靠管理层和职工提供，在形成决策之后再贯彻下去，获得最大的经济效益，这在当时的交通通信条件下，谈何容易。

票号的执行力最突出表现在战略和制度的执行上。管理层和职员严格执行决策层的战略、目标和制度，不仅使总号及时掌握全国各地市场动态以及各分号的业务进行状况，而且能够把总号决策层的决策变成行动，同时各分号之间能够及时通报业务，协调配合，调度资金，实现"抽疲转快，酌盈济虚"。这主要依靠各分号之间以及分号与总号之间不断的业务信息的沟通和协调。当时各分号联系的手段，主要是利用信件，通过民信局予以传递。所以有人说，票庄做事，尽凭信函灵通，不惜电费，每日通信数次，照信估计生意。

票号业务执行报告，分口头汇报和书面报告两部分。

（一）口头汇报

票号成规，在总号或者在各个分号，每天晚上营业终了，职员和管理部门负责人都必须向自己的主管当面口头汇报当天自己所办业务的情况，并且聆听主管对明天的安排。管理层则要综合情况，口头（在总号或者分号内）或写信书面（外地）向总号汇报情况，以便上级及时掌握业务动态，做出第二天或者近期业务安排。

另一种口头汇报是在大掌柜按例巡视各分号时（每年1~2次）的当面汇报，或者下班休假回到总号时，必须直接到大掌柜办公室当面汇报情况，不得先回家再返总号汇报，否则不仅有贻误时机之虞，且有经济弊端之嫌。

（二）书面报告

书面报告主要是分号向总号或者其他分号的汇报。书面报告分为正报、复报、附报、行市和叙事报。

1. 正报

"正报"，就是报告本号直接对某某分号的业务情况的报告。由收汇号向交汇号报告，其内容主要是报告做某某业务多少，何时交款，汇费和帖色多少。

例如：蔚泰厚京都分号道光二十四年（1844 年）四月初五日致苏州分号第 8 次信中说："……今收汇去万全号关批足纹银一千两，无票砝，言定在苏五月初三日无利交伊。平照前，每百两比咱平大三钱八，合空伊期一月，帖过咱费银六两，至日妥交……"①

2. 复报

"复报"，就是报告本号前次报告过的内容，如直接对某分号之营业事项。因为交通通信不便，信函传递时间长，为避免途中遗失而造成损失，因此规定了复报制度。

例如：蔚泰厚京都分号于道光二十四年（1844 年）五月十六日致苏州分号的第 20 次信中说道："启者于（五月）十二日托天成局捎去十九次信内，报收汇去万全号关批足银二千两，无票砝，言定在苏六月二十二日见信无利交伊，平照前，比咱平每百两大三钱八。"② 由于在第 19 次信内已经报过，但款项尚未到期，故在第 20 次信中再次叮嘱。

3. 附报

"附报"，是票号业务报告中工作量最大的一种报告，它要求各号每天都必须把全部营业收付银两数字和业务情况通告各分号。报告的目的，一是要各分号相互了解各号收付款项的情况；二是要各号根据了解的情况，主动做生意，相互支持，避免因某地付款过多，或是库存白银短少，可能发生支付困难，影响到当地业务和本号信誉。若北京分号知道西安分号收款较多，就主动找生意往西安汇兑，调剂疲快。由于业务发展，书写附报工作量过大，后来有的票号排开时间，五日一轮。

例如：汉口百川通分号报告日期是：初一：北京、天津、上海、广州、梧州；初二：成都、重庆、云南、贵州、西安；初三：湘潭、长沙、桂林；初四：沙市、常德、德安；初五：平遥总号。③

4. 行市

"行市"，是各号相互报告当地汇水、利息行市和资金周转"疲快"，以及当时社会、经济、贸易、金融信息的报告。是"正报"、"附报"后的例行报告的内容。

例如：上举蔚泰厚京都分号道光二十四年（1844 年）五月六日致苏

---

①②③ 中国人民银行山西省分行、山西财经学院：《山西票号史料》，山西人民出版社 1990 年版。

州分号第 20 次信中说："目下风闻库内之砝，又要加重情弊，尚未见准与否，预报兄知……刻下京中月息四厘。"其后该号在另一封信的"正报"、"附报"之后又有："今封去……上谕四张查收，刻下京中月息五厘、四厘七五，钱盘三千二折五六钱，松江色二两光景……"①

5. 叙事报

"叙事报"，也叫"另起"，是总号或分号对某分号业务的指示、评论及意见。报告的内容，大多都由掌柜们亲自写。它是"正报"、"附报"和"行市"之后，即注明本次信件年月日之后批写的内容。一般是"管信"把"正报"、"附报"和"行市"写就后，俟掌柜晚间有时间才写，或者"管信"先替起稿，等掌柜修改后再誊写。

总号大掌柜在每年终了，汇总各路业务数字，写出书面报告，向东家汇报。四年一个会计年度完毕进行财务决算，大掌柜要提出利润分配方案，同时进行人员考核，提出奖罚意见和员工晋升人身股的建议，与东家共同商定。

三、票号有效执行力的动力机制与训育机制

事业的成功，离不开天时、地利、人和，三者之间则"天时不如地利，地利不如人和"，人是第一因素，影响制度执行力靠的是人。票号用人，以懂得信义为根据，并且要通过"侧重实验"。他们认为，"凡人心险于山川，难于知天，故用人之法非实验无以知其究竟。远则易欺，远使而观其忠；近则易狎，近使而观其敬；烦则难理，烦使而观其能；卒则难辨，卒间以观其智；急而易爽，急期以观其信；财则易贪，委财以观其仁；危则亦变，告危以观其节；久则易惰，班期二年以观其惰；杂处易淫，派往繁华以观其色，期在练或磨不砺，涅而不淄，方足以任大事也。故一号之中，不敢断言尽是忠、敬、能、智、信、仁、有节有规十全之士，但不肖之徒难以立足。"②基于这样的认识，山西票号执行力的动力与养成采取了以下几方面的措施。

（一）两权分离：经理责任制

按照"疑人不用，用人不疑"的原则，投资票号的财东，委大掌柜以全权。"将资本交付于管事（大掌柜）一人，而管事于营业上一切事项

---

① 中国人民银行山西省分行、山西财经学院：《山西票号史料》，山西人民出版社 1990 年版。

② 卫聚贤：《山西票号史》，重庆说文社 1944 年版。

如何办理，财东均不闻问，既不预定方针于事前，又不施其监督于事后。"①

静候年终大掌柜的业务报告。既然财东信任掌柜，掌柜势必以忠义报答知遇。掌柜倘若视环境不佳，恐损及血本，自然预筹退步，绝不侥幸冒险，影响个人人格，即财东施之以仁，掌柜报之以义，谓之"受人之托，忠人之事"。既然领班被授予全权，东家无限信任，个人必忠心耿耿，率领同人崎岖前进，决策层同事、管理层及员工自然会齐心跟进，人心凝聚，事业何愁不成。

（二）激励：身股制

"人身股"是晋商称雄商界 500 多年的"秘密武器"，即企业业务骨干可以劳动作为资本而"顶股"，叫"人身股"，与货币资本股一起参与分配。职工只要工作勤奋，没有过失，成绩优秀就可以顶股。一经认可，就将其名字录入"万金账"即股份账，参与分红。从而使得大掌柜以至分号掌柜、大小管事、伙计、学徒无不竭尽全力为票号卖命，使全体员工感到这是为东家效力，也是为自己干活，是东家和大掌柜创造了职工自己为自己赚钱的机会，人身股把东家和职工的利益紧密地拴在了一起，同舟共济，形成了强大的凝聚力。票号像一块磁铁一样，紧紧吸附了本号职工，也让社会刮目相看，票号职工也多了几分神气。这种激励，是票号执行力的重要来源。

（三）养育：薪酬福利社保制

票号对于号内员工的工资福利和社会保障规定详尽，严格执行。顶有人身股的职员，每年发给"应支"和"津贴"，应支在分配红利时扣除，津贴则是每年出账。大掌柜人身股 1 股，津贴是每年 1000 元银元。应支与津贴大体上各半。没有身股的职员，发给薪金，每年银元一二百元。平时食宿费用一律由号上支付。职工遇有婚丧大事，掌柜同事照常随礼，并派人贺吊。掌柜身故，享受 8 年应支、津贴和红利；未任掌柜而身股 1 股者享受 7 年；身股不足 1 股者享受 6 年；身股六七厘者享受 5 年，身股四五厘者享受 4 年，身股三四厘者享受 3 年，身股一二厘者享受 2 年。已故职员所遗子弟才能良好者可以入号当学徒，愿意到别号就业者，亦可以代为介绍和担保。②

---

① 中国人民银行山西省分行、山西财经学院：《山西票号史料》，山西人民出版社 1990 年版。
② 卫聚贤：《山西票号史》，重庆说文社 1941 年版。

（四）约束：宗法与担保制

有效执行力需要约束力来保障。票号的约束力来自两个方面：首先是利用宗法关系，他们雇用职员，只用山西人，他省人一律不得援用，事实上主要还是山西中区人，一般都是由有身份的当地人引荐，并且为之担保。如果被担保人在号中表现不好被开除出号，不仅断了一家人的财路，还有辱祖宗的面子，家族自然不依。其次，职工进入票号，需要商铺担保，被担保人出事，不仅累及担保人名誉，担保人还要遭受经济损失，担保人更不允许。依靠宗法的力量和经济社会力量来约束职工，这是票号有效执行力的又一个动力。

（五）训育：学徒制

执行力的养成，需要员工的基本素质，更需要执行力的训练。票号对于新进职员实行学徒制，时间为三年，一般在总号训练，聪明出众者二年也可以派往分号，过分愚笨者不到三年就会被打发回家。学徒第一阶段是为掌柜"提三壶"（茶壶、水壶、尿壶），打水、扫地、干杂活，伺候掌柜，不设坐位。晚上练习打算盘、写字，掌柜考察是不是忠诚克勤，有无出息，适不适合做票号生意。第二阶段由掌柜口传训练背记"平砝银色折"等，做一些抄写或帮账之事。第三阶段就可以在柜上跟着师傅（老职工）学习做生意。晋商学徒教材《贸易须知》第一条说道："学生意，第一要守规矩，受拘束。不守规矩则不成方圆，不受拘束则不能收敛深藏，即顽石须经琢磨方成器耳。"学徒期内，同时训育道德修养："重信义，除虚伪，节情欲，敦品行，贵忠诚，鄙利己，奉博爱，薄嫉恨，喜辛苦，戒奢华，他如恒心、通达、守分、和婉、正直、宽大、刚勇、贤明。皆为一贯之教训。"① 形成徒弟—师傅—经理关系，安有不服从之理。

所以在山西票号中，"凡事正大光明，丝毫不讲私情，所以父子兄弟不能同号，师徒虽有阶级，然而心里平等，例须相互见谅，所有经理同人，犹如一家，上下相习，戮力一心，个个抱着志存立功，专事报主，故业务上之统筹方法，计算上之经济技巧，无一不通"。②

由于票号建立了一套有效执行力的动力机制（经理责任制、身股制、薪酬福利社保制、宗法和担保制），使得以票号大掌柜为首的决策层和总分支机构管理层以及员工，能够忠实地贯彻执行经营者的战略思路、方针

①② 卫聚贤：《山西票号史》，重庆说文社1941年版。

政策和方案计划；由于票号有一套严格的养成训育机制（学徒制），使得票号的决策层和管理层以及员工具备了较强的管理、业务操作能力和完成任务的能力，从而能够把经营者的意图和规划，化为现实的执行效果。票号的这一套动力机制和训育机制的长期坚持和有效运行，形成了票号特有的执行文化，这是票号称雄商界的秘密武器，成功经营的最基本的经验。

执行力是企业成败的根本。

执行力的动力机制和训育机制是企业成败的关键。

山西票号的风险控制及其现实意义

背景说明

本文原载《金融研究》2005 年第 4 期。文章从资本控制、分支机构控制、职员控制、业务控制、财务控制、内部控制等方面评价山西票号控制风险的具体做法。山西票号控制金融风险的成功经验，对当代金融业的风险控制具有重要现实意义，特别是业务控制和财务控制的一些技术操作在今天并没有过时。

当代金融的脆弱性，使得金融风险的控制成为金融活动中的突出问题，历史上山西票号在业务经营中，管理和控制金融风险有许多成功的经验，创造了资本控制、分支机构控制、职员控制和业务控制等一套行之有效的风险控制制度。这些制度与经验现在看来仍然有很大的现实意义。

一、资本控制

（一）资本分正本和副本

票号的资本分为"正本"和"副本"两类，正本是股东的合约投资，不计股息，只分红利。副本也叫"护本"，起保护股本的作用，为确保资本充足率而设置。"护本"有两种情况：一是投资票号货币资本的东家和顶人力资本股的职员，在大账期（会计年度）分红时，在所分红利中提留一部分利润存入号内，参加未来资本周转，只拿利息，不分红利，不得随意抽取的一种资本形式；二是票号东家的存款，因为票号是股东无限责任制，东家存款也是"护本"。

一些票号原来的资本并不多，但由于提取"护本"较多，有时副本比正本还要多出几倍。如大德通票号在光绪十年（1844 年）改组时，由在中堂、保和堂、保元堂、既翁堂、九德堂这 5 家股东投资，每股 5000 两，货币资本股 20 股，合计正本资本 10 万两，历年倍本情况是：光绪十八年（1892 年）每股倍本 1500 两，共倍本 3 万两，正本副本共计 13 万两；光绪二十二年（1896 年）每股倍本 500 两，共倍本 1 万两，正本副本共计 14 万两；光绪二十六年（1900 年）每股倍本 1000 两，共倍本 2 万两，正本副本共计 16 万两；光绪三十年（1904 年）每股倍本 1000 两，共倍本 2 万两，正本副本共计 18 万两；光绪三十四年（1908 年）每股倍本 2000 两，共倍本 4 万两，正本副本共计 22 万两，加上人力股倍本 23650 两，当时大德通票号实际资本达到 25 万两。[1]

有的票号改组新增资本时，不仅需要加入正本，还要加入护本。光绪九年（1830 年）天成亨票号改组，增资扩股，"将旧号之俸（股），归并入于新号，共作银股十俸"，新股每股 5000 两为 1 俸，"每俸随护本足纹银二千两……至于人力，每俸亦随护身足纹银六百两。"[2]

"护本"的名称比较多，有"获本"、"倍本"、"积金"、"备防"、"伙友护身"，还有的以另一堂名作为"统事"存入。日升昌票号的"统事"有 200 多万两，它是东家在大账期所分红利未提，作为"统事"存放在号中的。以"统事"名义存入的资金，一旦发生亏赔，用于冲抵损失，没有冲抵亏赔，其所得利息由东家与伙友共享，如果东家没有提取的红利不是存入"统事"而是号中普通存款，其存款利息归东家独享，伙友不得分肥。凡是进入票号的资本，不管哪种形式的资本，任何人不得抽走。

另外还有一种"公座厚利"制度，即在账期（会计年度）分红时，在财东银股和职工身股未分配之前先提取利润的一部分作为"公座"，以便"厚利"，相当于公积金。这一些做法，都是为了在经营中尽可能扩大流动资本，确保流动资本的充足率，争取更多盈利的办法。

票号从所分利润中提留护本，无论是财东或者是顶身股的高中级职员，都乐意为之。因为票号的兴衰与大家的利益关系十分密切，必须把老本保护好，才能长期经营，不断生出新利来。

---

① 卫聚贤：《山西票号史》，重庆说文社 1941 年版。
② 中国人民银行山西省分行、山西财经学院：《山西票号史料》，山西人民出版社 1990 年版。

票号商人认为,在货币资本的经营过程中,发生意外损失不是没有可能的。为了防患于未然,防止拖欠倒累,亏折资本,确保有充足的资本作后盾,巩固票号的信誉与正常经营,并在竞争中立于不败之地,必须资本雄厚,所以他们把"预提倒款,严防空底"作为制度。"预提倒款",也叫"撇除疲账",即从利润中提留风险基金。一旦发生意外损失,即从风险基金中补偿。建立风险基金是票号的一种积极稳妥、目光深远的风险防范方略。

(二) 设置分号不另拨资本

票号根据业务发展需要设置分支机构,选派总号水平资历较优者出任分号掌柜,上任出发时只携带总号图章、砝码等各种要件前往。他们规定:"资本皆存总号,设分庄时不另发资本,只给川资和开办费若干。假如甲分号开办之后,营业需款时,即由相连接之乙、丙、丁分号源源接济,全局统筹,不分畛域。"这是山西票庄联合组织的巧妙之处。此中联络的原则是"酌盈济虚,抽疲转快"八个字。这种制度是中央集权,资本既储总号,获利也归总号计算,以总号为中心,各地分号不过是辅助机关而已,立法甚为严密。分号可以互相联络,以资通融。总号大权在握,分号不易舞弊。[①]

二、分支机构控制

(一) 报告制度

票号的总号,非常重视及时掌握全国各地市场动态以及各分号的业务进行状况,而且能够把总号决策层的决策变成所有分支机构的实际行动。同时,各分号之间能够及时通报业务,协调配合,调度资金,实现"酌盈济虚,抽疲转快"。这主要依靠各分号之间以及分号与总号之间不断的业务信息的报告制度。

票号业务执行报告,分口头汇报和信函书面报告两部分。口头汇报是指总号或者在各个分号,每天晚上营业终了,职员和管理部门负责人都必须向自己的主管当面口头汇报当天自己所办业务的情况,并且聆听主管对明天的安排。管理层则要综合情况,口头(在总号或者分号内)或写信书面(外地)向总号汇报情况,以便上级及时掌握业务动态,做出第二

---

① 陈其田:《山西票庄考略》,商务印书馆 1937 年版。

天或者近期业务安排。另一种口头汇报是大掌柜巡视分号时的当面汇报，或者职员下班回到总号，必须直接到大掌柜办公室汇报情况，不得先回家再返总号汇报，否则不仅有贻误时机之虞，且有经济弊端之嫌。书面报告主要是分号向总号的汇报或者对其他分号的报告。书面报告分为正报、复报、附报、行市和叙事报。①

正报，就是报告本号直接对某某分号的业务情况，由收汇号向交汇号报告，其内容主要是报告做某某业务多少，何时交款，汇费和贴色多少等。

复报是报告本号前次报告过的内容，如直接对某分号之营业事项。因为交通通信不便，信函传递时间长，为避免途中遗失而造成损失，因此规定了复报制度。

附报是票号业务报告中工作量最大的一种报告，它要求各号每天都必须把全部营业收付银两数字和业务情况通告各分号，报告的目的，一是要各分号相互了解各号收付款项的情况；二是要各号根据了解的情况，主动做生意，相互支持，避免因某地付款过多，库存白银短少，以致发生支付困难，影响到当地业务和本号信誉。

行市报告是各号相互报告当地汇水、利息行情和资金周转"疲快"，以及当时社会、经济、贸易、金融信息的报告。

叙事报是总号或分号对某分号业务的指示、评论及意见。报告的内容，大多都由掌柜们亲自撰写。

总号大掌柜在每年终了，必须汇总各路业务数字，写出书面报告，向东家汇报。四年一个会计年度完毕进行财务决算，大掌柜要提出利润分配方案，由东家决定。

（二）分支机构考核

对各分号的考核，规定以"结利、疲账定功过"，但是，前提条件是以"他方未受其害者为功"，"倘有只顾自己结利，不虑别路受害者"要受到处罚。同时，每个大账期决算时，都要进行人事考核，大掌柜要根据每个职员的德能功过，提出奖罚意见和晋升人身股的建议，最后由东家决定，提升人身股的厘数（份额）记入"万金账"（股本账），作为红利分配时的依据。

---

① 中国人民银行山西省分行、山西财经学院：《山西票号史料》，山西人民出版社 1990 年版。

三、职员控制

（一）激励：人身股制

"人身股"是晋商称雄商界 500 多年的"秘密武器"，即企业业务骨干可以劳动作为资本而"顶股"，称为"人身股"，与货币资本股一起参与利润分配。职工只要工作勤奋，成绩优秀者就可以顶股。一经认可，就将其名字录入"万金账"，参与分红。从而使得大掌柜以至分号掌柜、大小管事、伙计、学徒无不竭尽全力为票号效力，使全体员工感到这不仅是为东家卖命，也是为自己干活，是东家和大掌柜创造了职工自己为自己赚钱的机会。即所谓"有钱出钱，有力出力，出钱者为东家，出力者为伙计，东伙共而商之"。人身股把职员与东家的利益紧密地拴在了一起，同舟共济，形成了强大的凝聚力。使票号像一块磁铁一样，紧紧吸附了本号职工，也让社会刮目相看，多了几分神气。这种激励，是票号执行力的重要来源。

（二）两权分离：经理责任制

票号商人认为和为贵，"天时不如地利，地利不如人和"，人是第一因素，影响制度执行力靠的是人。票号用人，以信义为据。东家对大掌柜"疑人不用，用人不疑"，委大掌柜以全权。"将资本交付于管事人（大掌柜）一人，而管事于营业上一切事项如何办理，财东均不闻问，既不预定方针于事前，又不施其监督于事后。"[1] 静候年终大掌柜的业务报告。大掌柜对东家是"受人之托，忠人之事"，忠心耿耿，率领同人崎岖前进，竭尽全力报答知遇之恩。若视环境不佳，恐损及血本，自然预筹退步，绝不侥幸冒险，影响个人人格。既然财东施之以仁，掌柜报之以义，职员自然心跟进，人心凝聚，事业何尝不成？

（三）宗法约束：聘用同乡人

"查山西票庄同业者，关于雇用店员之规定，限于山西人，他省人不得援用。其表面上虽为推广山西人之生活，实则由资本主利用本省之人而便于节制也。"[2] 他们雇用职员，事实上主要还是山西中区人，一般都是由有身份的当地人引荐，如果在号中表现不好被开除出号，不仅断了一家人的财路，还有辱祖宗的面子，家族自然不依。"至若经理人于总店之关

---

① 《山西票号盛衰之调查》，《中外经济周刊》1925 年 7 月 4 日。

② 贺黻冕：《中国经济全书》第 11 册，1910 年。

系，则不但经理人个人对总店负连带责任，即其家属，亦不可不负责任。盖中国自古采用家族制度，凡遇破产，不问原因如何，均须严罚……如分店发生损失，认为经理人过失时，则经理人及其家属全体，对于总店均不可不负连带损失赔偿责任。损失赔偿之未终了之前，下其家属于狱，将彼等之财产全部没收。"[1] 依靠宗法和社会力量来约束职工，这是票号有效控制风险的又一个武器。

（四）担保约束：铺保制度

票号"使用同人，委之于事，向采轻用重托制，乃山西商号之通例。然经理同人，全须有殷实商保，倘有越轨行为，保证人负完全责任，须先弃抗辩权。""倘保证人中途疲歇或撤保，应速另找，否则有停职之虞。同人感于如此厉害，再受号上道德陶冶，故舞弊情事，百年不遇。"[2]

所以票号职员无不谨谨慎慎，忠于职守。倘若出了问题，不仅累及担保人名誉，担保人还要遭受经济损失。即便不很严重，没有经济赔偿之责，也再不可能找到新的从业岗位。

（五）训育：学徒制

"票号收练习生，以为培养人才的根基。欲为练习生，先托人向票号说项，票号先向保荐人询练习生的三代做何事业，再询其本人的履历，认为可试，再分口试和笔试两种，如属合格，择日进号，名为'请进'。不过这种练习生的考试，没有一定的日期和数额，视其需要而定，练习生有保荐人而无押金，将来如有舞弊情事，由当日保荐人赔偿损失。"[3] 对于新进职员，实行学徒制，时间三年，一般在总号训练，聪明出众者二年也可以派往分号，过分愚笨者不到三年就会被打发回家。学徒第一阶段是为掌柜"提三壶"（茶壶、水壶、尿壶），打水、扫地、干杂活，伺候掌柜，不设坐位。晚上练习打算盘、写字，掌柜考察是不是忠诚克勤，有无出息，适不适合做票号生意。第二阶段由掌柜口传训练背记"平砝银色折"，做一些抄写或帮账之事。第三阶段就可以在柜上跟着师傅（老职工）学习做生意。[4] 晋商学徒教材《贸易须知》第一条说道："学生意，第一要守规矩，受拘束。不守规矩则不成方圆，不受拘束则不能收敛深

① 东海：《记山西票号》，《东方杂志》1917 年第 14 卷第 6 号。
② 颉尊三：《山西票号之构造》，载《山西票号史料》，山西人民出版社 1990 年版。
③ 李谓清：《山西太谷银钱业之今昔》，《中央银行月报》1937 年第 6 卷第 2 期。
④ 《乔殿蛟访问记录》，载《山西票号史料》，山西人民出版社 1990 年版。

藏，即顽石须经琢磨方成器耳。"学徒期内，同时训育道德修养，重信义，除虚伪，节情欲，敦品行，贵忠诚，鄙利己，奉博爱，薄嫉恨，喜辛苦，戒奢华，达到恒心、通达、守分、和婉、正直、宽大、刚勇和贤明。"练习成熟，再测验其做事能力与道德，远则易欺，远使而观其忠；近则易狎，近使而观其敬；烦则难理，烦使而观其能；卒则难辨，卒间以观其智；急而易爽，急期以观其信；财则易贪，委财以观其仁；危则亦变，告危以观其节；久则易惰，班期二年以观其惰；杂处易淫，派往繁华以观其色。如测验其人确实可用，然后由总号分配各分号任事。"①

如此训育，掌柜—师傅—徒弟，安有不忠实服从掌柜之理？

票号在职员控制中的人身股激励、学徒制训育，今天看来对现代金融企业的人力资源管理仍有借鉴意义。有很多晋商金融企业的后期，人身股总数超过了货币资本股，诚如马克思所说的股份制是"社会所有制"。因而，我们不是不可以考虑借鉴人身股制度改革国有企业和国有独资银行，把职员利益与企业利益、国家利益统一起来，增加职员对企业的责任心。

四、业务控制

(一) 掌握市场动向

票号开展汇兑存放款业务，密切注视市场动向。"票庄做生意，必须视各庄之出产，四时之遭遇。比如两湖出产茶叶，是三四月洋（茶）庄上市；出产棉花之地，是八九月间收获，预测某处之丰歉，早定计划以兑款，届时银根松紧，于中取利，得贴水，可卜优胜。"② 可见他们不是机械的存放汇兑，而是根据市场走向确定资金计划，确保安全而盈利。

(二) 重人信用大于重物信用

票号放款，以信用放款为主，其次是保证放款，很少抵押放款。票号重信用，轻抵押，与意大利金钱商有着惊人的相似之处。他们不做抵押贷款的原因有三：一是他们的贷款大部分是商业性贷款，具有自偿性。二是大商家以信誉为生命，而且资力雄厚。三是无合适抵押物。首先，商家贷款采购的商品不宜做抵押物，若商品损毁，抵押物也无用；其次，他们的家产不宜做抵押物，行商们背井离乡，行游天下，其家产可能远在千里万里之外，不易估价也不易处理；最后，当时没有发达的金融市场，也没有

---

① 卫聚贤：《山西票号史》，重庆说文社 1941 年版。
② 王之淦：《票庄实事论》。

适合的金融工具用于抵押。

（三）"逆汇"平衡现银

票号实行联号制，各地分支机构在经营中往往出现此地现银多，彼地现银少，为了平衡现银摆布，保证票号的清偿力和安全支付，不致发生挤兑，他们创造了"逆汇"办法调度现银。正常情况是，乙地动员吸收向甲地的汇款，在乙地收进现款，在甲地付出，此为顺汇。如果乙地现银不足，由乙地先贷款给当地企业，允其在甲地购货，甲地先付出、乙地后收进，此为逆汇，亦称"倒汇"。"中国此种汇兑，向所未有，至近年与外国通商，关系密切，内地市场间之贸易随之而盛，汇兑之种类不得不因之变化……倒汇之手续亦别无烦累……有信用之商人立一汇票，交于票号，票号即买取之，送交收汇地之支店，索取现金。"[1] 倒汇，一般需要有保证人，以保证款项安全。

逆汇的意义不仅是平衡现银布局，减少异地现银运送的成本与风险，避免清偿力不足发生挤兑，同时也是存放汇结合，能够扩大利润来源。如果是乙地分号先付款，甲地分号后收款，是汇兑与贷款结合。如果是乙地分号先收款，甲地分号后付款，是汇兑与存款结合，此种逆汇，不仅收取汇费，还计利息。这种财务创新，一是满足了商人异地采购急需款项的需求；二是减少了票号资金闲置，增加了利息收入；三是减少了异地现银运送，称作"酌盈济虚，抽疲转快"。[2]

（四）严格执行信约公履期

晋商商品赊销的货款清偿和货币借贷的归还期限，一般按标期确定，到期必偿。标期是商业行会根据镖局押运商品和现银由甲地到乙地的时间计算的期限作为债务的清偿期。标期分年标、季标和骡标（月标）。从西口（杀虎口）、东口（张家口）到山西金融中心太谷县是季标。太谷县一县一标，称为太谷标，另外有太汾标（太原和汾阳两府），太谷标在前，周围各县在后，标期一到，一切债务必须立即清偿：第一天是银两债权债务清偿，第二天是铜钱债权债务清偿，第三天是金融业之间"订卯"——银行间债权债务清偿，即银行轧差清算。这种制度，成为晋商数百年不易之规，称为晋商的信约公履期。[3] 严格的债权债务清偿制度，

---

① 君实：《记山西票号》，《东方杂志》1917 年第 14 卷第 6 号。

② 颉尊三：《山西票号之构造》，载《山西票号史料》，山西人民出版社 1990 年版。

③ 孔祥毅：《镖局、标期、标利与中国北方的社会信用》，《金融研究》2004 年第 1 期。

加上诚信的经营理念，使得票号业很少有不良资产压身，从而保证了一向不搞负债经营的晋商的自有资本的高速周转，有效运行。

山西票号从掌握市场动向、创新金融业务、重人信用、诚信标期债务清偿制度等方面控制业务风险，成效显著，历史资料很少看到有什么长期不能清偿的债权债务，经济效益很好。

五、财务控制

（一）通过"合龙门"稽核财务

明末清初，傅山参考当时官厅会计和"四柱清册"记账方法，为晋商设计出一套既简单又明确的适用于民间商业的会计核算方法——"龙门账"。"将民间商业中的全部经济事项，按性质、渠道，科学地划分为进、缴、存、该四大类，分别设立账目核算。所谓进，是指全部收入；缴，是指全部支出（包括销售商品进价和各种费用等支出）；存，是指资产并包括债权；该，也称欠，是指负债并包括业主投资。当时的民间商业，一般只在年度终了办理结算（即现在的决算），就是核实和整理一年的经营成果，以便向业主交代。年结，就是通过'进'与'缴'的差额，同时也通过'存'与'该'的差额平行计算盈亏。如果'进'大于'缴'，就有盈利；否则，就有亏损。它应该与'存'、'该'的差额（盈亏）相等。"[①] 进、缴、存、该四大类的相互关系是：

进 − 缴 = 存 − 该

该 + 进 = 存 + 缴

每当结算时，以此来验算两方差额是否相等，并据以确定当年盈亏，称为"合龙门"。否则，就是有问题，必须查找清楚，弄明是核算出错还是发生舞弊。

"龙门账"认为资金"有来源必有去路"，通过经营情况的进缴表与资产负债的存该表的"合龙门"，进行财务稽核。并且通过进、缴、存、该四大类的记账、算账、报账等环节，对商业经营过程进行控制和观测，为经营管理提供信息和决策依据。

（二）安全支付办法

安全付款是票号非常重视的事情，采取了许多措施。例如：

---

① 侯以莅：《傅山的龙门账》，载《晋商史料与研究》，山西人民出版社1996年版。

1. 讨保交付

票号汇款交付，一般是"认票不认人"。为了保证款项安全支付，应商家要求，可以采取"讨保交付"或者"面生讨保"的办法。凡商家要求票号必须保证其汇款不遗失时，票号即在其汇票上盖有"讨保交付"或者"面生讨保"的戳记。交付款项时必须取得商保，或者在取款人生疏的情况下讨保交付。[①]

2. 汇票挂失

对于遗失的汇票，票号各分支机构视各地具体情况，采取了不同的应对办法。如在京师、保定，多为"登报声明"，曰"日后此票复出，俱作废纸，不得为凭……特此布知"，"望中外绅商，切勿使用"；如在天津，则报知商会局，"乞商会局宪大人恩准存案，无论华洋人等拾去作为废纸，以恤商艰，而免后患"，并在海关边署、巡警总局、商务总会备案；如在汉口、重庆，则通知当地分号料理，并报告当地政府、商会总会，同时照会驻当地各国领事。

3. 出具甘结

在办理公款的汇兑上，尽管晋商一般相信官场不会有诈，但也不敢掉以轻心。为防万一，采取了领汇票要具甘结的措施，即除立汇票外，还要以票号名义与汇款单位写下有汇款性质、数量、汇费等内容的字据。[②]

（三）密押制度

票号用以汇兑款项的"会券"，由三张构成，一张是票根，留存出票号；一张是送票，由出票号寄达付款号；一张是主会票，交给汇款人，以持票取款。为了保证汇票的真实性，不致被造假汇票者冒领汇款，经过不断摸索，创造了一种密押制度，在形式和内容上，都做了精心设计。

一是只能使用专用的在平遥总号统一印制的空白"会票"，纸质为麻纸，上印红格绿线，绘有复杂的图案或者周边雕刻蝇头小楷的五经四书的某些段落。"各分号均用总号之纸，如坏了一张，必须寄到总号备数。"[③]

二是会票内加水印，如日升昌票号会票的水印为"昌"字，后来为"日升昌记"四字，蔚泰厚票号会票的水印为"蔚泰厚"三字。

三是各号书写汇票，责定专人，用毛笔书写，其字迹在总号及各分号

---

① 中国人民银行山西省分行、山西财经学院：《山西票号史料》，山西人民出版社 1990 年版。
② 《度支部档案》卷三一六，载《山西票号史料》，山西人民出版社 1990 年版。
③ 卫聚贤：《山西票号史》，重庆说文社 1941 年版。

预留备案，各号收到汇票，与预留字迹核对无误，方能付款。

四是汇票书写完成，须加盖印鉴，有抬头章、押款章、落地章、骑缝章、套字章、防伪章等。

五是会票金额、汇款时间均设有暗号，即银数暗号、时间暗号，汇款人、持票人无法知道，只有票号内部专人才能辨认真假。暗号编成歌诀，以便记忆。如月暗号："谨防假票冒取，勿忘细视书章"十二字为一至十二月代号；日暗号："堪笑世情薄，天道最公平，昧必图自利，阴谋害他人，善恶终有报，到头必分明"三十个字为一至三十日代号；银数暗号："赵氏连城璧，由来天下传"分别代表壹、贰、叁、肆、伍、陆、柒、捌、玖、拾；"国宝流通"分别代表万、千、百、十。[1] 如"三月五日伍仟两"，即写"假薄壁宝。"为了万无一失，在暗号之外再加一道锁，叫自暗号："盘查奸诈智，庶几保安宁。"[2] 各票号密押不定期更换，新的代号均编成押韵口诀，号内有关人员必须死记硬背，烂在脑子里。

票号的财务控制，不仅注意安全支付，重视金融稽核，他们的银行密押制度的严密性在今天看来，仍然很科学。汇票上盖有六个印章，印章图案很复杂，加上专用纸、专人书写、水印、月、日、款数、自暗号等共有13个暗记，借以保证安全支付。现在常常有假汇票骗取银行款项，密押的改进还是有可能的。

六、行会约束

随着票号业的发展，同业间的无序竞争，以及倾轧、欺诈等行为，以及货币混乱，银两、银元、铜钱、宝钞、银票并行，平色不一，给一些投机者以可乘之机，严重地干扰着金融秩序，给货币资本的经营者带来了一定的风险。票号商人为防范和控制金融风险，自发地组织汇兑业同业行会，以自治、自律、自卫，协调管理票号业的经营活动。光绪二十九（1903年）北京汇兑庄商会章程说："商会之设，原所以联络同业情义，广通声息。中华商情向称涣散，不过同业争利而已。殊不知一人智慧无多，纵能争利亦属无几，不务其大者而为之。若能时相聚议，各抒所见，必能得巧机关，以获厚利。即或一人力所不及，彼此信义相孚，不难通力合作，以收集思广益之效。"章程规定执董设置，聚会时间，定期不定期

---

① 卫聚贤：《山西票号史》，重庆说文社1941年版。
② 《山西票号史料》，山西人民出版社1990年版。

协商讨论，"或有益于商务者，或有病于商务者，即可公平议定，禀请大部核夺执行。"① 票号行会每月定期聚会一二次，岁始、端午、中秋三节，有定期例会。票号行会投资巨大，建筑豪华，光绪二年（1876 年）在上海的山西日升昌等 24 家票号，赁宝善街庆兴楼后院成立山西汇业公所，光绪五年（1879 年）上海各票号每家出资白银 500 两共计 1.1 万两，购买上海北河南路口七浦路 188 号，大兴土木，前院大庙为供俸关帝、火神、财神、后天圣母和金龙四大王诸神，后院作为山西汇业公所办公之地。

票号行会的组织及其活动，为票号的同业有序竞争和稳健经营做出了一定的贡献。

七、内部控制

内部控制是金融企业控制风险的关键。票号的内部控制，主要反映在严格的号规和管理上。这些号规和管理制度，随着业务的变化和形势的发展，不断地进行调整、修改和补充，其内容不能一一列出，下面选列若干规定，大体可以看到当年票号在内部控制方面的情形。

（1）分号掌柜及其成员，一律由总号大掌柜选派，大掌柜得人，号令畅通，办事亦能听从总号规定，分号业务报告亦能及时真实，指挥如意，效率较高。财东不得向各分号举荐人位，干预人事。

（2）财东只能在结账时行使权力，平时不得在号内食宿、借钱或指使号内人员为自己办事。后期修改为财东和顶股员工如遇特殊用项向号内借使银两，一股最多不准超过 3000 两。

（3）总号大掌柜每年按例巡视各分号 1～2 次，有时另派大员代理。各分号人位处度不宜，同人暗行不端，手续不合规定，市面情形变迁以及影响业务发展诸事，立即处置。每年年终总号汇集各分号营业报告，造具清册，报告财东，较大事项随时报告财东。

（4）各分号没有总号指示不准买空卖空、囤积货物，节外生枝，不得兼营其他业务。

（5）对号内人员规定：不准在外巨数支使；不准私自捎物；不准就外厚道；不准私代亲族，影射号中银钱；不准私行囤积，放人名贷款；不

---

① 《山西票号史料》，山西人民出版社 1990 年版。

准奢侈浪费，以耗财物；不准侵袭号中积蓄；不准花酒赌博，至堕品行；不准吸食鸦片；不准亲友浮挪暂借；不准向财东和掌柜送礼；不准到财东和掌柜家闲坐；不准到小号串门；非因号事回家探亲时更如遇号内有婚丧喜庆之事，伙友之间不准互相送礼；下班归里，不准私先回家，后到柜上，等等。①

从票号内部控制规章制度中可以看出，当年票号内部管理的严密性，并且贯穿着儒家思想的仁义、诚信，反对欺诈，平等竞争等思想理念。

鉴古知今，山西票号已经离开我们90多年了，但是票号的职员控制、业务控制、财务控制、内部控制办法，对今天的金融业仍有一定的参考价值。现代银行业、证券业、保险业都必须坚持稳健经营的原则，谨慎从业，既要具有良好的社会信誉，又要具有较强的业务竞争能力；既要不断提高经营绩效，又要建立健全内控机制，有效防范与化解经营风险。稳健金融的标志一般是看金融企业的偿付能力，能不能抵御消极事件的发生。偿付能力则主要反映在一个金融机构资产负债表中的资本净值是不是正值。票号的资本控制和分支机构控制为今天金融业提供了资本充足、能够抵御消极事件的范例。

稳健金融体系的建设，从内部条件看，合格的金融主体、稳健的经营方针、严格的内部控制是十分重要的，有没有自我约束、自我控制、自我监督、自我完善的制度，缺乏严密有效的组织结构、相互独立的业务部门和明确清晰的职责分工、完善的会计控制体系、严格的授权审批制度、合理有序的内部稽核检查制度、有效的员工管理制度等是不可能稳健经营的。从外部环境看，完善的市场约束、健全的法规与监管、正确的宏观经济政策、稳健的风险控制监测预警系统都是非常必要的，而且还需要有一套正确识别风险、衡量风险、管理与控制风险的技术和管理措施。

---

① 《山西票号史料》，山西人民出版社1990年版。

票号商人的商业伦理及其现代意义

背景说明

　　本文通过史实，分析研究了山西票号商人的商业伦理观，其伦理核心是先义后利，以义制利，其特点是勤劳节俭，保守财富；义利相通，关公崇拜；以人为本，和气生财；贾儒相通，行贾习儒；商士同性，修身正己。票号商人伦理的渊源，一是唐晋遗风，二是地理环境，三是儒家思想。虽然票号已经退出历史舞台近一个世纪，但票号商人的商业伦理仍然具有重要的现实意义。

　　一个商号的命名，和一个人的名字一样，反映着起名者的道德观、价值观。请看部分山西票号的名字：志成信、协成乾、会通远、世义信、锦生润、恒隆光、徐成德、大德玉、大德川、大德通、大德恒、大盛川、存义公、三晋源、大德源、中兴和、巨兴隆、合盛元、兴泰魁、长盛川、聚兴隆、松盛长、长盛涌、公升庆、公合全、恒义隆、天德隆、裕源永、福成德、日升昌、蔚泰厚、蔚盛长、蔚丰厚、天成亨、蔚长厚、协同庆、协和信、协同信、百川通、汇源涌、乾盛亨、其德昌、谦吉升、广聚兴、三和源等。晋商大部分商号名字都带着义、德、诚、信、厚、公、合等字词。从各票号的命名，可以感觉出晋商祈望生意兴盛隆昌，宣示崇奉商德伦理的、把信义与利益结合在一起的思想。事实上票号商人确实是以诚信笃实、义孚天下。

　　在中国金融史上，山西票号的商业伦理饱含着中华文化的传统，他们

118

在历史上的辉煌与成功，与其商业伦理道德有着重要关系，这里仅就山西
票号伦理问题进行探讨。

一、票商伦理的基本内涵与特点

山西货币商人提倡"重信义，除虚伪，节情欲，敦品行，贵忠诚，
鄙利己，奉博爱，薄嫉恨，喜辛苦，戒奢华。"[①] 反对采用任何卑劣手段
骗取钱财，不惜折本亏赔也要保证企业信誉。他们认为见利必须思义，不
发不义之财。"仁中取利真君子，义内求财大丈夫"，认为义利相济相通。
在义利相通观的影响下，先义后利，以义制利，成为山西货币商人伦理哲
学的核心。诚信戒欺，重视商誉是山西票号商人的商业道德观，主张利以
义制，名以清修，其伦理思想表现为：勤劳节俭，保守财富；诚信义利，
崇拜关公；和气生财，善待相遇；重人信用，人本管理；贾儒相通，贾士
同心。

（一）勤劳节俭，保守财富

自古以来，山西商人即使积财万千，但仍然注意节俭，勤俭既是他们
的治生之道，又是修身、立业之本。山西地方志不论县、州、府志，多有
"晋俗之俭，自古而然"、"民性朴质，好尚节俭，力田绩纺，尤尚商贾"、
"商贾隆冬走山谷，布袄之外，袭老羊皮马褂"等记述。（明）沈思孝在
《晋录》中记载："晋中俗俭朴古，有唐虞夏之风。百金之家，夏无布帽，
千金之家，冬无长衣，万金之家，食无兼味……故其居奇能饶。"清康熙
皇帝说过："夙闻东南巨商大贾，号称辐辏，今朕行历吴越州郡，察其市
肆贸迁，多属晋省之人，而土著者益寡，良由晋风多俭，积累易饶，南人
习俗奢靡，家无储蓄。"[②] 又说："晋俗勤劳朴素。勤劳易于进取，朴素易
于保守。故晋人之长在于商，车辙马迹遍天下。齐鲁秦晋燕赵诸大市，执
商市之牛耳者，咸晋人。故晋人之富，甲于天下。"[③] 这里所说的保守，
首先是保守财富。清乾隆版《祁县志》说："唐俗勤俭，勤者生财之道，
俭者用财之道。圣人教之，不越乎勤俭而已。"商家联语曰："一粥一饭，
当思来之不易；半丝半缕，恒念物力维艰。"[④] 不少商家把祖宗创业时的

---

① 卫聚贤：《山西票号史》，重庆说文社 1941 年版。
② 《东华录》康熙二十八年版。
③ 《康熙南巡秘记》。
④ 《祁县志》乾隆版。

讨饭碗、货郎担、背褡子供奉在楼上或者祠堂里，逢年过节，东家要率领家族与伙计顶礼膜拜，教育子孙与同人。

（二）义利相通，崇拜关公

山西货币商人讲究见利思义，不发不义之财。他们认为"诚召天下客，义纳八方财"。如清代著名的山西介休商人范永斗，就是由于"与辽左通货财，久著信义"而受到清政府的垂青，当上了皇商，并由此获得厚利。其子范毓宾，极重义气，官办铜铅，低价为清政府从日本进口货币金属铜，有王某者亏帑 83 万两白银，既死，范氏则代王某"按期加额赔补"。诚信是完美人格的道德前提；诚信是沟通人际关系、促进人与人之间相互信任的精神纽带。"君子爱财，取之有道"。"信"是五常之一[①]，"诚"是五常之本，最高的道德境界。晋商的诚信义利观，集中表现为关公崇拜，尊关云长为财神，以其信义教育员工，以其武功保佑自己的商业利益。山西商人财雄势大，足迹所至，到处建有规模宏大的"关帝庙"，供奉关云长为"关圣帝君"，同时"关帝庙"也是山西商人会馆，以关公地缘亲情，联络乡谊，协调商务，约束员工；并借关帝君的神威保卫商人事业的发展和财产的安全。晋商的关公崇拜影响了商界，以至海外华人，几乎世界所有华人商店无一不供奉关公圣像。台湾岛现有关公庙 400 多座，经常顶礼膜拜的信徒约有 1000 万人。华侨所至的各个国家也都建立了为数众多的关帝庙。晋商的成功可以说是建立在商业诚信基础上的，诚信给他们也带来了丰硕的回报，因为诚信而成功，因为成功而更加诚信，二者相得益彰，他们对待悉心建立起来的诚信、商誉看得比什么都重要。如光绪年间的一天，日升昌票号平遥总柜前来了一位衣衫褴褛的老妇人，拿着一张同治七年从张家口分号开出的一张 1.2 万两的巨额票据要求兑现，伙计相公都没主意，跑到后院向大掌柜报告，大掌柜张兴帮马上把老妇人请进他的办公室，询问情况。原来老妇人的丈夫在张家口经商，因体弱多病，同治七年收拾业务返家，将多年积攒的 1.2 万两白银通过日升昌票号张家口分号汇往平遥，自己仅带一纸汇票归来。不料半路上一命归西。老妇人说，前些日翻捡旧物，从丈夫衣袋里发现了这张汇票，能兑就兑，不能兑也就算了，这都快 30 年了，掌柜也不必为难。张兴帮一面留老妇人休息、用饭，一面让账房翻箱倒柜寻找 30 年前的各地分号往来账，

[①] 五常指仁、义、礼、智、信。

果然找到了张家口汇这笔款的原始记录，立即决定连本带利如数兑给老妇人白银，并派伙计将老妇人护送回家。

（三）以人为本，和气生财

晋商的人本思想最突出的表现在晋商企业管理制度方面。如所有票号，都实行人身股制度，将企业内的管理层职工和业务骨干，按其职责、能力和贡献大小确定"身股"多寡，作为人力资本股，与财东的货币资本股一起参与利润分配，谓之"有钱出钱，有力出力，出钱者为东家，出力者为伙计，东伙共商之"。[①] 票号企业的治理结构，实行东掌的委托—代理关系，即所有权与经营权两权分离制度，股东委托可靠的有经营能力的人为大掌柜（总经理），授其经营管理企业的全权。"将资本交付于管事人（大掌柜）一人，而管事于营业上一切事项，如何办理，财东均不闻问，既不预定方针于事前，又不施其监督于事后"，谓之"用人不疑，疑人不用。"[②] 这种完全信任的东掌关系，看似出资人风险较大，但实际上将大掌柜的经营置于全社会的监督之下，大掌柜若经营不善或不够尽心，会面临信誉损失，在经理人市场上被人看低，这样的结果对东家、大掌柜及大掌柜的保人都不利，所以大掌柜都是尽心尽力、兢兢业业带领同人崎岖前进，假若自己没有把握，则主动向东家交代，绝不侥幸冒险，谓之"受人之托，忠人之事"。在业务中重人信用大于重物信用，无论是商品交易与信用活动，特别重视人的信用。商品交易大量使用信用贷货、信用贷款两种办法来解决资金问题，信用往来中基本都是凭人信用，很少见凭物信用。票号主张和为贵，笃信"和气生财"。重视社会各方面的和谐相处。他们在同业往来中，既保持平等竞争，又相互支持和关照。他们称友好的同行与客户为"相与"，凡是"相与"，必善始善终，同舟共济。与"相与"往来，一般不讲价格，若一旦发现有假，永不往来。建立"相与"关系，须经过了解，认为可以共事，才与之银钱往来，否则婉言谢绝。榆次常家天亨玉掌柜王盛林在东家发生破产还债抽走资本时，向其"相与"大盛魁借银三四千两，天亨玉在毫无资本的情况下全赖"相与"借款维持，度过了关门停业的危机。后来大盛魁危机，王掌柜派人送去银元二万，同事坚决反对，认为绝无归还的可能，王掌柜说："假如没有二十年前大盛魁的维持，哪有我们的今天？"清孟县商人张静轩说："（经

①② 山西财经学院、中国人民银行山西省分行：《山西票号史料》，山西人民出版社1990年版。

商）结交务存吃亏心，酬酢务存退让心，日用务存节俭心，操持务存含忍心。愿使人鄙我疾，勿使人防我诈也……前人之愚，断非后人之智所可及，忠厚留有余。"① 此外，还经常举办社会公益事业，如筑桥、铺路、修水利，办义学，赈灾救荒，举办文化娱乐活动等。

（四）贾儒相通，行贾习儒

中国社会一般人认为儒以名高，贾以厚利，贾儒目标不一。但是晋商却认为贾儒相通，"行贾也可习儒，儒可贾，贾可仕，仕可不失贾业。"② 明蒲州商人王瑶，"行货而敦义，转输积而手不离简册。"③ 明蒲州商人杨光溥"生而秀慧，有立志，幼治《周易》，日夜考考，用心甚苦，以家累不获卒业，然志在是也，虽挟资远游，所致必以篇简自随，遇贤嘉言则手录之，久久成帙，题之曰《日用录》。"④ 明代州商人杨近泉，"独喜与士人游，更相过从，上下议论，其所厚善，至为具笔札费，后多举科第，仕显宦。于是江淮数千里间，皆籍籍重翁名，无感以贾目翁也"，后被推为盐荚祭酒。⑤ 他们将经商作为一种事业，而不是唯一的赚钱。诚如王阳明所说："士以修治，农以具养，工以利器，商以通货，各就其资之所进，力以所及者业焉，以求其尽心。其归要在于有益于生人之道，则一而已。"⑥

（五）商士同性，修身正己

明代晋商王文显，山西永济人，初涉宦海不成而经商，善心计，识重轻，适时机变，恪守信义，40 年间，足迹几半天下，成为富庶大户，老年训诫其子道："夫商与士，异术而同心。故善商者处财货之场而修高明之行，是故，虽利而不污；善士者引先王之经，而绝货利之径，是故，名必有成。故利以义制，名以清修，各守其业，天之鉴也。如此则子孙必昌，自安而家肥富。"⑦ 认为修身、正己、齐家、治国、平天下，需要以自我修养为前提。在晋商的教科书中这样讲："学生意先要立品行，但行有行品，立有立品，坐有坐品，食有食品，睡有睡品。以上五品，务要端

① 孟阳：《续修账氏族谱》，载自张正明：《晋商兴衰史》，山西古籍出版社 1995 年版。
② 张正明：《晋商兴衰史》，山西古籍出版社 1995 年版。
③ 韩邦奇：《苑洛集》卷六。
④ 张四维：《条麓堂集》卷二七。
⑤ 王家屏：《复宿山房集》卷二六。
⑥ 王阳明：《节庵方公墓表》。
⑦ 李梦阳：《空同集》卷四四《明故王文显墓志铭》。

正，方成体统。行者，务必平身垂手，望前看，足而行，如遇尊长，必须逊让，你若獐头鼠目，东张西望，摇膊乱跪，卖呆望蜜，如犯此样，急宜改之；立者，必须挺身而立，沉重端严，不可依墙靠壁，托腮咬指，禁之戒之；坐者，务必平平正正，只坐半椅，鼻须对心，切勿仰坐、偏斜、摇腿、跷足，如犯此形，规矩何在？食者，必从容缓食，箸碗无声，菜须省俭，大可厌者，贪吞抢咽，箸不停留，满碗乱叉，□嘴□鼻（原文不清），扒于桌子，这样丑态，速速屏去；睡者，贵乎曲膝侧卧，闭目吻口，先睡心后睡目，最忌者瞌睡岔脚，露膊弓膝，多言多语，打呼喷气，一有此坏样，起早除之"。"学生意，要有耳性，有记才，有血色，有和气，此四件万不可少。有耳性者，则听人吩咐教导；有记才者，学问的事就不能忘却了；有血色者，自己就顾廉耻了；有和颜者，则有活泼之象，又叫着事个生意脸，且而人人见了欢喜你，岂不美哉。"[1] 山西票商很重视修身正己，主张儒意通商，择人委任，用人唯贤是举。凡被选中者须精明强干，精通本行业务，具有运筹帷幄、决策千里之外的胆识与谋略。认为勤俭才能致富，致富必须勤俭，勤俭是经商之本，勤俭经商是票商修身正己的一个重要内容。

二、晋商伦理的历史渊源

德国学者马克斯·韦伯说中国商人没有独立的宗教信仰，没有独立的伦理体系和价值核心，所以中国商人是"不诚实的"。但他又确实听到许多对中国商业诚信的赞誉，他大惑不解。于是提出了"中国商人伦理西来说"，这显然是错误的。还是日本人比德国人了解中国，安东不二雄在100多年前就说中国人具有优于他国之人有益于经商的特殊品质，一是"中国人富于忍耐、节俭、勤勉之能力与习惯"；二是"中国人善于处世之术"，"勤勉、节俭、忍耐、能够永续其业"，而且讲信用，重情义，"同业者富于团结一致之心"，"论讲求货殖之道之缜密周致，除犹太人之外，天下当莫如支那人。"[2]

山西票商伦理的形成，具有悠久的历史渊源。一是来自唐晋遗风；二是来自地理环境；三是来自儒家思想。

---

① 晋商对学徒进行教育用的手抄本教材《贸易须知》。
② 《支那漫游实记》。

（一）唐晋遗风

晋商伦理根植于黄河文化的沃土。黄河流域是中华民族的发祥地。传说后稷教稼于稷山，嫘祖养蚕于夏县，推动了中国早期原始农业的发展。"日中为市，致天下之民，聚天下之货，交易而退，各得其所"[1]，说的就是当时晋南地区发生的商品交易活动。中国古代的尧、舜、禹、夏，都在山西建都。周朝建立以后，周成王封其弟叔虞为唐侯，唐后来改为晋，唐叔虞就是晋国的始祖。当时周成王要求叔虞到唐地后，要"启以夏政，疆以戎索"。唐叔虞按照中央政府的要求制定的施政方针，既适当保留了夏代以来的一些制度，维护夏人的传统习俗，暂不实行以周礼为中心的宗法制度；同时依照游牧民族生产和生活习惯分配土地，开设田间疆界，以便利农牧生产，暂不实行周朝规定的井田制度，实行了不完全等同于周朝的政治经济政策。由此晋国孕育出有别于其他诸侯国的文化内涵，即唐晋文化，具有政治上博大宽厚、兼容并蓄，经济上求同存异、自强不息的特点。晋国计然的"贾人旱则资舟，水则资车"、"平籴齐物，关市不乏"的经营理念；计然授技于范蠡，范蠡的"贵上极则反贱，贱下极则反贵"的商业思想；猗顿的"欲速富，当畜五牸"的经验；白圭的"人弃我取，人取我予"的商业艺术，成为晋商取之不尽、用之不竭的智慧源泉。[2] 这些都受到唐晋遗风的影响。

（二）地理环境

山西人外出经商，原出无奈，由于土狭民贫，生计困难，不得不远走他乡，谋取"什一之利"。他们为养家糊口，为取得经营资本，不得不勤劳节俭；他们离家在外，也不得不与人和睦相处，温良恭俭让，广交朋友，争取生存发展的空间。清康基田说，山西"土狭天寒，生物鲜少，故禹贡冀州无贡物。诗云：好乐无荒，良土瞿瞿。朱子以为唐魏勤俭，土风使然，而实地本瘠寒，以人事补其不足耳。太原以南多服贾远方，或数年不归，非自有余而逐什一也。盖其土之所有不能给半，岁之食不能得，不得不贸迁有无，取给他乡；太原以北岗陵邱阜，硗薄难耕，乡民唯以垦种上岭下板，汗牛痛仆，仰天待命，无平地沃土之饶，无水泉灌溉之益，

---

[1] 《易·系辞下》。

[2] 计然，一说越国人，一说晋国公子，有经商谋略；范蠡，帮助越王勾践复国后弃政经商，定居山东定陶县，史称陶朱公，曾得计然之策；猗顿，在晋国经营畜牧业和盐业致富，今山西临猗县王迢村有猗顿墓；白圭，魏国人，太原白氏家族传说是其先祖，今太原南百里许有白圭村。

无舟车鱼米之利，兼拙于远营，终岁不出远门，甘食蔬粝，亦势使之然。而或厌其嗜利，或病其节啬，皆未深悉西人之苦，原其不得已之初心也。"①。

（三）儒家思想

晋商对关公的崇拜，不仅因为关云长系山西老乡，更主要的源自儒家思想。关公一生，忠义肝胆，诚信磊落，是实践孔子仁、义、忠、信思想的典范。几乎天下所有关帝庙都建有春秋楼，内塑关公夜读春秋像。孔子作《春秋》，述《论语》，思想博大精深，影响了中国 2500 年，他认为人类应有的一种人伦关系，"己所不欲，勿施于人"②，"己欲立而立人，己欲达而达人。"③ 中国传统的伦理道德的核心是"仁爱"，儒家把人的道德的最高原则概括为"仁"，认为其他的具体道德准则都是由"仁"衍生出来的，这种"仁"的根本含义就是爱人。商人虽然以商品交易为职业，以经营利润为目标，但是需要把"仁爱"思想与谋取利润统一起来，这就是山西票商"先义后利，以义制利"伦理思想的源泉。他们认为立身处世的标准仁、义、礼、智、信，"义"作为一种行为规范与人们的具体利益结合在一起，就需要在崇尚功利的同时，以义制利，先义后利，甚至舍利取义。大德通票号北京分号经理李宏岭在他的《同舟忠告》中说："区区商号如一叶扁舟，浮沉于惊涛骇浪之中，稍一不慎倾覆随之……必须同心以共济。"由于唐晋遗风的影响，由于自然条件地理环境的约束，由于儒家思想的传统，山西货币商人在长期的经营活动中，形成了自己独特的重商立业的人生观，诚信义利的价值观，艰苦奋斗的创业精神，同舟共济的协调思想。

三、票商伦理的现代意义

中国自汉唐宋元明到清前期的繁荣，并没有持续下去，清中期以后中国落后了，国民生产总水平低于欧洲，并且逐渐沦为半殖民地。晋商的路子也从此越走越艰难，晋商精神随之渐渐发生了变异。19 世纪 50 年代，咸丰朝因为外有侵略者的大炮、鸦片进攻，内有太平天国运动，政府财政极度困难，不得不实行卖官鬻爵，以补充财政收入。山西票号发现了为捐

---

① 康基田：《晋乘搜略》卷二。
② 《论语·卫灵公》。
③ 《论语·雍也》。

官者代办捐纳、印结的新业务，后来感觉到为自己为祖先购买实官或者虚衔，花翎顶戴，方便与官员往来，出入衙门，不仅可以揽到更多的政府汇兑、借贷业务，而且也可以光宗耀祖。政府以虚实官衔换得了商人的白银，商人以白银换得权利和荣誉，由重商立业转向了官商相维，以至发展到官本位，竟然500两以下的商业汇款不予办理，由商业金融转向了政府金融，自身发生了异化。

辛亥革命以后，虽然票号这种金融机构离开了我们，晋商的地位让位于新兴的江浙财团，然而山西货币商人中的钱庄、银号、账局、当铺等金融企业大部分仍然坚持到1952年国家对私人资本主义金融业的社会主义改造。其时，山西货币商人的商业伦理犹存。不是吗？因为他号连累，日升昌票号于1914年被民国政府司法部判处破产，在此紧急关头，已经退休的原日升昌副总经理梁怀文再度"出山"，提出收债还账，经批准日升昌清理后继续营业。在梁怀文等的努力下，1922年在外欠不能收回的情况下，仍分4次偿还债务14%，东家交出了动产不动产仍然不能全部清理外欠，经296户债权人中293户同意，更名"日升昌记"，继续经营，虽然没有全部还清旧有债务，但债权人与社会一致认为票号信守诺言尽最大努力。梁怀文临终前告诫子孙道："恭敬不受辱，宽厚人易近，诚信换人尊，勤敏事可成，慈惠好用人。"

需要讨论的是，自"五四运动"提出打倒孔家店的口号以来，尤其是后来的"批林批孔"，诚信忠义亦被当作封建糟粕受到了批判，严重影响了传统的社会诚信。供给制、"共产风"，又让很多人错误地认为国有企业、国有银行，都是大家的，你的也是我的，我的也是你的，贷款还不了就"豁免"，以致发展到骗钱逃债，坑蒙拐骗，敲诈勒索，成为社会公害，社会信用的失范有目共睹。我国社会主义市场化改革基本完成，国际化步伐加快，金融领域、工商界以至整个社会的伦理道德建设刻不容缓。

在经济制度变迁的过程中，人的经济行为必然会受到历史传统的影响，这就是所谓"路径依赖"。山西票商的"以义取利"和以"利"济世、济人，追求"利"的时候，以"义"作准绳，不见利忘义，为商以德，谋利有度，竞争有义，利泽长流，和善待客，宽厚圆融，大富大德的商业伦理，仍然是当今社会亟待唤回的商业道德。

票号的组织制度与经营管理

背景说明

本文是 2007 年 6 月 30 日在国家外汇管理总局党委中心学习组会上的讲课提纲。在此之前的 2006 年 8 月 16 日曾在国家外汇管理总局全国外汇管理干部培训会上做过关于票号的讲座。山西票号是中国银行业的先驱，票号所创造的金融工具、业务、管理制度、风险控制方法等在金融史上有重要影响，特别是资本金管理、人力资本管理至今仍然是世界领先的。

一、票号的产生与发展

16 世纪开始发生的那场商业革命中，包含了金融革命的巨大成就。晋商所创造的票号，在其活动舞台、财富积累、组织制度、管理技术等方面，处于同时期金融贸易业的领先地位，享誉国内外。

山西票号产生于 19 世纪初。从 15 世纪到 17 世纪初晋商不仅商品经营资本发展迅猛，而且已经经营货币资本，当铺、质店之外，还有钱铺、钱庄，到 17 世纪中期有了印局、账局。晋商历经 400 多年的发展，作为异地款项汇兑的专业金融机构票号的产生，就非常自然。可以说山西商人及其商品经营资本发展是票号产生的准备。一是资本的准备，无雄厚的资本金，不可能办大型金融机构，晋商的财富积累在各大商帮中居于首位；二是组织的准备，无全国性分支网络，不可能汇通天下，晋商企业在组织形式上是全国唯一采取总分支机构制的，即连锁制，分号遍布全国；三是信用的准备，异地汇款需要承汇机构信用卓著，需要社会的了解与认可，晋商货通天下，崇拜关公，诚信经营，为社会所公认；四是异地资金调度的需求，主要是远距离商品交易的要求，17世纪中期已经出现殷实商号或家族兼营汇兑活动，19世纪初专业汇兑组织的产生便顺理成章。

票号原称"汇兑庄"，因为汇款必有汇票，亦称"票庄"。又因为同属商号性质，社会呼之为"票号"。随着商品经营资本发展和异地资金调度需要，从商品经营资本中分离出了货币经营资本新成员——票号。第一家票号发生的年代，学者们有两种说法：第一种是清道光三年（1823年）平遥日升昌，雷履泰首创；第二种是清康熙十八年（1679年）太谷志成信，员家首创。民间传说该票号号规为顾炎武"亲手所订"。但是，根据现有史料，只能认定为第一种说法。不管哪一种说法，票号确实发生于清代山西，源于晋商。票号以专业汇兑而产生，但是很快也经营了别的金融业务，如存、放、汇、兑，代办、代收等，当然重点仍然是以汇兑业务为主。

票号的总号，太谷帮9家，祁帮20余家，平遥帮22家。19世纪60年代南方商人介入票号领域，先后有胡雪岩的阜康、胡通裕，云南的天顺祥、云丰泰，严信厚的源丰润等几家，被称为南帮。但是南帮设立晚，垮台早。山西票号在19世纪40年代有票号9家，到1862年仅上海就有山西票号22家，对上海的钱庄放款达300多万两。1876年上海成立了"山西汇业公所"，票号业务重心由汉口转向上海，但在汉口的票号到1881年（清光绪七年）仍有32家。在1883年的金融大危机中，上海78家钱庄关闭了68家，票号却未受损失。1894年（清光绪二十年），在北京的票号对户部放款100万两。1906年票号分号分布在110多个城市，约500余家，年汇兑公款达2257万两。

票号与清政府的关系比较微妙，从咸丰朝开始，票号与政府开始发生联系，代办捐纳业务。1900年庚子事变，慈禧与光绪帝西逃，票号慷慨支垫，外逃、皇帝及在京官员无不感激。自此，票号承揽了各地庚子赔款的收解汇兑业务，并负责划解外商汇丰银行。各地分摊的赔款在不能按时上解时，亦由票号垫汇。光绪后期，票号承汇公款扩大到39个省关。清末，票号已经成为清政府的财政支柱。

二、票号的组织制度

票号的企业治理机制，在晋商企业中最为典型，与中国其他商帮相比有很大的差异，实行股份制、两权分离制、联号制、人力资本制、资本倍本制等，这些制度，不仅成就了晋商的历史辉煌，现在看来仍然具有一定的现实意义，有些制度甚至可以说仍然是现代企业管理学的前沿。下面简要介绍几种制度：

（一）股份制与两权分离制

晋商在明代就已经开始采用股份制企业，合作投资，资本金根据投资人的经济实力与意愿确定股份多少，作为股东，经营成果按照股份多寡承担风险和享有收益，创造了中国最早的股权融资制度。某投资人决定成立某股份企业和经营方向后，首先要聘请大掌柜（总经理）。事先调查物色选定某人后，托中间人从中说合，议定条件，正式签订合约。签合约时，正式宴请中间（中证）人与大掌柜，当面讲清合作条件，即东家出资若干，分为多少股，每股为多少两白银，给大掌柜顶人身股多少（一般为1股），并委以全权，中间人也就是大掌柜的担保人。企业所有权为东家，经营权归大掌柜，形成委托代理关系。东家"将资本交付于管事（大掌柜）一人，而管事于营业上一切事项，如何办理，财东均不闻问，既不预定方针于事前，又不施其监督于事后"，谓之"用人不疑，疑人不用"。这也就将大掌柜的德能置于社会监督之下，大掌柜若经营管理不善或不够尽心，将会信誉扫地，没有出路，在经理人市场上被人看低，也对大掌柜的担保人不利。所以大掌柜都是忠心耿耿，尽职尽责，谓之"受人之托，忠人之事"。

（二）联号制度

山西银行实行总分支机构制，总号设在山西本地，分支机构遍布全国各大商埠以至国外。总号对分号实行集中管理，从分号的开立、经营、人员配置、资金调度、收益核算等都归总号指挥，根据"酌盈济虚、抽疲转快"的原则，相互接济。实行统一制度、统一管理、统一核算，统一资金调度。

总号对分号的控制：一是考核制度，总号对分号的考核，以"结利疲账定功过"，但以不对他号造成损失为原则，否则给予处罚。二是报告制度，分书面报告和口头报告，书面报告有正报、复报、附报、行市、叙事报、年终报告；口头报告一是所有职员每晚需要向自己的顶头上司面报，二是大掌柜巡视分号时分号掌柜向大掌柜面报，三是分号职员班期（休假）回到总号时向大掌柜面报。

（三）资本管理制度

票号资本金有正本与副本之分，正本是股东的货币投资，在万金账中记载；副本叫"护本"或者"倍本"、"倍股"，是在企业利润分红后（包括货币资本股东家和人身股职员），按照同一比例从分红利润中提取一定的红利留在企业参加周转使用，这部分资金归个人所有，只付给利息不分红。经营中若发生亏损，由副本支付，借以确保资本充足率，谓之"预提倒款，严防空底"。这项制度，与巴塞尔银行监管委员会从 2007 年 1 月 1 日开始实施的新资本协议从管制性资本到经济性资本转变的精神是一致的。管制性资本是按协议必须具有的最低资本额，如 8%；经济性资本是出于谨慎性原则考虑，自身设定的资本额。管制性资本的设立，具有强制性和约束性，经济性资本的设立不具有强制性和约束性，设置经济性资本的目的在于降低破产的可能性，同时为经营活动提供融资。由此可见，票号的资本金管理制度比巴塞尔银行监管委员会的新资本协议的资本金管理规定至少要早两个世纪左右。

（四）人力资本制度

票号对管理层职工和业务骨干，按其职责、能力和贡献大小确定"人身股"多寡，作为人力资本股，记入"万金账"，与财东的货币资本股一起参与利润分配，并且定期进行考评，根据德能勤绩，确定增加或降低人身股数。谓之"有钱出钱，有力出力，出钱者为东家，出力者为伙计，东伙共而商之"。有不少晋商企业后期人力资本股超过了货币资本股。晋商的人身股制度，比美国高管人员的期股制度至少也要早 400 多年。

三、票号的经营与管理

（一）经营战略

1. 分支机构随盈利与风险大小而伸缩

票号设置分支机构，先行调查研究，在掌握市场动向的基础上添置新号，扩展经营地域。如果不能经营，立刻撤庄。票号分支机构设遍通都大邑、商埠码头，如拉萨、巴塘、理塘、打箭炉、雅安等藏区虽然地理偏僻，因财政和商务原因也设有分号。在太平军进军南京时，曾在长江一线太平军所到商埠收缩分号。因为日俄战争，营口业务困难，调整力量，设庄于朝鲜仁川，后又伸向日本神户、横滨、大阪、东京。

2. 业务与资金随经济社会需要而松紧

票号的业务经营，主要依靠自有资本，很少发行银行券，这一点与意大利金钱商相似，"慎于出票"。但是随着业务发展，不仅自己资金不足，也无法满足社会的货币需求。他们通过收受商业票据或者发行自己的短期银行票据，满足社会对交易媒介和支付手段的需要。

3. 资金调度：酌盈济虚，抽疲转快

因为各地现银汇兑的差异，造成各地分号现银摆布不均衡，最初是调送现银，成本高而且不安全。后来创造了一种"逆汇"业务，如甲地分号现银短缺，主动联系当地需要在乙地支付的贷款客户，由甲地汇出，在乙地分号先付汇，随后客户在甲地交款，付汇在前收汇在后，便增加甲地分号现银，调整了现银摆布，谓之"酌盈济虚，抽疲转快"。

（二）业务经营

1. 不断创新票据业务

由于元代政府纸币发行过度，通货膨胀，明清两代纸币很少，普遍使用金属货币，因为金属货币数量不足，大额商品交易中支付手段主要依靠商业票据。清代中期常用的商业票据主要有六种，即凭帖、兑帖、上帖、上票、壶瓶帖、期帖。凭帖是本铺出票，由本铺随时负责兑现，相当于现在的本票；兑帖是本铺出票，到另一铺兑取现银或制钱，相当于现在的支票；上帖有当铺上给钱铺的上帖和钱铺上给当铺的上帖之分，彼此已有合同在先，负责兑付，相当于现在的银行汇票；上票是非金融商号所出的凭帖，信用自然要差一些，相当于现在的商业汇票；壶瓶帖是有些商号（包括钱庄）因逢年过节资金周转不灵，自出钱帖，盖以印记，用以搪塞债务，因其不能保证随时兑现，只能暂时"装入壶瓶，并无实用"，故称壶瓶帖，类似现在的融通票据；期帖是出票人企图多得一些收入，在易银时，开写迟日票据，到期时始能取钱，需计算期内利息，类似现在的远期汇票。当时前三种票据信用很好，后三种信用较差，道光皇帝曾指示鼓励使用前三种票据，限制后三种票据。

异地款项汇兑使用的汇票，时称会券，即异地提款凭据，有票汇、信汇，后来又有电汇，使用最多的是票汇。汇票分即票和期票两种。有的汇票经特别注明，如同旅行支票，就是应异地贩运商人在沿途不同地点办货的需要而签发的一种汇票，一次签发，分次在不同地点的分号支取款项的汇票，类似现在的旅行支票。对于未到期的汇票也可以提前支取，但是需要交一定的费用，相当于现在的票据贴现。最重要的是票据的背书转让，对未到期的票据可以经过背书转让第三人、第四人……光绪元年七月初十的一张平遥蔚长永的票据背书多达 34 次。

2. 不断进行核算制度创新

首先是创设"本平"制度。清代各地不仅银色不一，权衡银两的平砝亦不相同，票号要实现异地汇兑，首先要解决银色与平砝之间的差异问题。为此，每家票号都设置了自己的天平砝，简称"本平"，编制了"银色折合歌"。本平制度的创立，不仅便利了它的存放款和汇兑业务，而且使其总分号账务的记录及汇总有了一个统一的记账货币单位，便于票号的会计核算。其次是转账结算。呼和浩特"在有清一代，在现款凭帖而外，大宗过付，有拨兑一法……乃由各商转账，借资周转。"拨兑之外，还有谱银。"其初以汉人来此经商至清中叶渐臻繁盛，初仅以货易货，继则加用银两，代替货币，但以边地银少用巨，乃因利乘便，规定谱银，各商经钱行往来拨账，借资周转"。银两转账为谱拨银，铜制钱转账为拨兑钱。金融机构为商人办理转账结算后，形成金融机构相互间的债权债务，在商会的组织下通过"订旪"结清，即在规定的时间，各金融机构齐集金融商会，"会同总领，举行总核对"，"订旪时互对账目，或发现宗项错误，或虽经过账，空无指项，则付出之款仍可收回，不生效力，俗谓之回账。其应回账之款，虽在过拨时辗转数号，其或延期数年，亦可根据各号账目遂予回销，此亦拨兑钱市特有之办法"。银行清算以白银十两或制钱十吊为起点。商品交易中的资金融通，有商业信用和银行信用，晋商谓之"信用贷货"与"信用贷款"。其债券债务的清偿，通过镖局、标期与标利制度结清，即社会信约的公履制度。根据镖局押运商品物质与现银的距离远近决定标期，按照标期时间长短和标内标外决定利率（标利）。过标时，第一天清偿银两债务；第二天清偿制钱债券；第三天"订旪"（金融机构间轧差清算）。不能按时履行信约，谓之"顶标"，凡顶标者，则不可能再获得信用。

3. 不断进行业务创新

票号最初主要业务是汇兑，甲地收汇，乙地付汇，谓之顺汇。后来创造出逆汇，主动联系"有信用之商人立一汇票，交于票号，票号即买取之，送交收汇地之后，索取现金。"不仅有利平衡现银，同时是存、放、汇结合：如果是乙地先付款，甲地后收款，是汇兑与贷款结合；如果是乙地先收款，甲地后付款，是汇兑与存款结合，这种财务创新，满足了商人异地采购急需款项的需求，减少了票号资金闲置，增加了利息收入。票号办理代办业务，代收货款、代垫捐纳、代办印结①、代垫税款以及代发股票、债券等中间业务创新。又如"掉期"业务，19世纪八九十年代，货币市场和"汇兑行市"出现后，即因各地白银成色和平砝不同，付款地不同的汇票在交易中出现了价格差异，汇兑行市围绕两地白银的平价，根据银根松紧，在平价加减汇费的范围内浮动。但在90年代，上海、西安、桂林汇费支出大于汇费收入好几倍。票号业务中的"帖咱"、"帖伊"当是白银"掉期"业务。山西货币商人还举办银行同业拆借市场，清代到民国，呼和浩特"每日清晨钱行商贩，集合于指定地点，不论以钱易银，以银易钱，均系现行市，逐日报告官厅备查，各钱行抽收牙佣，均遵章领有部颁牙帖、邀帖……谓之钱市"。

（三）票号的管理

1. 风险管理

为了异地汇款所用汇票的真实而不发生假票伪票冒领款项，票号创造了严密的银行密押制度：一是汇票一律使用总号统一印制的汇票，计数管理；二是汇票内加"水印"；三是专人书写，字体在总号和各分号预留备案；四是汇票需要加盖6枚印鉴：抬头章、押款章、落地章、防伪章、套字章、骑缝章；五是会票金额、时间均设有暗号，月暗号、日暗号，密押不定期更换，新的代号均编成押韵口诀，号内有关人员必须死记硬背，烂在脑子里；六是安全支付制度，有讨保交付、汇票挂失、出具甘结几种。讨保交付是为了保证款项安全，不致遗失，应商家要求，票号采取了"讨保交付"和"面生讨保"的办法，在其汇票上盖有"讨保交付"的戳记，交付时必须取得商保。遗失汇票，票号各分支机构视各地具体情况采取了不同的挂失办法，天津是报知商会，"乞商会局宪大人恩准存案，无论华洋人等拾去作为废纸，以恤商艰，而免后患"，并在海关边署、巡警总局、商务总会备案，有的地方同时照会驻地各国领事。出具甘结是在办理公款的汇兑上，尽管晋商一般相信官场不会有诈，但也不敢掉以轻心，领汇款时要出具甘结，除凭汇票外，还要求收汇单位写下汇款性质、数量、汇费等内容的字据。

2. 人力资源管理

票号人力资源管理的特点：一是人身股与薪酬激励机制。票号职员分

---

① 捐纳，指捐钱买官；印结，办理买官的批文手续。

两部分：顶股职员和不顶股职员。前者不发薪金，享有应支、津贴、伙食、衣资、婚丧大事随礼贺吊、退休身股分红、故股分红、关照子弟就业，后者没有应支，发给薪金、享有伙食、衣资、婚丧礼贺。顶股职员的应支在分配红利时扣除，津贴则记入成本。大掌柜人身股 1 股，津贴相当于每年 1000 元银元。应支与津贴大体上各半。没有身股职员的薪金，每年银元一二百元不等。掌柜身故，享受 8 年应支、津贴和红利；未任掌柜而身股一股者享受 7 年；身股不足 1 股者享受 6 年；身股六七厘者享受 5 年；身股四五厘者享受 4 年，身股三四厘者享受 3 年，身股一二厘者享受 2 年。二是员工选拔与训育，新员工选拔需要经过权威人士推荐、考察三代、笔试、面试、铺保、请进等几个程序，才能成为票号学徒，学徒期三年，三年内不得回家，考核成熟正式录用。三是人才培育与选拔机制。票号用人，"以懂得信义为根据"。认为"用人之法非实验无以知其究竟。远则易欺，远使而观其忠；近则易狎，近使而观其敬；烦则难理，烦使而观其能；卒则难辨，卒间以观其智；急而易爽，急期以观其信；财则易贪，委财以观其仁；危则亦变，告危以观其节；久则易惰，班期二年以观其惰；杂处易淫，派往繁华以观其色，期在练或磨不砺，涅而不淄，方足以任大事。所以一号之中，不能断言尽是忠、敬、能、智、信、仁、有节、有规十全之士，但不肖之徒难以立足。"四是严格的号规，票号授权大掌柜统领号事，号内人事由总号大掌柜安排，财东不得举荐人位，干预人事；财东平时不得在号内食宿、借钱或指使号内人员为自己办事；大掌柜巡视分号，各分号人位不宜、同人不端、手续不合、市面情形变迁诸事，可立即处置；各分号不准买空卖空、囤积货物，节外生枝；职员不准在外巨数支使、不准私自捎物、不准就外厚道、不准私代亲族、不准私行囤积放人名贷款、不准奢侈浪费、不准侵袭号中积蓄、不准花酒赌博，至堕品行、不准吸食鸦片、不准亲友浮挪暂借、不准向财东和掌柜送礼、不准到财东和掌柜家闲坐、不准到小号串门、伙友之间不准互相送礼、下班归里不准私先回家后到柜上汇报等。严格的内控制度控制了票号内部营私舞弊现象的发生。

3. 金融稽核制度

票号的财务核算管理是以经济活动为基础，凭原始凭证记入流水账，经誊清，按会计核算程序，分别进缴表（收支表）和存该表（资产负债表）两个方面进行核算，然后"合龙门"。如果两表差额不能合拢，说明核算过程有问题，就要查找原因。这是中国早期的复式记账，又是金融稽核，以此保证财务核算的准确无误。

4. 票号的商业伦理

票号的成功，特别是金融创新的成功，与他们的商业伦理有重要关系。票号名字大都带着义、德、诚、信、厚、公、合等字词，从中可以感觉出他们把信义与利益结合在一起的思想，以诚信笃实、义孚天下称雄商界。其商业伦理的核心是"先义后利"，"以义制利"，要求"重信义，除虚伪，节情欲，敦品行，贵忠诚，鄙利己，奉博爱，薄嫉恨，喜辛苦，戒奢华"，反对采用任何卑劣手段骗取钱财，不惜折本亏赔也要保证企业信誉。他们认为义利是相济相通的。晋商的诚信义利观，集中表现为关公崇拜，尊关云长为财神，以其信义教育同行，以其武功保佑自己的商业利益。晋商在外，一旦赚了钱，首先想到的是修建关帝庙，以关公为诚、信、忠、义的化身，无论在何地，也无论是哪个行业，都供奉关云长为"关圣帝君"。2004年河南省南阳市政府确定的诚信教育基地——社旗关帝庙，就是当年山陕商人会馆。社旗县，即清代的赊旗镇（赊店），中洲四大名镇之一，号称"天下第一店"。16个省的商人在此经商。现存石碑9块，反映了商会组织和监督"诚信为本"的商业伦理和商业规范的历史事迹。正殿前的石牌坊正中顶部石雕为福、禄、寿三星，与北斗七星、南斗六星，共为16星。他们认为商人经营缺斤短两，会折福禄寿，少1两即少1星，少3两就折福、禄、寿，再缺得多，就不知南北了。诚信具有外部性，需要社会约束。一般情况下，如果守信行为得不到足够的奖励，即当事人的守信收益小于社会的守信收益；而失信行为又得不到必要的惩罚，即当事人的失信成本小于社会的失信成本，其结果只能是守信行为倾向于减少，而失信行为倾向于增多。因此诚信建设不仅需要诚信激励机制，更需要失信惩罚机制的建设。

票号管理中的诚信建设与高效执行力的培育，除了内部管理之外，还有社会约束。首先是行会约束，为协调票号内部、票号与社会其他机构间利益关系，山西货币商人在一些大城市设立金融行会。如汉口的山西钱业公所、上海的山西汇业公所、北京"汇兑庄商会"、包头的"裕丰社"、归化的"宝丰社"等。金融行会职能主要是组织市场公平交易，监督货币维护市场秩序，维护本会共同利益，处理商务纠纷，维护社会治安，团结教育商人，举办社会公益事业。其次是宗法约束，票号雇用职员，只用东家本地人，他省人一律不得援用。根据落叶归根的传统，如果某人在一家票号工作有了贪污、欺骗等不义不忠行为，不仅要被开除，别家票号也不会录用，永远砸了自己的饭碗，而且有辱祖宗的面子，严重者死了以后也不能进祖坟。最后是担保约束，新员工进入票号工作，需要有人推荐，殷实商铺担保，被担保人出事，不仅累及担保人名誉，担保人还要负责经济赔偿。

四、票号兴衰的启示

票号是中国商业革命与金融革命的产物，为民国时期金融业发展提供了早期的金融工具、金融业务、金融机构、金融制度基础，提供了大批优秀的金融人才。票号的成功源于不断地金融创新，金融创新的成功源于诚信义利。但是票号最后还是衰败了，有的投资者倾家荡产，以致沿街乞讨，但它没有骗人，垮得很悲壮。

票号衰败的原因很多。客观方面是山西商务衰落，山西货币经营资本与商品经营资本是混合生长的，总号（母公司）与小号（子公司）之间投资关系很复杂。19 世纪后期以来，由于科技的进步，火车轮船的开通，商路改变，晋商失去了地理优势。鸦片战争后，政治动荡，诸如太平天国、捻军活动、甲午战争、义和团、庚子事变、辛亥革命、十月革命、外蒙古独立、九一八事变、日本侵华等，晋商资产损失惨重。作为货币经营资本的票号是山西商人资本中的一部分，它的兴衰与整个晋商的兴衰是同步的。

票号衰落的主观原因也很多。首先是经营战略，票号本来是随着商业的发展而发展，但咸丰朝以后票号与政府的关系越来越密切，异化为政府金融，商业金融就是商业金融，必须按照商业金融的经营原则经营，依靠政府和官员的盈利导向是危险的。其次是票号的管理，有一些制度并不是最科学的，票号决策人不能虚心学习别人的经验，故步自封，在时代大变革中不能与时俱进，及时改革，失去了发展的机遇。若能在困境中进行彻底的制度创新，可能会柳暗花明。如在企业治理结构方面，两权分离过头，监督机制缺位；股东无限责任制；资本金过小，无法与外商银行抗衡。最后是业务经营，比如信用业务重大轻小，信用对象重官轻民，信用方式重人轻物，信用工具重汇票轻钞票，利率调整重稳轻活，从根本上说，农商思想，不能远谋。

　　山西票号离开我们一个世纪了，留下了什么？晋商票号留下了无数商家大院和说不尽的经验教训，但最为可贵的是晋商精神，重商立业的人生观，诚信义利的价值观，艰苦奋斗的创业精神，同舟共济的协调思想。票号那些成功的经验与失败的教训对当代金融业的改革与发展，还是有一定借鉴意义的。研究票号的兴衰，不仅有着历史意义，也有重要的现实意义，对当前的金融改革与发展的启示，很值得我们重视：

　　第一，重视金融业职业经理人队伍的培养和人才库建设，重视股权融资、两权分离，完善商业银行治理机制，是提高金融业经营水平的重要内容。

　　第二，金融业实行人力资本股制度，不是可不可以的问题，而是提高金融业经营效益的迟早选择。

　　第三，执行"巴塞尔新资本协议"，可以为金融企业的资本金设置"副本"，是控制金融风险、保持稳健经营的现成经验。

　　第四，银行密押制度不能一劳永逸，需要随着社会发展与科技进步不断修改提高，现行的一枚财务专用章、两枚名章提款的办法必须尽快废止。

　　第五，票号的成功源于金融不断创新，金融创新成功源于诚信。诚信乃为人之本、为商之道，诚信是财富、是资本、是资格和能力，是市场经济的通行证。在诚信建设中，德治是基础，法治是根本，政府是关键。金融业不良资产上升、金融效率下降的根源在诚信失缺，金融企业与金融行会要把诚信建设放在首位。

　　第六，金融创新是金融企业盈利导向的必然要求。金融创新带来金融发展，同时也带来金融风险的扩大。重视金融监管与协调，通过不断的金融改革——金融制度创新，才能实现金融、经济、社会持续协调发展。

　　上个世纪之交，正在票号如日中天的时候，外国金融资本进入了中国，中国金融市场被迫对外开放。土生土长的金融业中，票号全军覆没，钱庄部分垮台，部分走上了买办道路，银行业在夹缝中艰难求生直到全国解放。在这一个世纪之交，我们实行经济改革，主动对外开放。虽然历史不能得出外国金融资本搞垮了票号的结论，但今天总不能按洋人的意见立即无条件全面对外开放，我们需要有计划、有步骤、有选择地去拥抱国际化、全球化。

晋商金融企业管理制度创新研究

背景说明

本文原载《山西财政税务专科学校学报》2007 年第 9 期。晋商金融企业既有治理机制创新，也有人力资源管理与经营管理制度创新等。中国在明清时期已经土生土长产生了自己的资本筹集的股份制、经营管理的委托代理制、货币资本与人力资本的合作制、人力资源管理的选拔训育机制、薪酬激励机制以及宗法、铺保与号规约束机制，创造了预提倒款的风险基金制度、金融贸易结合混合经营的金融控股集团等业务组织管理制度。中国特色的企业管理历史悠久，不能认为管理学都是舶来品。

晋商能够称雄商界 500 年，山西票号汇通天下，创造出中国金融发展史上的辉煌业绩，其中一个重要的原因是其在长期的经营活动中，创造了一套独特的经营管理制度，这些制度，有些至今仍不失其先进性，对当今仍具有重要的现实意义。这些管理制度，包括企业的治理机制、人力资源管理机制、经营管理机制和风险控制机制等，其中股份制、激励机制、用人机制和风险控制机制是其核心制度。不能认为管理学都是舶来品。

一、企业治理机制

晋商金融企业组织管理制度或曰治理机制，是逐渐摆脱家族管理而走向规范的。这是土生土长的中国早期企业内部治理机制不断创新的结果。可以从资本筹集的股份制、经营管理的委托代理制、货币资本与人力资本的合作制、总分支机构与联号制等方面做一透视。

（一）资本筹集的股份制

中国早期的商号，多是家族独资经营，资本金不多。当明政府实行"开中法"后，中国商人的活动地域扩大，走向全国，独资经营显然资本不够充裕，有些商人就向他人借资经营，这就是当时流行的贷金制。据光绪版《山西通志》卷一四二《义行录》记载："蒲（今山西永济）商某，假资贸易，被盗，惧不敢归。绅曰：全躯足矣，资何足云。"贷金制使经营者增加了资本，但经营者能否成功获利，能否如期如数偿还贷出者，却增加了资金所有者与使用者的风险和压力。

与此同时，社会还出现了一种经营上的伙计制，两人或者多人合伙，有利于资本筹集，扩大经营规模。明隆庆年间，总理囤盐都御史庞尚鹏给皇帝的奏折《清理延绥屯田疏》中说道："间有山西运商前来镇城，将巨资交与土商，朋合营利，各私立契券，捐资本者，计利若干，躬输纳者，分息若干，有无相资，劳逸共济。"① 这种伙计制，是建立在一种地缘或者血缘关系之上的劳资合作。明人沈思孝在他的《晋录》中讲道："其合伙而商者名曰伙计。一人出本，众伙共而商之，虽不誓而无私藏。祖父或以子母息亏贷于人而道亡，贷者业舍之数十年矣，子孙生而有知，更焦劳强作以还其资，则他大有居积者，争欲得斯人以为伙计，谓其不忘死，焉肯背生也？则斯人输少息于前而获大利于后。故有本无本者，咸得以为生。且富者蓄藏不于家，而尽散之于伙计。估人产者，但数其大小伙计若干，则数十为万产，可屈指矣。盖是富者不能遂贫，贫者可以立富。"由此可见，伙计制中出资者与伙计之间是以信义为本，其连接纽带是地域或者血缘因素。这种形式，要比贷金制在组织上较为牢固紧密，它除了资本与劳动力结合外，还增添了劳动力素质的积极因素。但也常常在利益分配上发生摩擦而不能善终。

到明末清初，国家疆域扩大，为商品经济的发展提供了有利的环境和条件，以往那种贷金制和伙计制，受其经营规模、范围和区域的局限，显然不能适应大规模商业经营和流通的需要，为了增加资本，扩大经营规模，山西商人率先在上述经营方式的基础上开创了股份制。但是这种股份制与西方的股份制比较有很大的不同，其基本内容主要是：

---

① 《明经世文编》卷三五九。

第一，多家共同集资。金融机构的资本金为多家商人共同筹集，规定每股白银若干，每个投资人根据各自的意愿和实力，在共同协商的基础上确定入股者的资本份额和股数，统称银股，即货币资本股。

第二，银股与身股结合。除投资人的货币资本股外，还有人力资本股，称为"人身股"，俗曰"顶生意"，从大掌柜（总经理）到业务骨干，根据能力大小、所在岗位、业绩贡献等确定某掌柜或某伙计股份若干，一般最高为大掌柜 1 股，其他伙计（员工）则为 1 股以下。人身股的 1 股与货币资本股的 1 股享有索取企业利润的同等权利，一起参与企业利润分配。例如志成信票号在 1873 年的股份合约：

"立合同负仑同管事伙友孔宪仁、马应彪等，情因志成信生意开设，历年已久，号体屡露，参差不齐。今东伙共同议定明白，业已复行振作，从此原日旧东有减退增加，另有新添东家，有人本账，逐一可考，字号仍系志成信设立太谷西街……正东名下本银三万四千两，按每二千两，作为股银一俸，统共计银股十七俸。众伙身股，另列于后，自立之后，务要同心协力，以追管晏圣明之遗风，矢公矢正，而垂永远无弊之事业。日后蒙天赐福，按人银俸股均分，倘有不公不法，积私肥己者，逐出号外。照此一样，立写二十二张，从东各执一张，铺中公存一张，以为永久存证。恐口难凭，立合同为证。"

上文是入本银股东负汝楫等 21 人的银股份额股数与孔宪仁等 8 名职员的身股数。实际上志成信人身股不止 8 人，合同未一一列入，而在万金账中详细记录。这个合同，是志成信股东资本的证明，也是未来利润分红的依据，更是对东掌关系的制度约束和经营管理的准则。晋商企业每年都要对员工进行人事考核，有功者晋升身股，过失者降低身股，均记入万金账。

第三，正本与副本之分。晋商企业的资本金，即东家的货币资本投入，称为正本；另外设置副本，副本的资金来源，从东家和享有身股的员工的利润分红中按照同一比例提取，这部分货币资金以存款形式存在号内，不得随意抽走，年终只付利息不分红，如果经营中出现亏损，先从这里支付，不让"亏煞老本（正本）"。所以，副本也称"护本"或者"倍股"。在正常盈利时，没有货币资本投入而顶有身股的大掌柜和员工，以自己的身股与东家的银股一起分红；亏损时，大掌柜和员工一起与东家承担损失，不过与东家不同，大掌柜与员工只是有限责任，即以存入的护本为限。

第四，无限责任制。当时的晋商企业还不是经济法人，如果发生破产倒闭，东家负有无限责任。所以在清政府垮台时，山西货币商人票号因对政府放款过多，存款逼提，放款不能收回，大部分都是在资产大于负债的情况下，因现金流不足而倒闭，票号东家很多被迫卖房卖地，倾家荡产，偿还债务，严重者甚至沦为乞丐。

第五，股权不上市交易。握有银股的东家的股权，一般不能撤走，特殊情况下撤走也需要在会计年度终了时办理，股权没有上市交易的习惯和做法；人力资本股属劳动者个人所有，不能转让和继承。

第六，股份制企业的组建。投资人筹办股份企业的意向确定以后，由投资人物色大掌柜（总经理）人选，请中人从中周旋商谈条件，取得一致意见后，再由财东择日邀请中人三五人和拟任大掌柜聚会，书写合约，包括商号名址、经营项目、银股资本数额、大掌柜身股、结账期限，按股分红等，一一写入合约。然后就将货币资本白银集齐，交予大掌柜，组织开张运营。

天津、上海、宁波、汉口、广州等地由徽商、宁波商、洞庭商、潮商、闽商等开设的商号，资本金相对较小，到清乾隆、嘉庆时期逐渐由独资转向两人以上合资经营，大部分演变成为合作股份制，没有票号、账局商人的资本雄厚，晚清上海规模较大的汇划钱庄，平均资本也只有 2 万两左右[①]（当时票号资本金正本多在数十万两，副本亦在数十甚至数百万两）。

（二）经营管理的委托代理制

明末清初，山西货币商人的企业实现了所有权与经营权两权分离，所有权归投资人所有，经营权授权给其聘用的大掌柜掌控。聘用者与被聘用者之间订有契约，履行各自的权利和义务，不论投资者东家，还是受聘者大掌柜，双方均恪守信用。当时社会已经出现了职业经理人阶层，账局、票号、茶庄、绸缎庄等都采用这一管理模式。在市场竞争下，对资本经营的好坏直接关系到资本所有者的利益，因而，物色一个能谋善断、驾驭全局的经营者来管理企业，特别是票号、账局、钱庄，便成为资本所有者的祈盼，这是商品经济条件下资本运作的必然趋势。东家对大掌柜授以经营

① 陈光明：《钱庄史》，上海文艺出版社 1997 年版。

管理的全权，号中的财务、人事、经营等权力全部交给大掌柜，谓之"用人不疑，疑人不用"。史料记载，东家"将资本交付管事（即大掌柜）一人，而管事于营业上一切事项，如何办理，财东均不闻问，既不预定方针于事前，又不施其监督于事后，此项营业实为东方之特异之点。"① 当然，聘请大掌柜并非易事，绝不可任意而为，"财东起意经营聘请经理，由介绍之人说项，或自己注意察访，确实认定此人有谋有为，能守能攻……则以礼招聘，委以全权。""被委之经理，事前须与财东面谈，侦查财东有否信赖之决心，始陈述进行业务及驾驭人员之主张。如果双方主见相同，即算成功。"而后"财东自将资金全权委诸经理，系负无限责任，静候经理年终报告。平素经营方针，一切措施，毫无过问。""经理既受财东依赖与委托，得以经理全号事务……领导同仁，崎岖前进，其权限尽乎独裁，而非独裁，实即集权制也。"② 大掌柜"受人之托，忠人之事"，兢兢业业，苦心经营。经理若经营有方，盈利丰厚，财东还予以加股、加俸，若遇年终亏赔，只要不是决策失误、人为失职或能力欠缺造成的，财东不仅不责怪经理，反而多加勉励，补足资金，令其重整旗鼓，振作经营。

这其中，号内伙友虽然要听命于经理，但经理并不能独裁，较大之事项，经理则须报告财东。作为经理，权力不小，也责任重大，既需"忧勤惕励"，为企业的发展而操心运筹，又要深入一线，巡视调查；既要与同仁、伙友和睦相处，以领导他们同舟共济，又要向财东负责，控制风险。因此，财东对经理人员的遴选特别重视，犹如古之点将选帅。

作为委托人的东家与作为代理人的大掌柜之间的委托—代理关系，需要激励机制，就是委托人设计的一套能够诱使代理人自觉地采取适当的行为，实现委托人的效用最大化。其激励机制包括身股、津贴、预支、伙食、衣资、退休后身股待遇照常享受，身故后享受八年的"故股"待遇不变，并且享有子弟就业优先与担保等薪酬社保待遇。几乎与现代大型股份企业的薪酬激励如固定薪金、奖金、股票期权等基本相似，同时还有职位特权，如外出骑马、坐轿、生活服务、获得社会赞誉以及同行好评的声誉激励等。

从财东与大掌柜各自的权利与职责中可以清楚地发现，票号在资本所

---

① 《山西票商盛衰之调查》，《中外经济周刊》1925 年 7 月 4 日。
② 中国人民银行山西省分行、山西财经学院：《山西票号史料》，山西人民出版社 1990 年版。

有权和经营权这两权的分享上是比较彻底的。这样，对财东而言，把资本交予自己信赖的大掌柜以后，会有更多的精力和时间，从长远和全局上考虑资本的最佳投向以及整体结构的调整等重大问题。对大掌柜而言，由于实际上掌握着财权和人权、经营权，少了很多制约，可以放心大胆地去做自己认为可行的事情，从而更好地发挥其经营才能，而且为报答财东的知遇之恩，也必须对企业的发展殚精竭虑，尽心尽职，使企业进入一种规范有序的良性循环状态。所以，两权分离，资本所有者能够更好地从宏观上把握资本的运用，经营者可以不为资本所有者的主观意志所约束，从而使资本效益达到最大化。这一制度，对晋商商品经营业和货币经营业的发展起了重要作用。

但是，票号在两权分离中权责利是不对称的，尤其是大掌柜权利偏大，但并不承担经营失败的最终风险，仅以副本中自己的"俸股"损失为限。而且金融机构没有董事会和监事会，缺少民主决策机制和监督机制，经营成败，完全取决于大掌柜个人的才智与德行，这也是明显的制度缺陷。

（三）货币资本与人力资本的合作制

中国的人力资本制萌芽于明代中期，到清代中期已经相当完善，尤以晋商的票号、账局为典型。职员的人力资本多少，由财东根据职工任职时间、能力、贡献大小决定。晋商企业成立时，是"有钱出钱，有力出力，出钱者为股东，出力者为伙计，东伙共而商之。"职工身股，最高封顶是大掌柜1股，由于各金融机构每股的资本数额不同，由数千两到一万数千两不等，某商号额定1万两白银为1股，那么大掌柜身股1股，就与财东的1万两白银资本一样参与分红。人身股是可变的，企业定期进行人事考核，有功者，增加人身股厘数，有过者则适当降低身股厘数。对员工这种劳动力资本的衡量与考核，已经注意到了劳动者的劳动数量和质量。

一般企业的货币资本股是不清退的，但可以转让。人身股不能转让，享有人身股的职工被辞退、解雇或者自动离职，当即终止人身股。享有人身股的职工退休以后，其原有股份照常分红；死亡之后，还有"故股"待遇，一般在8年（两个会计年度）内享有原待遇，以示对家眷的体恤，但是人身股不能由子女继承。大德通在1904年（光绪三十年）的号规中规定："号伙故股，一厘至三厘者以三年清结，四五厘者以四年清结，六七厘者以五年清结，八九厘者以六年清结，一俸者七年清结……当过领袖者以八年清结。"① 也就是说，普通员工也可根据拥有身股的多少，在身故后享受 3～7 年的红利分配，如果曾担任过总经理者，红利分配还可延长至 8 年。一般货币资本股不可以随便增减，而人身股则会有变化。例如大德通票号在 1889～1908 年银股数没有变化，总共 20 股，身股则由 23 人 9.7 股，增加为 57 人 23.95 股。协成乾票号 1860～1906 年银股始终是 13.25 股，身股则由 3.9 股增加到 17.5 股。大盛魁后期员工的身股总数，已经超过了股东的资本股总数。而且，由于不同的商号所定每 1 股的资本数量有高有低，所以各个企业的身股含金量也是不同的。

人身股是一种长效的激励机制和动力机制。因为顶身股者只有在大账期（会计年度）才能参加对企业利润的分红，一个账期一般是 3～5 年时间，这一机制具有延期支付的特点，是一种长期的激励，可避免掌柜与伙计的短期化行为。收益的无限性必然产生激励的无限性，人身股极大地增强了这一激励机制的可持续性，解决了劳资双方的对立，实现了劳资双赢的经营格局。人身股是在不减少财东利益的前提下，从增量财富（利润）中分割出一块让渡给员工，作为员工拥有的资产，这样就使员工从纯粹的无产者变为有产者；财东并没有无偿割让既有的存量资产，只是期利的承诺。员工在可以获得一定资产的预期下，热情高涨，积极工作，使得企业的利润大幅增加。同时，人身股制也是一种精神激励，人身股多少，标志着个人的能力、地位、贡献，激发员工的"成就感"和"归属意识"，实现了物质激励与精神激励的统一。同时，人力资本股把职员的利益与东家的利益紧紧捆在一起，是一种长期有效的激励机制和动力机制，极大地增强了这一激励机制的可持续性。山西民间有谚道："做官的入了阁，不如在茶票庄当了客。""家有万两银，不如茶票庄上有个人。"

中国的人身股制度，与 20 世纪末在美国兴起的企业高管的期股制度有异曲同工之妙，但是却比美国早了 400 多年。而且中国人身股的职工享有面，远远大于美国的高管们，调动员工积极性的影响面也远远超过美国的期股制度。

（四）总分支机构制和联号制

晋商企业实行总分支机构制，即总号下设分号于全国通都大邑、商埠码头以至国外。如山西票号总号设山西省太谷、祁县、平遥三县，分支机

① 中国人民银行山西省分行、山西财经学院：《山西票号史料》，山西人民出版社 1990 年版。

构最盛时设国内有500多个分号。票号、账局、钱庄在国外的分支机构一直设往东京、神户、大阪、横滨、仁川、莫斯科、伊尔库茨克等地。

票号总分支机构组织架构，一般分为两层：一是总号决策层与管理层；二是分号管理层。总号对分号实行集中管理，从分号的开立、经营、人员配置、资金调度、收益核算等都归总号指挥，采取"酌盈济虚、抽疲转快"的方针，相互接济。统一制度、统一管理、统一资金调度。总号大掌柜在每年终了，汇总各路业务数字，写出书面报告，向东家汇报。四年一个会计年度完毕进行财务决算，大掌柜要提出利润分配方案，提出对员工的奖罚意见和晋升身股的建议，由东家裁定。

总号对分号的控制办法主要有：

首先是严格的考核制度。考核原则是以"结利疲账定功过"，考核期盈利多少，疲账（即不良资产）多少。在认定盈利时，其前提是以不对他号造成损失为原则，否则给予处罚。

其次是报告制度。报告制度分书面报告和口头报告。书面报告有正报、复报、附报、行市、叙事报和年终书面报告几种。各分号之间以及分号与总号之间，不断的业务信息沟通和协调，不仅使总号能及时掌握全国各地市场动态以及各分号的业务进行状况，而且能够把总号决策层的决策变成统一行动，同时各分号之间能够及时通报业务，协调配合，调度资金，实现"抽疲转快"。口头报告，一是每日晚上面报；二是大掌柜巡视面报；三是班期回总号面报。票号成规，不论总号抑或分号，每天晚上营业终了，职员或管理部门负责人都必须向自己的主管当面口头汇报当天自己所办业务的情况，并且聆听主管对明天的安排。管理层则要综合情况，口头（本地）或写信书面（外地）向总号汇报情况，以便上级及时掌握业务动态，做出第二天或者近期业务安排。另一种口头汇报，是在大掌柜按例巡视各分号时（每年1~2次）的当面汇报。再是员工下班休假回到总号时，直接到大掌柜办公室当面汇报情况，不得先回家再返总号汇报。

最后是阅边制度。由于分支机构多，路途遥远，交通不便，票号建立阅边制度，大掌柜对不能亲自到达的分号，特派专门代理人到分号实地检查，派出人员，有的叫"阅边老板"，有的叫"钦差"。阅边老板的职责有三：一是巡视营业情况，发现问题及时报告总号和财东，但不得随意干涉业务；二是了解分号掌柜有无越轨行为或违章操作，分号掌柜之间能否团结合作，共挑重担；三是发现分号掌柜营私舞弊，挥霍贪污，道德败坏，形成重大经济损失，或者严重影响企业声誉者，有权直接代总号撤除。

二、人力资源管理创新

晋商认为，"天时不如地利，地利不如人和"，人是第一因素，企业管理首要的是人力资源管理，他们创造了选拔训育机制、薪酬激励机制和宗法、铺保与号规约束机制，构成晋商企业高效执行力的动力机制。

（一）选拔训育机制

晋商员工的选拔制，主要体现在新聘员工的挑选。第一，必须是山西同乡人，既便于管理，又惠及乡亲，利用乡情保证凝聚力；第二，必须由有社会地位且家道殷实者推荐。其程序：一是考察三代，有没有好的家庭教养；二是笔试，审阅受聘人的书法作品，借以判定其性格与修养；三是面试，由大掌柜亲自提问目测，判断被试者的能力、水平与品德；四是寻找担保人担保，一般就是推荐人；五是请进，对合格者"择日进号"名曰"请进"，表示对新员工的人格尊重，同时向其明白宣示，人人都有升任经理的机会，以鼓励其安心服务，充分发挥个人的聪明才智。

实行学徒制。新员工进入商号，还需经过三年学徒期才能够独立从事工作。学徒训练，均在总号进行，时间一般为3年，特殊聪明出众者2年即可完成训练，也有过于愚笨者，不到3年即打发回家。完成训练之后，便派往分号工作。据票号商人回忆，学徒训练分三个阶段：第一年主要是日常杂务与思想修养训练。白天"即司洒水、敬茶、奉侍掌柜一切事项"，俗说为掌柜"提三壶"，即茶壶、水壶、夜壶（尿壶），打水、扫地、干杂活，不设坐位。"晚则写字，习记账，演珠算，详记货品及价格、银之品色与钱之易价，练习对于掌柜及顾客之仪容言语。"同时，在道德和商人修养方面，掌柜考察是不是忠诚克勤，有无出息，适不适合做生意。譬如，放点银子在不起眼的地方，看学徒如何处理？是把银子揣起来还是交给掌柜，考验其是否贪财；再是观察其工作态度和为人处世之道，道德培训要求达到"重信义、除虚伪；节情欲、敦品行；贵忠诚，鄙利己；奉博爱，薄嫉恨；喜辛苦，戒奢华"。第二年主要是业务学习，包括文化课（习字、四书五经、蒙语、满语、俄语等）和业务课（珠算、记账、抄录信稿、商业信函，了解商品性能，熟记银两成色等）。由老职工或掌柜口传训练，教念"平砝银色折口诀"和其他商人教科书，也可以做一些抄写、帮账等事务。第三年在柜上跟着师傅（老职工）学习做生意的技巧。三年内不得回家，考核成熟正式录用。这一阶段的训练，一般只限于有培养前途的员工，即"掌柜认为最有出息的学徒"，一旦训练完成，即可派往分号，独当一面。[①]

大盛魁招收学徒的做法是：在该商号财东原籍太谷、祁县挑选十五六岁的优秀青年，个子不高不低，相貌俊秀，精明聪颖者，经面试合格后，先徒步行至内蒙古归化城分号，然后骑骆驼至外蒙古科布多大盛魁，集中进行语言培训。授以蒙古语、维吾尔语、俄罗斯语，用汉语注音，强记硬背外语商业用语，以达到能够用相应语言在蒙古、新疆和俄罗斯地区谈生意、做买卖为目标。然后将其分配到各地商号柜上，跟着老员工学习业务，先当学徒，老员工就是师傅。[②]

对学徒的仪态仪表、言行举止训练，可见晋商教材《贸易须知》，其中讲道："学生意先要立品行，但行有行品，立有立品，坐有坐品，食有食品，睡有睡品。以上五品，务要端正，方成体统。行者，务必平身垂手，望前看，足而行，如遇尊长，必须逊让，你若獐头鼠目，东张西望，摇膊乱跪，卖呆望蜜，如犯此样，急宜改之；立者，必须挺身而立，沉重端严，不可依墙靠壁，托腮咬指，禁之戒之；坐者，务必平平正正，只坐半椅，鼻须对心，切勿仰坐、偏斜、摇腿、跷足，如犯此形，规矩何在？食者，必从容缓食，箸碗无声，菜须省俭，大可厌者，贫吞抢咽，箸不停留，满碗乱叉，□嘴□鼻（原文不清），扒于桌子，这样丑态，速速屏去；睡者，贵乎曲膝侧卧，闭目吻口，先睡心后睡目，最忌者瞌睡岔脚，露膊弓膝，多言多语，打呼喷气，一有此坏样，起早除之。"[③]

由此可见，晋商对新员工的培训基本形成徒弟—师傅—掌柜的阶梯，对新员工不仅在技术方面有基本的要求，而且在道德方面也有要求，通过全面培养，为晋商培养了源源不断的骨干人才。

业务骨干的选拔。晋商企业提拔业务骨干的原则，"以懂得信义为根据"，必须经多年实际业务考验，不分门户，不问私情，选能任贤，量才录用，委以重任。特别重视实践中考察。他们认为"凡人心险于山川，难于知天，故用人之法非实验无以知其究竟。远则易欺，远使而观其忠；

---

① 中国人民银行山西省分行、山西财经学院：《山西票号史料》，山西人民出版社1990年版。
② 许轼如：《旧管见闻》（未刊稿）。
③ 藏太谷县曹家三多堂。

近则易狎，近使而观其敬；烦则难理，烦使而观其能；卒则难辨，卒间以观其智；急而易爽，急期以观其信；财则易贪，委财以观其仁；危则亦变，告危以观其节；久则易惰，班期二年以观其惰；杂处易淫，派往繁华以观其色，期在练或磨不砾，涅而不淄，方足以任大事。所以一号之中，不能断言尽是忠、敬、能、智、信、仁、有节有规十全之士，但不肖之徒难以立足。"①

（二）薪酬激励机制

山西货币商人的薪酬激励机制，主要体现在职员的人身股分红和薪金、赏金、应支、伙食、衣资等薪酬与生、老、病、死的礼遇、退休、故股、子弟就业等方面。

薪金。薪金是商号没有顶股份的普通员工的主要收入，一般按年计算，一年一次或两次发给，数量因资历、职务的不同而不同。根据 1906 年（光绪三十二年）的太谷《协成乾人名折》记载，协成乾票号员工薪金，最高者为白银 100 两，其次有 80 两、70 两，再次自 66 两起，以 2 两的幅度递减，直至 4 两。这份人名折共记载领取薪金员工 96 人，其中薪金 100 两者 3 人，80 两者 1 人，70 两者 31 人，60～66 两者 7 人，50～58 两者 6 人，40～48 两者 8 人，30～38 两者 11 人，20～28 两者 12 人，10～18 两者 12 人，10 两以下者 5 人。② 这份记载反映出：①初入号者报酬极低，其薪金仅能用于零花，根本无力补助家用。②资历为薪金增加的主要依据。从以上数据可见，在薪金 70 两以下到 10 两以上的员工中，每 10 两为一段，人数大体相近。因此可以推断，票号薪金的增加，主要依据员工的资历，各个薪金段员工的数量大致相同，相差不大。③有两个薪金的增加极限，最高者为 100 两白银，似乎百两为薪金极限。而值得注意的是，薪金百两者仅有数人，而薪金 70 两者却占到近 1/3。这表明只有少数职员，才可能达到薪金百两，对多数员工来说，薪金 70 两就是比较高的。

赏金。票号员工，除薪金收入外，到年底还有一种类似于年终奖金的收入，称为"尝金"。尝金发放的数量，一般根据薪金的多少而定，薪金多者则多，薪金少者则少，约为薪金的几分之一。

分红。对年资较长的业务骨干，一般都顶有不同数量的身股，有了身

---

① 卫聚贤：《山西票号史》，重庆说文社 1944 年版。
② 中国人民银行山西省分行、山西财经学院：《山西票号史料》，山西人民出版社 1990 年版。

股者薪金不再增长，报酬增加的方式，由增加薪金改为增加顶身股的数量。所以，在《协成乾人名折》中，薪金 70 两的员工近 1/3，而薪金 70 两的员工中，顶身股数量却不同，自 1～9 厘不等。表明该号薪金的增长以 70 两为一极限，之后，则以顶身股的增长代替薪金的增长。因为身股的收益，远高于薪金的增长。票号一般每 4 年分红一次，在其经营兴盛时期，分红时每股收益都在大几千两白银，甚至上万两白银。

应支。身股分红是四年账期一次，每年生活费用主要是应支银。大德通 1884 年（光绪十年）规定，每年应支银，1 俸（股）为 120 两，其次递减，至 2 厘者一年 50 两。1888 年为（光绪十四年）又规定，1 俸（股）150 两，其次递减，1 厘者 60 两。到 1904 年（光绪三十年）规定，1 俸（股）200 两，其次递减，1 厘者 60 两。[①] 但主要经理人（掌柜）则没有薪金收入，而只参与身股分红。由于票号结算一般 4 年一次，经理人的日常开销便先从票号支取，待结算时再从分红中扣除。每年应支的数量，依占有股份的多少支取，但各号并无固定不变之规。有的票号，"每股多则五百两，少则三四百两不等，分四季支用。"[②] 有的票号，每年应支银每股 120 两，"分为春冬两标支使。"[③] 身股只分盈利，不负亏损，如果账期结算时无盈利可分，经理人的应支则顶替薪金，不必退还。这种报酬方式将经理人的利益与票号的经营状况直接联系在一起，促使经理人全力于票号的经营，极具近代意识。

衣资与伙食。衣资，即服装、被褥的购置费。衣资待遇，只有分号员工才能享受，总号员工则需自备服装，号中不予承担。衣资发放有等级规定，根据在号中的职位、年资，享受不同的衣资待遇。关于衣资的具体数量，不同票号有所不同。即使同一票号，在不同的时期，衣资数量也有不同。大德通票号 1884 年（光绪十年）规定，总领衣资每月白银 2 两，副班 1 两，初学生意者 5 年之内每月 5 钱。到 1888 年（光绪十四年）又规定，初学生意者 3 年内每月 5 钱。到 1921 年（民国十年），由于"物价昂贵，随风时尚，花费固属不够"，衣资数量大幅增加，最高者达到每月 6 两，初学生意者每月也增为 2 两。[④] 票号衣资也有实报实销的，由分号制备员工衣被，满足需要即可。但仍有等级的差别，不同的等级只能购买一

---

①④ 中国人民银行山西省分行、山西财经学院：《山西票号史料》，山西人民出版社 1990 年版。

② 陈其田：《山西票庄考略》，商务印书馆 1937 年版。

③ 卫聚贤：《山西票号史》，重庆说文社 1944 年版。

定档次的服装，否则自理。① 衣资银虽然只是一种福利性补贴，但对资历浅的员工来说，却是一笔可观的收入。一个初入分号的员工，一年薪金不过十余两，或二三十两。而每月衣资银就有5钱，一年合计为6两，占薪金收入的一半，至少1/5。如按衣资银每月2两计算，一年便是24两，至少与其薪金数持平。票号员工伙食，则无论总、分号，都由号中供应，除休假时间之外，一般都须在号吃饭，在号睡觉，以便于管理。

婚丧大事。凡遇职员婚丧大事，商号东家、掌柜均随礼并派人贺吊。

退休。年老的职员退休后，享有人身股者其待遇不变。

故股。掌柜身故，享受8年应支、津贴和红利；未任掌柜而身股1股者享受7年；身股不足1股者享受6年；身股六七厘者享受5年；身股四五厘者享受4年；身股三四厘者享受3年；身股一二厘者享受2年。

关照子弟就业。已故职员所遗子弟，才能良好者，入号当学徒，愿意到别号就业者，代为介绍和担保。

晋商金融企业不仅给员工比较优厚的生活待遇，而且关心员工文化生活。商号和行会经常举办文化娱乐活动。在祭祀、庆典、节日时，都要以演戏酬神和娱乐。在省外的商号，常常重金邀请家乡戏班到所在地演出，或出资举办梆子戏班。祁县有三庆戏班、聚梨园，榆次有四喜戏班、三合班、二保和娃娃班，徐沟有舞霓园、小自成班，太谷锦霓园、清源小梨园、太平班，平遥有小祝丰园，壶关有十万班，在张家口的晋商有狼山戏班和商人票友自乐班。此外，晋商也组织职员练习武术。为解决物资运送和货币清算的安全问题，晋商创造镖局，镖师傅需要有高强的武艺。因为武术具有健身和攻防双重功能。晋商有不少人也自己练武，以强身防卫。山西是中国心意拳和形意拳的发祥地，一直受到当地富商的鼓励与支持。

晋商企业还通过同乡会或者同业商会，资助困难同人，并购买建立"香粮地"。对那些经营失败后生活无着落的晋籍商人，给予资助和关照。西宁、苏州、北京等各地都有山西商人的公用墓地。在外员工去世后，同乡会和商会亦出资并料理后事。

（三）宗法担保号规约束机制

晋商金融企业在人力资源管理方面的约束机制，主要表现为宗法约束、担保约束和号规约束三方面。

---

① 陈其田：《山西票庄考略》，商务印书馆1937年版。

宗法约束。利用宗法关系约束是晋商人力资源管理的一个特点。他们雇用职员，只用本地人，他省人他区人一律不得援用，认为本乡本土，知根知底，落叶归根，便于控制。如某人在号中表现不端被开除出号，不仅断了一家人的财路，还有辱祖宗的面子，家族亦不依，死了也不能进祖坟。晋商用人用乡不用亲，尤其不用"三爷"（少爷、姑爷、舅爷）。晋商利用儒家文化建立自己的用人约束机制，强调尊卑有别的等级和服从观念，"君君、臣臣、父父、子子"，下者服从上者；认为克制人本能中的贪婪的本性是一种至高无上的道德；把忠义作为伦理道德的核心。

担保约束。晋商招聘新职员，必须由当地有影响的人推荐，由殷实商号作铺保，出具保荐书，并承担相应责任。如果被担保人出事，不仅累及担保人名誉，担保人还要负责赔偿经济损失。

号规约束。晋商企业内部规章制度严格，对人、财、物的管理，对员工品行操守和道德的要求与规范，以及业务程序和遵循守则方面的规定都很严格，在经营中，十分重视企业内部各种规章制度的建立健全，并把它作为号规，要求上下一体遵照执行。各家的号规虽然繁简不一，但在几个主要方面却是基本一致的，这就是对人、财、物的管理，对员工品行操守和道德的要求与规范，以及从业人员在业务程序和遵循守则方面的规定。如在对人的管理上，几乎所有商号都规定号内人员一律不得携带家眷；不准长借短欠；不得挪用号内一切财物；不得兼营其他业务；严禁嫖赌和吸食鸦片；不准接待个人亲属朋友；非因号事不准到小号串门；回家探亲时不得到财东和掌柜家闲坐，更不准向财东和掌柜送礼；如遇号内有婚丧喜庆之事，伙友之间不准互相送礼，也不得互相借钱或在外惹是生非；不得在从业地结婚；如有过失不得互相推诿包庇；凡打架斗殴、搬弄是非、结伙营私、不听调遣者，一律开除等。作坊工匠和饲养放牧工人属雇用性质，不属号内从业人员。

在所有规章制度中，值得一提的是，对财东行为的一些限制和对从业人员职业道德的要求。如规定财东只能在结账时行使权力，平时不得在号内食宿、借钱或指使号内人员为自己办事，不得干预号内人事。大德通票号 1904 年《合账众东添条规五条》中就明确规定，"各连号不准东家荐举人位，如实在有情面难推者，准其往别号推荐，现下在号人位，无论与东家以及伙友等有何亲故，务必以公论公，不准徇情庇护"。在业务方面，有关隶属关系，规定"分号一切统属总号"，"分号经理由总号选派资格优秀者担任，携带总号图章砝码等各种要件，以资凭信，资本皆存总号，设立分号时，不另发资本，只给川资及开办费若干。"资本存储总号，获利也归总号计算。分号开办之后，营业需款时，由其他分号接济，全局统筹，不分畛域，"酌盈济虚，抽疲转快"。在人员的配备上，以"不碍业务上的进行为主旨"，商号人员的编制，坚持"因事用人，决不因人用事"。总经理统管全号事务，副经理辅助总经理办理全号事务，以下分营业、文书、账务、外交等组。对于各职人员除对其业务范围和任务予以明细规定之外，特别强调要以"诚信不欺、务实求真"作为职业的重要道德守则。大德通票号《1884 年新号议定规》中就明确指示，"各码头勿论票贷、货务，虽以结利疲账定功过，原以激励人才起见，容之其间，大有分别，总以实事求是，果尔本处多利，他方未受其害者为功。倘有只顾自己结利，不虑别路受害者，殊乖通盘筹划，大公至正之意……各码头凡诸物钱盘，买空卖空诸事，大干号禁，倘有犯者，立刻出号。"① 从上述规章中可以看出，晋商对企业内部的管理是相当严格的。严格的内控制度杜绝了内部营私舞弊现象的发生，有力地保证了晋商事业的兴旺发达，即使用今天的眼光来审视它，也不过时。

三、业务管理制度创新

（一）预提倒款，防范经营风险

山西货币商人的金融企业，为预防经营中的市场风险、信用风险等发生亏赔，损及资本，票号商人设计了一种预提"护本"的制度，即"预提倒款"，在账期分红时，从红利中预提一定数额的可能发生倒账的损失，建立风险基金，专款存储，一旦发生损失，以此作为补偿，此办法也称"倍股"，亦谓之"撤除疲账，严防空底"，防止亏煞老本。这是中国历史上最早的风险基金制度。晋商企业在大账期，将应收账款、现存商品及其他资产，予以折扣，使企业实际资产超过账面资产，谓之"厚成"。还有一些企业实行"公座厚利"，即在职工身股和财东银股未分配之前就提取一部分利润，作为"公座"。无论是倍成、厚股或公座厚利，其目的在于保证资本的充足率，以扩大业务，防范风险，反对急功近利和短期行为。

---

① 中国人民银行山西省分行、山西财经学院：《山西票号史料》，山西人民出版社 1990 年版。

（二）酌盈济虚，资金抽疲转快

山西货币商人的金融企业，几乎都实行总分支机构制，在经营中很容易出现此地现银多，彼地现银少，为了平衡现银摆布，保证其清偿力和安全支付，不致发生挤兑，他们创造了"逆汇"制度调度现银。逆汇与甲地先收款、乙地后付款的顺汇不同，而是主动在乙地寻找急需在甲地支用款项而无现款的客户，允许其在甲地先付出，随后某一时间在乙地后收进，这样就使得乙地商人在没有现款的情况下可以立即在甲地购货，待商品运抵乙地销售后再在乙地付款。一百年前的《东方杂志》评论道，"中国此种汇兑，向所未有，至近年与外国通商，关系密切，内地市场间之贸易随之而盛，汇兑之种类不得不因之变化……倒汇之手续亦别无烦累……有信用之商人立一汇票，交于票号，票号即买取之，送交收汇地之支店，索取现金。"① 逆汇的意义，不仅是平衡现银布局，减少异地现银运送的成本与风险，避免清偿力不足发生挤兑，同时也是存、放、汇结合的业务创新，能够扩大利润来源。上述例子中，如果是乙地分号先付款，甲地分号后收款，是汇兑与贷款结合。如果是乙地分号先收款，甲地分号后付款，是汇兑与存款结合，此种逆汇，不仅收取汇费，还计利息。这种财务创新，一是满足了商人异地采购急需款项的需求；二是减少了票号资金闲置，增加了利息收入；三是减少了异地现银运送，谓之"酌盈济虚，抽疲转快"。这是票号商人经营中的重要办法，即在总分号之间，各分号之间调度资金，增加放款，扩大利润的做法。因为各分号在营业中，经常会出现现金盈绌和行市疲快的矛盾现象，有的地方现金多余，银根松，利率低，款放不出去，资金闲置；另一些地方则现金不足，银根吃紧，利率上升，无款可放，支付困难。为了尽可能盈利，必须在各分号之间调度款项，否则，不仅不能放款生息，而且盈余地客户向短绌地汇款的业务也做不成，因为该地无现银可以付出，这时按理应当调运现银，但费用高昂，而且需费时等待。"酌盈济虚，抽疲转快"，就是用现银多的地方的钱，去接济短绌的地方。如北京分庄盈，张家口分庄短，张家口可主动吸收向北京的汇款，在张家口取款，北京付出，此叫顺汇；也可以张家口分庄先贷款给当地的商人，允其去北京取款购货，北京先付出，张家口后取进，叫逆汇。这样不仅平衡了两地现银盈绌，也多赚了贷款利息和汇款的汇费

---

① 君实：《记山西票号》，《东方杂志》，1917 年第 14 卷 6 号。

收入。

（三）金融贸易，两业混合生长

明清晋商的钱庄、当铺、账局、票号等金融企业，大多是在商品经营资本积累和发展的基础上发展起来的。这些金融企业产生以后，它们中的很多货币商人不仅没有放弃原来经营的商号、货栈、店铺，反而还在某些方面予以加强，很多大商业家族不仅有众多商号，还设有多家金融企业。山西介休冀家有绸缎、茶叶、皮毛、布匹、杂货等商号，也有账局、钱庄、票号、当铺等金融机构，仅在湖北襄樊一带就有 70 余家商号，十几家当铺，其经营地点，南起湖北，北到喇嘛庙和库伦。其金融业首先是支持其百货业的资金需要，有的还多少地将一些资本投入了纺织、面粉、火柴、酿造以及采矿、冶炼等轻重工业。从而形成了金融资本与工商业资本的相互结合，互促互动。从而使两类企业形成了高效融资、混合生长的机制，加速了资本周转和增值。

晋商最大的长寿企业之一大盛魁，从清康熙初年直到 1928 年，存续280 余年，其组织机构精悍，灵活机动，指挥如意，办事效率极高。大盛魁的下属机构有两类：一种是直属机构，设外蒙古的科布多和乌里雅苏台两个分号，不设过多的中间环节，由总号直属机构直接发号施令，各营业单位在总号的直接指挥下，从事运销贸易，在整个蒙古地区东西六千多华里、南北两千余华里的区域内，基本是依靠其总号和两个分庄组织贸易活动并垄断着蒙区贸易。另一种是小号，是由总号投资独立经营的单位，进行独立核算。这些小号有商品经营业和货币经营业两类，商品经营业如三玉川茶庄、长盛川茶庄，天顺泰绸布庄，德盛魁羊马店，东升店货栈，以及其他药材、粮店、饭馆等商店；货币经营业有大盛川票号、裕盛厚银号、宏盛银号以及其他钱庄、当铺等。它的茶庄，既是商业，又是手工业，设庄于湖北、湖南产茶地区，就地收购鲜茶，按照华北人喜欢花茶、蒙古和新疆人喜欢砖茶、俄罗斯和欧洲人喜欢红茶的不同习惯和要求，加工成不同种类的茶品分别包装，北运销售。蒙古牧民只要看到印有"川"字的砖茶，便争相购买。茶庄分号在北方则设在转销堆栈地张家口、归绥、包头、宁夏等地。天顺泰绸布庄经常派人往返于京、津、苏、杭等地采办纺织品。专营马匹的小号南设汉口，专营羊的小号则设北京。如此庞大的南北物资交流需要巨额的资金运转，大盛魁只通过自己的银号、票号、钱庄借贷、存放、汇兑、融通资金，就可以从全国各地进货，通过归绥、库伦、科布多、恰克图，行销于蒙古草原、新疆、西藏与俄罗斯；又从那里运回北方和欧洲特产，转销内地。大盛魁财雄塞北，垄断一方，每逢秋冬过标时，各地骆驼队先后返回归化，带来大量商品，顿时旧化城热闹非凡，戏园饭馆也都活跃起来。那些拉骆驼的人从茂司嘎哇（莫斯科）回来，坐在茶馆里，津津有味地给人们讲述俄罗斯的风土人情。大盛魁最有特点的是它的"印票庄"业务。印票是蒙古王公和各旗行政长官，向信用提供者出具的一种盖有王公或旗署印信的借款凭据。印票上大都写着"父债子还，夫债妻还，死亡绝后，由旗公还"的字样。大盛魁印票庄放贷形式，一种是信用贷款，一种是信用贷货。外蒙古各王公晋京值班费用浩繁，远途携带也不方便。大盛魁为其提供信用贷款，贷款本息由各旗按人丁数目分摊。在京居留期间的服饰、送礼、宴客、朝佛、游览等，都由随行的放印票账人员代为办理，也摊派到地方，在收印票账时一并收回。信用贷货即赊货放贷，大盛魁驮着各种货物到各部、旗，把货物赊销给王公、贵族或广大牧民，把赊销货物的价款折成银两，作为放印票账的本金，由王公门出具印票，按月计息；赊欠款项到期，以羊马牲畜作价归还欠款。牲畜若一时不能赶走，就暂留牧民代养，待膘肥体胖时再来领取，并不付费。同时赚取商业和金融双重利润。

（四）金融控股集团的雏形

清代中国已经出现进入跨国集团的雏形，这就是晋商的联号制。即由财东投资办若干个不同行业的各自独立核算和经营的商号或票号、账局、钱庄、银号，在业务上相互联系，相互服务，相互支持，形成一个网络体系，近似现代企业集团，其分支机构遍布全国各地以至国外。在明代，山西商人已有不少以家族形式出现的大型商业集团，到清代则进一步形成由金融企业领头管理的企业集团。如祁县的乔家、渠家，榆次的常家、聂家，太谷的曹家，平遥的李家，介休的侯家、冀家，临汾的亢家，万荣的潘家，阳城的杨家，等等。这些商业家族的商号随着业务的发展扩张，不断增加，而形成了一个个商业集团。以太谷曹家为例，该家族在19世纪20~50年代，有13种行业，640多个商号，37000多个职工，资本1000多万两白银。商号名称多冠以"锦"字，如锦霞明、锦丰庆、锦亨泰绸缎庄、锦泉涌、锦泉兴茶庄、锦丰泰皮货庄、锦生蔚货行、锦丰庆当铺、锦泉汇、锦泉和、锦丰焕、锦丰典、锦隆德钱庄、锦元懋账庄、锦生润票号等。分布于朝阳、赤峰、建昌、凌源、沈阳、锦州、四平、太谷、太原、榆次、屯留、长子、黎城、襄垣、东观、天津、北京、徐州、济南、苏州、杭州、上海、广州、四川、兰州、新疆、张家口、库伦、恰克图、伊尔库茨克、莫斯科等地。在曹家这个"锦"囊集团中，包含了多家商号、多种经营、多处分支庄号，形成了曹家庞大的商业网络。在管理上，通过"励金德"账局管理设在太原、潞安及江南各地的商号，通过"用通玉"账局管理设在东北的各商号，通过"三晋川"账局管理设在山东的各商号。励金德管辖的彩霞蔚绸缎庄下辖张家口的锦泰亨、黎城的瑞霞当、榆次的广生店、太谷的锦生蔚商号，其经营盈亏，财东曹氏不直接过问，是由彩霞蔚向励金德负责的。如果彩霞蔚所属锦泰亨等商号经理需面见财东，应由彩霞蔚所属锦泰亨等商号经理先引见励金德经理，由于励金德经理引见财东。在保持各商号独立核算基础上，由上一级商号领导相互进行信息交换、联合采办商品、融通资金、调剂人才等，发挥了综合优势，形成类似现代金融控股集团公司的组织。

由上可以肯定，晋商的金融企业治理机制创新，晋商的人力资源管理制度创新与经营管理制度创新的历史史实，充分证明早在明清时期，中国已经土生土长产生了自己的资本筹集的股份制、经营管理的委托代理制、货币资本与人力资本的合作制、人力资源管理的选拔训育机制、薪酬激励机制与宗法、铺保与号规约束机制，创造了预提倒款的风险基金制度、金融贸易结合混合经营的金融控股集团制等业务组织管理制度。中国特色的企业管理实践，有着悠久的历史，不能认为管理学都是舶来品，历史虚无主义是要不得的。

《协和信账簿》评价

背景说明

　　本文是《晋商史料系列丛书》中《晋商账簿卷》的《协和信账簿》的评价。丛书是纯粹的晋商原始史料，每册均请专家尽可能全面地就其背景、内容、观点、价值等做出介绍和评价。在一时找不到合适人选时，编者就不得不直接上阵。本文由李芳博士初稿，定稿时改动较大，为合作的文章。

　　《协和信账簿》影印了清代山西平遥协和信票号的账册两本，一是协和信票号光绪十八年上海分号的汇兑总结账，二是协和信晚期更名为协同信票号后的三原分号光绪二十六年的汇兑总结账。

　　协和信票号成立于清咸丰三年（1853 年），总号设在平遥县城南街。据民间传说，协和信晚期，因财东家族分家析产，协和信票号更名为协同信票号，资本由 1 万两增加至 8 万两，扩大经营。这两本账簿，我们是同时在同一处发现的，虽然名称不同，实际是一家，只是前后名称不同。为了方便学者们研究榆次王家及其投资票号的历史与管理情况，将两本账合成一册出版就成为这本书。

一、协和信票号及其投资人

　　协和信票号的投资人，是榆次县聂店村王家第十二代传人王栋。聂店王家在榆次当地名望很高，号称榆次两大，即"聂店王、车辋常"。车辋常家就是现在常家庄园的主人，聂店王家论发迹之早和财富实力都超过了

157

车辋常家。

清咸丰三年（1853年），聂店王家当家人王栋，创办协和信票号于平遥县城南街。但是资本不多，仅仅1万两白银。早期经理李清芳是平遥县南堡人，他效仿日升昌等票号的做法，先后在北京、天津、上海、汉口、长沙、成都、重庆、福州、台湾等地设立分庄，以异地款项汇兑为主要业务。经营了大约43年，协和信票号的东家将协和信更名为协同信，资本金增加至8万两继续经营。遗憾的是增资后只经历了一个账期多，就在光绪三十年（1904年）歇业了，历时48年。

在协和信票号开张经营三年以后的咸丰六年（1856年），东家王栋，又与平遥县王智村米秉义合作，两家共同投资创办协同庆票号，最初资本金也不多，仅仅3.6万两。但是用人得力，发展很快。当时，东家王栋借太平天国运动江南战乱，各票号纷纷撤庄裁员之际，大胆起用由原蔚泰厚票号退出来的刘庆和与孟子元，但因刘庆和与孟子元年轻，东家请年长的陈安出任大掌柜，刘、孟相助，陈主持号事两年，业务平平，起用刘、孟。孟年近不惑就大掌柜职，开明豁达，知人善任，除重依契友刘庆和外，广纳干才。派人冒险姑苏，急难皋兰，奔波成都、重庆，营业发达，协同庆日益兴隆。后孟掌柜积劳病故，刘庆和继任，营业仍然发达，特别是四川地区业务最多。光绪十六年（1890年），刘庆和去世。赵厚田出任总经理。协同庆票号的分支机构设于太谷、祁县、解县、新降、介休、曲沃、张兰镇、北京、天津、张家口、开封、周口、西安、三原、汉中、兰州、宁夏、甘州、凉州、上海、苏州、汉口、沙市、长沙、湘潭、福州、厦门、成都、重庆、广州等地31处，一说33处。在上海、天津、汉口、厦门、苏州、南京、长沙等地均享有较高的信誉。协同庆票号历经57年，前期经营很好，一个账期每股一般分红八九千两，最多时达到1.4万两。后来公积金达到40余万两。遗憾的是光绪十九年（1893年）冬，大掌柜一病不起，协同庆出现了经营困局，不久大掌柜去世，榆次财东王栋的后人，抽走了资本，放弃了协同庆票号股份，另谋别的生财之道去了。

山西票号的原始资本，一般在5万两到二三十万两之间。但是王栋办票号，投资却很少，是一个值得研究的问题。榆次聂店王家，从明代万历年间经商，最初在宣化一带以经营土地和粮食生意致富。《清稗类钞》记载，王家有资产500万两。到乾隆年间已是当铺、商号遍天下的巨富之家。江南、东北、河南、河北及山西各地，都有王家商号，如协和当、义和当、福祥当、天成号、天一号、大有号以及其他钱庄、百货等，不下200多个，涉及数十个行业。民间传说，王家投资票号，并不是他的经营重点，设立票号的目的是为了方便商业运营，对票号业把握不准，先试着经营。1937年商务印书馆出版的陈其田：《山西票庄考略》中说，协同庆票号"以区区万金，崛起于咸丰末叶"。起步较晚，经营好，声誉高。歇业于民国二年（1913年），历时58年。

二、协和信账簿的内容

协和信账簿的封面，已经字迹模糊，隐约是"光绪十七年冬月底"，下盖印章"上洋协和信记"；左侧又一行写"洋号通年总结清账"。这样，可以肯定这是一本清光绪十八年（会计年度，即光绪十七年十二月到十八年十一月底）的协和信上海分号的汇兑总账。上海分号，也称"上洋"或者"洋号"。该分号这一年全年收汇款共计629975.37两，收汇费1211.96两，收期利737.8两，收拆息63.27两；交付各处汇款593291.63两，交付汇费2076.09两，交付期利6165.29两，交付拆息605.15两，扣除其他各项费用开支，净盈利74098.27两。

该账簿共计213页，内容可以分为五部分：

第一部分是前言，概括全年汇兑业务的总体情况。

第二部分是收汇情况，记载收到平遥总号和北京、天津、济南、汉口、三原、西安、成都、重庆、沙市、福建、台湾、兰州、凉州分号共14处的汇款情况。

第三部分是交汇情况，包括平遥总号和北京、天津、济南、汉口、三原、西安、成都、重庆、沙市、福建、台湾、兰州、凉州14处分号汇款的交付情况。

第四部分是该外（欠外）和外该（外欠），该外借项总计80455.84两，外该借项总计4061.88两。

第五部分是未收和未付汇票部分，只记载有厦门、三原、成都三地的8笔汇票款项应收未收，合计3.3万多两；有平遥、北京、天津、西安四地的7个商号的10笔款项应付未付。应收未收和应付未付的款项，挂账时间都不长，前者可能是汇票传递途中遇到什么情况，应付未付可能是因为汇款者办理业务如在上海采购尚未办妥，办毕后提款时会直接转给销货单位，故可以视作临时存款，亦属正常。

三、协同信账簿的内容

协同庆账簿的封面，字迹模糊不清，隐约是"光绪贰拾陆年冬月底"，左侧又一行写"三原通年总结清账"。看来这账簿是清光绪二十六年（1900 年）会计年度（即光绪二十五年腊月到二十六年冬月）的三原分号汇兑往来总账。三原位于西安之北、铜川之南、咸阳西北，各均约30 余公里，是一个交通便利，商业发达，历史文化深厚的城市，是清代北方的重要商埠，也是晋商由山西通往西部地区的必经之地。

光绪二十六年协同信三原分号账簿，共计 89 页。内容分为五部分：

第一部分为前言，记述本年度的基本情况，共收汇票款 425283.87两，收期利 287.12 两，收拆息 162.12 两；交付汇款 398640.69 两，交付期利 1385 两，交付贴费 129.47 两，除去各种费用支出，净利21504.11 两。

第二部分记载收汇情况，对各往来分号依次记录每月收汇票银两数量，分别记录收到平遥总号和北京、上海、汉口、沙市、成都、西安、兰州、凉州等分号汇兑款项，全年收汇 425283.87 两。

第三部分记载交汇情况，分别记载对平遥总号及北京、汉口、上海、沙市、重庆、成都、西安、兰州、凉州等分号汇款的交付情况。全年交付汇款 398640.69 两。

第四部分是应交未交与应收未收部分。

第五部分是本年度三原分号的该外和外该情况。

四、台湾分号与大陆的汇兑往来

协和信票号设有台湾分号，这是所有山西票号史料中最近发现的唯一的记录台湾分号的文字资料。上海与台湾的汇兑往来的款项，使用最多的货币，第一是英洋，第二是番银，第三是规元（豆规银）。但是，协和信票号台湾分号均将其折合为协和信票号的本平予以记账和收付。

协和信上海分号光绪二十六年账簿记载，上海分号这一年，"收台湾汇票处"即收到台湾汇款记载 3 页 11 笔 11019.1 两，其中 3 笔是企业汇款，同丰永 2 笔、协顺昌 1 笔，个人名义汇款 9 笔，其中"叶老爷"一笔仅 7.5 两，其余个人名义汇款均看不出有什么特殊背景。

同期上海分号交付台湾汇票即支付汇款银两，记载了 23 页，是上海分号这一年业务笔数最多的分号,大陆各个城市都没有台湾往来业务多。根据账簿记载,其中平遥 4 页、京师 8 页、天津 10 页、济南 8 页、汉口 3 页、长沙 4 页、重庆 5 页、成都 3 页、三原 1 页、西安 4 页、福州 5 页、台湾 23 页,可见台湾业务量之大。

交付台湾汇款大体有以下几种情况:

第一,为官员汇款,有孙公馆 1 笔、范公馆 4 笔、唐藩台 1 笔、唐大人 3 笔、徐大人 1 笔、刘大人 1 笔、聂大人 1 笔、胡大老爷 1 笔、王老太爷 1 笔、沈少老爷 1 笔、杨二太太 1 笔、伊台 2 笔、榜眼第 1 笔、榜眼第洪 1 笔(可能榜眼第与榜眼第洪是一个人)、阁下(没有姓名)2 笔。

第二,为商人汇款(包括堂名和个人),有除培元堂、百忍堂、卢福堂、裕安堂、余非勿堂、元济堂、蔡锦堂 7 家 8 笔外,大部分均为商人个人名义汇款。

第三,为企业汇款,有仁昌金店、电报局、宝泰记、同盛号、福康号各 1 笔,还有一家洋行瑞生洋行。还为日升昌票号汇款 3 笔。

第四,不记载姓名只记载捎物汇款 20 笔,每笔一般为数十两。

第五,特别需要关注的是,台湾汇上海款项转外地 9 笔,包括扬州 2 笔 42 两和 560 两、杭州 2 笔 350 两和 560 两、宁波 1 笔 31.5 两、嘉兴 1 笔 32.2 两、广西 2 笔 338.26 两和 141.29 两、亳州 1 笔 203.66 两、江西 1 笔 1101.12 两。可见以上扬州、杭州、宁波、嘉兴、广西、亳州、江西不能与台湾直接通汇,从中也可以看出协和信票号把台湾作为其业务重点的必要性和战略眼光。

这一年,总计收台湾分号汇票 11 笔 11019.1 两;交付台湾汇款 170 笔 79392.6 两。同期,协和信福州分号业务为收汇 8 笔 140309.84 两,交付 29 笔 47541.7 两。福建的汇兑业务量低于台湾的汇兑业务量。

五、榆次王家票号值得挖掘研究的问题

山西榆次聂店村王家,投资票号两家,即协和信与协同信。这两家票号成立时间先后相差三年,似乎王家非常重视票号业,但是投资白银资本都不多,前者 1 万两,是山西先后数十家票号中投入资本最少的一家,如果说王家资力有限,资本不足,但是为什么时隔三年又投资一家协同信票号?而且协同信票号的资本也仅仅 3.6 万两,还在同一院内办公,这也是不好理解的。这两家票号后来经营很好,特别是协同信,但是王家还是撤

走了自己的资本金。对于榆次王家经营管理企业问题还有很多现象无法理解，有待史料的进一步挖掘。

协和信票号为什么后来改名协同信票号，同时增资 8 倍。民间传说是王家分家析产后的决策。但是为什么仅仅一个账期就停业了？特别是协和信票号更名协同信票号的时间，民间传说是光绪二十七年，但是，我们看的这个协同信账簿，启用的时间是光绪二十五年腊月，记载"光绪二十六年自二十五年冬月底总结清账，上交冬月底净长交平号（平遥协同信总号）本平足银一千八百二十八两三钱二分"。票号的会计年度是上年的腊月直至本年的冬月。可以肯定，协同信这本账证明协和信名字不是光绪二十七年才有的而是在光绪二十五年十一月就已经存在了。

六、协和信、协同信账簿的历史价值

这两个账簿从形式上看都属于年度汇兑总结账，协和信账簿记载了光绪十七年（1891 年）年度总结账，包括汇兑往来，其他收入和开支，还有一部分借款、还款情况；协同信账簿记述了光绪二十六年（1900 年）的年度总结账，包括汇兑往来，其他支出收入和少数借款、还款情况。是两本难得的票号珍贵史料，对晋商研究、中国早期金融研究和中国早期账簿及其记账方法的研究等具有多方面的历史价值。

第一，票号分支机构所在地有了重大的发现。台湾在清代有票号分支机构，过去仅有口头传说，而没有发现文字史料证明。这次发现的《协和信账簿》记载"收台汇票处"有 3 页，记载"交台汇票处"有 23 页，共收本平足银 11019.1 两，共交本平足银 79392.6 两。这对于我们研究票号的地域分布是十分重要的，它为研究大陆与台湾间的经济社会往来提供了新的宝贵资料。

第二，票号的记账形式上突出了其汇总明细、结转余额的记账思想。两本账中，每一个地区的收汇和交汇总额既在各自对应的末尾体现，又在前言部分每宗业务中标明；在收汇和交汇业务相抵后，把上年度的结余额加入，再把其他收支相抵额加入，最后把"外该"（贷款项）和"该外"（存款项）对冲后计入当年净收入，得出当年的最终结余。除此之外，两本账簿中都用到了"宗"、"收"、"出"、"交"等专用的记账术语。这些对研究我国会计记账方法的早期模式与历史沿革有着重要的价值。

第三，对票号的业务种类研究提供了宝贵的史料，从两本账簿中我们

发现，收汇业务占票号业务的绝大部分，协同信账簿共 89 页，其中收汇业务 34 页，交汇业务 45 页；协同信账簿共计 213 页，其中收汇业务 120 页，交汇业务 78 页。而存款和借款业务中，协同信只有 2 页，协和信也只有 4 页，充分说明了票号业务是以异地汇兑为主。

总之，山西票号虽然已经成为过去，但从这些原始票号账簿中我们依然能看到票号的辉煌，账簿的很多内容让我们依然对当年票号的繁荣感到震撼。

明清山西货币商人对
中国会计制度的创新

背景说明

　　本文原载中国人民银行总行研究局《银行会计》2015年第6期。文章讨论了以票号为代表的山西货币商人对中国会计与财务制度创新的贡献。

　　明清时期，中国发生了商业革命，其时比较有影响的商人为十大商帮，其中晋商最活跃，其活动舞台、财富积累、管理制度都处于领先地位，称雄中国商界500余年。他们也是中国金融业的开拓者，金融革命的领头雁，在中国会计核算与财务管理方面也有很多创新，为中国会计学的发展做出了重要的贡献。从近年发掘出来的史料看，山西货币商人包括晋商中的票号、账局、钱庄、银号、印局、当铺、乡账商号等金融机构的经营者，在记账核算与财务管理方面的创新，最典型的有复式记账和财务稽核、人力资源会计核算、记账货币、票据流通与背书转让、转账结算、银行清算、银行密押、票据防伪、风险基金管理、安全支付等。这些创新，不仅适应了当时商业与金融业管理的需要，促进了中国商品经济的发展，而且在当代也仍然有一定的现实意义。本文主要评介山西货币商人在会计制度方面的主要创新。

一、"合龙门"：复式记账

　　相传明末清初，著名的反清复明思想家、社会活动家、医学家太原傅山，不仅为反清复明义军筹措经费，与晋商关系密切，曾参考当时官厅会计和"四柱清册"记账方法，帮助晋商设计出一套既简单又明确的适用于民间商业的会计核算方法——"龙门账"。龙门账的要点是，"将民间商业中的全部经济事项，按性质、渠道，科学地划分为进、缴、存、该四大类，分别设立账目核算。所谓进，是指全部收入；缴，是指全部支出（包括销售商品进价和各种费用等支出）；存，是指资产并包括债权；该，也称欠，是指负债并包括业主投资。当时的民间商业，一般只在年度终了办理结算，核实和整理一年的经营成果，以便向业主交代。年结，就是通过'进'与'缴'的差额，同时也通过'存'与'该'的差额平行计算盈亏。如果'进'大于'缴'，就有盈利；否则，就有亏损。它应该与'存'、'该'的差额（即盈亏）相等。"①

进、缴、存、该四大类的相互关系是：

进 − 缴 ＝ 存 − 该

该 ＋ 进 ＝ 存 ＋ 缴

每当结算时，以此来验算两方差额是否相等，并据以确定当年盈亏，称为"合龙门"。它的账务处理程序如下：

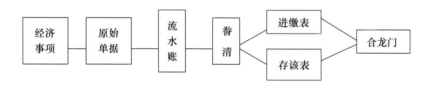

资料来源：侯以苤：《傅山的龙门账》，载《晋商史料与研究》，山西人民出版社 1996 年版。

"龙门账"对我国会计发展的贡献主要是：第一，促进单式记账向复式记账发展。进、缴、存、该全面连续核算，解决了过去单式记账法难以满足的要求。第二，发展了记账原理。如傅山把账目统叫流水账，现金账叫"银钱流水"，进、销货日记账叫"货物流水"，他们从实践中认识到资金运动和物资运动如同"流水"，这与美国人把会计核算的经济活动比作川流不息的水是一样的。治水筑堤坝最后要合龙，在账目中"有来源必有去路"，通俗又浅显地把资金来源和资金去路的关系比作"合龙"，如同西方会计把轧账叫作平衡一样。我国商业系统长期实行的增减记账

① 侯以苤：《傅山的龙门账》，载《晋商史料与研究》，山西人民出版社 1996 年版。

法，将全部账户分为经营资金及其来源的账户和经营过程中资金去路的账户。资金去路类和资金来源类账户，就与"龙门账"中的"存"和"该"基本相同，收入类和支出类账户，就与"龙门账"中的"进"和"缴"基本一致。商业会计中的经营情况表和资金表的基本结构，与"龙门账"的进缴表和存该表也基本相同，通过经营情况表中收支对比核算出来的盈利，与资金表中资金去路和资金来源对比计算出来的盈利相吻合，正是"合龙门"的原理。第三，初步明确了会计的基本职能。通过进、缴、存、该四大类的记账、算账、报账等环节，对商业经营过程进行控制和观测，为经营管理提供信息，作为经营者决策的依据。能不能实现合龙门，实际也是财务稽核的过程。这正是现代会计学反映经营情况、监督经营行为和促进经营发展的基本职能。

二、凭帖：以票代银

明清时期，由于商业发展，铜制钱和银两两种金属货币数量不足，晋商创造了大量代替金属货币流通的金融工具，广泛地使用票据，包括商业票据与银行票据。大大地缓解了金属货币数量不足带来的困难。晋商当时使用的以票代银的凭帖，主要有以下六种：①"凭帖"：本铺出票，由本铺随时负责兑现，如同现在的本票；②"兑帖"：也称作附帖，本号出票，到另一钱庄兑现银或制钱，如同支票；③"上帖"：有当铺上给钱铺的上帖和钱铺上给钱铺的上帖之分，彼此双方已有合同在先，负责兑付，类似银行汇票；④上票：非钱商的一般商号所出的凭帖称上票，比上帖信用自然要差一些，钱商也可以收，类似商业汇票；⑤壶瓶帖：有些商号（包括钱庄）因逢年过节资金周转不灵，自出钱帖，盖以印记，搪塞债务，因其不能保证即时兑现，执票人只能暂时"装入壶瓶"待期兑现，类似融通票据；⑥期帖：出票人企图多得一些收入，在易银时，开写迟日票据，到期时始能取钱，需计算期内利息，类似现在的远期汇票。[①] 前三种是见票即付现款，如同现金，亦能够背书转让；后三种不一定立即付款，易生纠葛，清道光帝曾下令准许行使前三种，禁止行使后三种，事实上后三种始终是禁而不止。

[①] 《中国近代货币史资料》第一辑上册，中华书局 1964 年版。

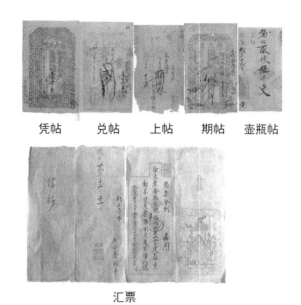

凭帖　　兑帖　　上帖　　期帖　　壶瓶帖

汇票

另外，票据也可通过执票人背书转让。

下图是清光绪元年十月初七平遥县蔚长永号出具的流通票据，经辨认，票据正面和背面共有 34 次背书转让的记载，即这张票据作为 1000 文，即一吊制钱，完成了 34 次支付。

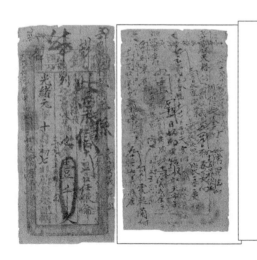

图片说明：光绪元年十月七日平遥"蔚长永钱票"背书记录："丙十月初七日收任振伦"、"十月十九日收刘佩常"、"十三（十月二十三日）恒长奎付"、"十一月初五日郗春荣"、"十一月十一日收关帝庙"、"十一月二十六日雷天云付"、"十一月二十八日又盛厚毛"、"十二月初八日收王清树"、"十二月初九日收又升公"、"（十二月十七日）收永庆和"、"十二月二十一日收讳广富"、"正月二十八收范居中与"、"二月初六日收毛会鹏"、"二月初七日收霍起兰付"、"二月十一日光参"、"二月十四日收阴荣保"、"二月十七日盛魁日"、"二月二十九日耿长泰付"、"三月十九（三1文）收天宁号"、"三月二十一日收张思元"、"三月二十二日收程开业"、"三月二十四日段村赵广源"、"四月初一日收邱兴口"、"x（四月十七日）收德和义"、"四月十八日收张万顺"、"（五月十一日）常升德付"、"七月初二日收赵富有吊"、"七月二十日收天裕公"、"九月十三日收又成厚"、"九月十四日刘乘有"、"九月十七日收张成纯"、"文　（九月十八日）史泰安付"、"九月口日收史记山"、"口月十四日收又长口"，共34条。

正面　　　　　　背面　　　　　　　　　　背书文字

票号办理异地款项汇兑，使用的票据叫作"会券"（即汇票）。会券（汇票）是不可以流通转让的，只能在指定地点提现。不过为了方便客户，汇票中有一种服务旅行的汇票，类似现在的旅行支票。假设某商人需要由北京到苏州采购，可将一定数额的旅费和货款交票号北京分号汇出，当即说明途中经过济南、徐州、南京需要提取部分现银，到苏州后全部提出使用，当即开出一张汇票交予汇款人。北京分号按照客户要求，即通知济南、徐州、南京分号（或联号），说明汇款人（提款人）的姓名。待提款人到济南后，济南分号只在汇票上记录提款若干下余若干，到徐州、南京也如此，直到苏州提毕，由苏州分号收回汇票。[①]

三、本平：记账货币

清代票号办理存放汇兑，收受银两，每次都要鉴定银两成色，称量银两重量，成为票号一项日常性工作。由于各地的天平砝码不统一，收付现银需要进行平砝的折合，困难较大，特别是收付记账用什么样的平砝，直接影响会计核算。票号为了较量各地平砝的大小，以便建立自己统一的平砝，并凭以记账，在度量衡没有国家严格统一标准的情况下，不得不建立自己的平砝制度，与各地市场平砝权衡，较出每百两比自置的平砝大多少或者小多少，作为各地银两折算的标准，并凭以记账，维护交易双方的利益，成为记账货币，这种制度就是票号的本平制度。[②] 票号的本平制度，不仅有力地促进了全国各地汇兑业务及存放款业务的开展，同时也为票号在承担汇兑、存放款业务的过程中获得"余平"提供了条件。所谓余平，就是票号在收交银两中，由于各路平砝的折合的原因而多出来的银两，这便成为票号的营业外收入。各票号为了职员对本平与各地平砝折合标准的记忆，编制了押韵的"各路平砝歌诀"，以两为单位，两以下小数四位到分、厘、毫、丝，要求员工必须背得滚瓜烂熟，收付银两，迅速且准确无误。

四、拨兑：转账结算

山西货币商人创造的"客兑"和"谱拨银"，是中国最早的转账结算制度。

清代，晋商的钱庄，以行业组织行会，在各地名称不一，如大同叫"恒丰社"、呼和浩特叫"宝丰社"、包头叫"裕丰社"等。呼和浩特的

---

① 陈其田：《山西票庄考略》，商务印书馆1937年版。
② 人民银行山西省分行、山西财经学院：《山西票号史料》，山西人民出版社1990年版。

"银钱业商人，以山西祁（县）太（谷）帮为最，忻（州）帮次之，代（州）帮及（大）同帮又次之。故其一切组织，亦仿内地习惯办理"。商人通过钱庄进行转账结算，分作两类，一是制钱的转账，称为"客兑"或"拨兑"；二是银两的转账，称为"谱拨银"，简称"谱银"。据《绥远通志稿》记载："在有清一代，在现款凭帖而外，大宗过付，有拨兑一法……乃由各商转账，借资周转。"又讲道："商市周行谱银由来已久，盖与拨兑之源流同。其初以汉人来此经商，至清中期，渐臻繁荣……边地银少用巨，乃因利乘便，规定谱银，各商经钱行往来拨账，借资周转，此谱银之所由勃兴也。其作用虽如货币而无实质。"[1]

晋商的转账结算，是与票据使用分不开的。其时"钱行及各商行均可发行号帖，以资周使。"[2] 一般是付款商号开出凭帖，相当于支票，持票人可以转账，亦可以提现，现款限期在一月以内的又叫"点个儿现银"。假如商号甲无钱购货，经与钱庄乙商议，允许代理，商号甲便可以向商号丁购货，商号丁与钱庄丙有往来，钱庄乙便通知钱庄丙，声明商号甲已有存款，商号丁便可以放心地发货，无需现款，仅在甲、乙、丙、丁之间划拨转账。但这种凭帖，只能相互间辗转划拨，不可提现，因为没有现金，晋商将此种办法称作"客兑银"。当然，拨兑账款也有"面拨"，即当事人直接到钱庄当面通知转账。山西商人习惯，面拨是不能回账的。16 世纪意大利商人的转账结算，最初只有面拨，而无回账之说。

当时的转账结算，数额有起点限制，制钱转账为一吊以上，银两转账为十两以上，一吊或十两以下，不能转账，必须使用现钱或现银结清。

五、订卯：银行清算

中国的银行清算起于何时？据《上海钱庄史料》，上海"钱业在 1890 年设立汇划总会，开始以公单方式计数，进行清算"[3]。其实，在此之前，内地已比较广泛地流行"订卯"，通过钱业商会结清各钱庄之间的债券债务关系的银行清算制度，即在规定的时间，各钱商齐集钱业商会，"会同总领，举行总核对"。"订卯时，互对账目，或发现宗项错误，或虽经过账，空无指项，则付出之款仍可收回，不生效力，俗谓之回账。其应回账

---

①② 《绥远通志稿》民国抄本第三八卷。

③ 人民银行上海分行：《上海钱庄史料》，上海人民出版社 1960 年版。

之款，虽在过拨时辗转数号，甚或延期数年，亦可根据各号账目遁予回销，此亦拨兑钱市特有之办法"。但是"如为面拨之项，则不能回账"。[1]钱庄之间的订卯，与转账结算一样有起点限制，一般以白银十两或制钱十吊为起点。

订卯时，甲号转账完毕，存有乙号之款，乙号不愿意在甲号存放，提出另转丙号收存，倘若甲号不能实现乙号的要求，那么甲号经营就呈现险象，即出现信用危险，各金融机构就拒绝与之往来。所以，金融机构放款多，收款少，不良资产过多，不能诚信经营，在订卯时周转不灵，无从应付，往往因之倒闭。因而在订卯以前，收付银钱项目，必须切实抵备，保持信用。而且，在订卯时相互核对账目，发现错误，比如空过账目，核对出来以后，还可以收回，不生效力。如果登账疏忽，找不到错付原因，则不可回账，其损失自然由登账疏忽者负责。

订卯的好处，不仅使金融机构为商号办理转账结算后形成的金融机构相互之间的债权债务得以结清，而且使金融机构每月轧实一次债权债务，可以预防随意转拨，外强内空，资不抵债，是金融机构防御风险的一种有效方法。

六、密押：票据防伪

票号为了异地款项汇兑的安全，确保提款汇票真实无误而不发生假票伪票冒领款项，各票号所用会券（汇票）都有自己的密押。

一是只能使用本号的专用会券（汇票）纸。各票号及其分支机构，均使用各自总号统一印制的空白汇票，纸质为麻纸，上印红格绿线，绘有复杂的图案或者周边有蝇头小楷的四书五经的某些段落，使一般人难以仿制。

二是汇票内加水印。如日升昌票号汇票的水印，是在汇票四个角各有暗字，合起来为"日升昌记"；蔚泰厚票号汇票的水印为"蔚泰厚记"。

三是各号书写汇票，责定专人用毛笔书写。其字迹在总号及各分号预留备案，各号收到汇票，与预留字迹核对无误，方能付款。

四是汇票书写完成须加盖印鉴。一般均在规定位置加盖抬头章、押款章、落地章、骑缝章、套字章、防伪章六枚印章。

---

[1] 《绥远通志稿》民国抄本第三八卷。

抬头章　　　押款章　　　落地章　　　骑缝章　　　防伪章　　　套字章

五是汇票金额、汇款时间均设有暗号。如月暗号："谨防假票冒取，勿忘细视书章"十二字分别代表一至十二月；日暗号："堪笑世情薄，天道最公平，昧必图自利，阴谋害他人，善恶终有报，到头必分明"三十个字分别代表一个月内的初一至三十日；钱数暗号："国宝流通"分别代表万、千、百、十。为确保万无一失，在暗号之外往往再加一道锁，叫自暗号："盘查奸诈智，庶几保安宁"。这些暗号，外人是根本无法知道的，只有票号内部专人才能辨认暗号并确定汇票真假。为了方便职员记忆，各票号均将暗号编成歌诀，由相关职员死记硬背，烂在脑子里，并不定期更换，以新的暗号替换旧的暗号。

七、预提倒款：建立风险基金

商人资本在经营活动中常常会遇到各种不同风险，发生亏赔倒账问题，不仅会影响利润，甚至还会危及资本安全，货币商人更担心因信用危机而危及自己的经营。为防御风险，票号设计了一种"预提倒款"的防范风险办法，要求在大账期（会计年度）分红时，不能只顾分红不管未来有无风险，必须从利润中预提一定数量的可能发生的倒账损失，建立风险基金。这种预提款项，叫"撇除疲账，严防空底"，也就是设置票号的经营安全防线，把风险减少到最低点。

除"预提倒款"、"撇除疲账"外，还规定在分红时，不论是股东的货币资本分得的红利，或者是顶有人身股的职员的身股分得的红利，都需要按照同一比例提留一部分利润存在票号作为个人存款，付给利息，但不得随意提走，一旦票号发生亏损，可以从此款中支付。就是说，票号分红是同股同酬；对风险的责任则不同，顶股职员承担有限风险，以此存款为限，股东则承担无限责任，预提倒款不足，就得以自己的其他货币资财或者家产相抵。

八、身股：人力资源核算

票号企业制度中的"人身股"起源于明朝，是晋商介入国家"食盐开中"时，委托别人为其组织就边种田纳粮时的委托制开始。人身股从明中期经清代直至民国，历时四五百年，其基本内容是：企业的主要职工，从大掌柜到业务骨干，可以自己的劳动贡献顶一定的股份，最高一股，低者几厘至零点几厘。人身股股份的多少，由财东根据职工任职时间、能力、贡献大小决定，山西人称其为"顶生意"。在财务年度结算时，"人身股"与财东的资本股一起参与利润分红。山西票号的货币资本股，一般以 1 万两白银为 1 股（也有高于或者低于 1 万两的），大掌柜（总经理）一般顶 1 股。由太谷商人王相卿和祁县史大学、张杰创办的大盛魁，历经 230 多年，职工人数最多达到 7000 多人，它规定每 3 年为一个大账期（会计年度），进行一次决算分红。分红时把公积金的积累和运用放在重要的地位，以公积金的增长为衡量 3 年内经营成果的主要标志，然后才是每股分红，最盛时一股可分到 1 万两白银，财东及顶股员工均受其益。每遇账期总结，都要评定职员功过，检查 3 年的成绩和问题，整顿人事，调整"身股"厘数。据说，大盛魁后期"人身股"总数，已经超过了股东的资本股总数。祁县大德通票号光绪十五年（1889 年）分红账记载，光绪十一年至十五年（1885～1889 年）账期共获余利 24723.03两，资本股和"人身股"共二十九分（股）七厘，每股分红 850 两。其中乔在中堂等资本股二十分（股），马培德等 23 名职员"人身股"九分（股）七厘。在这 23 名享受"人身股"待遇的职员中有 3 名是已去世的职工。[1] 大德通票号光绪三十一至三十四年（1905～1908 年）账期获利743545.25 两，资本股和"人身股"共计四十三分（股）九厘五毫参与分红，其中，资本股仍为二十股，"人身股"达到了二十三分（股）九厘五毫，顶股职员为 57 人，每股分红 16917.98 两。[2]

票号的人身股制度，已经把劳动力当作了资本，对劳动力资本的衡量与考核，已经注意到了劳动者的劳动数量和劳动质量。劳动力资本和实物资本在企业利润分配中的平等地位，正是晋商长盛不衰的秘密武器。

票号的人力资源会计核算中的几个具体问题：第一，哪些劳力可以顶

---

① 人民银行山西省分行、山西财经学院：《山西票号史料》，山西人民出版社 1990 年版。
② 卫聚贤：《山西票号史》，重庆说文社 1941 年版。

股。人身股不是每个职工都能得到的待遇，商号新招员工，学徒期3年，期满合格录用为正式员工后，一般要经过几年锻炼，德、勤、能、绩表现优秀者才能顶股，快则一两年，慢则可能十几年甚至更长的时间还不能顶股。根据劳动者受教育的不同、智能技能不同、个人表现不同、工作经验不同，只给高中级业务骨干顶股。第二，人身股的晋升。在每个会计年度终了，根据员工的表现，经大掌柜提出晋升建议，由东家决定。第三，人身股与实物资本股的折合。1股（也称分、俸）人身股折合多少货币资本股，没有统一定制，各商号均在"合约"中做出自己的规定。票号一般1股等于实物资本股10000两白银，也有等于12000两白银，也有等于5000两白银。普通商号1股的货币资本相对较低，根据商号资本规模，几千两、几百两不等。第四，人身股是不是封顶。人身股的数量，上封下不封，大掌柜最高，一股封顶；职员人身股可以少到几厘、零点几厘。第五，人身股的退出。商号对退休职员人身股照常予以分红，顶股职员死亡之后，仍可以享受一到两个会计年度的分红，称为"故股"。如果职员被辞退或者自己跳槽，当即终止人身股。人身股不能转让，子女不能继承。第六，人身股与实物资本股同股同酬不同责。在利润分配时，两种性质的股份同股同筹，但是企业倒闭，人身股不承担债权人的债务追索。不过，晋商重视经营风险控制，在会计年度结账时，一要提留"财神股红利"，即公积金；二要按照一定的比例从东家和顶股员工所得红利中提留"护本"也称"副本"，以存款的形式存于本号，参加经营周转，若遇商号亏损，可先从护本中支出。也就是说，商号遇到危机，人身股所有者承担有限责任，货币资本股所有者承担无限责任。晋商的人身股核算是世界上最早的人力资源会计制度。但遗憾的是，美国的人力资源会计在20世纪60年代提出，80年代试验推广，至今还有人在说这是美国人的创新，是管理学和会计学的前沿，而中国人自己创造的人身股制度与人力资本核算虽然四五百年了，却没有引起应有的重视。

九、逆汇：平衡现银摆布

晋商票号实行联号制，各地分支机构在经营中往往会出现此地现银多，彼地现银少。为了平衡现银摆布，减少异地现银运送，他们创造了"逆汇"的办法来调度现银。一般情况下，甲地动员吸收向乙地的汇款，先在甲地收进现银，后在乙地付出，此为顺汇。如果乙地分号现银不足，该分号就会积极在乙地物色在甲地或者其他地区需要资金的各户，并贷款给其客户，支持其在甲地购货，并先予支付，这样就成为先付出后收进，此为逆汇，亦称"倒汇"。"中国此种汇兑，向所未有，至近年与外国通商，关系密切，内地市场间之贸易随之而盛，汇兑之种类不得不因之变化……倒汇之手续亦别无烦累……有信用之商人立一汇票，交于票号，票号即买取之，送交收汇地之支后，索取现金。"① 逆汇不仅收取汇费，还计利息，这是一种汇兑与放款相结合的财务创新。其意义，一是满足了商人异地采购急需款项的需求；二是减少了票号资金闲置，增加了利息收入；三是减少了异地现银运送，降低了经营成本，平衡了各地现银摆布。当年票号称其为"酌盈济虚，抽疲转快"。②

十、过标：信约公履

17 世纪中期到 20 世纪 30 年代，山西中部地区与口外（长城以外）的中国北方市场，由商品赊销和货币借贷引起的债权债务的清偿结算的社会信约履行问题，是通过"过标"来实现的。山西商人的商业活动与金融机构票号、钱庄、账局等，通过镖局、标期、标利及其过标，共同构成了一个债权债务清偿的网络体系，即以山西太谷为中心，以晋中各县与口外张家口、丰镇、归化、包头、宁夏、兰州为重点的中国北方地区的信用与经济合约清偿的商业习惯，构成了一幅北中国民间商务清算网络图，这是清中期到民国初年中国经济与社会的一大特色。

清代，太谷是晋中的批发贸易中心，金融机构最多，"太谷县在当时经济上占大优势，其一县之势力可抵榆次、祁县、平遥、介休等数县"。③山西省财政金库收缴税银，"其元宝上有太谷县孟家银炉所印的'孟合'二字，即当作十足银使用而不化验"。④ 其他县区的元宝在支付时，均需切割鉴定其成色。到清末山西省总商会成立时，就设在太谷县城。当时，镖局运送现银，先到达太谷，各商号进行债权债务的清偿，并且确定下一标利率，形成标利，然后其他县城以其与太谷县城的距离，确定标期，以太谷标的标利为其他各县利率的基准，标期、标利均以太谷为中心，向各

---

① 《东方杂志》，1917 年第 14 卷。

② 颉尊三：《山西票号之构造》，载中国人民银行山西省分行、山西财经学院：《山西票号史料》，山西人民出版社 1990 年版。

③④ 卫聚贤：《山西票号史》，重庆说文社 1941 年版。

县辐射。因而太谷县独占一标，其他县统属太汾（太原府、汾阳府）标。在太谷之后，太原汾阳两府在太谷标基础上，以时间和空间决定标期，这就是以太谷为中心的晋商金融贸易债权债务清偿支付的网络体系的标期、标利的形成和过标制度的中心。

标期有年标、季标、月标之分。年标，是一年一标。晋商经营两湖福建茶叶、苏杭绸缎、江西瓷器、广东杂货、四川药材、东北人参貂皮、西北膏药水烟、蒙古牛马皮毛、俄国呢绒哗几等，因其路途遥远，交易一次多需一年，各地晋商的分支机构，将"所盈得的银两除扣去来年的本钱和请示总店批准借贷给其他商号外，其余的部分只好依靠东口（张家口）和西口（原杀虎口，后改归化城）金融界从中调济周转，最后通过镖局押运，归现于晋中各县总店。"① 镖期多定在正月，谓之年标。一年之内，又有春、夏、秋、冬四个季标。季标的具体时间，清代一般是由金融业行会与经营南方苏广货物的大商号共同协商，选择黄道吉日确定。到民国初年，则由总商会与各个行业共同议定。年标、季标之外，还有月标，亦称骡标或粮标。

在商品交易市场上，货物买卖协议达成，然后就是货款的交付，商人完全依靠自己的资本往往困难颇大，一般需要资金融通。资金融通的形式有两种，一种是信用放货（赊销），另一种是信用放款（信贷），从而形成商人之间的债权债务关系。无论信用贷货还是信用贷款，都需要确定归还日期，一般是在商品出手后，以售货收入清偿赊购商品的债务或归还金融机构贷款。所以，偿还期一般约定为下一标期。借贷双方按约定标期，履行清债之责任，倘若至标而不能履行清偿债务者，谓之"顶标"。一经顶标，债务者立即停止再借再赊，没有人与之交往，必然破产，必定成为倒闭商号。简言之，标期是中国北方社会信约的公履期。标期来临，犹如"过关"，关系到所有商号资金供求和资产负债能否平衡，是企业兴衰存亡的关键时刻，晋商所有总号或分庄，无不重视，称为"过标"。过标，由各地商人会社（商会）负责组织。20世纪初，光绪皇帝支持新政，半官半民的商会在各地纷纷成立，过标就由商会负责了。某地每当过标，运载现银的标车到达，一般是在下午时分，彼时夕阳西斜，镖车到来，接近城门，鸣火枪一声，赶车人高扬长鞭，人欢马叫，高喊而入，络绎不

---

① 卫聚贤：《山西票号史》，重庆说文社1941年版。

已①。过标历时三天，商会要组织唱戏三天，从"过标"的当天起，商会聘请梨园优伶到城中的财神庙或关帝庙唱戏，祈求神灵保佑，发财致富，吉利平安。所以，过标又如"过年"。过标第一天所有制钱债权债务一律清偿；第二天，所有银两债权债务一律清偿；第三天，商人经金融机构转账结清债权债务后形成的金融机构之间的债权债务，须在这天通过"订卯"结清。

山西商人在金融贸易的实践中，摸索和创造出来的"过标"这一信约公履制度，科学地解决了当时商品交易中的货款清结和借贷资本清偿期限和利率确定等一系列商业技术问题，使实物流与资金流协调运行，既不会出现货币资金的浪费，又能避免金融机构不良资产问题，贷款及时回流，提高了资金的使用效率与安全。

十一、"讨保"：安全支付

票号规定有货币安全支付的多种制度，这里列举三例：

讨保交付。票号为了保证款项安全支付，应商家要求，采取了"讨保交付"和"面生讨保"的办法。凡商家要求票号必须保证其汇款不遗失时，票号即在其汇票上盖有"讨保交付"的戳记。此种汇款，交付时必须取得商保。"面生讨保"则是在取款人生疏的情况下才要保人。

汇票挂失。对于遗失的汇票，视各地具体情况，采取了不同的应对办法。京师、保定多为"登报声明"，曰"日后此票复出，俱作废纸，不得为凭……特此布知"，"望中外绅商，切勿使用。"汉口、重庆则通知当地分号料理，并报告当地政府、商会总会，同时照会驻当地各国领事。

出具甘结。在办理公款的汇兑上，尽管晋商一般相信官场不会有诈，但也不敢掉以轻心。为防万一，采取了领汇票要具甘结的措施，即除立汇票外，还要以票号名义与汇款人写下有汇款性质、数量、汇费等内容的字据。

十二、记账核算符号

明清货币是铜钱和银两，铜制钱以个计数，由于私铸不足值的铜钱泛滥等原因，制钱计数常常根据地区情况大小搭配，或者实行"短陌钱"，

---

① 刘文炳：《徐沟县志》，1941年手抄本，山西人民出版社1992年版。

如内蒙古"归化厅与外厅不一致，相传乾嘉时以八十抵百，历年递减，至光绪季年，低至一八抵百，而外厅则较稳定，凡短陌钱俗谓之城钱，足百谓之满钱。"[1] 银两货币，以两为单位，也有白银成色、平砝的不同。因而会计账目记载常常需要记明什么标准的钱、多少钱。晋商在货币收付和会计核算中，逐渐创造出了一套记账符号，方便了账目记载和审查。举例如下：

山西民间票帖票面特别数字文字释意

票面特别数字文字	今用数字文字
I	1（或"一"）
II	2（或"二"）
III（或"三"）	3（或"三"）
×	4（或"四"）
⅄	5（或"五"）
⊥	6（或"六"）
宀	7（或"七"）
亖	8（或"八"）
文	9（或"九"）
十	10（或"十"）
廿	20（或"二十"）
卅	30（或"三十"）
忙	28（或"二八"）
尥	96（或"九六"）
尥	99（或"九九"）
伯	百（或"佰"）
弎	贰
肂	肆
魍	拨兑
㷎	外兑
罴	平好心

---

① 《绥远通志稿》民国抄本第三八卷。

续表

票面特别数字文字	今用数字文字
🔣	千文
籿	（待考）
尯钱	名为铜钱一千，实付九百九十枚
尣钱	名为铜钱一千，实付九百六十枚
忙钱	一千铜钱中增值杂私钱二百枚
汊钱	一千铜钱中夹杂私钱一百枚
大钱	全数为制钱
满钱	名为铜钱一千，实付一千枚

资料来源：王雪农、刘建民：《中国山西民间票帖》，中华书局 2001 年版。

票号与金融危机

清末金融风潮

背景说明

本文是《中国金融史》第三章的第六节，西南财经大学出版社 1993 年 7 月出版。清朝末年金融风潮迭起，如 1883 年上海风潮，1897 年帖票风潮，1911 年橡皮风潮等，实际反映了半封建半殖民地货币金融制度的脆弱性。

一、1883 年上海金融风潮

光绪九年（1883 年）发生在上海的金融风潮，是一次影响巨大，涉及范围广泛的金融危机。

1883 年年初，金嘉记丝栈因亏损 56 万元巨款而倒闭，放款给它的钱庄有 40 家，于是采取紧缩贷款方针，停止新贷，收回旧贷，商人借贷无着，因而周围不灵又倒闭 20 家，倒欠款项达 150 万两，钱庄支撑不住，一下子停闭 20 家。10 月上旬又一个风暴袭击。长期以来市面不振，把巨额资金投入到房地产和股票的粤商徐润首先受到打击，达百万元以上借款未能清偿，牵连钱庄 22 家。到了 11 月浙江巨商胡光墉经营丝业失败，他所独资开设的阜康雪记钱庄倒闭。金融形势日益严峻，一向拆款给钱庄的外国银行和以较长期限贷款给钱庄的山西票号均停止向钱庄融通资金。本来自身资金薄弱的钱庄骤然失去数百万两资金来源，调度乏术，遂致竭蹶，大批钱庄搁浅停业，还影响到镇江、汉口等地钱庄的倒闭。

这场风潮的原因错综复杂，最根本的是外国资本的入侵，使中国社会陷入半殖民地半封建深渊。中国市场受它控制，中国经济的命运不得不受其摆布。在外国资本的压迫下，中国经济一年比一年衰落，两项出口大宗丝、茶的销售价格亦受洋商操纵。富商胡光墉为了就丝价收购与外商做一番较量，弄得自己倾家荡产，他所开设的全国拥有联号多家的阜康钱庄也被拖倒，在强大的外国资本对手面前，终于以全部事业的总崩溃而告终。当时的矿局股票投机，对钱庄的牵累也甚大。钱庄放款中，有以这种股票为担保品的，有钱庄自己购买的。1882 年股票狂跌，钱庄损失巨大。由于资金卷入较多，也就加速了金融风潮的爆发。酿成风潮的内在原因，在于钱庄本身体制上和经营上的弱点，钱庄体制缺乏积累资金和积累资本的自我要求，授信业务只有信用放款而不搞抵押贷款，自己资力不足，却竭力扩张信用，一遇风吹草动，势必受制于人。[1] 这些弱点使它逃避不了风潮的袭击，也无法减轻在风潮中遭受的损失。

1883 年金融风潮后，外国银行势力更加扩张，控制中国金融市场更加得心应手；仅有的几种企业股票价格狂落，筹资活动遭到打击，使本来困难重重的新式企业更难生长。

二、1897 年的帖票风潮

发生在 1897 年的帖票风潮，是钱庄利用"帖票"方法，高利吸收存款，不按常规经营，导致钱庄大批倒闭的一次金融风潮。所谓"帖票"，乃是融资双方与正常贴现业务时处于相反地位，当客户以现金 90 元存入，钱庄当即付给面额 100 元的半月期的远期庄票 1 张，到期时客户凭此庄票即可向钱庄取款 100 元。始创这项帖票业务的为潮州帮商人郑姓所开设的协和钱庄。经营帖票的钱庄，以高出市场上一般水准的利率为诱饵，帖票利率最初为 20% ~ 30%，以后竟有高达 50% ~ 60% 的，以吸引居民持币前来购票，实际是高利吸收资金。当时急需资金的鸦片贩卖商，他们贩卖鸦片有厚利可图，遂不惜出高利率向钱庄借款。开始时，钱庄兼营此类帖票业务，后来且有大批专营帖票的钱庄设立，存款涉及的面越来越广，钱庄开设者亦越来越多，帖票的利息大到"凡以八十元存入者，不出匝月，可兑百元"。[2] 帖票钱庄的帖票总额高达 200 万元左右。这种滥用信用工具，不注意经营风险，不重视存款准备，必然会造成重大事故。原来还能应付持票者取现的局面逐渐无法维持。到了

---

① 洪葭管：《金融话旧》，中国金融出版社 1991 年版。
② 《上海钱庄史料》，上海人民出版社 1960 年版。

1897 年 11 月 24 日，破绽毕露，发生帖票钱庄不能付现的紧急情况。由于经营此顶帖票业务的钱庄过多，各庄的资金又大都不留准备尽量贷放，钱庄之间已无相互融通调剂的可能，终于发生一个月内就有数十家钱庄倒闭的风潮；接着，专营帖票的钱庄几乎全部倾覆，以致市面银根奇紧，使不少并不经营帖票的汇划钱庄资金周转也受影响，造成了又一次严重的金融风潮。帖票风潮体现了商业和金融投机的结合。这种由鸦片贸易引起钱庄筹资活动的投机化，乃是外国资本进入中国与中国商人资本相互矛盾、相互勾结的结果。

三、橡皮股票风潮

所谓橡皮股票风潮，乃是一次于 1910 年（清宣统二年）因购买虚假不实的橡皮公司股票而引起的金融风潮。当时上海人称橡胶为橡皮，称种植橡树、割取树胶为业的公司所发行的股票为橡皮股票。先是英国人麦边于 1903 年在上海组织了一家蓝格志（橡胶产地名）拓植公司，吹嘘它的经营范围包括开辟橡胶园，发掘石油、煤炭，采伐木材等，开始招股活动，但招牌挂了五六年却没有什么业务。到了 1909 年，恰巧发生世界性的橡胶涨价，外国开发成功的橡胶园企业主和投资人大获其利，于是购买橡皮股票的人大增。中国商人、富有资财者、票号钱庄及其经理人乃至少数清朝地方官吏均卷入这一狂热购买的旋涡中。麦边和其他橡胶公司的主持人就利用这一时机哄抬股价，蓝格志公司的票面 100 荷盾（荷兰的货币、当时 100 荷盾约中国货币银 60 两）的股票竟被哄抬到近 1000 两，超过股票面额的十六七倍。外国冒险家在骗到大量钱财后，"佯言回国，一去不复返，发电询问，亦无下落"[①] 股票价格遂一落千丈，抛售的人越多，股价跌落越快。原先承做股票押款的外国银行这时也宣布一律不再承做股票的押款，并且追索贷款，这种橡胶股票更无人问津，大批股票等于废纸，终于酿成巨大风潮。1910 年 7 月 21～22 日购入和受押股票为数甚巨的正元、谦馀、兆康三钱庄首先倒闭，22～24 日森源、元丰、会大、协大、晋大等钱庄又告闭歇，1909 年上海有钱庄 100 家，到 1911 年时只剩 51 家，[②] 几乎减去一半，风潮之严重可见一斑。

---

① 上海市通志馆：《上海市通志馆期刊》。
② 《上海钱庄史料》，上海人民出版社 1960 年版。

四、从清末金融风潮看中国货币信用制度的半殖民地半封建性

清末 20 年间，金融风潮迭起，钱庄大批倒闭，工商业受累深重，市场动荡不安，究其原因是多方面的，从这些原因的分析中不难看出，当时中国货币信用制度的半殖民地半封建性。

（一）强大的外国金融势力控制着中国的金融市场

第一家中国自办银行的成立，已在第一家外国银行设立之后的半个世纪，20 世纪初，华资银行逐渐增多，但论家数，论资力，都远不能与之相比。创设中国通商银行的盛宣怀在该行成立后的第二年，作了一个比较："如汇丰（银行）之设已 30 余年，气势既盛，根底已深"。金融市场上的资金吞吐，国际汇兑方面的汇率上下，金银的输入运出等均在外国银行控制之下。它们自从经手外国垄断资本对清政府的大借款后，其在金融方面的势力更臻于举足轻重的地位。1883 年它们不拆款给钱庄，1910 年不承做橡皮股票押款，就能促使金融风潮发生或加深动荡。外国资本的入侵，造成中国社会的半殖民地半封建化，中国的市场受其控制。加上巨额外债借入后的债务危机，中国经济的命运遂不得不受其摆布。清末金融风潮屡屡发生的根本原因即是外国资本的压迫。

（二）贸易入超倍增，世界银价下跌，是使中国金融力量进一步削弱的两大因素

中国对外贸易的入超，19 世纪 70 年代中期后逐年增加。70 年代下半期，每年入超尚只有几百万两，而 80 年代，入超额就更迅速增长，1881 年达 2045 万两。由于金银比价的变化，世界银价下跌，每一海关两同英镑的兑换率，1877 年是 6 先令，1879～1884 年就降低为 5 先令 7 便士。金银之间比率的这一变化，对用银国的中国来说，货币贬值并不能带来出口增加，相反，却是要用比过去更多的物资去换回一个英镑。在外国金融势力扩张的同时，中国民族资本金融的力量进一步削弱，动荡不安的因素增加，触发危机的可能性也就增大。

（三）钱庄、票号本身的弱点

钱庄本身的弱点，主要是在体制上缺乏积聚资金和积累资本的自我要求；它的授信业务，只有信用放款而不搞抵押贷款，资力不足，又竭力扩张信用，资金来源与资金运用上结构不适应，缺乏风险保障。至于票号，本是适应商品经济的发展而产生和发展的，但从咸丰朝后，结纳官吏，与

现政权关系密切，依附政府权势扩大业务，甚至不屑办理小额金融业务，走上为政府办金融的道路，发生了异化。钱庄的发展和演变，票号的发展和异化，都是在中国社会半殖民地半封建化过程中取得或形成的，它们既没有条件演变成为现代股份制的银行，又缺乏在原有基础上自我完善的追求，必然削弱乃至丧失对外来风暴的防御力量和应变力量。

（四）没有对近代金融市场进行管理的知识、经验和能力

金融是现代社会经济活动的枢纽。鸦片战争后，外国金融机构进入，国人自办银行产生，原有金融机构业务拓展，数量增加，各类有形无形金融市场，亦在兴起。清政府屈从于外国资本，没有做出必要的管理金融业和金融市场的筹划，既没有什么管理法规，也没有专门的管理机构，尽管朝野有识之士曾有不少有益的建议，终不能形成可据以进行管理的法规与机制，亦不可能对金融活动做出一些有力的干预和调节，这也是半殖民地半封建社会下常见的现象。

1893 年金融危机中的票号与钱庄

背景说明

　　本文应香港大学亚洲研究中心的要求而写，原载《山西财经大学学报》2000 年第 3 期和第 4 期。清末最大的一次危机是 1883 年的金融危机，在这次危机中，以上海为中心的沿海沿江各大城市的钱庄大部分倒闭了，而票号却能独善其身，安全度过危机，原因是什么，耐人寻味。

　　1883 年（光绪九年）由上海爆发而波及全国的金融危机，是晚清乃至迄今两百余年较大的金融危机之一，它是一次影响巨大，涉及范围广泛的金融危机。

一、危机的爆发与演变

（一）危机由上海爆发

　　1883 年年初，金嘉记丝栈因亏损 56 万元巨款而倒闭，放款给它的钱庄有 40 家，于是采取紧缩贷款政策，停止新贷，收回旧贷。由于正值农历新年年关，票号、钱庄年终结算，纷纷催还贷款，商人借贷无着，因而周转不灵，又倒闭 20 家，倒欠款项达 150 万两，钱庄支撑不住，一下子又倒闭 20 家，至 2 月中旬，上海 99 家钱庄中有 44 家停业，导致银根紧缩，市面不振，生意萧条。市场购买力萎缩，使得价格暴跌，一般商品无不跌价 30% ~ 50%，进而牵涉到房地产滞销，股票价格下跌，金融泡沫破裂。至 1883 年 9 月，市场看好的两只股票，开平煤矿股票和招商局股票暴跌，开平股票由最高价260两下跌至70两，最终跌至29两，招商局股票也跌至34两，与1882年9月相比，股价平均下跌87%，由于几乎所有钱庄都接受股票作为抵押进行放款，股市动荡，累及钱庄，钱庄更处于风雨飘摇之中。至10月中旬，又一个风暴袭来，把巨资投入房地产和股票的大商人的利润"打翻"，其因房地产无法脱手，股票下跌，到期的250余万两借款无法清偿，牵累钱庄22家。至11月，另一位浙江大商人胡光墉，为抵制外商把持生丝贸易而囤积的14000余包生丝，因外国丝市不振，洋商停止收购，存货积山，周转不灵，在面临搁置腐朽，尽丧其资的情况下，不得已折价出售，因这次生丝贸易投资失败，造成亏空，其所独资开设的阜康雪记钱庄倒闭。由于阜康钱庄规模较大，引起一向拆借资金给钱庄的山西票号和外国银行恐慌，票号和外国银行停止向钱庄融通资金，并收回原有的款项。如1883年10月24日《申报》报道："近闻晋帮票号已拟本月为限，将放出市面之银百数十万一起收归，闭不再放。"[1]同时，"本地钱庄还应无力向外国银行借款而受累，后者谨慎地减少了他们以往惯常经营的短期贷款业务。"[2] 这样，本来自身资金薄弱的钱庄骤然失去数百万资金来源的支持，放款又有巨额倒账形成，两方挤压，调度乏术，遂致竭蹶，大批钱庄颠簸摇摇，趋于停业。金融危机爆发。

（二）危机向沿海沿江推进

上海金融危机爆发以后，由于"骨牌效应"，迅速向沿江、沿海及内陆城市蔓延。受阜康钱庄关闭，人心摇惑影响，京师在1884年年初，著名钱庄恒兴、恒和、恒利、恒源"四恒"字号倒闭，致使京师钱庄连倒16家。官府不得已只好靠限制取银和昼夜弹压来维持市面。金陵股实钱庄裕泰、源丰、裕泰永三家倒闭，使得"本年银根非常停涩，至秋后被累闭歇之家层现迭出。"扬州"自恒源倒歇后，相继而倒者，就本城计大小有十七家。"[3] 镇江与扬州一水之隔，先后合计钱庄倒闭竟达68家。汉口由于源兴顺、源兴永、诚意丰三家倒闭，致使钱庄受累，钱庄数目减少，由十年前的40家，减少到20家，业务减少了20%。

在金融危机波及地域扩张的同时，也严重影响了各地的经济、社会生活。由于钱庄倒闭，银根因之越紧，市面更加萧条，累及各行各业。如杭

---

[1] 《山西票号史料》，山西人民出版社1990年版。
[2] 郝延平：《中国近代商业革命》，上海人民出版社1991年版。
[3] 《山西票号史料》，山西人民出版社1990年版。

弱环节和动荡之源。

（四）外国在华金融资本的投机炒作

外国在华金融资本的投机炒作也是 1883 年金融危机的重要祸根。根据郝延平（美）在《中国近代商业革命》一书中说，他查了收藏在剑桥大学图书馆的怡和洋行档案，其中怡和洋行驻上海负责人威廉·帕特森给驻香港的约翰逊信中说到某用 3000 股开平煤矿股票抵押借款收购股票，中国人跟随它买进，抬高股价，又托人代为买进，从而把股价抬至每股120 两白银，两个月后又抬高到 260 两，接着卖出，到后来股价跌至 70两，次年为 29 两。胡光墉的生丝投机也是由于受到外国在华资本的打压，最终导致失败而引发危机的。

三、危机的后果

（一）危机的经济、社会后果

1883 年的危机，严重地打击了中国民族工业的发展，使得生丝、茶叶等出口贸易的控制权尽落外商之手。利用钱庄和商人力量的削弱，外国资本势力进一步控制了中国的经济，其贸易商品范围进一步扩大，"洋货"充斥中国广大的市场，由沿海通商口岸向中国广大的内陆地区辐射，并且使外国资本开始着手介入中国的生产和工矿企业。这场危机将中国经济推向更深一步的半殖民地半封建的状态。

1883 年的金融危机损害了中国工业化进程，胡光墉曾愿意独立建设长江沿线电报，随着他的破产，这项需筹措 1000 万两巨资的建设搁浅了。唐景星、郑观应、徐润所致力的轮船航运、新式矿业和机器制造也被迫中断。"早期工业的宝贵时期"也就这样失去了。此后，以盛宣怀为首的官僚掌握了官督商办的企业，官僚资本登场亮相，官僚资本主义开始超过了早期的重商主义，并且占据了中国工业化先锋的位置，成为影响中国近代经济的主要力量。

危机使人们对合股筹集工业资金谈虎色变，直到 1885 年，"人们仍然可以看到上海黄浦江沿岸空关的、无用的、被废弃的建筑物和星散的夭折企业的界石……它们是工厂无声的幽灵——才呱呱坠地就窒息而闭的企业的坟墓。"现代市场经济组织形式"公司制"没有成形便夭亡了。

（二）危机中奇特的金融现象

在 1883 年金融危机中，所有钱庄都受到了沉重的打击，但同时为中国封建金融业组成部分的票号，基本未受到影响，甚至在危机中得到了进一步发展，这构成 1883 年金融危机中的奇特金融现象。

1883 年的金融风潮，钱庄的损失无疑最大。江南钱庄的代表阜康钱庄在"京城、宁波、福州、湖南、湖北等地所开阜康各字号全行闭歇。"[①]镇江的 60 家钱庄倒闭了 45 家，长江上游的金融中心，"九省通衢"的汉口，只有几家境遇较好的钱庄，勉强度过了中国的旧历年关。汉口海关在 1883 年报告中也说："这一次危机绝不是仅仅由地方性的原因引起的，而是上海金融纷扰的反映。"这些都反映了 1883 年的钱庄业遭到了前所未有的风暴，倒闭成风且辐射范围很广，其经营方式，所赖以生存的薄弱的金融制度、信贷来源受到了否定。

而票号的境遇相对较好，危机中只有钱庄兼汇兑业务的阜康倒闭，次年虽有谦吉升等四家票号倒闭，但其规模相对较小，原因同钱庄也有不同。"只计开股分银，不筹拖欠倒累。致号中空虚，周转不灵。"票号在 1883 年危机中，票号商人预计到秋季市场的恶化，10 月 30 日，山西票号收回他们的全部长期贷款，总额超过 100 万两，谨慎的做法以及同政府的密切关系，使票号与危机隔离。阜康倒闭后，源丰润票号不仅接收了阜康所开办的闽浙海关的业务，汇兑闽浙海关银两，义善源票号也在上海设立裕丰官银号，代理海关的税收出纳。因此，原先江南钱庄的业务很大一部分转移到山西票号的名下，山西票号借官款项且扩大了营业范围。从 1883 年到辛亥革命，票号到达其全盛时期，它的经营作风深得人心，信誉卓著，政府对其青睐有加，到甲午、庚子事件，票号发展到了极盛，成为中国金融业的执牛耳者。

表1 上海钱庄数目

单位：家

年　份	华界数量	外国租界数量	合　　计
1858			120
1873	80	103	183
1874	30	48	78
1876	42	63	105
1883	23	35	58

① 汪敬虞：《19 世纪西方资本主义对中国的经济侵略》，人民出版社 1983 年版。

续表

年　份	华界数量	外国租界数量	合　计
1886	25	25	50
1888	25	37	62
1903	23	59	82
1905	30	72	102
1908	37	78	115
1910	17	74	91
1911	14	37	51

四、票号在危机中"独善其身"

在 1883 年的金融危机中，钱庄受到重大打击，纷纷倒闭，而同为当时金融业务重要组成部分的票号，除一两家倒闭外，基本上未受到影响甚至进一步巩固了自己的地位，从而走向了极盛，这种奇特的金融现象，一方面反映了当时中国经济的"畸形"发展对金融业发展的影响和金融制度的脆弱性；另一方面也反映了票号与钱庄在性质、经营特点、发展轨迹、抵御风险、内部制度等方面的差异，这些差异进一步强化了当时金融业发展的"路径依赖"，构成当时金融业发展的一些特点。因此，必须从不同特征出发，研究钱庄、山西票号两金融机构在金融危机中的行为，剖析形成奇特金融现象的原因。

（一）实行总分行制，是票号抵御金融危机体制上的原因

钱庄起源于兑换，票号起源于汇兑。起源的不同进一步构成钱庄和票号在组织制度上的差异。钱庄为分散经营的独立经营制，即现在所谓的"单一银行制"，机构分布于各商业城镇。在名称上，南方多称钱庄，北方亦有叫银号的；而票号则形成分支联号制即我们现在所说的"总分行制"，总号以山西中部为大本营，机构遍及全国甚至国外。

表 2　票号新设、歇业一览表　　　　　　　　　单位：家

时间	家数	新设	歇业
1862	17	3	
1864～1865	22	5	

时间	家数	新设	歇业
1865~1874	26	4	
1875~1882	28	2	
1879	29	1	
1881~1882	29	2	2
1883	30	2	1
1884	28	2	4
1885	27	1	2
1886	27	1	1
1889~1890	28	1	
1892	28	1	1
1893	28	1	1
不祥	27	1	2
合计		27	14

在票号产生之前，钱庄就已经存在了。由于清代实行银两、制钱并存的货币制度，这一不完整的银铜平行本位制，造成银钱之间的兑换问题。特别是清朝中晚期，外国银元的大量涌入，使得货币制度更为混乱。这种混乱的货币制度，带来了对银钱兑换业的需求，同时也带来了通过经营兑换业利用银钱兑换比价差和比价波动而获取利润的机会，钱庄的发展正是利用了这一机会。适应货币兑换要求，钱庄的营业范围主要限于本地，以当地设庄为主，多数皆以一市一县为经营范围，外埠一般不设分店。这样就形成钱庄数量众多，规模较小的特点。如上海 1873 年设有钱庄 183 家，资本一般不超过 2 万两，福州 1845 年设有钱庄 100 家，广州 1873 年设有68 家，天津 1867 年也拥有 100 家以上的钱庄。[①]

票号起源虽有争论，但一般以山西商人雷履泰改日升昌颜料铺为票号之说较为可信，"至有清乾嘉年间，有晋商雷履泰，于天津开设日升昌颜料铺，雷氏每年往返各省间办货，极感携带现银之不便，乃创汇兑之法。"[②] 从票号的产生来看，票号完全是为了适应国内商品经济发展的需要，专门经营商品的交易中货币汇兑业务的金融机构。山西商人之所以能

---

① 郝延平：《中国近代商业革命》，上海人民出版社 1991 年版。

② 《山西票号史料》，山西人民出版社 1990 年版。

改营票号，一方面因为长途贸易的需要，特别是因为殖民地贸易要求在广大的内陆地区收购生丝、茶叶等土特产品，输出国外，并将鸦片、棉纺织品等输入商品销往内地。这种贸易增加了口岸商埠同内地城市之间的款项汇兑的需要。另一方面，山西商人在其长期的远途贩运贸易中已建立了广泛的商业网络，可以迅速、方便地改造为票号的分支机构，经营汇兑业务，这样，票号就形成了适应汇兑要求的联号经营制的特征，即票号家数较少，在其长达 200 多年的历史中，全国票号家数未超过 30 家；经营规模庞大，分支机构遍布全国。因而树立了票号资本雄厚、信誉较高的形象。

表3   日升昌等票号分支机构

名称	机构数	分布地
日升昌	23 个（1886 年）	上海、天津、汉口、北京、杭州、苏州、扬州、清江、南昌、湘潭、长沙、沙市、桂林、常德、成都、重庆、西安、三原、济南、开封、张家口、广州、河口
蔚泰厚	13 个（1879 年）	北京、天津、上海、汉口、长沙、沙市、重庆、成都、苏州、常德、广州、奉天、三原
蔚丰厚	14 个（1879 年）	汉口、沙市、三原、上海、清江、扬州、湘潭、常德、成都、重庆、西安、南昌、苏州、北京
协同庆	17 个（1874 年）	汉口、沙市、兰州、湘潭、长沙、重庆、西安、常德、成都、三原、曲沃、上海、北京、凉州、秦州、奉天、天津
新泰厚	11 个（1875 年）	北京、上海、汉口、广州、湘潭、长沙、南昌、福州、重庆、成都、济南
蔚盛长	14 个（1871 年）	北京、上海、汉口、重庆、成都、福州、扬州、湘潭、奉天、南昌、淮安、常德、三原

资料来源：《山西票号史料》，山西人民出版社 1990 年版。

独立经营制的钱庄，由于受到地域性限制，规模偏小，资本不足，业务单一，缺乏行之有效的调节能力，所以，它抵御风险的能力较差，一遇市场波动，就会造成钱庄的经营困难，严重时钱庄倒闭发生连锁反应，形成危机。从实际情况看，上海钱庄在 1866 年、1871 年、1873 年、1878 年、1879 年、1883 年和 1910 年都出现不同程度的偿债问题和破产问题，1883 年的金融危机只不过是最严重的金融危机罢了。而票号由于实行联号经营制，资金雄厚、规模较大，通过灵活调度，调节分号之间的资金余缺，提高了其抵御风险的能力。特别是票号多由山西商人经营，而且总部多数集中设置在平遥、祁县和太谷。如1861年，全国有票号14家，总号设在平遥的有9家，祁县有3家，太谷有2家。总号之间有着密切的联系，如平遥的蔚字五联号就有相同的合伙人或东家，这样通过东家、经理之间的联系，无疑增加了票号间的友好感情，加之票号间同舟共济思想的确立，建立"相与"，任何一家票号需要帮助时，都能够得到其他票号的支持，使得票号连为一体，更增加了它们抵御风险的能力。

（二）重视融资同"实体经济"相结合，极力规避投机因素是票号抵御金融危机的经济基础

随着中西贸易的增长，经营汇兑业务的票号和经营兑换业务的钱庄，从不同的起始点，沿着不同的路径，拓展自己的业务范围，形成不同的业务状况特征。总体来说，钱庄，特别是沿海地区的钱庄，作为适应外国商品贸易和资本入侵的产物，在70年代以后的中国资本主义企业中表现出很大活力。许多钱庄的老板，多是洋行的买办，他们先是附股于洋行的企业，接着又投资于自办的资本主义企业。到了80年代，相当一部分中国企业资本是由钱庄的利润转化而来，钱庄和新式企业在资金融通上发生了直接联系，这是一个十分引人注目的现象。与此相反，票号原本是中国商品经济的产物，从商业资本中分离出来为商品经济服务，但19世纪40年代初开始，票号利用自己的业务优势和太平天国造成的清政府财政困难的机会，使自己同官府结下了密切的联系。票号将自己的注意力集中于政府金融，并通过结纳权贵，维系它在封建政府中的地位。对于资本主义现代化企业的投资，失去了与它财力相称的兴趣。①

早期的钱庄，主要开展银钱兑换、鉴定成色、保管现银和进行商业融通款项业务，但由于商业在自给自足的封建经济的汪洋大海中作用有限，资金融通业务所占钱庄的比重很小。鸦片战争之后，随着外国资本对中国经济的侵略加强，外国资本利用贸易方式加大对中国的掠夺，贸易迅速增长，使得通商口岸的货币兑换、财务结算、资金融通等问题更为突出，促进了钱庄的较快发展。特别是第二次鸦片战争以后，中外贸易成倍增长。1855年7月至1856年6月，外国商品不包括鸦片总值约649万余两，到1859年，外国商品进口总值便增至2063余万两，至1863年，上海进口

---

① 汪敬虞：《19世纪西方资本主义对中国的经济侵略》，人民出版社1983年版。

外国商品货值总额达 6170 万余两，为 1855～1856 年的 9 倍多。[1] 钱庄适应这种需求，不断扩大业务领域，调整业务结构，逐步将对商业和工矿业的放款作为自己的业务重心。在钱庄业务重心转变过程中，其存放款呈现出一些明显的特征。就存款来说，由于业务迅速发展，钱庄的资金缺口越来越大，迫使钱庄不得不依赖向票号和外国银行拆款来维持业务。聚集于上海的票号，其放银于钱庄多达二三百万两，这被称作"放长期"。同时，在 19 世纪 70 年代末的上海金融市场货币流转额大约 1000 万两，外商银行对钱庄的拆款数额也在 300 万两左右。而此时，上海钱庄的自有资本一般都没有超过 6 万两，这样，使得钱庄须臾离不开票号和外国银行的信贷支持。就放款来说，钱庄的放款主要用于对收购生丝和茶叶的商业借款和新式工矿企业的投资以及房地产投资方面，积聚了较大的风险，如 1883 年 11 月广东商人徐润在破产前共向 22 家钱庄借款 1052500 两，利用股票抵押贷款 419920 两，利用房地产抵押贷款 720118 两，私人借款 329709 两，共计 2522247 两，所有款项多投资于房地产和股票。他所购之地，未建筑者达 2900 余亩，已建筑者计 320 亩，共造洋房 31 所，又222 间，住宅 2 所，当房 5 所，平房、街房 1890 余间，每年可收取租金122980 余两，加上其他应收款，合计应为 3409423 两。但由于市场突变，银根紧缩，房地产和股票价格下跌，钱庄催债，议定以 2 年为限，售现分摊，最终各项资产贱价脱手，以 300 数十万成本之产业，只摊作 200 余万之款，利润受亏八九十万，造成钱庄的巨大风险。[2] 票号虽然起源于汇兑业务，早期主要服务于封建商人长途贸易的资金往来清算，但经不定期发展到创新，在鸦片战争的后十年，即 1840～1850 年，它利用垫支汇款、顺汇、逆汇等方法，使业务活动开始介入存放款领域，业务范围得到扩展。如 1847 年蔚泰厚苏州分号已有存款 36000 两，放款 80000 两，1850年末，日新中北京分号也有存款 37000 两，贷款近 70000 两。[3] 通过"交银于此，用银于彼"，票号突破了单一汇兑业务的领域，经营存放款业务，使票号在获得汇费收入、压平擦色收入之外，又拥有了存放利差收入的新的盈利渠道。随着盈利增多，票号资金越来越雄厚，此时，票号利用自己分布在全国各地的分支机构，了解各地官员空缺状况的信息，结交官

---

①《中国金融史》，西南财经大学出版社 1993 年版。

②《上海钱庄史料》，上海人民出版社 1960 年版。

③ 孔祥毅：《金融贸易史论》，中国金融出版社 1998 年版。

吏，逐步走上一条同官府相结合的道路。

此时，票号业务特点是经办公款汇兑，从而获得巨大的收益，而且吸收了大量的稳定的定期存款，资金来源十分充裕。在资金运用上，主要用于垫付官方的各种饷项划拨，除此之外，仍有大量的剩余资金。票号便将资金贷放给资金紧缺的钱庄。当时的情况是，一家票号常常和四五个基础巩固的钱庄订立合同，把资金交给钱庄使用，成为钱庄的资金支持者。

比较票号和钱庄的业务经营特征可以看出，钱庄在吸收存款和发放贷款上都面临着巨大的压力。钱庄的资金来源主要依赖票号的放款和外国银行的拆款，票号放款虽称为"放长期"，但只要需要，票号可以随时提取，外国银行的拆款也有这一特征，这使得钱庄面临着较大的流动性风险。同时，钱庄放款主要为商业和工矿业贷款，由于"畸形"经济和风险盛行，放款的违约风险比较大，特别是钱庄本身又卷入一些投机活动之中，如市场一有变化，钱庄便处于"两头挤压"的境地，成为危机冲击首要的金融机构。而票号由于依附于清政府，存款没有大的波动，对政府放款，又有以税收为基础的政府信用为保证。通过钱庄拆放多余资金，又使它同经济主体相隔离，市场变化、冲击钱庄的时候，票号可以通过调整策略，迅速采取措施，如拆回资金等，保全自己，使自己免受金融危机的冲击。1883年的金融危机中，票号就是利用这一优势，从钱庄中抽回百余万两资金，保全了自己，而使钱庄陷入深不可测的危机当中。

（三）完善管理制度，强化内控机制，是票号抵御金融危机的制度保证

1. 强有力的约束机制

经济主体的目的是追求利润最大化，同时，这种追求要求用有效的约束机制制约，如果没有有效的约束机制，就会形成"赚了钱是自己的，赔了钱由别人负责"和过度承担风险的现代经济学"道德风险"问题。票号和钱庄由于约束机制不同，导致经营行为、经营理念不同，进而形成在金融危机中不同的表现。

应该说，票号和钱庄都受到了无限责任制的约束，这样的约束有利于规范票号和钱庄的行为。但是由于资本状况，经营特性不同，无限责任对于票号和钱庄的约束也是不同的。票号设立时，资本都比较庞大，而且票号财东也从长途商业贸易中积累了巨额财富，再加上政府及官吏存款，他们有有效的方法保证自己的财富不会被票号财东经理者所骗取。因此，无

限责任制对票号财东和经理者是有很强约束力的，是硬性的。但对于钱庄，情况则有所不同，钱庄资本较少，规模较小，机构众多，经营者完全可以靠歇业逃匿来逃避债务，甚至靠此种办法获取收益，这种状况在钱庄经营过程中时有发生。特别是钱庄存款多为佣工小贩的零星存款，而很少有官吏、富人的款项存进去。如果钱庄倒闭，穷人零星存款的追回往往还不够应付其诉讼成本及勒索，因此多放弃权利。加上穷人、商贩的流动性，真正可以追回存款的并不多，这又为钱庄行贿、官吏勒索、低价赎买存单提供便利。所以，"一家钱铺若是发行十万串的钱票，关铺后只要用一二万串就可以了事。"① 无限责任制对钱庄而言，约束力就大打折扣了。鉴于此，清政府为了防止钱庄靠歇业逃匿来诈取钱财，曾规定新设钱庄，必有 5 家互保，希望以互保制度来强化对钱庄的约束力。但一方面由于执行不力，制度无法认真地贯彻执行；另一方面由于钱庄发行钱票数额较大，往往为它们资本金的许多倍，互保制度最终成为官样文章，形同虚设，致使钱庄愿意过度承担风险，扩大经营规模，以便各项贸易盛时，固获厚利，及其市运式微，无真本之行号，纷纷倒闭，逃避债务。所以，没有刚性的和强有力的约束机制，是钱庄经营不稳健，承担过多风险的根本原因。

由于同样的无限责任制对票号和钱庄形成不同的约束力，导致了票号和钱庄在经营机制、经营理念方面的诸多差异。首先，对信用的态度不同。票号重视信誉，保证信誉第一，并将诚信义利作为经商的价值观，利用资金实力，灵活经营，同舟共济等办法，力保票号的信誉。而钱庄对信誉的重视不足，"皆以信行其诈"，得以致富，从而导致钱庄经营受到影响。"然今江浙洋钱之处，即不用钱票，则以票虚而洋钱实也。""京师钱铺，时常关闭，客商换银，无论钱铺在大街小巷，与门面大小，字号新旧，必须打听钱铺虚实。不然今晚换银，明日闭门逃走，所开钱帖尽成废纸。"② 其次，对待风险态度不同。票号在业务经营中多持谨慎态度，甚至有些保守。存款以官款为大宗，放款只借给钱庄、官吏及殷实商家。对于商家及钱庄的放款，票号极为谨慎，"第一流商贾，辄与票号往来，其第二流以下之商贾，以钱铺为之介绍。"对于钱铺介绍商家的风险，"票号监视各钱铺之营业，自能加以警戒，即使偶有失懈，有关系者与其同业

---

① 彭信威：《中国货币史》，上海人民出版社 1965 年版。
② 山西财经学院：《山西票号史料》，山西人民出版社 1990 年版。

者不能为之弥缝，而票号放出之资本，究不止一二家之钱铺，故其所及之祸，亦不至甚钜。"[1] 以至于外商写道："以我在中国 30 年的经验，我想不起一件山西票号失利的事。"[2] 而钱庄的资本投向风险性很大，特别是在市场不稳定、价格不稳定、投机商人很多、投机方式较多的情况下，钱庄投机风险是较大的。而且钱庄本身也卷入了"洋厘"与"银拆"的投机活动中。1887 年 11 月 23 日《申报》记载："上海市面钱业，竟有虚做银洋拆息，买空卖空。欲求无本之利，情近赌博，势同垄断。""亏损者无力偿垫，势不得已，必先认赔利息。至赔之不已，逐倒闭走逃，累及他人。"[3] 为此，诉讼不断，县令布告迭出，而投机不至。此外，钱庄认股票作为贷款抵押，表面看来比信用放款更有保障，但在股市动荡、股价下跌的情况下，股票抵押实际上加大了钱庄的风险。

2. 特有的人力资本管理

票号实行"两权分离制"，东家出钱，而经理对投资人负责。在财东聘请经理时，要有介绍人说明，东家多方考察后，方可选用。一经选用，东家便将资本交付经理管理。而经营中的一切事项，如何办理，财东均不闻问，这样便助于经理人的稳健经营。此外，票号多为独资或数家合伙经营，虽分支机构在外，但业务人员多为山西原籍招聘，相互了解的人派出去搞业务，并利用"人身股"，将劳动力充作资本手段，激励与约束员工，使总号财东可以控制业务人员的经营活动。

3. 首创"密押"制度，防伪、防骗、防冒领

为了异地汇款所用汇票的真实性而不发生假票、伪票、冒领款项，票号创造了一套密押制度。其一，所用汇票均为总号印制，使用特别的专用纸，内加水印写的"汇票"；其二，由专人负责，毛笔书写，预留字迹，核对无误后方才付款；其三，"汇票"加盖特殊印章，难以伪造；其四，"汇票"金额、汇票时间均利用歌诀编制暗号，以便防伪防骗。

（四）不断进行金融创新，形成特有的资产负债管理方法，是票号抵御金融危机的资本保证

1. 酌盈济虚，合理调节资金

在票号的经营中，因为各分号在业务中经常会出现现金盈绌和行市疲快的矛盾，有的地方现金多，银根松，利率低，款放不出去，资金闲置；

---

[1][2] 山西财经学院：《山西票号史料》，山西人民出版社 1990 年版。

[3] 孔祥毅：《金融贸易史论》，中国金融出版社 1998 年版。

另一些地方则现金不足，银根吃紧，利率上升，无款可放，支付困难。为了解决这一困难，票号采取了"酌盈济虚，抽疲转快"的办法，就是用现金过多的地方的钱去接济短缺的地方。具体的办法是：通过对异地顺汇和逆汇的办法，平衡市场的资金供求。通过这一办法，票号一方面解决了支付困难，另一方面扩大了盈利的机会。

2. "护本"，建立风险基金

票号非常重视资本金的预提制度。它们认为，"撇抵御防之款，乃至先祖先父所立之诚法，由渐而积，随王遂补，为敢少空。特以票行一道，最忌底空"。[①] 为预防风险，晋商设计了一套预提护本的办法，即在账期分红的时候，须从红利中预提一定数额的款项，建立风险基金，作为风险补充。一旦发生损失，以此为补偿。

3. "倍股"、"厚成"、充实流动资金

票号的"倍股"、"倍本"的做法，即在账期分红的时候，按股东比例，预提一部分红利，充作扩大经营的资本。而"厚成"，则是在年终结算时，将应收账款、现存商品，以及其他资产予以折扣，使企业的实际资产超过账面资产。护本、倍本、厚成的做法，极大地充实了票号的资本金和风险抵御能力。

表4　侯氏四联号的资本金状况[②]　　　　　单位：两

票号名	正本	获本	合计
蔚丰厚（1859年）	30000		30000
蔚丰厚（1879年）	91000	44140	135140
蔚泰厚（1879年）	95000	41840	131840
新泰厚（1879年）			156800
蔚盛长（1879年）	85000	10480	95480
合计（1879年）	270000	96400	524260

4. 视自有资本与资产比率，恰当摆布资产

资本金是企业经营活动中资信状况的反映，同时它的多少又反映着企

①② 山西财经学院：《山西票号史料》，山西人民出版社1990年版。

业、票号抵御风险的能力。就资本金而言，钱庄拥有较少的资本金，即使在金融业和钱庄都比较发达的上海，钱庄的资本很少超过 60000 万两，有的只有 30000 两，拥有巨额资本的钱庄为数是很少的。而票号则拥有数十万，甚至上百万的资本金。

资本金的多寡直接决定了票号和钱庄在金融危机中的抗打击能力。票号可以承受较大的风险打击，而维持自己的信誉，而钱庄则陷入了倒闭、信誉恶化的境地，并进一步波及其他的钱庄。而且，票号由于实行无限责任制，其东家的家产也成为票号信誉的保证，"山西富户，百十万家资者，不一而足"。以光绪时资产在 30 万两到 700 万~800 万两的大户达 14 户之多。[①] 难怪洋人惊呼："他们的资本一定是很大的，但是无法确切肯定。"[②] 另外，从资本金与存款、贷款的比率来看，票号基本维持在 8% 以上，而钱庄比较低。"人情多贫，孰肯量自己之资本而限以经营者，此所以借钱庄也。钱庄之本，如沪市汇划字号之多，无过五万，少则两万余，招揽往来户头百十，所放之账辄盈数十万。""中国钱庄……东人资本仅三五万，而进出汇进三四十万不止。"[③] 即使大商人胡光墉的钱庄，其资本金也不过存款的 5.9%，为贷款的 5.1%。[④] 如此之低的资本金比率，自然难以抵御金融危机的冲击，一有危机，便势如乱丝，迄无定局。

表 5　清末北京票号资本额分类表[⑤]

资本额（万两）	10	15	20	25	30	40	50	100
家数（个）	2	1	6	1	7	7	4	2

五、票号防范金融危机的启示

人不会两次踏进同一条河流，因此，每次金融危机都有自己的特征，但我们也应该看到，不同的金融危机有其共性的地方，分析历史，剖析共性的地方，将有助于我们在当前的情况下，化解和防止新的金融危机。

[①②③]　山西财经学院：《山西票号史料》，山西人民出版社 1990 年版。

[④]　郝延平：《中国近代商业革命》，上海人民出版社 1991 年版。

[⑤]　《上海钱庄史料》，上海人民出版社 1960 年版。

（一）政府应制定相关法律，控制和减少经济与金融活动中的投机因素，只有这样，才能确保金融安全

金融危机实际上都是经济运行中的问题在金融领域中的集中表现，1883年的金融危机前后，由于政治动乱、市场波动、投机交易，经济中的风险不断积累，政府调控经济无力，导致危机爆发。20世纪90年代中后期由泰国爆发，波及整个亚洲乃至全球的金融动荡也是这样，都是社会经济生活中危机因素在金融领域中的集中反映。经济运行中的风险成为金融危机的主要原因，政府应将控制和化解风险作为稳定金融的关键。就政府来讲，应该制定相关法律，规范市场行为，减少市场中的不确定因素和操纵因素，特别是要引导投资，减少投机，净化市场，营造适应经济持续发展的市场环境。

（二）金融机构设置与相互职能分工应同经济发展的基础和水平相一致，只有这样，才能确保经济与金融协调发展

1883年的金融危机也是当时中国金融机构脆弱性的表现。殖民地贸易的扩大，客观上需要有相应的机构来为其提供资金和结算等方面的服务。这种需求刺激了钱庄业务的大发展，最终形成"洋商之事，外国银行任之；本埠之争，钱业任之；埠与埠间之事，票号任之"的三足鼎立之势。但钱庄"内部组织既非完善，而资本又极薄弱，"只得仰息票号和外国银行的支持，来满足迅速增长及含投机成分的贸易和工商业发展需要。对此，当时的《字林沪报》评论道："上海钱业之盛，盛于票号、钱庄放银于庄，而不知衰病实中于是。"金融结构同经济发展不对称，形成金融体系的脆弱性，一有风吹草动，就易在薄弱环节钱庄上出现动荡。所以，要避免金融风险，金融机构建制和结构调整必须同经济的发展状况相一致，比如在目前金融主渠道国有银行对应发展活力不足的国有经济，而活跃的非国有经济却缺乏相应的有效的融资机构的不对称，将会对中国的经济、金融发展构成一定的影响。

（三）金融机构应注重调整自己的金融结构，构筑金融风险防范机制，实现稳健经营

票号和钱庄在1883年金融危机中的不同结果，根源在于其不同的经营理念和对待风险的态度。票号因其无限责任所具有的约束力，使其在资本金制度、业务创新、注重信誉、放款选择等方面十分谨慎，而钱庄因无限责任不具有多大约束力，便形成巨大的过于投机，过于承担风险的倾

向，最终导致倒闭风潮。对于目前金融机构来说，应该形成有效的约束机制。在此条件下，加强资本金管理、存贷款业务管理、内部制度管理等，提高抵御风险的能力。当然，金融机构对承担风险应有一个正确的认识，因为金融机构本身就是通过承担风险而获取收益的，我们反对的是超过自己的能力而承担过大的风险，而不是什么风险都不承担。适当承担风险应该是金融机构发展的前提，否则，就会丧失发展机会，坐以待毙。这也可以从票号过于保守，过于谨慎而导致最后的衰落中得到证明。

（四）金融机构应适度集中，提高整个金融系统防御风险能力

在1883年金融危机中，票号因其实行联号经营制，利用规模优势，抵御了金融危机的冲击，而多数分散经营制的钱庄却未能幸免于难，这说明了"船大抗风浪"的道理。因此，适当对金融机构加以集中是有利于抵御金融风险的，但这种集中应注意两点：一是集中不应以丧失效率的行政撮合方式进行，而应依靠市场力量；二是适度集中，抵御风险的同时，要注意风险的化解和消化，决不能以适度集中来掩盖、拖延和积累风险，否则，这些积累的风险将会以更大规模、更大的破坏力来影响金融和经济的健康发展。

山西货币商人的金融创新

山西货币经营资本研究

背景说明

　　本文是《近代的山西》的一章，山西人民出版社 1988 年 10 月出版，收入文集时，将其分为山西商品经营资本与山西货币经营资本两篇。山西货币经营资本先后有当铺、钱庄、印局、账局和票号，由于前四种金融机构资本金相对低，分支机构少或者没有，票号不仅资本金多，分支机构遍布全国以至国外，业务量大，并且与政府关系密切，因而影响很大，所以这篇文章讲票号多，讲别的金融机构少。其实，钱庄、账局、当铺机构数量很多，分布很广，但对这四种金融机构还缺少深刻的研究。如印局和账局为什么在北方很活跃，而在南方不多见，也是个待研究的问题。

　　山西商人资本中的货币经营资本是伴随着商品经营资本的发展而发展的。

　　山西货币经营资本的形式，最早的是典当，以后又有印局、账局、钱庄、票号等，不论哪种形式，都是山西商人资本的组成部分。它们通过银钱兑换、货币保管、资金借贷，以及过拨转账等货币技术性业务和信用活动，支配、营养着成千上万个从事商品经营活动的大小商号，分润这些商号所获得的好处，也直接资助和刮剥着政府、官吏、仕儒和小生产者，当然最终剥削的还是小生产者，商品经营者、政府、官吏为货币经营资本提供的利息都出自下层劳动者。

一、当铺、印局、账局和钱庄

山西商人经营的票号，在中外历史上受到了人们的重视，得到应有的历史评价。岂不知山西商人经营的当铺、印局、账局，特别是钱庄在中国封建社会中也有着同样的历史地位，但由于下列原因却被人们忽视了：①票号资本多，一般在 8 万 ~ 20 万两白银；而当铺、印局、账局、钱庄资本较小，一般在 500 ~ 50000 两。②票号分支机构多，遍布全国各大城市和重要商埠码头；而当铺、印局、账局、钱庄一般多不设分支机构，即使设立，分布也不太广，影响较小。③票号客户是大商人、大官吏和政府，业务数额巨大，500 两以下一般不予承揽，很少与小商号和小生产者往来；而当铺、印局、账局、钱庄的客户主要是小生产者，也有少数与政府往来，他们对大小商号的业务都积极承办，并以中、小业务为多。④票号多结交达官贵人，气势较大，而当铺、印局、账局、钱庄很难结交王公大臣。从历史发展看，当铺、印局、账局、钱庄早于票号，衰亡又晚于票号，历史寿命比票号长。按资本总额计算，由于当铺、印局、账局、钱庄家数多，总资本并不比票号少。按活动地域，山西的当铺、印局、账局、钱庄遍设全国各地，不论京都闹市，还是边远乡村，就是在国际舞台上，它们也不比票号的活动少。可惜，这方面的研究工作尚未完成，还有待今后予以补充。这里只能做一大概介绍。

（一）当铺

在我国，凡出物质钱者，均称之为当。当铺作为一种消费信用机构，早在南北朝时就已经出现。但发展并不很快。明清时期，随着山西商人资本的发展，得到了较快的发展。大约在清康熙年间，全国当铺有 2.2 万多家，而山西境内则 4700 家，约占 1/5。其余省区的 4/5，有很多也还是山西人开设的。当铺的开设，"江以南皆徽人，曰徽商。江以北皆晋人，曰晋商。"① 咸丰中年，仅介休冀家一家所开当铺，今有铺名可考者 13 家，即增盛当、广盛当、悦盛当、钟盛当、益盛当、恒盛当、文盛当、永盛当、星盛当、仁盛当、世盛当、鼎顺当、永顺当。还有许多当铺名不可考，大部设在湖北樊城、襄阳，河北大名以及北京等地，相传有几十家之多。据《汾阳县志》载，光绪三年灾荒，汾阳各商号捐款名单中能够肯

---

① 李燧：《晋游日记》卷三。

定是当铺者就有 45 家。由于山西商人善于经营，晋商所开当铺也就被政府所利用。乾隆二十一年，山西巡抚明德上奏说："查晋省当商颇多，也善营运，司库现存闲款，请动借八万两，交商以一分生息。五六年后，除归新旧帑本外，可存息本银七万余两，每年生息八千六百余两，足敷通省惠兵之用。"①

山西当商与山西商品经营商人密切相连，多数当商和商品经营商人就是一个东家。当铺除了用月息 1~3 分高利盘剥之外，还往往与其他粮商结合进行投机，在秋收粮价下跌时，粮商以贱价收购粮食，典给当铺，取得质钱后再去买粮，随收随当，来年高价出售，当商粮商坐收厚利。至于当铺在戥称上，银色上的高进低出，压平擦色，克扣贫民之事更是日常小事。

（二）印局

印局是指放印子钱的商号。"印子钱者，晋人放债之名目也。"② 这种信用机构的放款对象主要是城市贫民，印局除对穷人放款外，也对小商贩提供信用。这种信用机构出现于明代，清初就已经很活跃了。到 1853 年（咸丰三年）内阁大学士、山西人祁寯藻在一份奏折中说："窃闻京城内外，现有山西等省民人开设铺面，名曰印局，所有大小铺户及军民人等，俱向其借用钱文。③" 祁寯藻还说："京师地方，五方杂处，商贾云集，各铺户借资余利，买卖可以流通，军民偶有匮乏日用以资接济，是全赖印局的周转，实为不可少之事。④" 由于太平天国革命暴动，印局止账，"旗民无处通融，生计攸关，竭蹶者居多"。⑤ 这种借贷，一般按日或者按月计息归还，多数是朝借夕还，也有十日或三十日归还的。每归还一次，盖一次印，故名"印子钱"。由于这种款不要求抵押品，要答应说什么时候归还，到期还款就可以了，所以也有人说叫"应子钱"。

印局除高利贷外，还有一种剥削方式就是扣头。如借银 700 两，按"四扣三分行息"，即借款契约写 700 两，实际借款人拿到手的是 280 两，还得以 700 两借款月息三分付息，到期按本金 700 两另加利息归还。故当时有人写诗说："利过三分怕犯科，巧将契券写多多，可怜剥削无锥地，

---

① 《清高宗实录》，乾隆二十一年版。
② 张焘：《都门杂记》。
③④⑤ 《祁寯藻奏稿》。

忍气吞声可奈何？"①

印局与典当的区别在于，典当是以实物抵押提供信用，而印局则无须抵押，凭人信用；典当一般期限较长，三个月、半年以及一年以上，印局一般期限是一日、十日、三十日为限，但作为剥削的实质是一样的。这种印局和当铺一样，以山西商人经营者为多，北京、天津、汉口等地都有这种信用机构。

（三）账局

账局也称账庄，是一种专门办理放贷取息的信用机构。投资账局者，全国以山西商人为多，在山西商人之中以汾阳、平遥、太谷、祁县、榆次、徐沟等地商人为多。获利方式主要是放账取息。其发生年代，大约在清雍正乾隆年间，可能与清政府的捐纳制度有一定联系，当然也是商人资本发展的产物。

账局放账，主要对象是候选官吏。"遇选人借债者，必先讲扣头，如九扣、名曰一千，实九百也，以缺乏远近，定扣头之多少，自八九至四五不等，甚至有倒二八扣者，扣之外，复加月利三分。以母权子，三月后则子又生子也。滚利垒算，以数百金，未几而积至盈万"。② 这种业务，称为放官账。候选官吏一到京，账局就设法接近，发现其经济困难，就会给予借贷支持。几年在京候选，时有招待送礼，交际应酬，一旦放以实官，制行装，买礼物，用款甚多，往往囊空金尽，只得向账局借贷，账局便乘机勒索，除抽收扣头，收取高利之外，有时甚至扣押贷款人证件或随往讨账。有诗道："账西行鸷若鹰，深机朘剥占层层，九成对扣三分利，尚勒穷员往任凭。"③

账局也放款给一般商人。"闻账局自来借款，多以一年为期，五六月间各路货物到京，借者尤多。每逢到期，将本利全部措齐，送到局中，谓之本利见面。账局看后，将利收起，令借者更换一券，仍将本银持归，每年如此。"④

账局作为一种信用机构，从清初到民国初年存在了近三百年。一般资本都不大，大者数万两，小者数千两，遍设长城内外，大河上下，大

---

① 得硕亭：《草珠一串》。
② 李燧：《晋游日记》卷三。
③ 《日下新区》。
④ 清档：军机处《录附奏折》，咸丰三年三月二十五日，御史王茂荫奏折。

江南北。还有在外蒙库伦、俄国恰克图，以至莫斯科等地设立者。如恒隆光、大升玉（茶庄兼账庄），都与俄国商人有信用关系。宣统二年因俄商米德尔样夫等五家商号倒闭，倒欠山西十几家商人的 62 万余两白银案引起国际诉讼涉事，其中就有大升玉、恒隆光等账局在内。根据现有资料，账局的经营方式和业务活动，与印局区别不大，后来与钱庄的业务也逐渐趋于一致。似在清中期印局、账局业务相类同，不少清代人认为它们是一回事。清末民初账局与钱庄业务交叉，与钱庄业务类同。所以民国年间的山西商人自己并不把账局与钱庄做严格区别，许多学者也认为都是"贷金业"。这类放款取息的商号，实质上都是一些"子钱家"。

（四）钱庄

钱庄，也称钱铺、钱店、钱局、钱号，由钱币兑换活动发生。最初是街市上的钱摊。由于明清时期社会周行的货币有铜钱、银块，零星小额交易需要钱文，大额交易一般需使银两，铜钱和银块之间兑换较多，多由殷实商号代为办理。随着商品交易的扩大，专门从事钱银兑换业务的钱摊便应运而生。在通衢大市，设一木桌，按照市价，以银块制钱相交易，收取手续费，也称帖费。日久天长，又代客保存货币或临时借垫。营此业者，盈利颇厚，于是发展为店铺，设立铺面，业务范围也逐渐扩大，成为钱庄。有的钱庄则是商品买卖店铺兼营钱庄，后来放弃商品经营，专门从事钱业。这种演变，从明代已经出现，但到清末市场上还有卖茶又兑钱，或卖烟又兑钱的小钱铺、钱摊（钱桌）。

山西商人在全国开设了多少钱庄，详不可考，据现有史料，北京、天津、张家口、归化、包头、西宁、兰州、河南、汉口等商业重镇的钱业势力以山西商人势力为强。如"山西祥字号钱铺：京师已开四十余座，俱有票存，彼此融通"。[①] 山西钱庄在社会经济生活中的地位如何，我们可以归化城为例，略做分析。

随着钱庄家数的增多，各钱庄之间不能不发生一定联系，于是就产生了同业行会组织，归化城的钱业行会大约在乾隆年间就已经出现了。后来，"各钱庄组合行社，名曰宝丰社。社内执事，号称总领、各钱商轮流担任"。[②] 当时归化城的商业有杂货行、官铺行、成衣行、碾行、缸行、

———————————

① 清档：《石朱批奏折》，咸丰三年四月初三日，《鸿胪寺卿祥泰为拟变通章程的奏折》。
② 《绥远通志稿》卷四八，民国年间抄本。

酒饭行、饼行、医药行、靴行、典行等，但宝丰社却为百业之首。"宝丰社在有清一代，始终为商业金融之总汇，其能调剂各行商而运用不穷者，在现款、凭帖之外，大宗过付，有拨兑之一法。"① 就是说自宝丰社成立以后，它就成了社会资金调节的总枢纽。其资金调节的工具，一是现款（白银和制钱）；二是凭帖等信用货币；三是拨兑和谱银。山西商人发行的信用货币有六种：

（1）凭帖，本铺出票，由本铺随时负责兑现。

（2）兑帖，也作附帖，本铺出票，到另一铺取兑现银或制钱。

（3）上帖，有当铺上给钱铺的上帖和钱铺上给钱铺的上帖之分，彼此双方已有合同在先，负责兑付。

（4）上票，非钱商的一般商号所出的凭帖称上票，信用自然要差一些。钱商也可以收受。

（5）壶瓶帖，有些商号（包括钱庄）因逢年过节资金周转不灵，自出钱帖，盖以印记，用以搪塞债务，因其不能保证随时兑现，只能暂时"装入壶瓶，并无实用"，故称壶瓶帖。

（6）期帖，出票人企图多得一些收入，在易银时，开写迟日票据，到期时始能取钱，需计算期内利息，类似现代的远期汇票。

上述六种信用流通工具，最迟已在道光中年在山西商人之中普遍行使。② 前三种是见票即付现款，如同现金；后三种不一定立即付款，易生纠葛，道光皇帝曾下令准许行使前三种，禁止行使后三种，事实上禁而不止。

归化城山西钱商除行用上述各种信用流通工具外，还用另外一种形式融通资金，即拨兑和谱银。拨兑，有些地方亦称城钱，一般商人之间的商品交易，一吊制钱以下者，可以使用制钱，也可以使用凭帖进行支付，即我们现在的现款交易。一吊以上的商品交易，需要拨兑，如商号甲无钱购货，经与钱庄乙商议允许借用，甲便可向商号丙购货，商号丙与钱庄丁有往来，钱庄乙便通知钱庄丁，声明甲已有存款，丙便可放心发货，无须现款，仅在甲、乙、丙、丁之间划拨转账。但这笔款，只能辗转相拨，不能提取现金，即代表现钱而又不见现钱。谱银，是指银两拨兑，办法与拨兑相仿，其差别在于谱银既可兑现，也可以不兑现。仅用以周行而不兑现者

---

① 《绥远通志稿》卷四八，民国年间抄本。
② 《中国近代货币史资料》第一辑上册，中华书局 1964 年版。

叫客兑银；谱银以一月为期，到期兑现者叫点个现银。① 这种将借贷、转账、票据流通连成一个有机组合的工作，全是由宝丰社来组织的，至于章则制度、组织管理、各项禁条，都是由宝丰社出面组织各钱庄负责人协商确立的；一经确立，各钱商必须严格遵守。宝丰社还得具体办理各钱庄之间的最后的票据清算。可以说宝丰社具有现代银行的信用放款、转账结算、票据交换、金融管理等多种功能。这在中国金融史上有着重要的贡献。正因如此，"各行商收使银钱，必须有钱行为之过账，否则无从周转……钱行操纵其间，固有鱼肉各商之弊，而缓急可资，亦大有辅翊各商之力。故宝丰社之于市面，其利害盖参其半焉。"② 有人为此感慨地说："不用一文现款，而钱庄能坐食其利，亦妙矣。"③

与归化城宝丰社同样性质的钱业行会，在包头叫裕丰社。归、包两城的山西钱商的这种经营活动，内蒙古地区并非如此。归、包两城的"银钱商人，以山西祁、太帮为最，忻帮次之（清时祁、太帮为盛，民国以来忻帮较盛——原注），代帮与同帮又次之。故其一切组织，亦仿内地习惯办理"。④

在半殖民地半封建的旧中国，货币极为混乱，银两、银元、制钱、铜圆、银票、钱帖以至外国银元、钞票同时流通于市面，在各种通货之间的兑换上，山西货币商人自然要操行霸市，上下其手，从中渔利。每个城市，都有钱行组织，在钱行组织下，于每日清晨集合各钱商于指定地点（一般在钱行会馆公所），或以钱易银，或以银易钱，叫作钱市。在这种交易中，"宝丰社"之类的钱业行会就要在行市、汇水的涨落上起决定作用。借此大作虎盘（买空卖空），投机倒把，这也是钱商的惯用伎俩。

至于小钱铺、小钱摊，主要剥削对象是下层人民。时人有两首打油诗，可见一斑。《钱铺》："铺保连环兑换银，作为局面惯坑人，票存累万仍关闭，王法宽容暗有神。"⑤《换钱摊》："小桌当街钱换钱，翻来覆去利无边，代收铺票充高眼，错买回家只叫天。"⑥ 看来大铺坑小铺，小铺坑穷人的剥夺一直在激烈地进行着。

① 《绥远通志稿》卷三八，民国年间抄本。
②④ 《绥远通志稿》卷四八，民国年间抄本。
③ 林竞：《环海依松楼西北日记》。
⑤⑥ 杨静亭：《都门纪略》，《杂咏》。

二、票号的产生和发展

（一）票号与镖局

票号，亦称票庄或汇兑庄，是一种专门经营汇兑业务的金融机构。随着商品交易的发展，商人异地采购增加，现银调动频繁，这种货款交付，全赖镖局运现。商贩在外向老家捎寄钱物也托镖局办理。专业汇兑机构产生之前，镖局担任着现银运送的任务。

所谓镖局，以"雇用武艺高超的人，名为镖师傅，腰系镖囊，内装飞镖，手持长枪（长矛），于车上或驮轿上插一小旗，旗上写明师傅的姓，沿途强盗，看见标识上的人，知为某人保镖，某人武艺高强，不敢侵犯。重在放标，故名镖局"。① 这是因为当时社会治安混乱，道路不靖，现银运送，须有武艺高强的人武装护卫。山西是著名的形意拳的故乡，又旅外商人最多，因而开设镖局者，山西人较多。"考创设镖局之鼻祖，仍系……山西人神拳张黑五者，请于达摩王，转奏乾隆，领圣旨，开设兴隆镖局于北京顺天府前门外大街"。② 这里说乾隆时开创镖局恐非真实，据卫聚贤先生考证，镖局为明末清初顾炎武、傅山和戴廷轼为反清复明，以保护商人运送现银为名而创设。③ 无论何时开创，山西人经营此业颇多。清末仍有许多山西镖局，如榆次人安晋元在张家口的三合镖局，王福元在蒙古三岔河的兴元镖局以及老一堂、长胜、三义、无敌等镖局。太谷车老二，祁县戴二旅等都是有名的镖师傅。

由于镖局运现开支浩繁，费时误事，又常出差错，在商品交易有了较大发展的情况下，这种镖运现金与商业的及时清偿及现款稳妥调拨的矛盾日渐尖锐，这样外出经商的山西商人就不得不寻求新的办法。相传，平遥县西玉成颜料庄在北京、天津、四川等地均设有分庄，总经理雷履泰。西玉成北京分庄经常为在京的山西同乡办理北京与平遥或四川、天津间的现款兑拨，如在京交款给西玉成，由西玉成北京分庄写信给平遥西玉成总号，在平遥取款。这种异地拨兑，起初只限于亲友之间，并不收费。后来要求拨兑的人越来越多，在双方同意的原则下，出一定手续费就可以办理。这位雷经理和东家李箴视发现这是一个生财之道，若广为开展，必获厚利。于是，改设日升昌，兼营汇兑，果然营业

①②③　卫聚贤：《山西票号史》，重庆说文社 1941 年版。

旺盛，遂放弃颜料生意，专营汇兑，成为中国历史上第一家票号。以后他们调查了山西商人经营茶叶、药材、食盐、绸缎、布匹、百货等进销地点，选派精悍伙友，先后在天津、张家口、盛京（沈阳）、苏州、上海、厦门、广州、桂林、重庆、长沙等地设立分号，招徕生意，此处交款，彼处用钱，手续简便，甚感便捷。请求汇兑者，除山西商人和其他地方商人之外，还有政府及官吏，随着资本增加，通汇地点扩大，利润越来越多。继而吸收存款，发放贷款，日升昌日升月昌，一派兴旺。有鉴于此，山西商人纷起效尤，投资票号，从而产生了著名的山西票号。

（二）票号产生的年代

票号产生于什么时代？由于史料缺乏，半个世纪以来，学者们众说纷纭，莫衷一是。第一种意见认为，唐代商人财富增加，有"飞钱"出现，因之有票号产生。[1] 第二种意见认为，票号发生于明末清初，明代已有汇票发生，[2] 山西人拾李自成遗金而经营票号。[3] 更有说顾炎武、傅山、戴廷轼为了反清复明，以保卫山西商人运现为名组织镖局，为票号的前身。[4] 第三种意见认为，票号发生于清乾隆嘉庆年间，是乾隆盛世商品生产和交换发展的结果。甚至有人具体指出为嘉庆二年。[5] 第四种意见认为，票号发生于清道光年间，有说道光初年，有说道光四年，有说道光十一年。随着山西票号研究的深入和史料的发掘，票号发生年代将会逐渐得到统一认识。可以肯定的是，明代中后期已经有了会票（汇票）流通，江南和北方已经通汇。清顺治年间，山西商人已经开始为政府承汇饷银。至于专业汇兑机构产生的准确年代，还有待历史资料的挖掘和考证。

（三）票号为山西商人所垄断的原因

作为专门从事异地汇兑的信用机构，必须具备三个条件：一是要有巨额资本；二是要有分布各大商埠的分支机构；三是要有卓著的信用。为什么这种专业汇兑机构会为山西商人所开设，并长期垄断？这完全是

---

① 艾约瑟：《中国金融与物价》。

② 郝树侯：《谈山西票号》；王守义：《明代会（汇）票制度和山西票号的关系》，载《山西地方史研究》第二辑，山西人民出版社1962年版。

③ 《中国经济全书》（日文）第三辑第五编。

④ 卫聚贤：《山西票号史》，重庆说文社1941年版。

⑤ 范椿年：《山西票号之组织沿革》，《中央银行月报》第四卷第一期。

由明代以来山西商人资本的迅速发展造成的。首先，明代以后山西商品经营资本的发展，为山西票号的产生积累了资本；其次，明代以后山西商品经营资本的发展，又为山西票号的产生准备了遍布全国的汇兑网，山西商人的商号多采用分支机构制分设各地，南方商人如徽商、潮州商多采用单独经营或同业往来制；再次，明代以来山西商人资本的发展，为山西票号提供了良好的资信；最后，明代以来山西商品经营资本和货币经营资本的发展，为山西票号的经营管理积累了经验，提供了技术和管理人才。

（四）票号的发展

继"日升昌"票号成立后，平遥蔚泰厚绸缎庄等先后改营汇兑，至1828年（道光八年）票号在南方各城市已经很活跃。如苏州，当时为"百货聚集之区，银钱交易全借商贾流通，向来山东、山西、河南、陕西等处每年来苏办货，可到银数约百万两……自上年秋冬至今，各省商贾俱系票往来，并无现银运到"。① 到鸦片战争前夕，票号大约有六家，即日升昌、蔚泰厚、日新中、广泰兴、承光庆、合盛元。

1840～1850年（道光末年），山西票号又有了发展。1850年，日升昌、蔚泰厚、日新中三家票号在各地设立的分支机构达35处，分布于北京、天津、盛京（沈阳）、张家口、济南、南京、苏州、清江浦、芜湖、屯溪、汉口、沙市、重庆、成都、长沙、广州、常德、周家口、汴梁（开封）、河口、西安、三原22个城市。咸丰二年，当时的政论家冯桂芬在谈到票号时说道："今山西钱贾……散布各省，会（汇）票出入，处处可通。"② 票号的业务活动，这个时期已经逐渐由专门从事汇兑开始兼营存款、放款。如1847年（道光二十七年）末，蔚泰厚苏州分号已有存款36000两，放款80000两。1850年（道光三十年）末，日新中北京分号有存款近37000两，放款近70000两。并且把存款、放款与汇兑相结合，利用承汇期，占用客户款项，放贷生息，并有了固定客户，信用良好，"交银于此，用银于彼，从无空票"。③ 其盈利来源，随着单一汇兑业务被突破，除了汇费收入，压平擦色④收入之外，又获取存放利差。因为有官

① 《陶之汀先生奏疏》卷二二，道光八年四月初八日折。
② 《显志堂稿》卷一一。
③ 许楣：《钞币论》论六，成书于道光二十六年版。
④ 平、指秤；色，指白银成色。压平擦色，指收付银两时在平砝上、银色上高进低出的剥削手法。

款存储，并不付利，故贷款利息收入是相当可观的。

但是，山西票号的发展与山西当铺、印局、账局、钱庄的发展不同，自从太平天国起义，清政府的财政更加困难，票号逐渐由为封建商人服务转向了与政府的结合。

把钱币研究与社会经济史
研究结合起来

——兼谈沙钱、农民、官府和行会

背景说明

  本文是 1987 年在山西省钱币学会学术研讨会上的演讲稿，原载《山西金融》1988 年钱币增刊。

  钱币学会有很多会员是民间钱币收藏家，在和他们的接触中，发现他们十分重视钱币本身的形制、品相、奇特和稀缺等方面的问题，而对于钱币行使流通的社会经济背景不够关心。如流通中的"沙钱"是通货膨胀和民间私铸的结果，流通中折扣很复杂，反映一定时期的社会经济状况，而收藏家喜欢正品，不喜欢杂钱；又如民间流通使用的汇票，有的票面用毛笔批划得密密麻麻，实际上这是汇票背书转让的结果，它在流通中的贡献是很大的，那些所谓品相好的汇票实际上可能就没有流通过或没有被背书转让过，在历史上没有发挥过作用或发挥作用不大。但是很多收藏家不喜欢有毛笔批划过的汇票。作者主张把钱币收藏与钱币研究结合起来，把钱币研究与社会经济史研究结合起来。

  钱币的收藏和研究，包括系统地积累、收藏和研究历代硬币、纸币以及各种货币代用品，是一件很有趣的事情。西方国家钱币收藏兴起于文艺复兴时期的意大利，从 17 世纪起，有人开始对公私所藏货币进行评价、分类、展览等，19 世纪以后，各种关于钱币的目录、手册及著作不断问世，越来越多的人爱上了钱币的收藏和研究。我国人民收藏和研究钱币的历史更为悠久。南北朝时，南朝人顾烜著有《钱谱》，他在这部书中曾引用过他之前的刘氏《泉志》资料。唐代封演著有《续钱谱》、张台又撰《钱泉》。宋代董逌著《续钱谱》10 卷，李孝灵著《历史钱谱》，陶岳著《货泉录》，村镐著《铸钱故事》。南宋时洪遵于 1149 年发表《泉志》15 卷，收录五代以前中外历史货币 300 多种。明有董遹《钱谱》，胡我琨《钱通》。清代的钱币学研究又有很大发展，有江德量《钱变》24 卷，翟木夫《泉志补考》和《泉志续编》各 20 卷。

收藏钱币的目的因收藏者各异，有的为了欣赏，有的为了投资，有的为了研究。不论哪种目的，一般说来被收藏的钱币价值不会低于其金属价值，随着保存期的推移，收藏者人数增加，造币厂标记的稀有，其价值会不断增长。然而，尽管钱币收藏研究在我国至少已经有 1500 多年的历史，而钱币学作为一门独立的学科，相对金融学的发展则十分缓慢，始终停留在钱币形制、书体、重量、金属成色的考证上，基本上一直是考古学的一部分。事实上，钱币的币材、形制、重量、成色及同流通中的各种钱币的相互关系，是当时社会经济发展水平和状况造成的，透过有关钱币的研究，可以看到历史上若干经济现象的本质，是研究社会经济发展史中的重要资料。

我们在大量的历史铜钱中，经常看到一种重钱和各种不规格的劣质小钱（北方人称沙钱），基本都是财政经济困难时期的产物。繁荣盛世，平钱流通顺利，物价平稳；财政拮据，经济衰败时期，钱币杂乱，物价波动。历史上多次出现政府铸造重钱（大钱），通过法令，规定其与平钱母子相权，如当十、当百、当千大钱，说什么发行重钱可以节省采铜费用，而实际重钱的铸造，不是迫于消费需要，就是为了牟利。新王莽四次币制改革，其实质是什么？他的"大泉五十"，重 12 铢，顶 50 个"小泉"使用，每个"小泉"重 1 铢，毁 12 个小泉即可改铸 1 枚"大泉五十"，获利 3 倍。尽管王莽的钱铸造精良，但币制却混乱到不得不废弃。公元 666 年，唐高宗铸"乾封泉宝"，重 2 铢 6（约 1 钱 1 分），就要当"开元通宝" 10 枚使用（"开元通宝"重 2 铢 4 絫，即 1 钱），也就是说，重钱比平钱的实际价值只增加 10%，其名义价值就要增加 10 倍，故发行不到一年就废弃了。公元 758 年唐肃宗铸"乾元重宝"，又落得同样下场。公元 1041 年，为了筹措抵御西夏入侵的军费，宋王朝铸"庆历重宝"，曾在山西铸造当十的大钱 30 万缗调陕西补充军用。就连中国历史铸造最精、号称铁画银钩、徽宗御笔的"崇宁重宝"，大观通玉当五、当十钱，也是这样的产物。当今人们都在欣赏它的书体和制作工艺，岂知此钱曾是蔡京聚敛财富的手段，这种钱将多少劳动人民的血汗卷进了蔡京的腰包。清代咸丰皇帝为了镇压太平天国农民起义，铸造了咸丰大钱以饷军费。其中有当四、当五、当八、当十、当二十、当三十、当四十、当五十、当百、当二百、当三百、当四百、当五百、当千大钱，最后的当千大钱不及最初当五十大钱重。民国初年，阎锡山也曾用制钱改铸铜元，熔 3 枚制钱改铸 1 枚当 10 铜元，后又铸当 20 铜元，强迫民间以 10 个制钱兑换 1 枚当 10 铜元，仅此一举，盈利 360 万银元。

政府既可以利用行政权力，强制行使大钱，民间也就自然要私铸大钱，从中渔利。清代政府对此都有严格的禁令。如清代发现私铸钱币，要处以责棍、充军、罚做奴婢，以至抄斩、株连九族，但是私铸终不能禁。

民间私铸除了铸大钱以外，更多的是私铸不足值的鱼眼沙钱，夹在好钱之中使用。沙钱的流通对社会经济的影响是重大的。下面我们以清代山西归化厅为例做一简要分析。

清代中后期，各地使用的货币有银两、银元、铜钱、银票、宝钞及私商出的钱帖子，但是在归化城却不同，大量的商品交易使用谱银和拨兑，特别有趣的是一种"短陌钱"。据咸丰十年的山西百货商人的行会组织聚锦社在归化城南茶坊关帝庙所立碑文说："孔方之法，则以千为贯必足为归，斯世乃归化城则异其。向来创使钱市每千底缺四元，商民两便，至善焉。自钱行渔利舞弊，行使短数钱文，大凛成规，致使银价日昂，百物皆贵，凡国计农需，往来交易，莫不掣肘。从此雀角鼠牙，屡次兴讼。虽蒙前上宪断定良规，历有碑记，案结可稽，无如本社之执事者，趋公不敏，停止抽拨，遂致宝丰社溪壑难盈，行使短钱，甚至以四十八文顶百数。"经营府"断令聚锦社用钱之家，向宝丰社该债之户，逐自引兑抽拨，搬取现钱，每铺付给一千不越二十千之数，庶几索需者不至勒逼，负累者不至抗违焉。夫钱固以至四底足数为止。而抽拨者永无休息。"这里所说的宝丰社就是山西钱庄商人行会。由于市面沙钱流通掺杂，宝丰社为了维护钱业利益，采取以不足数钱文顶百钱的办法，大体为 48 文或 50 文好钱当 100 文使用。这就有伤聚锦社商人的利益，于是上告到官府，官府才有上述判断。可见，为了摆脱沙钱流通所造成的麻烦，采用不足百的好钱当百钱的办法，造成了货币商人与普通商人之间的矛盾，用现代的话说，就是银行与企业的矛盾。

钱庄和商人的利益之外，还有农民的利益。农民也结社自卫，名为农民社。据同治元年归化城海窟龙王庙内《重振四农民社碑记》载：以往历任厅主免草豆，整钱法，为四方兴利除害。可是，"归化城钱法，农民之害者久矣，自会首郭保赴省上控藩台陈大人整饬而后，年远弊深，虽有廉明厅主，奸商胥吏舞弊不能革矣。自咸丰九年，行使之钱五十余文为一百，农民之用皆足数以五十而抵百，四乡之受害曷可胜道哉。""十年春，庚府署理归化……欲于无可如何之时，设万民乐制之法，不信难平其整钱也。"以"六十文为始，每朔望加钱一文。由是行之四底足数无难致矣。行之几年，而街市流通诚不易之法也。"碑文继续说，后来因地方官吏更换，新任负责人听信奸商和下层胥吏之言，致为钱法继续混乱。农民又不得不再上诉将军署，断令按原来办法，但100钱文尚未加至80文，则龙王庙住庙住持僧人诬告社首，毁其碑匾，抄查没收农民社财产入官，其社首几被打死，农民社被迫解散，到同治元年再次申报才得以恢复。从这一碑文中可以看到，因为不足百钱当百使问题，农民深受其害，抱怨商人。

归化城的这种数十文钱顶百钱的习惯称为"短陌钱"，只在归化城行使，故又称"城钱"。足陌钱又称"满钱"，很少行使。到光绪年间，降至十八文顶百钱行使，钱法更加混乱。光绪十七年，绥远将军克蒙额按光绪六年规定，以五十五文顶百，贴画告示说：归化城买卖之患，在于钱行窃利，而钱商之窃利在于钱法之无定章。自光绪六年，山西巡抚曾批定五五抵百，历任道厅皆借因时制宜为词，不肯实力奉行，以塞私径，因而钱商逞诈取巧，以罔市制，各行受制，莫可如何，去年冬令，钱底愈乱，银价有名无实，钱数则需多济寡，街市不通，后民交困……经将军传问归化十四社，独有宝丰社不遵规约。经调查后断定，仍按前山西巡抚批示，凡各行交易，无论现钱、拨兑，概以五十五文顶百行使，各行在钱行往来，均按向来四标公议，并且银两借贷利息与钱文借贷利率要一致。由十五社（十四商社加上钱行宝丰社）出具甘结，并勒石三贤庙，一体遵行。然而，未过多久，钱文再度紊乱，光绪二十三年，以三十、二八顶百，到光绪二十四年，市面流通尽为鱼眼沙钱，往往数十吊现钱，可以斗筲提之。后来官府不得不先允以二五顶百，不准掺用沙钱，勒石以示遵。但后竟落到了十八文顶百。

就在短陌钱行使越短越少，而且沙钱大量流通的情况下，政府协同十五社及外十五行在光绪十五年于三贤庙，毁沙钱铸成铜碑，永禁沙钱行使。其碑文说：夫制钱之内掺使沙钱，本于禁例，近年归城间行掺使，迄今愈行愈广，蒙道宪安府主炳出示严禁，并会乡耆等酌量改除后，公议存沙钱者，到三贤庙换取制钱，斤两相抵，永绝后患。如再有不法之徒，仍蹈故辙，禀官究治，决不宽恕，恐年远无据，将沙钱耗铸铜碑，捭阖邑周知，以照儆戒而资永遵云。

在归化城外附近地区，不行使短陌钱，而是足钱与沙钱按比例混合使用，有八十钱、四六钱、二八钱等。

据史料记载，归化城的钱、银交易市场也很活跃，向例在市口进行。每日清晨钱行商贩，集合于指定地区，不论以钱易钱，或以钱易银，均系现行市，逐日报告官厅备查，谓之钱市。其银钱商人，以山西祁（县）、太（谷）帮为最，忻（州）帮次之，代（县）帮、大（同）帮又次之。故其一切组织，亦仿内地习惯办理，由各钱商组合行社，名为"宝丰社"。

从钱币学的角度看，上述这段历史史实，有几点需要我们去认真研究：

第一，地区货币特点。在内地由于制钱不足，行使铁钱，当十大钱（重钱），而在归化城行使短陌钱。这是为什么？是否与该地民族交易特点有关？自古西北少数民族地区的银行货币用铜较少，重钱难在当地行使。归化城当时商品交易使用的货币有三种：一是现款——银两和铜钱；二是信用货币——凭帖；三是拨兑和谱银。铜钱使用又分满钱（是陌钱）和城钱（短陌钱）两种。这种钱城在一定意义上具有信用货币的某些性质。

第二，宝丰社的功过。作为货币商人行会组织的宝丰社，是代表钱庄利益的，但同时又具有当代中央银行的某些职能，行使一定管理金融市场的权力。它与钱庄的关系犹如中央银行与商业银行的关系，这是山西商人的一个创造。它在业务技术上的贡献是创造了拨兑和谱银。拨兑即在商品交易中，交易量在一吊钱以下者，使有制钱或凭帖，即现在现金交易；一吊以上者，一律采用拨兑，如商号甲为了从商号乙进货，经与其往来的钱庄丙协商可以贷款，丙即通知商号乙的关系户钱庄丁，言明甲有钱可付，乙即向甲发货，甲乙间的资金清单，由丙、丁两家钱庄办理转账，即现在的转账结算。此项工作由宝丰社组织，但这笔钱只能辗转相拨，不能提现。谱银，与兑拨相同，是指以银两进行的支付，但是有可以提现（叫点个银）和不可以提现（叫客兑银）之分。此办法节约了现金使用，有利于商品交换，开创了中国转账结账和字据交换的先河。使归化城这一汉蒙、中俄交易市场每年数千万两白银的商品交易得以实现。但宝丰社也有横行霸市，鱼肉各商的问题"利害盖参其半"（《绥元通志稿》）。

第三，劣币驱逐良币。市场货币流通中，重钱、劣钱和好钱同时流通，常使好钱藏匿，劣币泛滥，造成劣币驱逐良币的恶果，这种劣币驱逐良币的规律，影响着市场商品流通和价格，也造成钱币的投机。如今的外汇券排挤人民币的现象，正是这种规律的作用。

第四，钱币流通与政府管理。重钱大钱的铸造和流通是由政府引起的，不论是出于敛财还是解决财政困难，都造成了市场劣币充斥，钱币混乱，给农民、军人、商人造成危害，从而造成政治上的不安定，政府不得不进行干预。但是政府的干预旨在解决钱币兑换比率，未从财政上杜绝赤字，是无法从根本上解决货币混乱问题的。

第五，山西钱币问题，山西的布币被钱币收藏者和研究者喜爱和重视，岂不知山西商人和票号、钱庄在清代的活跃，曾创造了多种形式的流通工具。除银两、银元、铜铁钱之外，还有拨兑、城钱、客兑钱、点个钱，特别是他们发行和使用的凭帖、上帖、上票、壶瓶帖、期帖、兑帖更值得我们去发现、收藏和研究，这些信用流通工具在中国货币史也是有贡献的。

总之，将钱币的收藏研究与社会经济史的研究结合起来，会使我们的钱币学研究的内容更加生动丰富，更有利于古为今用，服务现实。

中国特色的股份制：人力股＋资本股

背景说明

本文是 1997 年 8 月提交海峡两岸"中国文化与企业管理学术研讨会"的论文，原载《金融时报》1997 年 12 月 10 日，后被中国商业史学会明清史专业委员会编辑的《明清商业史研究》第一辑收录，中国财政经济出版社 1998 年 11 月出版。

有人说，人力资本股问题是美国人近年来的新创造，不少研究企业管理的学者正在把它作为前沿学科认真研究美国企业管理的新经验。其实，晋商和票号早在几百年前就已经实行人力资本股制度了，一直实行到 20 世纪 40 年代末，并且在人力资本会计核算方面也有自己的具体操作办法。改革开放以来的山西企业中，就有实行人力资本股和货币资本股统一参与企业利润分配的企业管理制度的典型。

建设有中国特色的社会主义市场经济，必须建设有中国特色的企业管理制度，企业组织形式很多，企业制度的内容也很丰富，而当今人们广泛推崇的却是企业股份制。如何根据中国文化，建立有中国特色的股份制，依笔者之见，应当是资本股加劳力股。笔者结合山西历史、现状及今后有关情况，对这一观点做些阐述。

一、资本股与劳力股的含义

资本股是以货币资本和实物资本为形式的物化劳动投入企业的资本，

它是创造新价值必不可少的要素，是形成生产力的能动者。货币资本和实物资本（以下简称实物资本）与劳力资本共同构成了股份制企业的资本。

也许有人会认为这一观点违反了马克思的资本理论。笔者认为，由于马克思、恩格斯所处的时代，是实物资本大积累的年代，劳力资本的地位还不突出，马克思、恩格斯为了动员无产者起来剥夺有产者，从资本生产过程去揭示剩余价值的生产和分配，是有其科学道理的。但我们今天的建设社会主义，不是把有产者变成无产者，而是要把无产者变成有产者。受雇用劳动者也可以成为资本的所有者和股东，成为企业的主人，这是社会主义的大道理，要走共同富裕的道路，不要两极分化，不要资产者和劳动者的相互对立。

最近看到有人讲人力资本，其实人力未必都可以作为资本，不是任何人力都可以成为股份企业的资本。股份企业只能够吸纳在本企业从事劳动的职员和工人，并按他们的劳动数量、质量和贡献的大小，来折合一定的资本量。人力资本的提法是值得商榷的。

在股份企业中，既然实物资本与劳力资本共同创造了新的价值，实现了价值增值，那么劳力资本就有权利与实物资本一起折股，平等地参与企业利润的分配，这是合情合理的。

二、劳力股：历史溯源与创新

劳力股制度由山西商人首创，其发生年代已不可考，但在明末清初已经广泛流行，劳力顶股制度的基本内容是：企业（商号）的主要职工可以顶零点几厘到几厘，以至 1 股的股份，股份的多少由财东根据职工任职时间、能力、贡献决定，称为"人身股"。在一个财期结算时，"人身股"与财东的资本股一起参与分红，一般资本股一万两白银为 1 股，而总经理（即大掌柜）顶八到九厘，最高顶十厘即 1 股。譬如清代成立的、一直发展到民国年间的著名大商号大盛魁、长裕川、大德通、日升昌等都实行这种"人身股"制度，并且为它的财东带来了极高的经济效益。最典型的是太谷商人王相卿和祁县史大学、张杰组建的大盛魁。该企业历经 230 多年，职工人数最多达到 7000 多人，它规定每三年为一个大财期（会计年度），进行一次结算分红。分红时把公积金的积累和运用放在重要的地位，以公积金的增长为衡量 3 年内经营成果的主要标志，然后才是每股分红，最盛时一股可分到一万两白银，财东和掌柜及顶股员工均受其益，每遇账期总结，都要评定职员功过，检查 3 年的成绩和问题，整顿人事，调整"身股"厘数。据说，大盛魁后期"人身股"总数已经超过了股东的资本股总数。大德通票号的"人身股"情况，据光绪十五年（1889 年）分红账记载，光绪十一至十五年（1885～1889 年）账期共获余利24723.03 两，资本股和"人身股"共二十九分（股）七厘，每股分红850 两。其中乔中堂等资本股二十分（股），马培德等 23 名职员"人身股"九分（股）七厘。在这 23 名享受"人身股"待遇的职员中有 3 名是已去世的职工。大德通票号光绪三十一至三十五年（1905～1908 年）账期获利 743545.25 两，资本股和"人身股"共计 43 分（股）9 厘 5 毫参与分红，其中，资本股仍为 20 股，"人身股"达到了 23 分（股）9 厘 5毫，顶股职员为 57 人。

根据史料，山西商人的"人身股"不是每个职工都能得到待遇。商号新招员工学徒期为 3 年，3 年期满合格，录用为正式员工。一般要经过几年锻炼，在思想和业务方面表现良好，德、勤、能、绩表现优秀者才能顶股，最快者一两年，最慢者可能十几年甚至更长的时间还不能顶股，可见山西商人的"人身股"制度是根据劳动者的品质、能力和绩效来决定的。这说明，当时已经把劳动力当作了资本，对劳动力资本的衡量与考核，已经注意到了劳动者的劳动数量和劳动质量，劳动力资本和实物资本在企业利润分配中是平等的。从现有史料看，至少劳力股制度曾经历了300 多年，直到 1949 年。从这些企业经营效益看，"劳动股"制度确实给它们带来了好处，这正是它们数百年长盛不衰的重要原因之一。

历史常常有许多惊人的相似之处。在改革开放的今天，山西省大同市左云县秦家山为了改变家乡的落后面貌，利用当地的煤炭资源优势，办起了煤矿，大力发展煤炭产业。1978～1988 年，原煤产量增加到 43 万吨，固定资产达到 1000 万元。但挖煤的工人，大部分是从外地雇来的，如何处理秦家山村民和雇用劳动者的关系，随着外来打工者的增加，这一矛盾越来越突出。秦家山党支部根据本村的实际情况，反复讨论，联想到 50年代初期初级农业社的时候，土地入股，生产资料入股，还有人头股的历史经验，他们创建了新的秦家山股份有限公司，后改为秦嘉集团股份有限公司，其股份构成为：集体资产股、个人货币资金股、劳力股。该公司在章程中规定，户籍不在本村的煤矿工人，可以折劳力股；凡在本公司有劳力股者，均属于本公司的股东；本人中途退出公司或不从事本公司的煤矿工作，股份均自行取消。到 1995 年，公司总股数达到 2757410 股，其中集体资产股 250 万股，个人资金股 43800 股，劳力股 216110 股，分别占 90.66%、1.59%、7.84%。1996 年，劳力股的股东为 467 人，其中本村村民 127 人，外来劳力股 340 人。外来劳力享有与本村户籍股东的同等权利。这就正确处理了劳资关系，促进了生产的发展，劳力股东的主人翁意识越来越强，在企业集团中起到了越来越重要的作用。80 年代末秦家山村民人均纯收入为 4500 元，1997 年达到 7100 元，现在没有贫困户，最穷的家庭也有万元存款。外来劳力股股东年平均工资 7000 元左右，加上资本股和劳力股分红，达到 8000 多元。劳力股富了秦家山，富了外来打工者，他们的经济活动与开发正在向周围地区扩展。现在，秦嘉企业集团已经成为山西省大同市经济实力最强的乡镇企业，跻身于全国千家先进村行列。

三、劳力股：评价与操作性建议

山西省秦家山的秦嘉企业集团在社会主义制度下创新劳力股制度，并取得了明显的社会经济效益。但在实践和理论上都仍然还有许多问题，需要我们进一步去研究并逐步完善。

第一，哪些劳力股可以折股。是不是在企业干活的任何一个职工都可以折股？笔者认为是不行的。秦嘉集团 1989 年规定了劳动者每年劳动出勤 200 天以上折股 0.5 股，300 天以上折 1 股，连续折到 10 股后不再增加。1995 年又进行了改革，劳力折股分为三个层次，副经理以上的人员每年出勤 250 天以上折 60 股，300 天以上折 100 股；一线体力劳动者当年出勤 200 天以上折 60 股，260 天以上折 100 股；二线管理、勤杂人员当年出勤 250 天以上折 30 股，300 天以上折 60 股（原来 1 股合 1000 元资本股，改为 1 股合资本股 10 元）。1995 年的改革，体现了劳动者的质量和贡献，也体现了危险和脏累岗位的不同劳动情况，这是合理的。但是，对于工龄、技术级别、文化程度等涉及劳动者价值，即劳动者身上凝结的为提高劳动者素质的投资，仍未加以考虑。其实，劳动者因受教育的投资使智能、技能的积累程度和个人奋斗提高的程度，以及迁移性投资使劳动者掌握的信息和经验，等等，都应当在折股中予以重视。

第二，劳力折股的标准。即劳动者的智力、能力、工龄、级别、贡献、危险及脏累岗位等各类因素中折股中的比重和权数如何确定问题。明确因素，明确各因素的权重，进行积分计量看来是可以探索的路子。

第三，劳力资本股与实物资本股的折合。多少劳力股可以顶多少元的实物资本股。这个问题，古代晋商没有定制，当代晋商也没有在理论和经验上做出结论，还是一个探索的过程。在一定时间内，不同的企业还会有不同的规定。笔者认为，把实际工资收入（基本工资加奖励）与折股建立某种联系，不失为一项可供参考的选择。

第四，劳力股数是不是封顶。这涉及每个劳力最多可以折多少实物资本股，也涉及在全部利润分配中，实物资本投入与人力资本投入在分配中各占多大比重。古代晋商劳力股虽无封顶一说，但总经理一般到一定程度时不再增加。少数老企业劳力股总数至清末民初超过了资本股总数，以致原来的财东无法控制企业。这又涉及劳资双方在企业中的地位问题，仍需要在实践中继续探索。

第五，劳力股的退出。一般股份企业，实物资本股是永远不清退的，但可以转让出卖。而劳力股在劳动力退休死亡后，子女能否继承呢？古代晋商退休职工劳力股照常分红，死亡之后仍可以享受一个或两个会计年度的分红，叫"故股"。若调动、辞退，当即终止劳力股。可见人力股代表的是活劳动资本，所以只能在有劳动时享受，无劳动时不能享受，退休职工劳力股只是一种情感性的照顾而已。也正因如此，劳力股不转让，永远归劳动者个人所有，自然也不存在子女继承问题。

第六，劳力资本股与实物资本股是否同股同酬。秦嘉集团 1995 年集体资产股每股派息 1.4 元，个人货币资本股每股派息 2.1 元，劳力股每股派息 2.1 元。1996 年集体资产股每股派息 1.6 元，个人货币资本股和劳力股每股派息 2.4 元。笔者认为，同股同酬这一原则还是应当坚持，操作也会方便得多。

第七，实行人力资本股与实物资本股并存的股份企业是否可以上市。过去不承认实行劳力股制度的企业是正常的股份制企业，而认为其是不规范的股份制，自然无权上市。而今天要承认人力股制度是中国特色的股份制，为其正名，给它以合法的政治地位。要承认它的合法性和合理性，视其为规范股份制，在上市问题上就不能加以歧视。笔者相信，由于它正确处理了劳资关系，一定会以稳定的经济效益而得到投资者的青睐。

四、劳力股的理论意义：劳力资本论与共同富裕

劳力股制度，虽然是人民群众在企业管理实践中的创造，但它揭示了

一个重要的理论问题，这就是劳力资本理论。

首先，人在生产中的地位及相互关系，是生产关系的核心内容，生产不能离开劳动力这个最基本的要素，它与生产资料共同构成了剩余产品生产的前提条件。在现代人类生产活动中，劳动力和知识、技能、信息、素质在剩余产品生产中的地位越来越重要。劳动力作为劳动者个人所有的特征，与生产资料所有制性质具有同样的重要意义。所以，承认用货币购买的生产资料的资本性质，也应该承认劳动力的资本性质。否则，不仅在逻辑上说不通，就是在社会与道义上也是说不通的。

其次，我们搞的是社会主义市场经济，社会主义市场经济下的股份制，必须坚持一要解放生产力；二要消灭剥削，消除两极分化；三要共同富裕。劳力资本理论在不否定货币资本和实物资本理论的前提下，比较好地解决了社会主义本质特征所要求的条件。坚持人力资本理论，变雇用劳动者为企业主人，充分调动劳动者的积极性，作为股东的劳动者就会以主人翁的精神，关心企业的生产经营，从而较好地解决劳资关系矛盾，领导与被领导之间的矛盾。这是劳力资本理论的第二个理论意义。

最后，劳力股制度，比较好地解决了共同富裕的问题。前述实例说明了先富与后富者的矛盾以在劳力股制度下得以统一，也使雇用者与被雇用者在政治上地位平等，在新创造价值上利益共享。共同富裕才是社会主义。劳力股坚持共同富裕的方向，并且在实践上解决了使无产者变成有产者的重大问题，这无论在理论上还是实践上，都是重大突破。

明清时期山西货币商人的金融创新

背景说明

  本文原载《金融时报》1998 年 2 月 8 日，1998 年 3 月 30 日《新华社每日电讯》发了新华社太原 3 月 29 日电讯稿，《光明日报》、《华侨报》、《太原日报》等做了转载，后被中国商业史学会明清史专业委员会编辑的《明清商业史研究》第一辑收录，中国财政经济出版社 1998 年 11 月出版。同年 7 月，以此为题在香港大学亚洲研究中心的"香港大学中国商业史第二次学术讨论会"上演讲，日本东京大学滨下武志教授做了评论。山西货币商人的金融创新很多，完全可以与欧洲商人的金融创新相媲美。当然有些金融创新我们比较晚，但有些金融创新我们比欧洲还要早。清代众多钱庄都有自己的联合机构，如归化城（今呼和浩特）的宝丰社，它具有银行的银行之功能，又具有管理的银行之功能。一般人都说世界上最早的中央银行是 1694 年成立的英格兰银行，但当时它只部分具有政府的银行之功能，作为发行的银行之功能是 1884 年以后才有的。宝丰社，虽然未被发现准确的成立日期，但据各种资料判断可能在雍正年间。这样看来，中西方的中央银行制度是从不同的金融创新走过来，经过长期的互相交流、学习才有趋同的今天。西方中央银行是从政府的银行之功能开始的，中国的中央银行是从管理的银行、银行的银行发展起来的，最后都成为政府的银行、银行的银行、发行的银行、管理的银行。

山西货币商人包括经营当铺、钱庄、印局、账局和票号的商人，在明清时期，尤其在清中期已经有了很大影响。山西票号及山西钱庄、账局等货币商人与意大利伦巴第商人创造伦巴第银行业务一样，在中国金融史上曾有过重要的创新。这种创新对现代金融不仅具有前驱意义，而且对现代金融创新的启示作用是不可低估的。

一、商权分离

晋商在经营中创造了资本所有权与经营权两权分离制度。在企业创办之前，"财东起意经营，聘请经理，由介绍人说明，或自己注意察访，确实认定此人有谋有为，能攻能守……即以礼招聘，委以全权"。"被委之经理，事前须与财东面谈，侦察财东有否信赖之决心，始陈述进行业务及驾驭人员之主张。果双方主见相同，即算成功。""财东自将资金全权委诸经理，系负无限责任，静候经理年终报告。平素经营方针，一切措施毫不过问。""经理既受财东信赖和委托，得以经理全号事务……领导同人，崎岖前进，其权限近乎独裁而非独裁，实即集权制也，盖同人均享有建议权。"故1925年7月4日《中外经济周刊》载文说："将资本交付于管事人（大掌柜）一人，而管事于营业上一切事项，如何办理，财东均不闻问，既不预定方针于事前，又不施其监督于事后，此项实为东方特异之点。"可见企业经营管理中的商权分离制度已在数百年之前流行于中国了。

二、劳力资本作股

劳动力作为资本而顶股是晋商的一大创造。"新职工入号大约经过三个账期"，即12～15年，只要工作勤奋，没有过失，即可以"顶生意"，即顶股，成绩特别优秀者，学徒期满后也可以顶股。顶股办法一般由大掌柜向财东推荐，经财东认可，即可将其名字录入"万金账"，叫作"人身股"。开始顶股的职工，一般不会超过2厘（即十分之二股），以后每一个会计年度，可以增加一二厘。顶股最高者为大掌柜，一般为1股，二掌柜及其以下8厘7厘不等。一股亦称"一份"或"一俸"。

身股（劳力资本股）与银股（货币资本股）不同之处在于，身股不是永恒的，不可以由子孙继承，其顶股人死后不再生效。但对于少数上层管理人员死后可作为"故股"再延1～3个账期。

人身股除有分红权利外也承担一定义务，即身股与银股都有按规定承担公积金和风险基金的义务，交纳"护本"或"公积金"。"护本"，即每个会计年度分红时，在应分红利中扣除一定比例留存号中，作为公积金，亦叫护本，或护身。所交护本，不仅顶身股者要交，持银股者即财东也交纳，故称护本。这项款项，是"预提护本"，以此建立风险基金，在发生亏损时使用，劳、资两部分股东都承担义务。

三、保证流动资本充足率

"倍股"、"厚成"、"公座厚利"是晋商在资本运营中的创造。"倍股"是在长期分红后按股东股份比例提取一部分红利留在企业参加周转使用，以扩大经营中的流动资本。"厚成"，即在年终结账时，将应收账款、现存资产予以一定折扣，使企业实际资产超过账面资产。"公座厚利"是在账期分红时，在财东银股和职工身股未分配之前先提取利润的一部分作为"公座"，以便"厚利"。这些"倍股"、"厚成"和"公座厚利"办法，都是为在资本经营中尽可能扩大流动资本，争取更多营利的办法。因为他们很少实行负债经营，而主要是依靠自有资本进行经营，用此办法，确保流动资本的充足率。

四、建立风险基金

商人资本在经营活动中常常会遇到各种不同风险，发生亏赔倒账问题，不仅会影响利润，甚至还会危及资本安全，货币商人更担心因信用危机而危及自己的存亡。为了防御风险，山西商人设计了一种"预提倒款"防范风险的办法，也叫"顶提护本"，要求在账期分红时，不能只顾分红，不管未来有无风险，规定从利润中预提一定数量的可能发生的倒账损失，建立风险基金，这种预提款项，也叫"撇除疲账"，以防止"空底"，设置企业经营的安全防线，把风险减少到最低点。

五、转账结算

中国的银行转账结算起于何时？据《上海钱庄史料》，上海钱业转账起于1890年。其实在此之前，内地已有转账结算方法，与英国伦巴第银行一样，已经比较广泛地流行。据《绥远通志稿》记载，内蒙古呼和浩特的"宝丰社"被称为"百业周转之枢纽"。该书记载："宝丰社在有清一代，始终为商业金融之总汇，其能调剂各行商而运用不穷者，在现款凭帖而外，大宗过付，在拨兑一法……拨兑之设，殆在商务繁盛之初，兼以地居边塞之故，交易虽大，而现银缺少，为事实之救济及便利计，乃由各商转账，借资何转。历年既久，遂成金融不易之规，且代货币而居重要地位。"拨兑之外，还有谱银，"商市周行谱银，由来已久，盖与拨兑之源流同。其初以汉人来此经商至清中期渐臻繁盛，初仅以货易货，继则加用银两，代替货币，但以边地银少用巨，乃因利乘便，规定谱银，各商经钱行往来拨账，借资周转，此谱银之所勃兴也。虽其作用类似货币，而无实质，然各商使无相当价值之货物，以为抵备，则钱行自不予互相转账，其交易即不能成立……拨兑行使情状，亦与谱银相类，所不同者，仅为代表制钱而已"。所以当时银两转账为谱拨银，铜制钱转账为拨兑钱。但不要忘记，内蒙古呼和浩特银钱商人，基本由晋商垄断，其转账结算办法，《绥远通志稿》讲"悉照内地习惯"，可见内地转账办法要早于呼和浩特市场。

六、货币交易市场

银行同业的短期资金交易市场，起源于何时，史料说明，最迟清代已经有了一定规模。当时，呼和浩特"向例"在市口交易。每日清晨钱行商贩，集合于指定地点，不论以钱易银，或以银易钱，均系实现行市，逐日报告官厅备查，各钱行抽收牙佣，均遵章领有部颁牙帖……谓之钱市。"为便利计，故有钱市之设，按市面之需要定银分及汇水之价格，自昔至今，一仍旧贯。"[①] 在这种钱市上融通短期资金的"银钱业商人，以山西祁（县）、太（谷）帮为最，忻（州）帮次之，代（州）帮及（大）同帮又次之，故其一切组织，亦仿内地习惯办理"。这种银钱交易市场，也是山西货币商人的创造。

七、票据贴现

晋商票号汇兑，其汇票有见票即付，还有见票过几日再付两种。如某汇票已到，按汇款时商定的兑付时间未到，则不能提款。如果要提前支取，需交纳一定的费用，即如今的期票贴现。这一制度的运用，为工商企

---

① 《绥远通志稿》。

业提供了方便，为金融企业提供了生利门径，可见票据贴现在中国发生较早，不过发展并不快。

八、旅行支票

清代顾客外出旅行，假设由重庆至上海办货，可将一定数额的旅费，如将 1000 两白银交给票号重庆分号，重庆分号开出一张汇票，当即说明途中经过汉口、南京，需要提取部分现银，到上海后全部提出使用。重庆分号即通知汉口、南京分号（或联号），说明汇款人（亦是提款人）的姓名，待汇款人到汉口后，可到指定分号提款若干，汉口分庄在提款人手执汇票上记录提款若干，下余若干。到南京也如此，直到上海提毕，由上海分号收回汇票。这种办法，如同现在的旅行支票或信用卡。足见当时山西货币商人的信誉和服务技术之水平。①

九、汇兑与存货款结合

山西货币商人在明清时期发展了唐代"飞钱"，创设专营异地汇兑的金融机构，名为汇兑庄，亦称票庄或票号。票号在自己的营业中，为了减少现银运送，也扩大存款贷款业务，创新了汇兑制度，采用倒汇，亦叫逆汇的办法，减少货币异地调拨，节约了大量的流通费用。据《东方杂志》1917 年第 14 卷记载："倒汇：中国此种汇兑，向所未有，至近年与外国通商，关系密切，内地市场间之贸易随之而盛，汇兑之种类不得不因之变化……倒汇之手续亦别无烦累……有信用之商人立一汇票，交予票号，票号即买取之，送交收汇地之支后，索取现金。"顺汇和逆汇之区别在于，顺汇是甲地分号收款，乙地分号付款；逆汇则是存放汇联系，如乙地分号先付款，甲地分号后收款，是汇兑与贷款结合。如乙地分号先收款，甲地分号后付款，是汇兑与存款结合，此种逆汇，不仅收取汇费，还计利息。这样，一是满足了商人异地采购急需款项的需求；二是减少了票号资金闲置，增加了利息收入；三是减少了异地现银运送。被称作"酌盈济虚，抽疲转快"。

十、首创银行密押制度

为了异地汇款所用汇票的真实而不发生假票伪票冒领款项，各家票号

---

① 陈其田：《山西票号史略》，商务印书馆 1937 年版。

只能使用在山西平遥总号统一印制的"会票",纸质为麻纸,上印红格绿线,特别使用专用纸,内加"水印",日升昌票号汇票上水印为"昌"字,蔚泰厚票号汇票上水印为"蔚泰厚"三字,等等,此其一。各分号书写汇票,责定专人,用毛笔书写,其字迹在总号及各分号预留备案,各号收到汇票,与预留字迹核对无误,方才付款,此其二。汇票书写完成,须加盖印鉴,票号印鉴正中多有人物像,如财神像,周边刻的蝇头小字,以防假冒,此其三。汇票金额、汇款时间,均设有暗号,汇款人、持票人是无法知道的,只有票号内部专人才能辨认真假。暗号编成歌诀,以便记忆。如月暗号:"谨防假票冒取,勿忘细视书章"12 字为 1~12 月代号;日暗号:"堪笑世情薄,天道最公平,昧必图自利,阴谋害他人,善恶终有报,到头必分明"30 个字为 1~30 日代号;银数暗号:"生客多察达,斟酌而后行"或"赵氏连城壁,由来天下传"分别代表壹、贰、叁、肆、伍、陆、柒、捌、玖、拾;"国宝流通"分别为万、仟、百、两。如"三月五日伍仟两"即写"假薄壁宝通。"为万无一失,在暗号之外再加一道锁,叫自暗号:"盘查奸诈智,庶几保安宁"。

十一、银行轧差清算

山西票号数十家,"汇通天下",各地分支机构相互之间在一定时间之后总会发生汇差,我欠人,人欠我,如何处理汇差?由于交通工具和通信设施落后,当时是"月清年结"两种账由分号向总号报账,月账年账均以"收汇"和"交汇"两项分列,既有细数,又有合计,均按与各分号和总号业务清列,总号收到报来的清账,核对无误后,将月清收汇和交汇差额分别记入各分号与总号的往来账,收大于交,差额为分号收存总号款项数;交大于收,差额为总号短欠分号款项数,互不计息,因全号实行统一核算。这种办法是现代银行清算相互轧差办法之源。

十二、宝丰社:中央银行制度的雏形

明清时期山西货币经营业的发展,不仅出现了多种金融机构,还出现了一大批在全国各地以至国外从事金融业务的货币商人,为了行业协调和管理,他自发地创造了很多同业行会,或地域、乡谊性的会馆,而且发展到能够管理、监督、约束以至仲裁同行纠纷的组织,如包头有裕丰社,归化城(呼和浩特)有宝丰社。《绥远通志稿》记载:"清代归化城商贾有十二行，相传由都统丹津从山西北京招致而来，成立市面商业……其时市面现银现钱充实流通，不穷于用，银钱两业遂占全市之重心，而操其计盈，总握其权，为百业周转之枢纽者，撅为宝丰宝。社之组设起于何时，今无可考，在有清一代始终为商业金融之总汇；""社内执事，统称总领，各钱商轮流担任。"由于钱市活跃，转账结算通行，宝丰社作为钱业之行会，"大有辅佐各商之力"。"行商坐贾皆与之有密切关系，而不可须臾离者也。平日行市松紧，各商号毫无把握，遇有银钱涨落，宝丰社具有独霸行市之权。"宝丰社可以组织钱商，商定市场规程，监督执行，如收缴沙钱，销毁不足价货币铸成铜碑，昭示商民不得以不足价货币行使市面，确保商民利益等，尽管不懂得垄断货币发行，代理财政款项收解，但它有类似"银行的银行"和管理金融行政权的能力，可以说是中国早期中央银行制度的雏形。

中国早期人力资本股的实践对当代企业改革的理论与现实意义

背景说明

　　本文写于 2001 年 9 月 28 日，应河北大学邀请的一次学术讨论会所写，曾在会议中交流。文章对晋商人身股的内容做了分析，也对当今山西大同地区一家企业实行人身股的做法做了对比研究，对现代企业股权改革提出了建议。

　　考察中外企业发展史上所创造的奇迹，一个根本原因在于其所具有的创新精神，从制度到技术，从经营到管理，无处不体现创新思维。建设有中国特色的社会主义市场经济，就必须建立起具有中国特色的企业管理运行机制，其中企业的组织管理制度是一个重要的内容。如何建立起企业有效的组织管理制度，形式很多，内容丰富，但是能否使企业的人、财、物、信息、机制等有机地结合起来，协调发展，却是个复杂的重要问题。明清时期晋商的人力资本股实践，较好地处理了这一问题，它有别于日本的"年功序列制"、"终身雇用制"，也有别于当代企业的年薪制、期权制，而是巧妙地将资本股与人力股结合起来，形成了一种有效的激励约束机制。在探索符合中国国情的企业经营管理运行机制方面，这不啻是一个有益的实践，对今天的企业改革具有一定的借鉴意义。在面临知识经济及我国"入世"在即的背景下，这一做法颇值得我们思考。

一、中国早期的人力资本股制度

资本股是以货币资本和实物资本为形式的物化劳动投入企业的资本，它是创造新价值必不可少的要素，是形成生产力的物质承担者；劳力股是以劳动者体力和智力为形式的活劳动投入企业的资本，它也是创造新价值的必不可少的要素，是形成生产力的能动者。货币资本和实物资本（以下简称实物资本）与人力资本共同构成了企业的资本。

人力股，也称"身股"、"人身股"或"顶生意"，由山西商人首创，其确切的发生年代已不可考，但在明末清初已经广为流行，并在山西商人的实践中收到了良好的效果，成为晋商经营管理中的一大显著特色。

人力股制度的基本内容：

（一）"人身股"的确定

企业（商号）的主要职工（并非全部职工）可以顶零点几厘到几厘，以至一份（股）的股份，股份的多少由财东根据职工任职时间、能力、贡献大小来决定，一般是大掌柜（总经理）顶一份（股）或九厘，二掌柜（副总经理）顶八厘、七厘，会计主任顶五厘、四厘，学徒工不可以顶股份。譬如清代著名大商号大盛魁、长裕川、大德通、日升昌等都实行这种"人身股"制度，并且为它的财东带来了极高的经济效益。

（二）"人身股"的分红

在一个账期（会计年度）结束时，职工的"人身股"与财东的资本股一起参加分红，一般资本股以一万两白银为一股，而总经理（即大掌柜）顶八到九厘，最高一份，即一股。最典型的是太谷商人王相卿和祁县商人史大学、张杰组建的大盛魁。该企业历经230多年，职工人数最多达到7000多人，它规定每3年为一个大账期（会计年度），进行一次决算分红。分红时首先把公积金的积累和运用放在重要的地位，以公积金的增长作为衡量3年内经营成果的主要标志。其次才是每股分红，最盛时一股可分到一万两白银，财东和掌柜及顶股员工均受其益。每当遇到账期总结，都要评定职员功过，检查3年来取得的成绩和存在的问题，整顿人事，调整"身股"厘数，并记入"万金账"即股本账，包括银两股和人身股。据说，后期的大盛魁"人身股"总数已经超过了股东的资本股总数。大德通票号光绪十五年（1889年）分红账记载，在光绪十一至十五年（1885～1889年）账期内共获利24723.03两白银，资本股和"人身股"共二十九份（股）七厘，每股分红850两。其中乔中堂等资本股二十份（股），马培德等23名职员"人身股"九份（股）七厘。在这23名享受"人身股"待遇的职员中有3名是已经去世的职工。大德通票号在光绪三十一至三十四年（1905～1908年）账期内获利743545.25两，资本股和"人身股"共计43份（股）9厘5毫参与分红。其中，资本股仍为20股，"人身股"达到了23份（股）9厘5毫，顶股职员为57人，每股分红16917.8两。

（三）"人身股"的衡量与考核

根据史料，山西商人的"人身股"不是每个职工都能得到的待遇。商号新招员工学徒期为三年，三年期满合格，录用为正式职工。一般要经过几年的锻炼，在思想和业务等方面表现良好，德、勤、能、绩表现优秀者才能顶股。最快者一两年，最慢者可能要十几年甚至更长的时间还不能顶股。可见，山西商人的"人身股"制度是根据劳动者的品质、能力和绩效来决定的。

（四）劳力股的继承和退出

一般股份企业，实物资本股是永远不清退的，但可以转让。而劳力股在职工退休后劳力股照常分红，死亡之后仍可以享受一个或两个会计年度的分红，叫"故股"。但是顶股职工辞退或被解雇后，当即终止劳力股。可见人力股代表的是活劳动资本，所以只能在有劳动时享受，无劳动时不能享受，退休职工劳力股只是一种情感性的照顾而已。劳力股可以不转让，永远归劳动者个人所有，也不存在子女继承问题。

上述山西商人的实践说明，晋商当时已经实行了人力资本制度。对人力资本的衡量和考核，已经注意到了劳动者的劳动数量和劳动质量，劳动力资本和实物资本在企业利润分配中是平等的。从现有的史料看，至少劳力股制度曾经历了400多年，直到全国解放公私合营为止。从已经实行人力股制度的企业的经济效益来看，人力股制度确实给它们带来了好处，这正是它们数百年长盛不衰的重要原因之一。

二、当代山西人的人力资本股实践

历史常有许多惊人的相似之处。山西省秦嘉企业集团股份有限公司（以下简称秦嘉集团）的前身是山西省大同市左云县的一家乡镇企业，它们通过"人力股"的尝试，由一个普通的村办煤矿发展成为今天具有一定实力的企业集团，其中在人力资本股方面的成功实践具有一定的典型性。

改革开放不久，山西省大同市左云县秦家山为了改变家乡的落后面貌，利用当地的煤炭资源优势，办起了煤矿，大力发展煤炭产业。1978～1988年，原煤产量增加到13万吨，固定资产达到1000万元。但挖煤的工人，大部分是从外地雇来的，当地村民与外地打工者之间的矛盾随着生产规模的扩大和外来打工者数量的增加日益显现出来，并且越来越突出。

如何处理秦家山村民和雇用劳动者的关系，解决好劳资双方的关系，成为摆在秦家山领导面前一个重要的课题。秦家山党支部联想到历史上晋商的人力股和50年代初期搞初级农业社的时候，土地入股，生产资料入股，还有人头股的历史经验，他们根据本村的实际情况，反复讨论，创建了新的秦家山股份有限公司（后改为秦嘉集团股份有限公司），其股份构成为：集体资产股、个人货币资本股、人力股。公司规定，根据职工对企业的贡献大小、工作岗位和工龄长短进行人力股折算；凡在本公司有劳力股者，均属于本公司的股东；本人中途退出公司或不从事本公司的工作，股份自行取消。到1995年，公司总股数达到2757410股，其中集体资产股250万股，个人资金股43800股，劳力股216110股，分别占90.66%、1.59%、7.84%。1996年，劳力股的股东为467人，其中本村村民127人，外来劳力股340人。外来劳力享有与本村户籍股东同等的权利。正确处理了劳资关系，促进了生产力的发展，劳动者的主人翁意识越来越强，在企业集团中起到了越来越重要的作用。

秦嘉集团在人力资本股方面的积极实践，使秦家山村民的经济收入发生了可喜的变化，当地村民深切地感受到了通过人力资本股应用给他们带来的"富民强村"，"共同富裕"的福祉。改革开放前至80年代末当地村民年人均纯收入为4500元，1997年达到7100元，生活得以明显改观。现在没有贫困户，最穷的家庭也有万元存款，外来劳力股股东年平均工资7000元左右，加上资本股和劳力股分红，达到8000多元。劳力股富了秦家山，富了外来打工者，他们的经济活动与开发正在向周围地区扩展。现在，秦嘉企业集团已经成为大同市经济实力最强的乡镇企业，跻身于全国千家先进村行列。

山西省秦嘉企业集团在社会主义制度下借鉴晋商"人身股"的做法，结合当地实际，创新人力股制度，取得了明显的社会与经济效益。尽管秦嘉集团的做法在实践和理论上仍然还存在许多问题，但通过其具有代表性的尝试，为当前的国企改革提供了有益的启示。

三、人力资本股是知识经济时代新的经济动力

溯源在于创新，在于指导今日之实践。晋商"人身股"的早期实践，对于理解今日身处知识经济下的企业管理、企业发展动力等问题具有重要的理论意义和现实意义。

人类社会发展至今，经历了农业社会到工业社会，再到信息社会，与此相适应也经历了农业经济时代、工业经济时代到知识经济时代，其中推动其发展进步的动力是有所差别的。诚然，在社会生产诸要素中，人是最活跃的因素，它与其他生产要素结合的优劣，直接影响着生产力的发展进程。然而，人的因素同其他生产要素的结合在不同的人类社会发展阶段呈现出不同的特点。

（一）农业社会的发展动力主要得益于劳动力和土地

农业社会，通常是指前资本主义的发展阶段，尽管世界各国由于其经济发展水平、政治结构以及人文环境等因素的差异，在发展时间和进程等方面有所不同，但农业社会主要是以第一产业（即农业）为主要产业，人类生产处于一种分散的、非标准化的手工业生产，使用再生性的生物能源，职业分化简单，封闭保守等。上述特征决定了其发展进程非常缓慢，推动农业社会发展的动力主要是劳动力和土地，人的智力因素在其中没有显著的地位，自然因素占有重要地位。

（二）工业社会的发展动力是生产工具的提高

工业社会的主要特征是以第二产业（即工业生产）为主要产业的都市社会生产；机械化、自动化和专业化程度显著提高，非生物能源被广泛使用；职业分化复杂，人的劳动技能较农业社会日益提高。推动社会经济持续增长和发展的主要动力是生产工具的提高。生产工具的改进影响了人类的生产和发展，工业社会把农业社会中原先简单的事情"复杂化"，物质生产活动出现了工厂式的消除个性、大批量的工业生产；工业社会因复杂的分工和科技的发展出现了较多的"精英"（农业社会中的"精英"分子只能是偶尔地、小农式地产生），人的因素较农业社会得以显著提高。

（三）信息社会的发展动力是依靠人的因素及知识资本作用的发挥

当今，以网络技术为主的信息技术覆盖到人类社会生活的各个方面，

改变了人类的生存的方式，世界成为"地球村"，纷繁复杂的市场环节被缩短和拉直。推动信息社会发展的动力也相应地发生了变化，知识经济下的发展动力将更多地依靠于人力资本。这种以人们后天获得的具有经济价值的知识、技术、能力及思维甚至于健康等内在质量因素的综合为代表的人力资本，将其与企业组织结构（也是一生产关系）、分配结构相结合，通过其创造收益，进而影响生产的增长、经济的发展。国外许多企业家把培训人才称为开发人才资源，把它放在优先的地位，开发头脑资源是企业的迫切任务，而把这种资源当作资本，与实物资本及其他生产要素恰当地结合起来，所产生的动力是巨大的。

结合国内外的实践，可以预见，随着知识经济的深入，以人力资本股为主的企业组织模式将成为推动知识经济发展的新动力，在信息社会的发展中人力资本股将会起举足轻重的推动作用。

四、人力资本股和实物资本股并重的理论推动企业产权制度的改革

知识经济下企业发展的动力问题，势必影响到企业改革，尤其是企业的产权制度改革。在知识经济下的现代经济部门（以现代企业为代表），企业的目标也转变为知识资本的积累、增值和实现，是知识资本的营运过程，也是企业机制的建立和完善的过程。知识资本是人力资本和实物资本同企业组织结构的耦合。人力资本股的实践是属于企业组织制度和分配制度的创新，是新形势下对于企业产权制度改革方面的一种创新。

由于人力资本股把企业的信誉、商标、雇员的能力与忠诚度、经营管理以及顾客的满意等传统管理下强调的东西同企业的经营机制结合起来，使其与企业的组织结构、企业的生产能力、技术创新、市场开拓以及企业的财务状况、收益分配等密切联系起来，并日益成为企业重要的资源和企业的核心能力。这样，企业就必须高度重视对组织结构、员工信誉、职业道德、产品质量、专利商标及顾客满意这些非现实资产的管理。可以说，人力资本股拓展了物质资本和非物质资本的概念，将有形资产和无形资产整合在一起，这对于企业产权提出了挑战。

一个不明晰的产权制度是难以同人力资本挂钩的。人在生产中的地位及相互关系，是生产关系的核心内容，生产不能离开劳动力这个最基本的要素，它与生产资料共同构成了剩余产品生产的前提条件。在现代人类生产活动中，劳动力和知识、技能、信息、素质在剩余产品生产中的地位越

来越重要。劳动力作为劳动者个人所有的特征，与生产资料所有制性质具有同样的重要意义。因而，承认用货币购买的生产资料的资本性质，也应该承认劳动力的资本性质。否则，不仅在逻辑上说不通，就是在社会与道义上也是说不通的。只有在明晰的产权制度下，才能够将人力资本股和实物资本股结合起来，建立起科学的管理、分配机制，奖勤罚懒，责权利统一，促进企业进步、经济发展。

以人力资本股和实物资本股并重的理论在不否定货币资本和实物资本理论的前提下，比较好地适应了社会主义本质特征所要求的条件（即解放生产力、发展生产力；消灭剥削、消灭两极分化；共同富裕）。坚持劳力资本理论，明晰企业产权，变雇用劳动者为企业主人，充分调动劳动者的积极性，作为股东的劳动者就会以主人翁的精神，关心企业的生产经营，从而较好地解决劳资之间，领导与被领导之间的矛盾。

从这个意义上说，以人力资本股和实物资本股并重的理论指导企业产权制度改革是具有革命性的，它将为企业的经营管理指明正确的方向，企业的经营管理也将由此而进入革命的新时代。

五、人力资本股作价定价中的若干问题

哪些人力可以折股。劳动者顶股要有一定的条件，并非所有在企业干活的任何一个人都可以折股。秦嘉集团规定，与企业签订有长期劳动合同，年龄在 60 岁以下，年劳动出勤 200 天以上的职工可享受人力股资格。没有长期劳动合同者不予折股，50 岁以上不签订长期劳动合同，60 岁以上者不折股，高级管理人员和专业技术人员按其贡献大小给予配股和送股，不受年龄限制。劳动者因受教育付出了投资，使智能、技能得到了提高，以及迁移性投资使劳动者掌握了信息和经验等，都应当在折股中予以重视。

人力折股的标准。即劳动者的智力、能力、工龄、级别、贡献、危险及脏累岗位等各类因素在折股中的比重和权数如何确定问题。明确因素，明确各因素的权重，从进行积分计量看来是可以探索的路子。

人力资本股与实物资本股的折合。多少劳力股可以等价于实物资本股。这个问题，晋商没有定制，当代晋商也没有在理论和经验上做出结论，还需要一个探索的过程。在一定时间内，不同的企业还会有不同的规定。秦嘉集团是以劳动者当年工资总额为基础折股的。

劳力股数是否封顶。这涉及每个劳力最多可以折多少实物资本股，也涉及在全部利润分配中，实物资本投入与劳动者投入在分配中各占多大比重。古代晋商劳力股虽无封顶一说，但总经理一般到一定程度时不再增加。少数老企业劳力股总数至清末民初超过了资本股总数，以致原来的财东无法控制企业。这又涉及劳资双方在企业中的地位问题，仍需要在实践中继续探索。

人力资本股与实物资本股是否同股同酬问题。秦嘉集团1995年集体资产股每股派息1.4元，个人货币资本股每股派息2.1元，劳力股每股派息2.1元。1996年集体资产股每股派息1.6元，个人货币资本股和劳力股每股派息2.4元。后来已经打通，实行同股同酬。

实行人力资本股与实物资本股并存的股份企业是否可以上市。过去不承认实行劳力股制度的企业是正规的股份制企业，而认为其是不规范的股份制，自然无权上市。而今天要承认人力股制度是中国特色的股份制，是世界企业管理中的一场革命，应为其正名，给它以合法的政治地位。要承认它的合法性和合理性，视其为规范股份制，在上市问题上就不能加以歧视。由于它正确处理了劳资关系，一定会以稳定的经济效益而获得股市投资者的青睐。但是人力股上是无法转让的。

公司法是否需要修改？现在《公司法》只对企业公司整体运行有约束，而对经济利益主体没有约束。为了保护人力资本的利益，特别是适应加入WTO后的情况，需要尽快修改。

企业人力资本的评估问题。现在，企业实物资本的评估有会计事务所、审计师事务所、律师事务所、公证处等，那么人力资本由谁来评估？现在还没有统一的机构、标准和做法，需要积极地研究、准备，慎重地推行。特别是要防止借人力资本和产权制度改革，让一些行政性垄断性企业阶层把一部分国有资产攫为己有，使国家财产遭受损失。

总之，人力资本股制度，是人民群众在企业管理实践中的创新，它揭示了企业和其他组织的动力所在——一种以员工和组织的技能与知识为基础的资产结合体，它较好地解决了先富者和后富者之间的矛盾，共同富裕在劳力股制度下得以统一，也使雇用者与被雇用者在政治上地位平等，在新创价值上利益共享，是一个富有生命力的有价值的实践，解决了使无产者变成有产者、共同富裕等重大的理论问题，必将为新形势下的国企改革提供理论指导，具有极其重要的理论和实践意义。

山西货币商人的标期和标利

背景说明

本文原载《金融研究》2001 年增刊山西票号专集。山西商人在经营活动中，为了安全起见，商品物资的运送和金属货币的押运需要镖局押送，镖局具有了保险的职能。镖局押运途中需要一定的时间，产生镖期，后来亦作标局。这样，商人之间货款的借垫、交付、清算时间就与标局走镖时间密切相关，其货币资金的利息率也就与标期发生了联系。

17 世纪中期到 20 世纪 30 年代，在中国北方，由于商品交易而发生的资金融通、交付和清算，在计算利息的期限和利率上通行标期和标利，这与镖局运送现银有着密切联系，当时的票号、钱庄、账局等金融机构都实行这一制度。这是票号史也是中国金融发展史中值得研究的一个问题，并且具有理论与现实意义。

一、标局

标局，即镖局，相传为清初顾炎武与傅山、戴廷轼为了反清复明而创设。他们招雇有武功的人，积蓄革命力量，为躲避清政府的注意，以保护商人运送现金或货物为名，组织标局。标局雇用武术高超的人，叫标师傅，腰系镖囊，内装飞镖，手持长矛，于标车上或驮轿上插上一个小旗，上书标师傅的姓，因怯于标师傅的大名，强盗不敢来犯。戴廷轼山西祁县人，明末清初思想家，与山西太原傅山和江苏昆山顾炎武为好友，卒于康熙三十三年。如果这个传说可信，那么镖局最迟当在康熙中年已经产生。当然还有另外一种说法，说标局是清乾隆年间出现，"考创设标局之鼻祖，乃系清乾隆时，神力达摩王之老师，山西神拳无敌张黑五者请于达摩王，转奏乾隆，领圣旨，开设兴隆标局于北京顺天府前门大街，嗣由其子怀玉，继以走标，是为镖局之嚆矢。"① 据卫聚贤考证，蒲松龄写《聊斋》是在康熙二十八年，书中已经提到镖局，故镖局产生在康熙年间是肯定的。顾炎武与傅山、戴廷栻在山西祁县城建有"丹枫阁"，常在这里聚会。丹者，朱也；枫，祁县发音洪；阁与武为音转，连起来寓意为"朱洪武"。为了反清复明的政治目标，利用山西商人在全国各地经商的大量物资押运和现金押解需要保镖的背景，组设镖局。② 戴家是著名的形意拳的传人，形意拳的发展与镖局有密切联系。

山西最有名的镖局，是太谷志一堂。据卫聚贤先生 1936 年在山西太谷调查，"太谷之领袖票号为志成信、协成乾，志成信为最老，协成乾系志成信之伙友分设者。志成信在外设有镖局，名曰志一堂，系送现银，有账可稽者在道光年间，且票号在北京仍用志一堂名号。是志一堂在太谷票号中为最老。"③ 日升昌、蔚泰厚等票号均委托志一堂在北京、沈阳、苏州等地间运送现银。志一堂镖局是志成信的前身，从卫聚贤先生以上考证和分析看，镖局创立于康熙年间是可信的。

二、标期

在商品交易市场上，货物买卖协议达成，然后就是货款的交付。但是，从事贩运贸易的商人，从采购商品、长途运输、出售商品，到收回现银需要一定的时间，商人完全依靠自己的资本往往困难很大，一般需要借入资金。他们从当地钱庄、账局、票号借入资金，采购商品运往异地销售，收到现金运回原籍，归还借款，就是利润。这样贸易融资就与异地贩运的时间建立了联系。归还借款的期限就和镖局押运现银的期限一致起来。所以，山西商人将现款交解的期限，称为标期。

现银交付的标期，是在清初由山西商人对蒙古和俄罗斯贸易引起的。当时，对蒙古、俄罗斯贸易的中心在外蒙古的库伦，而张家口则为内地通往库伦的必经关口，习称东口，出关就是口外。东口之外还有西口，就是

---

① 万籁声：《武术汇宗》，转引自卫聚贤：《山西票号史》，重庆说文社 1941 年版。
②③ 卫聚贤：《山西票号史》，重庆说文社 1941 年版。

在杀虎口，后来移至归化城，是通往乌里亚苏台、新疆等西北方向的关口。以山西商人为主的内地商人，采购湖南、湖北、福建的茶叶，山西曲沃的烟丝，许昌、南京的绸缎，苏常京广的杂货，经过张家口、杀虎口两口进入蒙古地区，经库伦—恰克图或科布多—迪化—塔尔巴哈台，销往俄罗斯。购回俄罗斯的回绒、哈拉、哔叽等毛织品和蒙古地区的牛、羊、马、骆驼、皮毛等发售内地，销往北京、四川、河南、湖北、湖南、广东、广西、浙江、江苏等地。在蒙古地区交易，一般都是以货易货，如果用现款支付需要一年，还要依靠东口或西口的金融机构为之融通。做法是贩运商人相互订立合同，每年总结账一次，以标局车辆运送现银交付，因此有一年一次的标期，按返程标车建立归标。东口的标期为大寅标，因正月为寅月，东口标期在正月，故叫大寅标。有些商人不出库伦贸易，仅从内地运货到东口，那么归还现银的标期，一年分为春、夏、秋、冬四标。西口的标期比东口迟几天，因为从东口运送货物到西口需要 20 天，每年西口比东口的标期就迟 20 天。

在清代，"山西金融之中心，确在太谷，即以标期而言，山西之镖，分为两种，一为太谷镖，即太谷一县之镖；一为太汾镖，即太原府所属之祁县、榆次，与汾阳府所属的平遥、介休之镖"。[1] 由于太谷在当时山西地区的经济金融地位，独为一镖。各路运来的现银，先集中太谷，办理交收，开出利率，其他各县以太谷为准。

表1　1924 年各地标期

	东口	西口	太原	太谷	汾阳
春标	2 月 4 日	2 月 20 日	3 月 3 日	3 月 8 日	3 月 12 日
夏标	5 月 6 日	5 月 15 日	5 月 29 日	6 月 3 日	6 月 7 日
秋标	8 月 1 日	8 月 16 日	8 月 24 日	8 月 29 日	9 月 3 日
冬标	10 月 30 日	11 月 15 日	11 月 19 日	11 月 24 日	11 月 29 日

资料来源：蒋学楷：《山西省之金融业》，《银行周报》，1936 年 2 月，第 2 卷第 21 期。

太谷每年有春、夏、秋、冬四标，大致每标为期 3 个月，具体日期，因为要选择黄道吉日，所以并不固定。清代一般是由金融业行会与经营南方苏广货物的大商号共同选择日子，到民国初年，则由商业公会与各个行

---

[1]　卫聚贤：《山西票号史》，重庆说文社 1941 年版。

业共同议定。

从西口到太原运标为 20 天，太原标比西口标迟 20 天，再迟 5 天是太谷标期。其他各地标期相隔天数，均按标车运送现银的时间而定。山西、内蒙古等地区的标期制度一直延续到 20 世纪 30 年代。

三、标利

清代到民国，山西票号、钱庄、账局等银行业对外放款期限是按标期确定，那么，其利息计算也与标期挂钩，叫作标利。标利的计息方法有四种：

（一）满加利

满加利是指满标加利，具体计算方法有两点需要说明：第一，一年四标，按照标的公开利率，春标开夏标，夏标开秋标，秋标开冬标，冬标再开第二年春标，按此循环。并决定由这一标到下一标归还期内的满加利率。但是，在每一标期的前半个月，银行业就进行预开下标的利率，以衔接下一标。其满加利利率一般为每 1000 元计利息 20 元左右，如 1924 年春标满加 20 元，夏标满加 12 元，秋标满加 20 元，冬标满加 29 元。按此办法，就可以知道自冬标日借款到第二年春标还款，每 1000 元需加利 29元。第二，由于市场上银根经常变化，一标的 3 个月之内，每日有每日的满加利行市，甚至每日早、午、晚三次行市。满加利的决定，每天都由银行业公所规定，既随标期远近有所升降，也按市场银根松紧而涨落。比如，秋冬粮食上市，需要款项紧急，市面上资金紧张，但归标时间临近，故满加利并不因此而降低；春季银根松，款项需求比较少，虽标期还比较远，可是满加利反而低。由此可以看出，名义上满加利是以借款时间为期限，实际上是按标归现为标准。

（二）长年利

长年利因为是跨标的，每标标利都会有些变化，要考虑到年内标利的实际情况，所以要重新开出。1924 年，太谷春标长年利开每 1000 元为 96元，夏标为 85 元，秋标为 86 元，冬标为 95 元。

（三）月息

月息也是按标开盘，归还期限也按标期为标准。但是，每开一次就连开三标。如 1924 年，太谷春标开夏标每元月息 8 厘，冬标 7.9 厘；夏标开秋标、冬标为 7 厘，次年春标为 7 厘；秋标开冬标为 7.1 厘，次年春夏标为 7.1 厘；冬标开次年春标月息为 7.9 厘，次年夏秋标月息为 7.8 厘。

（四）短期利

短期利息计算分为两种：第一种是按粮标确定，太谷粮食标是 20 天为一期，所以短期利就以 20 天为期限。如 1924 年 11 月 5 日为粮食标期，10 月 15 日后短期利息均以这一天为期，以日计息，每天开盘。10 月 16 日为每 1000 元短期利为 8 元，18 日为 7 元，19 日为 9 元，20 日为 11 元，21 日为 9 元，22 日为 8 元，24 日为 8.5 元，27 日为 6 元，28 日为 8 元，31 日早市为 4 元，晚市为 10 元，11 月 1 日为 4.5 元，2 日为 2.5 元。在这期间如果某日没有交易则停开利率，那么工商业企业借款利率就按前一天行市执行。第二种是按 5 天、10 天、15 天、20 天确定利率，也有按一二天确定利率的。如太谷货币市场 10 月 27 日至 31 日五天 1000 元的利率为 4 元，10 月 27 日到 11 月 5 日 10 天每 1000 元的利率为 8.2 元，11 月 5 日至 25 日 20 天每 1000 元的利率为 16 元。[①]

四、评价

中国北方 17 世纪中期到 20 世纪 30 年代金融界实行的标期标利制度，是山西商人在金融贸易的实践中摸索和总结出来的一个科学的确定银行贷款期限和利率的制度，其科学性就在于按照物资和现银的运动来确定资金供给的时间、期限和利率，使实物流与资金流平行运动。这样，既不会出现货币资金的浪费，又能避免银行不良资产的产生，保证其及时回流，不仅提高了银行资产的质量，又提高了资金的使用效率。如果银行发放贷款时，能按照每笔贷款的具体用途和周转时间确定贷款期限和利息，银行不良资产就会减少或不再发生，因而标期标利制度具有重要的理论与现实意义。

---

① 蒋学楷：《山西省之金融业》，《银行周报》，1936 年 2 月，第 2 卷第 21 期。

历史上山西金融的对外开放

背景说明

本文是 2002 年 9 月 24 日在山西省社会科学联合会与人民银行太原中心支行、山西省金融学会联合召开的"WTO 与山西金融发展战略讨论会"上的发言。从 16 世纪到 19 世纪初，山西金融业不仅走出省外，也走出中国，办金融机构，发展金融业务，为中国商品输出、白银输入做出了巨大贡献，即使到 19 世纪 40 年代后外资银行已经进入了中国，山西金融业特别是票号仍然能与外资银行抗衡，有很多值得总结的经验。但在 19 世纪之交中国被迫全面卷入世界市场后山西金融业却垮下来了，其教训至深。在这个世纪之交中国加入世界贸易组织的时候，对外开放中省区金融业需要吸取历史的经验和教训。

山西金融业在中国历史上曾经有过辉煌的一页，特别是在明清时期以至民国时期。但是从清朝后期开始走下坡路，到 20 世纪 40 年代，山西传统金融业就已经基本消沉。山西金融对外开放的历史，有很多的经验，也有不少的教训。在中国加入世界贸易组织后的今天，研究中国金融业的对外开放的时候，认真地总结一下历史的经验教训，对于审慎地应对和制定当前金融对外开放的战略并非无所裨益。

一、历史演进与内容

一个省区的对外开放，应当包括对省外的开放和对国外的开放。金融业的对外开放当然也包括这两个方面。

（一）对省外的开放

山西金融业的对外联系，是随着山西商人对外贩运贸易的发展而展开的，这最早可以追溯到明代。1405 年（明永乐三年），政府移山西民众万户充实北京。以后又有多次向省外移民，留下了流传全国各地的佳话"若问老家在哪里，山西洪洞大槐树"；同时，随着北部边疆驻军和开中法的实行，山西商人开始走向全国。明清时期，山西货币商人先后创造了当铺、钱庄（钱铺）、印局（印票庄）、账局（账庄）、票号（汇兑庄）等金融机构。最早的是当铺和钱庄。1576 年（明万历四年）当铺、钱铺有了发展，但在 1625 年（明天启五年）才有人建议向当铺征税，就是说这些早期的金融机构最初是不征税的。1643 年（明崇祯十六年）明思宗命户部采取措施，鼓励汇兑业的发展。这些都为山西货币商人进入全国各商业城市提供了便利。

1. "走出去"的金融机构

1685 年（清康熙二十四年）全国有当铺 7695 家，其中山西省有 1281 家，占 16.6%；1724 年（清雍正二年）全国有当铺 9904 家，其中山西省有 2602 家，占 26.2%；1753 年（清乾隆十八年）全国有当铺 18075 家，山西省有 5175 家，占 28.6%。清末著名的银行家李宏龄说："凡是中国的典当业，大半是山西人经理。"19 世纪 50 年代，在北京有当铺 159 家，其中山西人开办的当铺有 109 家，占 68.55%。

1765 年（清乾隆三十年）在苏州一地就有山西人开的钱庄 81 家。1853 年（清咸丰三十四年）在北京有山西人开的钱庄 40 余家。[①] 当时，山西货币商人使用了凭帖、兑帖、上帖、上票、壶瓶帖和期帖六种汇票为社会融资，随着机构和业务数量的扩张，使山西钱商在北方很多城市钱行中居于垄断地位，如北京、苏州、张家口、归化、包头、库伦等地，都有自己的行会。钱业行会如包头的"裕丰社"、归化的"宝丰社"等作为所在城市的钱庄联合体，承担着当地商业票据转账结算、银行清算、确定利率、组织货币市场、管理金融市场等职责，起着现代中央银行的某些职能作用。19 世纪 40 年代后期，金融业界增加了清政府内务府设立的五个"天"字号官钱局，1854 年（清咸丰四年）山西省也设立了官钱局，这

---

① 清档《朱批奏折》咸丰三年四月三日。

是第一批官办金融机构，以后各地官钱局发展得很快。与此同时，外资银行英商丽如银行在香港、广州、上海设立分行。40 年代以后，形成了几次外商银行来华设行高潮，金融业的竞争开始扩大。

19 世纪 40 年代，山西票号已经发展到 9 家，"日升昌"、"日新中"两号的分支机构已有 27 处之多。1862 年（清同治元年）仅上海就有山西票号 22 家，对上海的钱庄放款达 300 多万两。1871 年，票号把自己的业务重心从长江流域的汉口转移到了上海。并于 1876 年，24 家山西票号在上海成立了"山西汇业公所"，但在汉口的票号到 1881 年（清光绪七年）为止仍然有 32 家。在 1883 年的金融大危机中，上海 78 家钱庄关闭了 68 家，票号却未受损失。1891 年，恢复后的长江流域各钱庄迅速发展并插足汇兑京饷，夺去票号的一部分业务。虽然竞争日趋激烈，但票号仍继续开拓业务领域，1894 年（清光绪二十年），在北京的票号对户部放款 100 万两。1904 年，山西货币商人在北京成立"京师汇兑庄商会"、"账庄商会"等。1905 年（清光绪三十一年）政府组织户部银行时，请票号入股并派出人员筹备，然而票号却拒绝了政府的邀请。1906 年，虽然票号分号分布达 110 多个城市，一年汇兑公款 2257 万两，但是在此以后逐年减少，并一步步退出了金融市场。

"印局"，也是从山西走出省外的金融机构。内阁大学士祁寯藻给皇帝的报告说："窃闻京城内外，现有山西等省民人开设铺面，名曰印局，所有大小铺户及军民人等，俱向其借用钱文"，"京师地方，五方杂处，商贾云集，各铺借资余利，买卖可以流通，军民偶有匮乏日用以资接济，全赖印局的周转，实为不可少之事"[1]。

山西账局自清初至民国大体存在了 300 多年，在全国亦处于垄断地位。1853 年北京有账局 268 家，其中山西商人开设的账局有 210 家。当时负责管理货币事务的户部右侍郎王茂荫说"账局帮伙不下万人"[2]。

山西商人经营的印局、账局和票号遍布全国各地以至国外，除了京城及内地以外，在偏僻的边远地区，都有山西货币商人的金融机构。如四川的巴塘、里塘、雅安、打箭炉，西藏的拉萨，云南的昆明、蒙自，海南的琼州，外蒙古的库伦、科布多，新疆的迪化，东北的满洲里，这些金融机构的业务量及其业务技术已经达到了很高的水平。山西商人货币经营资本

---

① 《祁寯藻奏稿》。
② 《王寺郎奏议》卷三。

走到哪里，就在哪里扎根、发展。张家口上堡的日升昌巷，下堡的锦泉兴巷，分别是山西货币商人日升昌票号和锦泉兴钱庄建设并以自己的商号名字命名的街巷。外蒙古的科布多，是库伦通往新疆的要道，山西巨商大盛魁的总号就设在此，在这里它建有一条大盛魁街。这一切，与意大利北部伦巴第商人在伦敦、巴黎建设了伦巴第街，发展了伦巴第银行业务是一样的。

在清代近 300 年中，山西货币经营资本不仅在中央与地方政府财政困难时提供信用，受到政府的欢迎，而且还为政府存款生息。《清高宗实录》记载："查晋省当商颇多，也善营运，司库现存闲款，请动借八万两，交商以一分生息。五六年后，除归新努本外，可存息本银七万余两，每年生息八千六百余两，足敷通省惠兵之用。"①

到民国时期，山西金融业在省外投资仍然不少。1921 年天津有当铺 19 家，其中山西人开的当铺 17 家。1919 ~ 1927 年包头有钱庄 21 家，其中山西商人开设的 18 家。1919 年，山西晋裕银号在天津、绥远，以后又在上海、北京、西安、成都、兰州设立分支机构。1920 年以后山西会元银号在汉口、天津设立分号。山西豫茂盛银号亦在天津设分号。1930 年，山西亨记银号在天津法租界开设。1933 年山西仁发公银号成立，并在北京、天津、绥远、包头等设立分号。

2. 山西省引进来的投资

1864 年平遥商人与云南官僚合资在平遥开设云丰泰票号。清末大清银行以及民国时期的交通银行、中央银行、中国农民银行、中央合作金库等也先后来山西建立其分支机构。1937 年日本、朝鲜合资的中华人寿保险公司也在太原设立分公司。

（二）对国外的开放

1689 年（清康熙二十八年）《中俄尼布楚条约》签订后，北方对外陆路贸易正式被打开。1727 年（清雍正五年）《恰克图互市条约》签订，中俄双方贸易急速发展，山西货币经营资本开始向国外扩张。

1. 在外经营金融业

在陆路对外贸易中，金融业获得了迅速扩张。据 1920 年山西督军阎锡山接见因为俄国"十月革命"后从俄国返回来的山西商人代表时，汾

① 《清高宗实录》乾隆二十一年版。

阳代表说，在俄国的山西商人有 1 万人。据统计资料看，清道光朝是恰克图市场的繁荣时期。这个时期，俄国对华贸易占其对外贸易总额的40% ~ 60%，19 世纪 40 年代贸易额有时超过 60%。据《中俄贸易之统计的研究》，1844 年，中国对俄商品输出入分别占全国商品输出入总额的 16% 和 19%，对俄贸易仅次于英国，占第二位。1821 ~ 1850 年，中国方面向俄输出商品，每年约在 800 万卢布，而俄国对华贸易的差额，是用一种白银的粗制品并冠以"工艺品"的名义来支付的，因为当时俄国禁止输出白银。而这种粗糙的"工艺品"大部分是俄国从汉堡或莱茵河上的法兰克福人手中输入的，称为"汉堡银"，其成色很高，被山西吸收后，铸成元宝银，投入国内金融市场。17 ~ 18 世纪，中国对外贸易的大量顺差，使外国的白银，特别是西班牙、墨西哥银元大量流入中国。随着对外贸易发展的需要，金融业的对外活动也随之发展。在北边的恰克图、伊尔库茨克、新西伯利亚、莫斯科、彼得堡、多木斯克、耶尔古特斯克、克拉斯诺亚尔斯克、巴尔纳乌、巴尔古今、比西克、上乌金斯克、聂尔庆斯克等地都有山西货币商人的金融机构。1907 年，合盛元票号向东扩展，在日本神户、东京、大阪、横滨及朝鲜的仁川设立"合盛元银行出张所"。

在清晚期，山西商人对俄罗斯商人在贸易往来中进行融资。如俄罗斯商人米德尔洋夫等 5 家商号对山西货币商人大泉玉、大珍玉、大升玉、独慎玉、兴泰隆、祥发永、碧光发、公和盛、万庆泰、公和浚、复源德、广全泰、锦泰亨、永玉亨、天和兴等欠款 62 万两白银不能按时偿还，后来官司打到了彼得堡沙俄政府的中央。

2. 在国外采购货币金属

1699 年（清康熙三十八年），作为皇商的山西商人范永斗等八大家，经政府批准，承担了芜湖、浒墅、湖口、淮安、北新、扬州、荆州、凤阳、太平桥、龙江、西新、南新、赣关等采办洋铜的任务，往返于长江口与日本长崎之间，垄断从日本进口铜的贸易七八十年，每年乘季风往日本贸易两趟，为国家铸造铜制钱补充了铜源大约 21000 万斤。[①]

3. 在省外国外融资

1902 年，因为正太铁路建设，山西省向华俄道胜银行贷款 4000 万法郎，利息 5%，30 年还清。1913 年阎锡山引进外资在应县成立广济股份

①《山西通志·对外贸易志》，中华书局 1999 年版。

有限公司，吸收黎元洪 200 股（每股 50 元）及陆军总长汤化龙等人的股份。此外，还有富有牧畜公司、富山水利公司等十余家股份有限公司也在外融资。据 1936 年斌记五金行统计，山西对德、美、日等国的礼和洋行、协和洋行、慎昌洋行、西门子洋行、大仓洋行、三井洋行、克罗克纳洋行等 20 多家洋行负债 248 万多元，引进先进技术设备未到位的资金达 385 万元，广泛吸收国内外、省内外的投资和融资，开发山西经济，使山西的炼油、机械、军火、建材、化工、造纸、纺织等工业和铁路、公路运输从无到有，从小到大，取得了很快的发展。

二、山西金融对外开放的历史经验和教训

（一）山西金融对外开放的历史经验

历史上，山西金融对外开放所取得的成就是辉煌的。总结他们的经验，笔者认为主要有以下几点：

1. "重商立业"的思想观念和"艰苦奋斗"的创业精神

山西对外金融业的发展是建立在国内和省内金融业发展的基础上的。山西商人的重商立业的价值观在明清时期已经牢固建立起来。只有外出经商，才能养家糊口，才能发财致富，才能光宗耀祖，这种思想观念成了当时山西人普遍认同的思想，所以，这才有不惜万里奔波，不怕严冬酷热，不畏沙漠瀚海，艰苦奋斗的创业精神。生下孩子从小抱在怀中就有"俺娃娃亲俺娃娃蛋，俺娃娃长大捏阑碳，捏不下阑碳吃不上饭；俺娃娃蛋俺娃娃亲，俺娃娃长大了走关东，深蓝布，佛头青，虾米海菜吃不清"的摇篮曲唱个不停。

2. 政府支持保护的环境，但又不依赖于政府

对外金融开放必须有必要的政策环境，有政府允许的合法经营条件，中俄几次通商协定，给山西商人的北上贸易提供了条件。但是商人们并不完全依赖于政府，而是靠自己的积极进取去营造更多的机会。对日本的铜贸易本来是江浙沿海商人已经拿到手的业务，山西商人范永斗等经过努力，居然能将这一巨额业务夺过来，垄断经营长达七八十年之久。

3. 保护自己利益的行会组织

山西商人的行会组织在对外金融贸易扩张中发挥了重要作用。行会组织的联结纽带，一是乡谊关系，二是同行业务。当铺、钱庄、账局、票号都有自己的行会组织。山西商人的各行会组织都供奉关帝，金融业又供奉

金龙四大王。行会设有严密的组织机构，具有管理和服务职能；在行会中，定有严格的行规，并有对不守规定者的处罚办法；行会具有自卫、自律和仲裁商务纠纷的职责。因此说山西金融行会对山西金融的对外开放是有功劳的。

4. 派出驻外人员选择同乡人

派出驻外人员选择同乡人，是山西商人在用人方面的一项原则。他们认为，同乡人知根知底，若在外表现不规，他就不敢回家，借封建社会的道德规范和家族亲谊约束职工。并对返家探亲做了严格的规定，如从外地分号回来，必须先到柜上报到，经检查后方能回家。

5. 金融业资本与商业资本的混合生长

金融业资本本来是从商业资本中分离出来的，但是山西商人金融业资本的所有者和经营者常常通过经营小号或相互投资使两种资本相互交叉，以至混合生长。这不仅有利于资本调度、扩大业务和市场，而且有利于减少风险，使企业安全经营。

（二）山西金融对外开放的历史教训

不管历史上山西金融业有多大成就，也不管它有多少经验，最后还是没有转化为现代企业而退出了历史舞台。这里不能说没有教训。

1. 没有真正解决法人治理结构问题

山西货币商人所建立起来的金融企业，虽然有很多伟大的创新，如货币资本股和人力资本股结合等，但是，它的股份制度却存在着一些严重的缺陷。最主要的缺陷有两点：一是股东无限责任制，在危机中连股东老家的财产也损失殆尽，根本不可能恢复；二是资本所有者对资本经营者缺乏客观的、及时的、严密的考核和制约机制，总经理虽然有利益驱动，但负盈不负亏。

2. 没有重视对现代产业的投资

当山西商人已经获得盈利后，虽然也有再投资的思想和行动，知道投资的重要性，但是对投资方向的把握上常常失当，他们多数再投资，不是投资于土地房产，就是投资于商品经营资本或货币经营资本，而投向近代产业资本很少。这可能与山西商人对社会发展的认识水平有关，他们不知道工业化的时代已经来临，不和现代产业结合是没有出路的。

3. 没有与时俱进进行改革，错失发展的大好机遇

19 世纪末，科技的进步，轮船火车的开通，海上运输成本的降低，

使俄罗斯商人坐着轮船绕道海参崴、天津与中国进行贸易,而旧有的经过蒙古地区进入俄罗斯的陆路贸易路线被冷落下来;外国银行大规模的进入中国市场,以它先进的技术和管理并带着受人欢迎的银元,夺去了一部分市场;官办银行迅速发展,山西货币商人经营政府金融的业务日渐减少;山西金融业的经理们看到这一切都坐不住了,急切呼吁改革,却遭到坐在老家的东家的拒绝;清政府也恳请票号合作投资并派出人员筹备银行,亦没有得到响应。当辛亥革命后山西金融业像多米诺骨牌倒下去时,财东们才醒悟过来,但什么都已经晚了。这一点可能与山西商人的决策者们不重视理论和现代社会发展,坐井观天,夜郎自大,小看洋人,鄙视现代技术有关。

三、当代山西金融对外开放的思考

历史上的辉煌已成过去,摆在当代山西人面前的是世界贸易组织会给山西金融业带来什么。笔者认为,世界贸易组织对我们有利有弊,不同国家利弊不同。世界贸易组织的任务是经济金融全球化、自由化。其好处是可以使自然资源和资金、技术、管理、信息、智力等资源在全球范围内配置,有利于世界经济的发展,同时也有利于各国在经济金融管理技术上进行交流,提高管理水平和经济效率。但是,经济金融全球化也可能使各国差距拉大,使金融风险扩大,一旦一国发生问题,弄不好就会波及其他国家,酿成金融危机和经济动荡。所以,我们要有充分的准备,认真地应对。

1. 要使人民群众特别是金融系统职工有正确的认识

现在我们刚刚加入世界贸易组织,还什么都没有感觉到。但要居安思危,做好趋利避害的准备。绝对不是说上了全球化的列车就可以大发展,而上不去就靠边站那样简单。因为我们必须看到全球化是美国垄断的全球化,不能只讲和合,不讲矛盾和斗争。因为,第一,全球化的规则是谁定的?是发达国家。第二,全球化的主体是跨国公司,我们基本没有。第三,全球化的组织者是"三世"组织(世界贸易组织、世界银行、国际货币基金组织),在那里是按股份投票的。即使"双赢"也有谁多谁少的问题。有人说"中国是世界的大工厂",其实反过来想一想,这不是给跨国公司打工吗?大头都让跨国公司拿走了。经济从来离不开政治,经济学从来是政治经济学。因此,当前的工作,不能仅限于对冲击的简单应对,而应转换机制，更新制度，全面提高竞争实力。

2. 在服从中央统一部署的前提下做好区域规划和环境建设

应对世界贸易组织的最根本的问题，是一系列有关金融的法律、法规和制度的修订、补充和调整问题。这些工作主要是中央及有关部门来做的。对于一个省区来说，要在做好完善地方相关法规的整理和修订工作的同时，认真做好区域对外开放的规划。区域金融对外开放的规划需要包括"走出去"、"引进来"和"相结合"的项目准备和目标要求，并且加快基础设施建设，加快经济金融改革步伐。

3. 对公众、企业特别是金融职工进行对外金融开放历史经验教训的教育

在 19 世纪之交，中国受到来自工业化国家向外扩张的冲击，山西票号对农业社会向工业化社会转换没有思想准备，失去了市场，失去了资本，失去了应有的辉煌。山西票号没有与时俱进地进行金融制度创新，最后落了个全军覆没。按当时的情况，票号在金融工具、银行业务、资金来源、资金调度、组织管理、企业制度等方面都有很大的改革空间，完全可以通过改革，创新制度，提高竞争力，跟上时代的发展。由此看来，制度创新是经济社会发展的重要条件。创新制度就是走向发展，拒绝改革就是死路一条。前车之鉴后事之师，我们总该有所领悟。山西票号创业者们的后辈子孙再不能在这个世纪之交的经济金融全球化中失败了。

4. 省区金融对外开放应当有自己的目标、重点和步骤

省区金融对外开放，应当允许各地根据各地的具体情况，有自己的目标和重点。山西金融对外开放的目标可以是"弘扬传统，参股引进，外出投资，跨国上市"。其步骤需要按"先对国内开放，后对国外开放"的思路前进。在不到五年的过渡期内，可以先让民营金融迈开步伐。这样经过三五年的锻炼，当外资金融业大举进入时，我们的民族金融业也具有了一定的经验，有了一定的竞争力。

镖局、标期、标利与中国北方社会信用

背景说明

本文原载《金融研究》2003 年第 8 期，2005 年 12 月山西人民出版社《黄河文化论坛》第十四辑选用。文章分析了清中期到民国初年中国北方地区通行的镖局、标期、标利与社会信用状况，标期是晋商的社会信约公履期，镖局、标期、标利制度构成了当时社会商品信用交易、资金融通的债权债务清偿网络体系与制度，在当时，没有长期相互拖欠不能清偿的三角债。镖局、标期、标利，也是当时市场利率形成与决定的机制，是当时成熟的民间信用制度。这是晋商的创造，也是 17 世纪到 20 世纪初晋商发展的原因之一。

17 世纪中期到 20 世纪 30 年代，以山西中部与口外（长城以外）为中心的中国北方商品交易中，由商品赊销和货币借贷引起的债权债务的清偿和结算，在偿还期限、利息计算等社会信约履行问题上通行标期和标利。标期、标利又是由于镖局运送现银引起的。所以镖局、标期、标利与山西商人的商业活动以及金融机构票号、钱庄、账局等共同构成了一个债权债务清偿网络体系，商号、住户与金融机构都能够自觉执行这一制度，成为了以山西太谷为中心，以晋中各县与口外张家口、丰镇、归化、包头、宁夏、兰州为重点的中国北方地区的商业习惯，构成了一幅北中国民间商务清算网络图，这是清朝中期到民国初年中国经济与社会的一大特色。

这里需要说明的是，标期、标利是随镖局押送现银周期而来，本应该是镖期、镖利。但是长期以来，包括一些近代史料，人们亦常常写作标期、标利，把标期的债权债务的清算叫作过标。既然标期、标利的提法已经长期使用，一些史料也采用这种提法，成为约定俗成，我们在这里也就不必强调镖和标的差异了。

一、镖局是押解实物和货币资财安全运转的专业机构

镖局是专门武装押解商品、现银等重要物资和钱财，保卫其安全运转的专业机构，带有一定的保险性质。镖局这种专业保卫组织，什么时候产生，说法不一。有说镖局是在清乾隆年间出现："考创设标（镖）局之鼻祖，乃系清乾隆时……山西神拳无敌张黑五者请于达摩王，转奏乾隆，领圣旨，开设兴隆镖局于北京顺天府前门大街，嗣由其子怀玉，继以走镖，是为镖局之嚆矢。"[①] 据著名考据学家卫聚贤先生说，相传为清初顾炎武与傅山、戴廷栻为了反清复明而创设。他们招雇有武功的人，积蓄革命力量，为躲避清政府的注意，以保护商人运送现金或货物为名，组织镖局。镖局所雇武术高超的人，叫镖师傅，腰系镖囊，内装飞镖，手持长矛，于镖车或驮轿上插上一面小旗，上书镖师傅的姓，因怯于镖师傅的大名，强盗不敢来犯。戴廷栻是山西祁县人，明末清初思想家，出身于山西商人之家，与山西太原傅山和江苏昆山顾炎武为好友，卒于 1694 年（康熙三十三年）。卫聚贤先生考证，蒲松龄写《聊斋》是在 1689 年（康熙二十八年），书中已经提到镖局，可见在康熙年间镖局已经存在。戴廷栻在山西祁县城建有"丹枫阁"，丹者，朱也；枫，祁县发音洪，阁与武为音转，连起来寓意为"朱洪武"。由于反清复明的政治意识，顾炎武与傅山等常在这里聚会，利用山西商人在全国各地经商的大量物资押运和现银押解需要保镖的背景，组设镖局。[②] 祁县戴家是著名的形意拳的传人，形意拳的发展与镖局有密切联系。著名的山西票号志成信的东家太谷县沟子村员家后人员文绣在其回忆文章中说，1679 年（清康熙十八年）其先祖员成望创设志成信票号，"在太谷西大街设总号，随即在北京打磨厂开办了义合

---

① 万籁声：《武术汇宗》，商务印书馆，转引自卫聚贤：《山西票号史》重庆说文社 1941 年版。
② 卫聚贤：《山西票号史》，重庆说文社 1941 年版。

昌汇兑庄和志一堂镖局（也称隆盛镖局）"。① 看来，镖局创立时间最迟在康熙年间。

二、标期的空间和时间

（一）镖局、标期与金融中心

镖局押运物资和现银的路线、时间，即从某地出发到某地，是由商品贩运交易决定的。山西商人的活动舞台虽然遍及全国以至国外，但是其重心还是在北方，特别是出东口、西口，商于蒙古、东北和西北地区。所以镖运商品和现银，以至支付清算主要是在张家口、归化与大本营——晋中盆地太原、汾州两府。太原、汾州两府中，又主要集中在太谷县。如果说清代中国的金融中心之一在山西，那么山西的金融中心在太谷。其根据可以分述如下几点：

第一，据史料记载，"太谷县在当时经济上占大优势，其一县之势力可抵榆次、祁县、平遥、介休等数县"。② 太谷和省城太原比较，实力也比较强。太原是在民国以后才很快发展起来的。按照民国时期实业部的调查，"太原省城，昔年原非金融中心，民国以后，因银行号纷纷成立，至今虽不能谓为全省金融之总枢纽，但其金融势力，在全省境内，亦颇不弱"。③ 在清代，"山西金融之中心，确在太谷。"④

第二，太谷的金融机构比较多。清代的山西金融统计数字现在很难找到，这里比较一下抗日战争以前1935年（民国三十四年）晋中榆次、太谷、祁县、平遥、汾阳几县的金融情况，大体上可以看出太谷的金融地位。从钱庄看，太谷10家，总资本16.5万元，平均每家资本1.65万元，存款200万元，放款200万元；平遥9家，总资本6.1万元，平均每家资本0.68万元，存款100万元，放款100万元；祁县2家，总资本1.9万元，平均每家资本0.9万元，存款不详，放款10万元；榆次9家，总资本11.6万元，平均每家资本1.15万元，存款70万元，放款60万元；汾阳4家，总资本5.3万元，平均每家资本0.7万元，存款不详，放款20万元。从银号看，太谷8家，存款206万元，放款

____

① 员文绣口述、董维平整理：《我所了解的员家志成信票号》，载《晋商史料研究》，山西人民出版社2001年版。

②④ 卫聚贤：《山西票号史》，重庆说文社1941年版。

③ 实业部国际贸易局：《中国实业志·山西省》民国三十五年一月版。

176 万元；平遥 3 家，存款 11.6 万元，放款 2.2 万元；祁县 3 家，存款 18.5 万元，放款不详；榆次 1 家，存款放款不详。从金融机构总家数看，银行、银号、钱庄、当铺、质铺等总数，太谷 57 家，平遥 43 家，祁县 20 家，榆次 23 家，汾阳 14 家。虽然在清代，票号数依次为平遥、祁县、太谷，但是除汇兑业以外，其他金融机构太谷还是领先的，例如当铺质店，在 1887 年（康熙十三年）太谷 88 家，平遥 65 家，祁县 63 家，榆次 63 家，汾阳 25 家。[1]

第三，太谷金融业的实力和信誉比较高。山西省财政金库收缴税银，"其元宝上有太谷县孟家银炉所印的'孟合'二字，即当作十足银使用而不化验"。[2] 太谷银炉所铸造的银元宝流通广，数量多，当今流传下来的也比较多。

第四，山西省总商会设在太谷。在太谷，进行着大量的批发贸易，金融交易亦多批发趸售，从事批发卖出者称为"交行庄"。所以 1904 年山西省商会成立时不设在省城太原，而在太谷县城。

第五，镖局运送现银以太谷为中心。镖局运送现银先集中在太谷，进行债权债务的清偿，并且确定下一标利率，然后其他县城以其与太谷县城的距离，确定标期，以太谷标的标利为其他各县利率的基准。可见标期、标利以太谷为中心，向各县辐射。因而在标期的地域空间上太谷县独占一标，其他县统属太汾标。太原、汾阳两府除太谷外，其他各县的标期都在太谷之后。以时间和空间共同决定标期，形成了以太谷为中心的晋商金融贸易清偿和支付的网络体系。

（二）太谷标、太汾标与榆次标

太谷的金融中心地位，决定了财富尤其是现银运送以及货币借贷、货款清偿大多集中于太谷进行，然后是其他各县。由此造成了太谷是一个独立的标期，叫太谷标，各路运来的现银，在太谷集中并办理交收后，开出利率，然后其他各县以太谷为准过标、清算，并且形成各县的利率。太谷县的债权债务多为批发交易而引起，太原府所属各县除太谷县外，其余祁县、榆次、徐沟、清源和汾州府所属平遥、介休、汾阳、文水、交城各县为一标，叫太汾标，两府各县的债权债务多为零售交易引起，其清偿在本县使用太汾标。

---

① 实业部国际贸易局：《中国实业志·山西省》民国三十五年一月版。
② 卫聚贤：《山西票号史》，重庆说文社 1941 年版。

自从正太铁路通车榆次，往来之货多集于榆次，榆次市场发展起来，到民国初年又增加了"榆次标"。20 世纪二三十年代山西晋中地区共有太谷、太汾、榆次三标。抗日战争爆发以后，过标的商业习惯也就不存在了。

（三）年标、季标与骡标

年标，是一年一标。山西商人经手的商品很多，简单地分，有南货、北货与俄国货，如南货中的两湖福建的茶叶、苏杭的绸缎、江西的瓷器、广东的杂货、四川的药材等，要通过水路、陆路，分别与东北的人参貂皮、西北的膏药水烟、蒙古的牛马皮毛、俄国的呢绒哔叽等不同商品进行以物易物的实物贸易。由于路途遥远，正常情况下，交易一次需要一年的时间，交易中"所盈得的银两除扣去来年的本钱和请示总店批准借贷给其他商号外，其余的部分只好依靠东口（即张家口）和西口（原为杀虎口，后来改为归化城，即现在的呼和浩特市）金融界从中调剂周转，最后通过镖局押运，归现于晋中各县总店。多数情况下，其镖期都定在每年旧历的正月，又因中国古代曾有过用十二地支来计月的习惯，而正月又正值寅月，所以此镖（标）又称寅镖（标）。兼之，此类镖（标）银数额较大，故而又称之为大镖（标）。"[1] 季标，又称期标或小标，是由于商品在东口、西口销售，或者在东口、西口中转销售，由此发生的债权债务的银两清偿期限，同样"是首先清理债务，然后再留足本钱和扣除借贷，余下的现金要由镖局负责押运回晋中总店"，一年之内分春夏秋冬四次，称为春标、夏标、秋标、冬标。"在正常情况下，一般是东口镖（标）起解在先，西口镖（标）起解在后，它们分别从天成（镇）县与杀虎口进入山西，而后再沿途南下"，达到太谷。[2]

春、夏、秋、冬四标的具体时间的确定，原则上每标为期 3 个月，具体日期并不是永远固定的。在清代，一般是由金融业行会与经营南方苏广货物的大商号共同协商，选择黄道吉日，确定具体日子。到民国初年，则由商会与各个行业共同议定。

从西口到太原运标为 20 天，所以太原标比西口标迟 20 天，再迟 5 天是太谷标期。其他各地标期相隔天数，均按标车运送现银的时间而定。山西晋中与口外地区的标期制度一直延续到 20 世纪 30 年代。

①② 刘俊礼、刘向东：《晋商过镖与清理三角债的联想》，2000 年 10 月 15 日未刊稿。

表 1　1924 年各地标期

	张家口	归化	太原	太谷	汾阳
春标	2 月 4 日	2 月 20 日	3 月 3 日	3 月 8 日	3 月 12 日
夏标	5 月 6 日	5 月 15 日	5 月 29 日	6 月 3 日	6 月 7 日
秋标	8 月 1 日	8 月 16 日	8 月 24 日	8 月 29 日	9 月 3 日
冬标	10 月 30 日	11 月 15 日	11 月 19 日	11 月 24 日	11 月 29 日

资料来源：蒋学楷：《山西省之金融业》，《银行周报》，1936 年 2 月，第 2 卷第 21 期。

年标、季标之外，还有骡标和粮标。骡标，亦称骡期。据《绥远通志稿》卷三八记载，"骡期情形，亦与标期相近，相传为昔年用银时代，钱商结账后，有以骡运银往内地之举，故名骡期。迨后相习已久，现银虽废，而骡期仍存。计年十二月四标之外，共有八骡，往来交易，远期者按标归结，近期者按骡结算。"[①] 粮标，即粮食标，使用范围不广，在金融中心太谷粮标的确定，以 20 天为一期，货币清偿和利率的计算，也以 20 天为期限。

三、标期是社会信约公履期

在商品交易市场上，货物买卖协议达成，然后就是货款的交付。但是，无论从事贩运贸易的行商还是批发零售的坐商，从采购商品、长途运输、出售商品，到收回现银需要一定的时间，商人完全依靠自己的资本往往困难颇大，一般需要资金融通。资金融通的形式有两种，一种是信用放货，一种是信用放款。凡山西商人经商之地，金融机构、商号或者住户相互之间，经常因为两种信用关系，即商品赊销和货币借贷而形成相互之间的债权债务关系。

信用放货是在商品交易中，购买者信誉很好，可能因为现钱不足，无法购买，如果销货者对购买者的信誉比较了解，为了推销商品，经过协商，可以约定暂时不付现款，先行提货，待下一标期付款。等到所约标期到来，自己手中的商品就已经出手，可以以售货收入清偿赊购商品的债务。此标内若再要购进商品时，就再约定下一标期偿还。这种商品交易形

---

① 《绥远通志稿》卷三八（未刊稿）。

式，实际上是赊售者为赊购者垫付了资金，在资金垫付期间有个利息问题，因此，需要在现货价格总额之上，加上赊购期间（从赊售商品到标期偿还欠款的期限）的利息，这样，对销售者来说，不仅出售了自己的商品，而且赊售收入比现货交易多了一层利息收入；对赊购者来说，没有现款，也能够购得商品，从事贸易，获得利润，互惠互利，各得其所。

信用放款是在销货者资本金不足，从当地钱庄、账局、票号借入资金，采购商品，运往异地销售，收到现金，再归还借款。这种情况是在金融机构对借款人的信用很熟悉的前提下才能进行，账庄、钱庄、票号等金融机构经常派出"跑街"（相当于现在的信贷员）主动发现客户。如果对于购买者的信用不了解，山西商人常常使用两种办法解决：一是介绍放款，即借款人寻找一位金融机构熟悉的、有信誉的商号出面介绍，保证借款人到期履约，借款人到期不能履约，介绍人承担经济责任，这种介绍放款相当于现在的担保放款。二是抵押放款，借款人将自己的贵重物品抵押于金融机构，取得借款。据史料记载，在清同治、光绪年间，"太汾标期，晋中各县之交行庄多乐意商人购物清债。太谷标期，他们则更相率往太谷去购物清债。"[①]

在商品交易中，不论是信用放货，还是信用放款、介绍放款，其货款清偿和借贷，都按约定标期履行清债之责任，至标而不能履行清偿债务者，谓之"顶标"。一经顶标，债务者立即停止再借再赊，没有人与之交往，就可能成为倒闭之商号。按照春、夏、秋、冬四标归还欠款，在商界十分严格，不能超过一日，否则其经营顿归失败。但是居民住户，赊欠商家之账，则于标后逐渐清收，不以过标之日为严限。民户欠项，每到过标，多数先付半数，等到年终，才全部清偿。商人对住户之所以能够这样宽松，主要是由于商号采购办货付款期限较长，有很大的回旋余地，比如南茶北马和俄罗斯商品，多为年镖清结，有一些是隔一两个镖期清结。所以，"苟使信用有素，购存货物，无须筹备现款，及期满应行归款，在营业周转一年或数标之内，已可以货易款，本利均回。此固尔时物力丰盈所致。"[②]

现银交付的标期，最初是由于山西商人对蒙古和俄罗斯贸易引起的。因为对蒙古、俄罗斯贸易的中心在外蒙古的库伦，而长城关口张家口则为

---

① 刘文炳：《徐沟县志》，山西人民出版社 1992 年版。
② 《绥远通志稿》卷三八（未刊稿）。

内地通往库伦的必经关口，习称东口，出关就是口外。东口之外还有西口杀虎口（或者归化城），是通往库伦和乌里亚苏台、新疆等西北方向的关口。以山西商人为主的内地商人，采购南货，经过张家口、杀虎口进入蒙古地区，经库伦—恰克图或科布多—迪化—塔尔巴哈台，销往俄罗斯，购回俄罗斯的回绒、哈拉、哔叽等毛织品和蒙古地区的牛、羊、马、骆驼、皮毛等发售内地，销往内地。在口外交易，以货易货，依靠东口、西口的金融机构为之融通，贩运商人相互订立合同，每年总结账一次，以镖局运送现银交付，因此有一年一次的标期，按返程标建立归标。另外，有些商人不出库伦贸易，仅仅从内地运货到东口、西口，期限较短。那么归还现银的标期，一年分为春、夏、秋、冬四标。

简言之，标期是中国北方社会信约的公履期。

四、标利及其决定

信用放货、信用放款都需要计算利息，山西商人的资金融通利息，是按照标期来确定的，故称标利。由于放款形式不同、标期种类不同、交易和借贷使用的制钱或银两不同，赊欠和借贷期限不同，利率也有多种不同的确定方法。

（一）制钱和银两的转账结算

山西商人在口外的商业活动中，货币资金往来清算，有现钱现银交付和转账结算两种方式。转账结算有制钱转账和银两转账之分。制钱转账称为拨兑钱，拨兑钱一般不兑现，是永远周转的。银两转账称为谱拨银，简称谱子或谱银，谱拨银有周转和兑现两种情况，周转而不兑现者，叫客兑银；谱拨现银则是每届以一个月为期，必须兑现，叫作点个儿现银。

当时的转账结算，也有起点限制，均以制钱1吊或银10两以上为限，1吊或10两以下，则必须使用现钱或现银结清。

转账结算的期限与标期密切挂钩。到达标期，各商家收款付款，均在钱庄转账，限定三日完成。每届标期下月第一日，以制钱计量的债权债务转账；第二日，是以银两计量的债权债务转账；第三日，是办理转账的各钱庄，全部集中在钱庄行会，会同钱庄行会的总领，进行总核对，叫作"订卯"。

（二）银行清算

商号之间债权债务关系，通过钱庄转账拨兑，变成了钱庄之间的债权债务关系，金融机构之间的债权债务清偿，晋商称为"订卯"，可以说这是现代银行票据交换和轧差清算的雏形。订卯时，甲号转账完毕，存有乙号之款，乙号不愿意在甲号存放，提出另转丙号收存，倘若甲号不能实现乙号要求，那么甲号经营就呈现险象，即出现信用危险，各金融机构就拒绝与之往来。所以，金融机构放款多，收款少，不良资产过多，不能诚信经营，在订卯时周转不灵，无从应付，往往因之倒闭。因而在订卯以前，收付银钱项目，必须切实抵备，保持信用。而且，在订卯时相互核对账目，发现错误，比如空过账目，核对出来以后，还可以收回，不生效力，谓之回账。如果登账疏忽，找不到错付原因，则不可回账，其损失自然由登账疏忽者负责。当然，拨兑账款也有"面拨"，即当事人直接到钱庄当面通知转账。山西商人习惯，面拨是不能回账的。16世纪意大利商人的转账结算，总初只有面拨，而无回账之说。订卯的好处：使金融机构每月轧实一次债权债务，可以预防随意转拨，外强内空，资不抵债，是金融机构防御风险的一种有效方法。

（三）利息计算

山西商人的借贷利息，随制钱银两、标期长短、信用高低等不同差别较大。通常有以下几种情况：

1. 无息借垫

商号与住户在金融机构的存款，谓之"浮事"。金融机构对于"浮事"，一般都要付息，存入银两利率高，存入制钱利率低。各商号平时在钱庄支付银钱，如果发生欠项，即出现透支，可以在月底清偿，月内透支可以免加利息，如果拖至下月，必须支付利息。

2. 满加利

商号和住户在金融机构的"浮事"，如果遇到季标、骤标，本商号存款不足支付，必须向金融机构借用银两，此时利息较高，要在既定的银两借贷利率基础之上临时议加若干，谓之满加利。具体计算方法有两点需要说明：第一，一年四个季标，按照标的公开利率，春标开夏标，夏标开秋标，秋标开冬标，冬标再开第二年春标，按此循环。并且，决定由这一标到下一标归还期内的满加利率。但是，在每一标期的前半个月，银行业就进行预开下标的利率，以衔接下一标。其满加利利率一般为每1000元计利息20元左右，如1924年春标满加20元，夏标满加12元，秋标满加20元，冬标满加29元。按此办法，就可以知道自冬标日借款到第二年春标还款，每 1000 元须加利 29 元。第二，由于市场上银根经常变化，一标的 3 个月之内，每日有每日的满加利行市甚至每日早、午、晚三次行市。满加利的决定，每天都由银行业公所规定，既随标期远近有所升降，也按市场银根松紧而涨落。如秋冬粮食上市，需要款项紧急，市面上资金紧张，但归标时间临近，故满加利并不因此而降低；春季银根松，款项需求比较少，虽标期还比较远，可是满加利反而低。由此可以看出，名义上满加利是以借款时间为期限，实际上是按标归现为标准。

3. 长年利

长年利因为是跨标的，每标标利都会有些变化，要考虑到年内标利的实际情况，所以要重新开出，并不固定。例如太谷县在 1924 年，春标长年利每 1000 元为 96 元，夏标为 85 元，秋标为 86 元，冬标为 95 元。实际上主要是决定于订立借贷合约的时间，不是一年之内的利率不变。

4. 月息

月息也是按标开盘，归还期限也是以标期为标准。但是，每开一次就连开三标。如 1924 年，太谷春标开夏标每元月息 8 厘，秋标、冬标 7.9 厘；夏标开秋标、冬标为 7 厘，次年春标为 7 厘；秋标开冬标为 7.1 厘，次年春标、夏标为 7.1 厘；冬标开次年春标月息 7.9 厘，次年夏标、秋标月息 7.8 厘。

5. 短期利

短期利息计算分为两种：第一种是按太谷粮标确定，粮标 20 天为一期，所以短期利以 20 天为限。如 1924 年 11 月 5 日为粮食标期，10 月 15 日后短期利息均以这一天为期，以日计息，每天开盘。10 月 16 日为每 1000 元短期利为 8 元，18 日为 7 元，19 日为 9 元，20 日为 11 元，21 日为 9 元，22 日为 8 元，24 日为 8.5 元，27 日为 6 元，28 日为 8 元，31 日早市为 4 元、晚市为 10 元，11 月 1 日为 4.5 元，11 月 2 日为 2.5 元。在这期间如果某日没有交易则停开利率，那么商号借款利率就按前一天行市执行。第二种是按 5 天、10 天、15 天、20 天确定利率，也有按一二天确定利率的。如太谷货币市场 10 月 27 ~ 31 日 5 天 1000 元的利率为 4 元，10 月 27 日到 11 月 5 日 10 天每 1000 元的利率为 8.2 元，11 月 5 日至 25 日 20 天每 1000 元的利率为 16 元。[①]

---

① 蒋学楷：《山西省之金融业》，《银行周报》，1936 年第 2 卷第 21 期。

6. 利率高低涨落

清代至民国初年，山西商人借贷利率高低涨落一般取决于以下因素：一是银根松紧不同，银根越紧则满加利率越高。二是标期内外不同，无论季标、骡标，标内利率低落，标外利率上涨。三是银钱借贷不同，银两借贷利率高，制钱借贷利率低。四是商号住户不同，住户欠款按标清偿归还并不严格，但是年底必清，利率不变，商号则以月或者以标清偿，越标加息，商号利重而住户利轻。据《绥远通志稿》记载，"骡期过付，仅为各商互相之交易，住户欠账，除予有订期者，其通常赊取货款，过骡期并不催收，住户清偿商欠，名为四标，实则为夏秋冬三标及十二月之年关，为归款期限。故春标与住户甚少关系，因年前甫经清账，即稍有拖欠，春标亦无催收之例，必待四月夏标，始能收结耳。"

五、过标

由上述可知，标期来临，犹如过关，亦如过节，关系到所有商号资金供求和资产负债能否平衡，是企业兴衰存亡的关键时刻，晋商所有总号分庄，无不重视，称为过标。

在清代过标时，由各地的商人会馆负责组织。20 世纪初，光绪皇帝支持新政，半官半民的商会在各地纷纷成立，过标就由商会负责了。每当过标，运载现银的标车到达，一般是在下午时分。那时，夕阳西斜，明标到来（解现银者谓之明标），接近城门，便鸣火枪一声，赶车人高扬长鞭，人欢马叫，高喊而入，络绎不绝。①

过标时，商会还要组织唱戏，即从过标的第二天起，所有商号和金融机构，要筹措资金，聘请梨园优伶到城中的财神庙或关帝庙唱戏三天。娱乐庆贺，并祈求神灵保佑，发财致富，吉利平安。

当然，过标的商业习惯，到民国中期，随着货币废两改元和法币制度的实行，随着火车汽车开通，随着山西商人势力的衰落，镖局和过标也就成为历史了。

六、透过镖局标期看当时的社会诚信

中国北方 17 世纪中期到 20 世纪 30 年代金融界实行的镖局、标期、

---

① 刘文炳：《徐沟县志》，1941 年手抄本，山西人民出版社 1992 年版。

标利制度，是山西商人在金融贸易的实践中，摸索和创造出来的一套适应当时生产力发展水平的货币资金融通制度，科学地解决了当时商品交易中的货款清结、借贷本利清偿期限和利率确定等一系列商业技术问题，其科学性就在于按照物资和现银的运动来确定资金供给的时间、期限和利率，使实物流与资金流协调运作。这样，既不会出现货币资金的浪费，又能避免银行不良资产的出现，贷款及时回流，不仅保证了银行资产的质量，又提高了资金的使用效率。如果银行发放贷款时，能按照每笔贷款的具体用途和周转时间确定贷款期限和利息，银行不良资产就会减少或不再发生，因而标期标利制度具有重要的理论意义。

从镖局、标期、标利制度与过标的商业习惯中，我们也看到了当时的社会诚信，看到了当时商号和金融机构的自律，看到了当时商业行会或商会的行业自律和自卫，看到了市场自发的调节功能。账庄和钱庄等金融机构不仅仅是坐家等待融资者登门借贷，还常常派出跑街到商人之中招揽生意，施行营销战略。赊购商品者、借贷款项者能够在标期到来之前，积极筹措资金，按照社会通行的粮标、骡标、季标和年标约期履行清偿债务的义务。因而，资金不足的商号不仅可以从金融机构获得信用放款支持，而且还可以从商号获得信用放货支持，没有钱照样可以进行贩卖经营，金融机构亦不怕借贷者骗钱不付，大胆地进行放款营销。可见，诚信是商品交易的基础，诚信是活跃市场的前提，信用在则金融活，金融活则商业兴。清中期到民国初年晋商的这一套社会信用制度虽然有政府一定的支持，但不是由政府制定的，是市场经济运行中自发形成的。但是，政府宣扬孔孟之道的仁、义、礼、智、信，客观上营造了社会诚信的环境。由此可见，政府创造环境，市场创造企业和企业制度，是一种社会规律。

金融机制创新的历史变迁

背景说明

2004 年作者承担了山西省政府高级专家基金项目 "山西省金融机制创新研究"，研究中发现，《明清时期山西货币商人的金融创新》未完全，故重新整理，构成了《中部崛起下的山西金融创新》的第一章，山西人民出版社 2006 年出版。该课题 2006 年被评为山西省 "五个一工程" 一等奖，2007 年该书被评为山西省第五届社科优秀成果一等奖。撰写中张亚兰博士做了大量工作，子课题共同署名。

现实的答案往往潜藏在历史的轨迹中，山西金融界精英辈出，在不同的时代背景下他们都能因地制宜地通过各种金融创新来实现金融与经济的协调发展。先秦的货币，宋、金的纸币，明清的账局与票号，民国的 "省钞发酵" 等金融创新，不仅闪烁着历史的光辉，而且为山西经济金融发展留下了很多遐想。

在中国金融史上，无论是古代金融还是近代金融，山西金融都占有显著的位置，为中国及世界人民所注目，山西的金融创新在中国金融发展史上更是具有划时代的历史意义。

一、农业经济时代（原始社会末期至公元 1500 年）的金融创新

金融是适应经济发展的需要而产生的，经济越发达，金融业就发展得越快，金融创新就会层出不穷。

山西是中华民族的发祥地之一。早在一百多万年以前，山西这块土地上已经有了原始人类；10 万年以前的山西人，已经有了比较集中聚居的村落；2.8 万年以前，原始公有经济的氏族公社就已在山西确立；传说中的原始部落领袖尧、舜、禹都曾在山西建都。尧都平阳，即今临汾市；舜都浦坂，即今永济县；禹都安邑，即今夏县。夏代存在于公元前 21 至前 16 世纪，"夏传子，家天下"，原始公社解体，奴隶社会确立。相传后稷教稼穑于稷山，嫘祖养蚕于夏县，推动了中国早期原始农业的发展。

农业生产的进行，促进了剩余产品的增多和产品交换的发展。在夏帝都和各部落活动的中心区域，如平阳、浦坂、安邑，今襄汾陶寺和夏县、翼城、垣曲等地，成为夏代市场交易最为活跃的地方。据《易·系辞》记载："日中为市，之天下之民，聚天下之货，交易而退，各得其所。"这反映的就是当时在山西晋南地区发生的商品交易活动。

（一）商周时期的金融创新

1. 铸造"铜贝"便利流通

物物交换和实物货币的不便，使人们想到了自铸货币的必要。商周时期人们以"海贝"为币，但"海贝"数量有限，取之不易，所以便有仿海贝制作的骨贝和石贝[①]，而山西的"冶铜"技术当时是非常先进的，所以山西人开始铸"铜贝"[②]，以便流通，1971 年 11 月 27 日，山西保德县林遮峪村一商墓中出土了铜贝 109 枚，海贝 112 枚。可以说这是我国货币发展进入成熟阶段的标志，"铜贝"的铸造开创了中国铸币史的新纪元。

2. 发明"布币"作为货币

如果说"铜贝"是山西人仿"海贝"而铸造的，那么"布币"则是山西的"土特产"。在商代后期，黄河中游一些地区使用的一种青铜铲形农具——钱，由于它本身的实用性和广泛性而开始具有一般等价物的作用了。西周时期，它们已逐渐脱离农具特点，向"布币"转化。"西周原始布在河南洛阳、临汝、山西太原都有出土，传世品也很多，清叶倪模《古今钱略》、李佐贤《古泉汇》及近人丁福保《古钱大辞典》等都曾有著录。"[③]

夏、商、西周时期，是我国货币的萌芽时期，山西人模仿"海贝"

---

① 中国科学院考古研究所洛阳发掘队：《河南偃师二里头遗址发掘简报》，《考古》1965 年第 5 期。
② 吴振录：《保德县新发现的殷代青铜器》，《文物》1972 年第 4 期。
③ 昭明、利清：《中国古代货币》，西北大学出版社 1993 年版。

所铸的"铜贝"开创了我国铸币史的新纪元,"布币"的发明,可以说是山西人自创货币的起源,我们今天所说的"钱",是否正是因为这种称为"钱"的农具作为货币才命名的呢?看来有一定的道理。

(二)春秋战国时期的金融创新

春秋战国时期,山西的产品商品化程度进一步提高,货币经济发展迅速。山西西北农牧贸易异常繁荣,西南籍"盐铁之饶",在境内外广为行销。山西又居南、北、西之中,河、汾舟楫往来,水陆交通便利,为中原的商业中枢,出现了许多繁华的城镇(如运城、永济、垣曲、河津、汾阳、太原、介休、平遥、隰县、中阳、离石、武乡、晋城等)和著名的商人(如大商人猗顿)。司马迁曾论及山西当时的经济地位之重要,他说:"昔唐人都河东,殷人都河内,周人都河南,夫三河在天下之中,若鼎足,王者所更居也,土地狭,民人众,都国诸侯所聚会。"① 即因"河东居天下之中,而又为都国诸侯所聚会,故能绾毂东西南北,成为中原商业之枢纽。"

1. 布币体系和布币区的形成

商业的兴旺扩大了对货币的需求,金属铸币在商业交换中越来越显示出自身的优越性,而在全国范围内开始逐步取代贝币和其他各种实物货币,并形成了几个具有明显特征的货币体系和货币流通区域。这就是黄河中游关、洛、晋地区的"布币区",东方齐国海滨地区的"刀币区"及南方楚国的"蚁鼻钱"区域。

春秋战国时期的布币已摆脱了原始布的农具特征,向重量轻、形制小演变,而且上面开始刻有"面文",大多为古邑名,货币制作精良,在各大商业中心都有铸币工厂的存在,如山西侯马就有造币工厂。可以说在这一时期我国的货币经济已经确立起来了。布币区的出现,是随着商品交换范围的扩大而产生的,而它的形成又促进了商品交换的进行,三大货币区的出现也为后来统一全国货币奠定了基础。

2. 子母相权的货币体系

由于商业交换的需要,战国时期货币逐渐出现了"子母相权"的币制。如圆肩方足布中的魏"安邑"布,其币制分3等:安邑2斤、安邑1斤、安邑半斤。晋阳布的币制也分3等:晋阳2斤、晋阳1斤、晋阳半

① 司马迁:《史记·货殖列传》。

斤。这些货币的币值、大小、重量依次递减，在交换过程中可以互相调剂，利于流通，在货币制度上是一个重要进步。

3. 便于兑换的货币——梁斤当锊布

1956 年山西芮城出土了一种较为特殊的圆尖圆足的梁斤当锊布，是魏国迁都大梁后（公元前 362 年）铸行的，有 4 种币文："梁夸斤五十当锊"，重 17.4～28.02 克；"梁夸斤百当锊"，重 7.21～15.05 克；"梁正尚（上）百当锊"，重 10.82～16 克；"梁半尚（上）二百当锊"，重约 3 克半[①]。这种梁斤当锊布比较特殊的是每枚布币币面铭文上表明两种不同的重量单位：斤和锊，显然是适应于使用不同重量单位或货币单位的两地间商业交换的需要而专门铸造的货币。锊是一种很大的重量单位，很可能是贵金属黄金或白银的单位，即 100 斤单位的这种布值黄金或白银 1 锊。从历史地理位置考察，魏迁都大梁后与楚的联系必然增多，而楚国是盛行金银铸币的国家，这种梁斤当锊布或者即为与楚国进行贸易而实行。

4. 刀化——为适应边界交易而特别铸造的货币

三晋地区，主要是赵国，为了适应与齐燕接壤地区商业交往的需要，曾铸造过能在齐燕地区使用的刀币。1963 年山西原平武彦村出土了大批战国刀币[②]，据考古学家统计，在山西原平出土的大批窖藏战国钱币中，完整的布币有 2223 枚，刀币有 2180 枚，其中"甘丹"、"白人"等直刀881 枚，而多数是通过流通而来的燕明刀，有 1408 枚。这充分反映了当时赵国与周边地区经济联系与商业交往的密切[③]。

5. 圜钱——中国未来铸币形态的奠定者

布币、刀币多棱角，面积较大，携带起来很不方便，所以劳动人民又发明了圜钱，既便于携带、流通，又便于储存。圜钱的最初形状是圆形圆孔，周缘无郭，钱背平素。属三晋两周地区的圜钱钱文有："共"、"共半斤"、"共屯赤金"、"虞斤"、"垣"、"漆垣一斤"、"蔺"、"离石"、"济阴"、"武平"、"安臧"、"西周"、"东周"等 10 余种[④]。1973 年山西闻喜县东镇公社出土了一批"共"字圜钱[⑤]，约 700 余枚，用麻绳串系，一层层盘放于罐内。圜钱的出现，说明我国的货币已完全摆脱实物货币的残

① 王毓铨：《我国古代货币的起源与发展》，科学出版社 1957 年版，转引自昭明、利清：《中国古代货币》，西北大学出版社 1993 年版。
② 山西省文物管理工作委员会：《山西原平县出土的战国刀币》，《文物》1965 年第 1 期。
③④ 昭明、利清：《中国古代货币》，西北大学出版社 1993 年版。
⑤ 朱华：《近几年山西出土的一些古代货币》，《文物》1976 年第 10 期。

留特征，货币的抽象性、便利性得到强化，它标志着我国货币发展进入了一个新的时代。圜钱一经流通便很快显示出其巨大的优越性，并迅速代替了布币和刀币，形成了新的圜钱货币体系和货币区。圜钱的货币形制在周、魏、赵出现后，很快秦、齐、燕等地也出现了圜钱，并且后来以秦国为中心，由圆孔圆形的形制发展成为圆孔方形的"半两"钱，在秦灭六国后成为统一的法定铸币形式，影响中国古代货币两千年。

秦汉时期，政治稳定，国家实行"与民无禁"的放任政策，边疆的"军市贸易"和西汉以来的"丝路贸易"日益繁荣，山西的河东郡和上党郡仍是沟通东西南北的两处商业网络中心，山西的盐、铁、丝绸、粮食等物产在那里有很大的销路，山西商人不畏艰险，厕身其间，积极将商业领域拓展到北部沿边，可以说是当时"以财雄边"的一支商业劲旅。

晋魏时期的北方，战乱频繁，游牧民族相继入侵，山西的工、农、商都受到了一定程度的冲击。尽管如此，当时的平阳、晋阳、平城仍是非常繁荣的政治、经济中心，出现了一些因商致富的大商人。如雁门繁峙的大商人莫含因善于经营边塞贩运贸易而"家世货殖，赀累巨万"[1]。

隋唐宋元时期境内商业繁荣，山西商人携资竞争于全国性市场，并通商于塞外和欧洲。

为了便于交易，唐代的"飞钱"，宋代的"交子"，元代的"交钞"，甚至波斯商人在国际贸易中使用的萨珊朝银币也曾在山西流通过，可见山西当时商业之繁荣。

在信用活动方面，山西也是走在前列的。春秋的史书中已有借贷的记载。晋国大夫栾桓子"假（借）贷居（蓄）贿"[2]，是一个贵族兼高利贷者。史书中也记载了一些免除债务的事情，从中反映出债务问题已成为不容忽视的问题之一。公元前636年，晋文公归国执政，他执行的一系列政策中，就有"弃责"[3]一项。

二、商业革命时代（1500～1750年）的金融创新

农业社会的发展，带来了产品的增加和交换的扩大，商品化、货币化、市场化和交易的国际化程度一天天提高，中国的商业活动经历了秦

---

① 《北史·莫含传》。
② 《国语·晋语八》。
③ 《国语·晋语四》。

汉、隋唐和明清三次高潮，在第三次高潮中，中国形成了国际、国内相互连通的覆盖范围广、渗透性强的商业网络，最终推动了商业在 1500～1750 年的革命性变化，商业革命又引起了金融革命。这一时期的金融革命是中国古代金融与现代金融的转承阶段，如果说春秋战国以后山西的金融创新并不是很突出的话，那么这一时期的金融创新则非山西人莫属，在商业革命时代，山西人又一次创造了举世瞩目的奇迹，是我国金融发展史上的里程碑。

（一）明清时期山西商人的商业活动

明清时期山西商人的商业活动可以分为三部分：一是为戍边部队输送盐粮等军需物资的西北边陲贸易；二是与蒙古商人、俄国及欧洲商人之间进行的旅蒙贸易；三是与日本等国家进行的海外贸易。

1. 边陲贸易

明初明政府在北部边陲驻扎了近百万大军以防御蒙元残余势力的南下侵扰，客观上形成了一个规模庞大的军事消费区，为了解决百万大军的军事给养问题，明洪武三年（1370 年），明政府宣布实行"开中制"，及政府利用国家手中控制的食盐专卖权，来换取商人们运粮实边。

山西省靠近长城，山西商人自古就以贩盐为业，所以"开中制"一实行，具有天时、地利、人和的山西商人便捷足先登，他们不仅控制了河东、长芦两大北方盐区，而且在两淮、福建盐区也有一定的优势。皇商范氏是河东与长芦两盐区的最大盐商，而号称"晋商魁首"的临汾亢氏是两淮盐区数一数二的大盐商，同时他还是一个大粮商，家中储粮数百万石，人称"亢百万"，难怪他在大旱之年敢口出狂言："上有老苍天，下有亢百万，三年不下雨，陈粮有万石。"

边陲贸易为山西商人的迅速崛起和山西商帮全国性的商业网络的建立奠定了基础，也是山西商人由商业资本家向货币资本家过渡的资本积累过程。

2. 旅蒙贸易

自古以来，塞外蒙古草原与内陆中原地区就存在互通有无的边市贸易，山西地处南北物资交流的要冲，自然就成了蒙汉商品交易中的主角。无论战争年代还是和平时期，这种交易从未中断过，山西商人从最初的"肩挑商贩"发展到后来的"八大商帮"直至垄断了内外蒙古贸易。特别是在康熙二十八年（1689 年）《中俄尼布楚条约》签订以后，山西商人就北进俄罗斯，以至欧洲，直达彼得堡经商。到 1917 年在俄经商的山西商人总数达到 3 万多人，大部分是汾阳、徐沟等晋中商人①。

山西商人不仅垄断了对蒙古的进出口商品，也垄断了在恰克图进行的对俄国和欧洲的大宗贸易，同时在其身后开拓出了在山西交会的南北、东西两条国际大商道。

"纵贯山西境内的南北商路大略是：福建、江苏、浙江和两广特产分别经水陆运抵周口、汉口、樊城，然后用骆驼、骡马装载经河南、清化至泽州（晋城）、潞安、子洪口运抵晋中的太古、祁县、平遥，经必要的加工、分装后继续北上，沿着旧日的军事通道，经忻州、崞县，出雁门关，至山阴县黄花梁分作两路：一路去东口（张家口），一路去西口（先是杀虎口，后为归化城），东西两口是南北物资交流的大市场，两口以北是辽阔的牧区。出东口的物资，再经多伦诺尔、齐齐哈尔，到达呼伦贝尔草原；或北上库仑（乌兰巴托）之恰克图；出西口的物资，一路北上库仑、恰克图，出俄国，经伊尔库茨克、新西伯利亚、莫斯科、彼得堡，进入欧洲市场；一路到库仑后西行乌里雅苏台、科布多、哈密、乌鲁木齐、塔尔巴哈台进入哈萨克地区。

横贯山西北部的东西商路基本上延长城内侧进行，形成于明代。既由北京、张家口、天成卫（天镇）、阳和卫（阳高）、大同、杀虎口、榆林卫、包头、宁夏、凉州、甘肃、敦煌、和田、叶尔羌、喀什噶尔连接古丝绸之路，越葱岭，进入阿拉伯地区。"②

这些商路的开拓，不仅使国际国内的商业往来渠道畅通无阻，推动了中国商业革命的高潮，其中的重要城镇，还成为后来山西票号分支机构的所在地。

3. 海上贸易

山西商人对外贸易的重点在陆路，但也没有放弃对海上贸易的竞争。1666 年（康熙三十八年）以前，采购日本生铜由沿海商人承办，后山西介休皇商范氏提出了减价交售日铜的竞争性条件，被清政府准允，从此范家便垄断中国对日本的青铜贸易 70 多年。范家每年从长江口出海，乘季风开往日本长崎，运中国生丝及丝织品、药材及土产等，换日本生铜，运回国内。参与这一活动的还有临汾商人刘光晟等数家，年购铜约 190 多万斤，最多时达 600 万斤。③

---

①②③　孔祥毅等：《三晋经济论衡》，中国商业出版社 1993 年版。

除对日贸易外，山西人还将金融机构设往日本。祁县合盛元票号将其分支机构设往日本横滨、大阪、东京和朝鲜的仁川，称为合盛元银行，从事国际汇兑和融资业务。

（二）明清时期山西人的金融创新

1. 层次分明、协同运作的多功能金融机构体系

虽然山西商人中有很多跨省、跨国经营的大商户，但是山西本地还有很多自给自足的农民，仅仅维持生计的小生产者和小商人，这种多层次的商业结构客观上形成了对不同层次的金融服务的需求，而山西金融机构在这一时期的发展和构成正是适应了这一需求。

山西在这一时期的金融机构有当铺、印局、账局、钱庄、票号等。

典当业是中国最古老的信用形式，清人郝懿行《证俗文》卷六云："俗以衣物质钱谓之当，盖自东汉已然"，可见在我国东汉时就有了典当这一行业。据史料记载，在南北朝时，盛行佛寺质贷，唐代则有类似今天典当业的柜坊成为当时最大的商业，宋金时期则出现了寺典、商典、官典并存的格局，明代当铺的发展几乎遍及全国城镇乡村。明前期从事典当业经营的大部分是徽商，明中期以后，随着山西商人资本的迅速积累，本大利厚的典当业成为晋商积极拓展的领域，到明末清初，晋商已占了全国典当业一半的天下。卫聚贤在《山西票号史》中认为："明末清初，凡是中国的典当业，大半系山西人经理。"

典当业是最原始的属于高利贷性质的金融机构，由于山西商人在工商业经营扩张进程中大规模的资金需求，典当业已不能满足他们的要求，18世纪中后期，山西账局和钱铺在北方迅速蔓延，及时实现了高利贷资本向工商业借贷资本的转化，服务对象也由平民大众转向工商业商人与企业，而同期徽商经营的典当业并没有实现这种深层次的推进和转化。

典当解决了普通平民的短期融资问题，账局和钱庄解决了工商业者的融资问题，但长途贩运引起的异地资金汇划问题却始终没有得到解决，而且随着白莲教起义造成的交通不便和安全问题，使得这一难题成了晋商异地经营中面临的最大困难。山西票号正是在这一强大需求下应运而生的，它一经出现，便有烽火燎原之势，鼎盛时曾执中国金融之牛耳，其总号所在地被称为中国的"金融华尔街"。

除了以上这些金融机构外，由于明清时期银两与制钱并行的货币制度，出现了经常性的银钱的鉴定、兑换、铸造问题，于是又有一些从事货

币兑换业务的银铺、钱铺产生。

从典当到账局、钱庄再到票号，它们的发展遵循层层递进的规律，后者虽然晚于前者出现，但后者的资本总是大于前者，后者的经营范围和服务对象总是在涵盖前者的前提下还有很大的、新的扩展，所以它们具有层次分明的特征。在业务运作上，这些金融机构之间又存在相互的依赖与协作，如票号是账局、钱庄的强大资金后盾，而当铺又对它们有极强的资金依赖关系。票号的银两兑换、清点等工作可能需要钱铺、银铺的支持。

账局、票号是山西人的首创，而这种适应山西多层次经济发展的层次分明、协同运作的多功能金融机构体系更是山西人集体智慧的"天成之作"。

2. 组织创新——首创总分号制的异地汇兑组织

自 1823 年总经理雷履泰将西域城颜料庄改组为日升昌票号以来，中国首次出现了总分号制的异地汇兑组织。据《山西票号史料》记载，在山西票号存续期间，由山西人开设的总号共 43 家，下辖分号共 560 家。[①]票号总号对分号实行的是集中管理，如果把总号比喻成大脑，各分号就是它的四肢。从分号的开立、经营、人员配置、资金、收益等都归总号管理，总号与分号、分号与分号之间，以"兹报、附报、行市、另起"[②]等方式互通信息，并采取"酌赢济虚、抽疲转快"的办法相互接济。正是这种灵活、严密而庞大的组织制度，使票号具备了"有聚散国家金融之权，而能使之川流不息"[③]的能力。

3. 管理创新[④]

山西商人在它的长期经营活动中，创造了一套自己的企业组织管理制度，这些制度至今仍具有重要的现实意义。

（1）企业管理的两权分离制度。想经营金融企业的财东，"将资本交付于管事（大掌柜）一人，而管事于营业上一切事项，如何办理，财东均不闻问，既不预定方针于事前，又不施其监督于事后"，就可以等待到

① 中国人民银行山西省分行、山西财经学院：《山西票号史料》，山西人民出版社 1990 年版。
② 《乔殿蛟访问记录》1961 年 1 月，转引自《山西票号史料》。兹报（有的叫正报），它是做汇兑后，两个直接受教汇款好的一种营业报告；附报，是把各号每天的营业收交数字和码头全盘情况通告各分号以相互了解的报告；行市，是各号相互报告当地汇水、利息行市和"疲快"的交流情况的报告；另起（有的叫叙事报），是总号或分号对某分号的业务指示、评论及意见。
③ 王钰：《票庄纪略》，转引自《山西票号史料》，山西人民出版社 1990 年版。
④ 孔祥毅：《山西票号与中国商业革命》，《金融研究》2002 年第 8 期。

期分红了，"此项实为东方特异之点"。

（2）人力资本股份制度。将企业内的上层职工按其职责、能力和贡献确定人身股份额，作为资本，与财东的货币资本股一起参与利润分配，有钱出钱，有力出力，出钱者为东家，出力者为伙计，东伙共商之，有不少晋商企业后期人力资本股超过了货币资本股。

（3）风险管理制度。山西商人的企业，特别是金融企业，有倍股、厚成和公座厚利的规定。倍股是在账期分红后，按股东股份比例，提交一部分红利，留在企业参加周转使用，以扩大经营中的流动资本；厚成即在年终结算时，将应收账款、现存资产乘以一定比率进行折扣，使企业实际资产超过账面资产；公座厚利是在账期分红时，在财东银股和职工身股未分配之前先提取利润的一部分作为"公座"，以便"厚利"。这些办法，都是为在资本经营中尽可能扩大流动资本，保证资本充足率。山西票号还有"预提倒账"建立风险基金，防范信用风险的办法。

（4）用人取保制度、学徒制度、报账制度、探亲检查制度。山西票号凡用人都要"取保"，既要有担保人，若此人工作失职，造成的损失由担保人负责；学徒制度是其选人、识人、培养人的制度，制度全面、严谨值得我们认真学习；报账和探亲制度是防止伙计趁探亲回乡之际挟带私物、诈骗钱财的制度。

这些管理制度的创新是票号得以长盛不衰的重要保证。

4. 业务创新

山西票号能审时度势，抓住各种有利时机，及时推出新的业务，以满足需求，同时壮大自己。具体来说有：票据贴现，汇兑与贷款相结合的资产业务创新；逆汇、代收货款、代垫捐纳、代办印结、代垫税款、代发股票、债券等中间业务创新；在汇兑行市上开展掉期①业务的创新等。

（1）金融工具的创新。金融工具的创新是金融创新是否活跃的最佳表现。在山西票号出现以前，山西金融商人就根据社会需要创造了许多信

---

① 据记载在19世纪八九十年代，我国在上海等大城市已出现了货币市场和汇兑行市（即买卖汇票的行市，因各地白银的成色和平砝不同，因此付款地不同的汇票在交易中出现了价格差异，类似于金本位时代的外汇市场，汇兑行市围绕两地白银的平价，根据银根松紧，在平价加减汇费的范围内浮动），票号向来以汇费收入为主要收入来源，"但在90年代上海、西安、桂林汇费支出大于汇费收入好几倍"（黄鉴晖：《山西票号史》，山西经济出版社2002年版），在日升昌的一些信件中曾有"帖咱"、"帖伊"（即客户付费给票号、票号付费给客户的意思）的字眼，据此作者推测票号曾做过白银的"调期"业务，这又是票号的一项业务创新。

用工具①：

1）凭帖：本铺出票，由本铺随时负责兑现。

2）兑帖：也做附帖，本铺出票，到另一铺兑取现银或制钱。

3）上帖：有当铺上给钱铺的上帖和钱铺上给当铺的上帖之分，彼此双方已有合同在先，负责兑付。

4）上票：非钱商的一般商号所出的凭帖称上票，信用自然要差一些，钱商也可以接受。

5）壶瓶帖：有些商号（包括钱庄）因逢年过节资金周转不灵，自出钱帖，盖以印记，用以搪塞债务，因其不能保证随时兑现，只能暂时"装入壶瓶，并无实用"，故称壶瓶帖。

6）期帖：出票人企图多得一些收入，在易银时，开写迟期票据，到期时始能取钱，须计算期内利息，类似现代的远期汇票。

山西票号出现后，又创设了一些新的金融工具：

7）即票和期票：山西票号办理的汇兑业务，有票汇、信汇、电汇三种形式。但采用最多的是汇票的形式。汇票按期限不同又分即票和期票两种。即票即见票即付，期票则是约期付款。

8）兑条：对小宗汇款，不用汇票，而是书一纸条，即"兑条"从中剪开，上半条给汇款人，由其转寄收款人，下半条寄交款的连号，相对领取，盖不用保。②

9）旅行支票：山西票号应异地贩运商人在沿途不同地点办货的需要而签发的可以一次签发、分次在不同地方分支机构支取的汇票，"类似现在的旅行支票或信用卡"③。

（2）金融技术创新。

1）创立"本平"制度。清代不仅各地的银色不一，就是用来权衡银两的平砝亦不相同，票号要实现异地汇兑，先要解决的就是银色与平砝之间的差异问题。为此，每家票号都自制了自己的天平砝码，简称"本平"。本平制度的创立，不仅便利了它的存放款和汇兑业务，而且使其总分号账务的记录及汇总有了一个统一的单位，便于票号及时掌握其资产、

---

① 孔祥毅：《山西货币经营资本研究》，载《金融票号史论》，中国金融出版社 2003 年版。

② 卫聚贤：《山西票号史》；陈其田：《山西票庄考略》，转引自《山西票号史料》，山西人民出版社 1990 年版。

③ 孔祥毅：《明清时期山西货币商人的金融创新》，载《金融票号史论》，中国金融出版社 2003 年版。

负债情况。另外，本平制度的建立也在客观上起到了统一度量衡的作用。

2）首创"票据密押"制度。为了异地汇款所用汇票的真实而不发生假票伪票冒领款项，票号使用只能在总号统一印制有暗记的汇票，内加"水印"，如日升昌票号汇票水印为"日升昌记"字样，蔚泰厚票号汇票水印为"蔚泰厚记"字样；书写汇票，专人书写预留备案，各号收到汇票，与预留字迹核对无误，方可付款；汇票需要加盖印鉴，印鉴正中为财神像，周围用蝇头小字刻写古文；汇款金额、时间，均设有暗号，汇款人、持票人是无法知道的，只有票号内部专人才能辨别真假①。至今没有发现票号因为汇票技术问题被骗领款项的案例。

3）转账结算技术的创新——"拨兑"、"谱银"。据《绥远通志稿》记载：在内蒙古地区的商品交易，"在有清一代，在现款凭帖而外，大宗过付，有拨兑一法……拨兑之设，殆在商务繁盛之初，兼以地居边塞之故，交易虽大，而现银缺少，为事实之救济及便利计，乃由各商转账，借资周转。历年既久，遂成金融不易之规，且代货币而居重要地位"。拨兑之外，还有谱银，"商市周行谱银，由来已久，盖与拨兑之源流同。其初以汉人来此经商至清中叶渐臻繁盛，初仅以货易货，继则加用银两，代替货币，但以边地银少用巨，乃因利乘便，规定谱银，各商经钱行往来拨账，借资周转，此谱银之所勃兴也。虽其作用类似货币，而无实质，然各商使无相当价值之货物，以为抵备，则钱行自不预互相转账，其交易即不能成立……拨兑行使情状，亦与谱银相类，所不同者，仅为代表制钱而已"。所以当时银两转账为谱拨银，铜制钱转账为拨兑钱。但不要忘记，内蒙古呼和浩特银钱商人的转账结算办法，"悉照内地习惯"。可见内地转账办法要早于呼和浩特市场。

银行同业的短期资金交易市场，与转账结算发生时间可能同时出现。《绥远通志稿》说，当时呼和浩特"向例"在市口进行货币资金的交易。"每日清晨钱行商贩，集合于指定地点，不论以钱易银，或以银易钱，均系现行市，逐日报告官厅备查，各钱行抽收牙佣，均遵章领有部颁牙帖、邀帖……谓之钱市"。"为便利计，故有钱市之设，按市面之需要定银分及汇水之价格，自昔至今，一仍旧贯。"在这种钱市上融通短期资金的"银钱业商人，以山西祁（县）、太（谷）帮为最，忻（州）帮次之，代

---

① 孔祥毅：《山西货币商人的金融创新》，《金融时报》1998 年 2 月 8 日。

（州）帮及（大）同帮又次之，故其一切组织，亦仿内地习惯办理"。

4）汇差清算制度的创新。山西票号"汇通天下"。但是，各地分支机构相互之间在一定时间之后总会发生汇差，我欠人，人欠我。如何处理汇差？当时是"月清年结"两种账，由分号向总号报账均以"收汇"和"交汇"两项分列，既有细数，又有合计，均按与各分号和总号业务清列。总号收到报来的清账，核对无误后，将月清收汇和交汇差额分别记入各分号与总号的往来账，收大于交，差额为分号收存总号款项数；交大于收，差额为总号短欠分款项数，互不计息，因全号实行统一核算。这种办法是现代银行清算相互轧差办法之源。

5. 宝丰社——中央银行的雏形

中国的中央银行制度，源于银行的银行和管理的银行，不同于欧洲中央银行源于政府的银行和发行的银行。如内蒙古归化城有宝丰社，大同有恒丰社。《绥远通志稿》记载："清代归化城商贾有十二行，相传由都统丹津从山西北京招致而来，成立市面商业……其时市面现银现钱充实流通，不穷于用，银钱两业遂占全市之重心，而操其计盈，总握其权，为百业周转之枢纽者，厥为宝丰社。社之组设起于何时，今无可考，在有清一代始终为商业金融之总汇。"由于钱市活跃，转账结算通行，宝丰社作为钱业之行会，"大有辅佐各商之力"。"平日行市松紧，各商号毫无把握，遇有银钱涨落，宝丰社具有独霸行市之权。"宝丰社可以组织钱商，商定市场规程，监督执行，如收缴沙钱，销毁不足价货币铸成铜碑，昭示商民不得以不足价货币行使市面，确保商民利益等，尽管没有垄断货币发行，代理财政款项收解，但它有类似"银行的银行"和管理金融行政的职能，这不能不说是中国早期中央银行制度的雏形。

三、阎锡山统治时期的金融创新

19世纪末和20世纪初，是令山西人伤心的年代。清政府垮台、辛亥革命、新式银行的出现摧垮了山西金融业的繁荣，1911年山西还有26家旧式票号，而到1930年只剩下3家；俄国的十月革命、外蒙古的独立、传统商路向海上的转移，又使长期经营边界贸易的山西商人破产的破产，衰败的衰败，昔日繁荣的山西在这一时期却面临着失业、衰退、巨额的贸易逆差和大量的白银外流，流通中币值紊乱，物价腾飞，百业凋敝，人民流离失所。

就不可能有军队的胜利的思想，所以他提出了《山西省政十年建设计划案》。

《山西省政十年建设计划案》是阎锡山在其经济社会革命理论指导下的一整套"造产救国"的政治、经济建设方案和目标。政治建设方面，规定了警政、财政、教育、卫生、文化等方面十项期成和必成的目标，同时强化其在20年代提出的"用民政治"和"村本政治"主张，加强村政建设，严密警政系统。在经济建设方面，阎锡山提出的产业序列为：农业、矿业、工业、商业、交通业。至于如何实现这十年建设计划，阎锡山受苏联公有制经济飞速发展的启发，认为应该大力整顿和发展"公营经济"，而且这种发展不是单一行业的发展，而是工业、银行业、商业相结合，城乡经济一体化的全面发展策略。

1. 政府主导，金融先导的经济发展体系

山西省政十年计划的建设需要投入上亿元的资金，为此，阎锡山建立了一个囊括工业、商业、交通运输、银行业和科研机构在内的名为"山西人民公营事业"的网络体系，包括省、县、村三级的省营业公社体系和几大直属企业。

（1）山西省人民公营事业体系。山西省人民公营事业体系下辖：

制造业——西北实业公司19个工厂和20多个分厂及服务机构。

运输业——同蒲铁路局。

金融业——山西省银行。

晋绥地方铁路银号。

绥西垦业银号。

晋北盐业银号。

商业——斌记五金行（垄断进出口贸易，吸引外部融资）。

物产商行（四大银行号发行货币的事物准备库、垄断全省商业活动）。

研究机构——电气化事业研究所。

（2）营业公社。成立的目的是为了剥夺地方豪绅在商业和金融业上的势力，并通过营业公社这一网络，将省、县、村三级的金融、商业活动纳入阎锡山的掌控之中。

营业公社通过省、县、村三级向有钱的人借款作资本，兴办企业，但出资者既不得利息也不分红，30年后按原出资本归还本人。省营业公社借资本 40 万元，阎本人担负 20 万元，又向全省大户强借 20 万元，出资者作营业公社董事会懂事，阎任董事长。先后举办的企业有：晋丰面粉公司、大同煤业公司、晋同银号、晋裕银号、晋通花店，以及在大同、忻州、平原、洪洞办的晋益、晋忻、晋原、晋平、晋洪等 7 个当铺。到抗日战争爆发，省营业公社资本增长到了 340 万元。至于县、村营业公社则发展较慢，五台、定襄两县发展较好，抗战爆发后均陷瘫痪①。

（3）直属企业。有晋北矿务局、太原土货商场和阳泉煤业公司，发挥山西资源优势，开发煤矿，鼓励山西土货的生产和消费。土货商场发行土货券，规定用土货券购买山西产品，每 0.99 元顶一元法币或省钞。大力鼓励和发展地方产品，以刺激山西地方工业和农产品的生产和销售②。

2. 经济发展中的金融先导

为了筹集实现十年计划所需的资金，阎锡山采取了一系列金融措施，具体有以下方面：

（1）成立银行号：除了已成立的山西省银行外，1933 年又成立了晋绥地方铁路银号、绥西垦业银号、晋北盐业银号，四银行号均为省营金融机构，从事纸币发行、存款、贷款和汇兑等业务，据 1935 年统计，当时省铁垦盐四银号分支机构达 30 处，占全省金融机构总数的 23.4%，但资本占到 77.3%，吸收存款占 33.3%，放款占 61.5%，汇出款项占 61.2%，汇入款项占 58.7%，储蓄存款占 98.4%，纸币发行占到 89.2%，基本垄断了山西金融市场③。

（2）物产证券——纸币发行的实物准备理论及其实践④：1933 年的世界性经济危机动摇了中国银本位制的货币制度，就如何改革中国的货币制度这一问题，阎锡山提出了自己的见解并在山西进行了实践。

阎锡山认为"资私有"和"金代值"是资本主义的两大弊病，解决"资私有"的办法是"按劳分配"；而"金代值"是由于黄金的短缺限制了生产，出现了产品过剩、失业和经济危机，解决这一矛盾的办法是实行"物产证券"，即有多少物，发多少券，做到"券物相等"，就可以消除"金代值"引起的交换病。

物产商行是阎锡山物产证券理论实验的产物。省铁垦盐四银号发行纸币不以金银为准备，而以物产商行的商品为准备。物产商行并没有资金，

---

①②④　孔祥毅等：《三晋经济论衡》，中国商业出版社 1993 年版。

③　孔祥毅：《阎锡山的金融货币思想与实践》，载《金融票号史论》，中国金融出版社 2003 年版。

它靠四大银行号发行的纸币购买商品，在太原建立实物准备总库，重要城镇设有分库，人们手中持有的纸币兑换就是到物产商行的实物准备库中购回商品。物产商行不仅囤积商品，而且还按照"省内低价，省外高价"、"省内少赚，省外多赚"的原则大搞商业活动，为30年代山西经济的发展积累了一定的资金，也在一定程度上维护了四银行号货币的稳定。

（3）省钞发酵：为了启动农村经济，阎锡山还提出了所谓"酵面"理论，要求县县办县银号，村村办村信用合作社，县里还要办县总信用合作社。均以山西省银行钞票为"酵面"，即县银号以借省钞为准备，发行县银号纸币，每县5万~10万元不等，村信用社以向县银号息借其纸币为准备，发行村合作券。他们认为，省银行号好比"总酵面"，发行一二百万，分借各县，作为县银号的一部分基金，连同县银号另筹基金，再起发酵作用，以兑现票（兑现纸币）借给各村，作为村汇兑基金。如此发酵后，辗转流行，社会金融可以马上活跃起来。这种发酵理论在部分县已经进行了实践，部分县尚未行动起来，即爆发了抗日战争，只好告终。

（4）利用外资：据"斌记五金行"对资本主义国家商人的负债记录，1936年12月末为2484493元，分别是向德国、美国、日本等国的礼和洋行、新民洋行、华德隆洋行、禅臣洋行、孔士洋行、白禄洋行、西门子洋行、德义洋行、克罗克纳洋行、安利洋行、填昌洋行、德盛洋行、大仓洋行、公兴洋行、三井洋行、祥昌洋行、协兴洋行、恒昌洋行等融资。同期向各洋行定购货物亦达385万元。并且大量运用了商业信用，诸如延期支付，分期付款等，获得了西方工业国家的信用支持。

（5）发行债券股票：为了筹措建设资金，以山西省政府或公营事业、企业名义，多次发行建设债券或库券，吸纳社会资金，投向工业企业。有时为了完成债券发行任务，还常常对公务、政教人员在发放工资时，搭发几成债券或库券，实际是强制发行地方公债。同时公营事业虽为地方政府公有，也发行了股票，在一部分企业中，事实上是公股（地方政府股）与私股（私人股份）并存，而企业的经营管理权实操政府官员手中。

（6）强制性无息借款：在反对私人资本集中的旗号下，阎锡山命令以省、县、村营业公社名义向有钱人强制借钱，以充实其资本，但不作为股份。名义上是限制"资私有"的发展，但事实上却是有钱人出钱、有钱人从事经营管理，并没有损害富有阶级的经济利益。但是，这一办法也确实使山西地方官僚资本企业获得了发展的资金。

3. 30 年代产业结构调整的结果

阎锡山建立的以政府为主导的经济体系和采取的金融先导的策略，在 30 年代取得了一定的成果，下面以西北实业公司为例来说明：

全国 2826 家最重要工厂共计资本 3.129 亿元，西北公司 33 个厂 0.22 亿元，占 7%；全国机器业 377 个厂，资本 870 万元，西北公司 10 个厂，资本 524 万元，占 60%；每厂平均资本 52.4 万元，是全国平均资本 2.32 万元的 22 倍。产业工人数全国为 40.6 万，西北公司 1.9 万人，占全国的 4.6%。其中机器业工人全国 1.7 万人，西北公司 0.9 万人，占 40%。生产效率：南京中央机器制造厂资本 310 万元，年产值 226 万元；西北机车厂等 9 厂资本 538.7 万元，年产值 352 万元；南京温溪造纸厂资本 450 万元，年产纸 12250 吨，西北造纸厂资本 45 万元，年产纸 3360 吨。山西与广东、广西是工业发展最快的省份。

四、抗日及解放战争时期山西根据地的金融创新活动

抗战爆发，阎锡山避退晋西，其四银行号改组合并为四银行号联合办事处，一部分转移到西安、成都、重庆，在大后方从事商业和金融投机活动，一部分组成随营银行前往晋西，从事军事饷款发放。从此，阎锡山的官僚资本金融业直到 1949 年太原解放，始终未从事正常金融活动，而一直搞金融投机。就在阎锡山官僚资本的金融业一天天衰败的同时，一支代表新生力量的新民主主义金融力量在各地后抗日根据地迅速发展起来。这就是由中共统一领导的太行根据地的冀南银行、晋察冀根据地的晋察冀边区银行和晋绥根据地的西北农民银行。这三个银行，在中国共产党领导下，随着各抗日根据地的发展壮大而成长。解放战争时期，随着华北的全部解放，1948 年 10 月冀南银行与晋察冀边区银行合并成立华北银行。同年 12 月 1 日，华北银行又与西北农民银行、北海银行合并，在石家庄正式成立中国人民银行，发行了人民币，这就是我国现在的人民银行的前身[①]。

革命根据地银行的金融活动由于其所处的时代和环境不同，有其独特的特点，他们根据现实需要对金融活动的重心做出随时调整的策略值得认真探讨和学习，归纳起来有以下几点：

（一）货币发行

晋察冀边区银行总行于 1938 年 3 月 20 日在山西五台山现石嘴镇的普

---

① 孔祥毅等：《三晋经济论衡》，中国商业出版社 1993 年版。

济寺内正式营业，其宗旨为"发行边区货币"、"救济边区农工商业"、"发展边区经济"；1939 年 10 月 15 日，冀南银行成立于山西黎城县小寨村，它的业务先后有：货币发行，存贷款和投资业务，贴现，收买金银，兑换、金库、承购公债、汇兑、经理各种有价证券之买卖，外汇及金融市场的管理等。

边币和冀币的发行渠道：初期，由于历史原因，不得不借助法币，以 1:1 的价格投进流通领域。以兑换法币形式进行投放，当法币膨胀时，各解放区的货币，不可避免地也要跟着贬值。一旦自己的力量得到充实，掌握了大量物资，就设法摆脱自己的货币同法币的固定联系，其货币价值的稳定，主要依靠物价的稳定来维持，使自己的货币达到了完全独立自主的地位。如边币到 1939 年初，才通过财政发行即以支付军政费用的形式来投放。1947 年 12 月 31 日，晋察冀边区银行发行货币 5546 亿元。

抗战初期，由于财政收支不平衡，各解放区的货币发行，不得不有较大的财政性发行。1938 年到 1947 年 4 月 15 日，晋察冀边区货币发行的用途中，政府用款占 84.82%，贷款占 2.19%，银行业务用款占 12.99%。[①] 而后在"发展经济，保障供给"总方针的指导下，随着大生产运动的开展，货币发行密切注意发展生产和发展贸易需要。财政性的发行日益减少，用于发展生产贸易的比重相对地逐步增加。如冀南银行币，财政性发行 1940 年占 76.55%、1941 年占 65.48%、1942 年占 53.85%、1943 年下降到 33.7%，从 1944 年后，冀钞的发行即由主要弥补财政透支而转为支持农业、商业及手工业生产与投资方面。1946 年财政透支发行只占总发行额的 19%。[②]

货币发行用于掌握物资，调节货币流通，可以起到稳定物价、促进生产的作用。当解放区扩大时，在新解放区收购物资，投放货币，扩大货币流通范围，可以增加解放区的物资力量。当我军暂时撤离解放区时，可以抛售一些物资收回本币，相对地减少货币量，以防止解放区物价的波动。此外，在解放区内部，还要根据农副产品上市的季节变化，调节货币流通。在旺季多收购物资，投放货币；在淡季，出售商品，回笼货币，以保持货币和物价的稳定。1938 年 8 月 17 日边区货币政策的原则有如下规定：①边区应有比较稳定的货币，以备同日寇作持久的斗争。②边区的纸

---

①② 《中国地方银行史》。

币数目，不应超过边区市场上的需要数量，这里应该估计到边区制扩大和缩小的可能。③边区的纸币应有准备金。第一货物，特别是工业品；第二伪币；第三法币。④日寇占领城市及铁路线，我方据守农村，边区工业品的来源是日寇占领阵地；边区农产品的出卖地亦在日寇占领区域，因此边区应有适当的对外贸易政策，以作货币政策之后盾。⑤边区军事浩大，财政货币政策应着眼于将来军费之来源。⑥在抗战最后胜利之前，法币一定继续跌价，法币有逐渐在华北灭迹之可能，杂币更会跌落，伪币也会有一定程度的跌落，边区纸币如数量过多，亦会跌落，问题在于边区币应维持不低于伪币之比价。①

（二）货币斗争——阵地斗争和比价斗争

在抗战时期，抗日根据地、国统区、日寇占领区中，各种货币并存，而且不能相互流通，私发货币严重，在偏远的农村地区还出现白银作为流通货币的情况。所以根据地银行的货币必须进行两项斗争，一是阵地斗争，二是比价斗争。

阵地斗争，就是不断开辟、扩大根据地货币流通范围，排挤和驱逐敌伪货币、杂币，使根据地货币成为根据地市场上交易的唯一媒介，建立牢固的根据地市场。

比价斗争，是在根据地货币与他币的兑换中争夺有利的兑换率和不断提高边币比值的斗争。因为，敌我之间虽然在军事上、政治上和经济上进行着尖锐的斗争，但并没有完全割断经济上的联系，比价斗争的实质是通过比价的灵活调整，一方面打击日伪货币，提高边币信用，扩大边币阵地，摆脱敌伪货币贬值对边区的影响；另一方面，配合贸易斗争，从敌占区按合理价格购进必需品，输出农产品，实现根据地贸易平衡，提高根据地货币购买力。规定比价要以保护根据地的重要物资（棉花、粮食）为主，还要便利军民必需品和根据地剩余土产品的输出。

如晋察冀边区货币在这两项斗争中采取了以下措施：

（1）肃清地方币。三省交界的货币异常紊乱：河北省流通的有平津各银行的钞票、各大城镇私商出的大票，山西省有四行晋钞、山西土货券、五台县银号票、五台县支差公债票及现洋，察哈尔有察南银行的钞票。这些钞票，不但杂乱，而且是互补流通的。边区政府为统一三省金

---

① 财政部财政科学研究所：《晋察冀边区档案》，《聂荣臻回忆录》中册。

融，整顿比值，规定边币为边区本位币。边币发行后，首先以 10 万元边币收回察钞，肃清市面的察钞。接着又陆续收回平津杂钞、山西票和河北省票。

（2）对法币和伪币的斗争。1941 年太平洋战争爆发前，日本在敌占区发行伪币，大量地吸收法币，因为法币在当时实行的是"金汇兑本位"（先与英镑后与美元联系），其币制比较稳定，并在解放区和敌占区自由流通。敌人用无担保的伪币来吸收法币，以所得的法币拿到上海等地的美国英国银行区换取外汇，向国际市场上购买它们所需要的物资。在这种情况下，我解放区民主政府发行了本战略区的地方本位币，采取了打击伪币、法币的政策，从而打击了敌人利用法币的阴谋，缩小了伪币的市场，强化了对敌经济斗争的阵营，给予根据地经济建设以有力的保障。

太平洋战争爆发后，日本没收了美英等国在上海等地的银行，无法再用法币换取美元和英镑。于是，敌人变换手法，除了大量发行伪币外，就从利用法币，转而驱逐法币，把几十亿元法币送到国统区和我敌后根据地，用来夺取大量的物资，从而使法币迅速跌价。在这种情况下，为避免根据地人民受到损失，我解放区政府采取了断然措施排挤法币，禁用伪币，大量发行抗日根据地的货币，建立独立自主的货币市场。

如晋察冀边区对法币的斗争分三个阶段进行：

1938 年 3 月至 1940 年 2 月，法币为良币，边币与它"携手"做朋友，准其流通，予以保护，以免流入敌寇之手套取我外汇。

1940 年至 1941 年 12 月，为堵塞法币流向沦陷区的各种渠道，边区政府采取有效手段，保护法币。

1941 年 12 月 8 日至 1948 年，日本集中法币推向边区，套购边区物资，边区政府为保护自己的物资力量，禁止法币流通，抗战胜利后，继续准许法币流通，1946 年 7 月，内战爆发后，继续与法币斗争。

（三）支持根据地建设的贷款活动

除货币发行和开展对敌斗争外，还办理存款、放款、汇兑和金融市场管理等业务工作。抗战期间，边区遭受了战争破坏，在生产凋敝和商业停滞的情况下，银行的存款和汇兑业务活动，不可能有较大的发展，而发放农贷，则是当时银行的一项主要工作。

以冀南银行为例，它的贷款原则是"扶助边区人民发展生产，增加收入，繁荣边区经济，改善军民生活，支援战争。"这一原则是根据边区的经济、军事、政治形势确立并在战争环境中逐步完善的。

冀南银行成立之初，信贷工作围绕货币发行而开展，目的是建立晋钞在广大群众中的信用基础和扩大抗日政府和八路军的政治影响，在贷款上是"有求必应，平均分散，行政发放"，结果是款项贷出不少，但效果很差。

1941年至1943年初，日伪军的"扫荡"和"蚕食"政策，给根据地的财政经济带来了严重的困难，这时银行信贷工作的重点是支持商业贸易的发展和向公营农、工企业的投资，1942年，公商放款占到61%，救济放款占到33.5%，这种方针保证了根据地掌握一部分外汇和物资，为抗日战争的顺利进行做出了贡献。

1943年夏，由于冀南区普遍干旱，农作物的生产受到很大影响。同年7月，太行区开展大生产运动，确定银行业务"以贷款工作为第一位"，把70%～80%的资金用于农贷。通过开展大生产运动，太行区农业生产有了一定的基础，于是1943年10月又确定了"贷款以支持发展手工业为主，农业、水利、合作为次，商业更次之"的信贷原则。

抗日战争胜利后，晋冀鲁豫边区自1946年开始，全面实行土地改革，开展生产运动。在这种形势下，银行信贷工作的重点，又确定了"结合群众生产运动，大量发放生产贷款，扶助贫苦群众生产发家"的原则。1947年2月，又提出"服从生产建设总方针，为整个生产建设服务，为群众生产建设服务"的方针。

1939年至1945年7月，冀南银行共发放农贷44986万元，占贷款总额的22.3%，在其发放的工商信贷总额中，80%用于公营事业，20%用于私营事业。

1946年，太行区发放的贷款中，农业贷款7735万元，占贷款总额的38.3%，手工业贷款7862万元，占贷款总额的38.99%，合作运输贷款4667万元，占贷款总额的22.65%。

抗战结束后，解放区已连成一片，所以各解放区的货币开始互通互用，后来又逐渐将各边区银行合并、联合，为最后的统一货币做准备。

抗战时期的金融活动，能使我们更加清楚地认识到金融为政治、经济服务的特点，金融是一个重要的经济武器甚至是战斗武器，是经济发展、斗争制胜的重要法宝，而抗战时期积累的金融管理经验，也成为新中国成立后全国金融管理工作的重要指导方针。

新中国成立以后，我国金融体制实行高度集中的计划经济，人民银行既是中央银行，又是存款银行，金融活动一律按照国家的统一指令办事，不可能谈什么有地方的金融创新。改革开放以来，山西金融由计划金融走向市场金融，金融机构、金融工具、金融业务多元化，发展迅速，为山西经济发展做出了很大贡献。但是，与国内其他地区相比，山西金融能够为地方经济发展所做的贡献仍然有很大的潜力。

今天的山西金融，是在历史的山西金融的基础上发展的。但是，今天的国内外社会经济发展已经发生了巨大的变化，金融创新的环境与历史有了天壤之别。

再谈明清山西货币商人的金融创新

背景说明

《明清时期山西货币商人的金融创新》1998 年 2 月 8 日在《金融时报》理论版发表以后，作者又先后发现了这个时期晋商在金融创新方面的史料。2005 年 3 月，为了给一位收藏家朋友系统整理山西货币商人金融创新实物，写了本文作为山西金融史实物资料的提纲。

明清时期，中国与欧洲同时发生了一场商业革命和金融革命。欧洲大抵在 1500～1750 年完成，中国一直延续到民国时期。在这场商业革命中，中国最活跃的有十大商帮：晋商、徽商、潮商、洞庭商、宁波商、龙游商、陕西商、山东商、江右商、闽商。当时，山西人开辟了穿越蒙古沙漠瀚海的中国到欧洲的茶叶之路，其活动舞台遍及国内以至日本、朝鲜、俄罗斯等国家，创造了票号等多种金融机构，其活动舞台、财富积累、组织制度、管理技术等方面，都处于领先地位，在国内外享有盛誉。成为十大商帮之首。

没有创新就没有发展，创新必然建立在诚信的基础上，没有诚信为基础，创新的机构、工具、业务、制度就不可能维持。山西货币商人在中国商业革命中的金融创新达 30 多种，是中国金融发展史上的里程碑。

山西货币商人的金融创新包括 7 个方面：对外金融活动、金融机构、金融工具、金融制度、金融业务、风险控制、经营战略。

一、对外金融活动方面

（一）从国外采办货币金属

铜与白银长期是中国的货币金属，但是中国是贫铜贫银国家。1666年（康熙三十八年）以前采购日本生铜由沿海商人承办，山西介休商人范氏等以低价向清政府交售日铜的竞争性条件，获得对日本的生铜贸易垄断权七八十年，晋商的大型帆船每年两次从长江口出海，乘季风开往日本长崎，先后为国家购进铜约21000万斤①。清道光时期，恰克图市场俄国对华贸易占其对外贸易总额的40%～60%，19世纪40年代贸易额有时超过60%。据《中俄贸易之统计的研究》，1844年，通过恰克图市场中国对俄商品输出入分别占全国商品输出入总额的16%和19%。1821～1850年，中国方面向俄输出商品，每年在800万卢布上下，而俄国对华贸易的差额，是用一种白银的粗制品并冠以"工艺品"的名义来支付的。而这种粗糙的"工艺品"大部分是俄国从汉堡或莱茵河上的法兰克福人手中输入的"汉堡银"，被山西商人吸收后铸成元宝银，投入国内金融市场。17～18世纪，中国对外贸易的大量顺差，使外国的白银，特别是西班牙、墨西哥银元大量流入中国。

（二）与俄罗斯商人的信用贸易

清代山西商人对俄罗斯商人进行贸易融资，曾发生俄罗斯商人米德尔洋夫等5家商号对山西货币商人大泉玉、大珍玉、大升玉、独慎玉、兴泰隆、祥发永、碧光发、公和盛、万庆泰、公和浚、复源德、广全泰、锦泰亨、永玉亨、天和兴等欠款62万两白银不能按时偿还，官司打到了彼得堡沙俄政府的中央。

（三）最早将金融机构设往国外

据1920年山西督军阎锡山接见因为俄国"十月革命"后从俄国返回来的山西商人代表时，汾阳代表说，在俄国的山西商人有1万人。据统计资料看，清道光年间是恰克图市场的繁荣时期。这一时期，俄国对华贸易占其对外贸易总额的40%～60%，19世纪40年代贸易额有时超过60%。随着对外贸易发展的需要，金融业的对外活动也随之发展。在北边的恰克图、伊尔库茨克、新西伯利亚、莫斯科、彼得堡、多木斯克、耶尔古特斯

---

① 孔祥毅：《金融票号史论》，中国金融出版社2003年版。

克、克拉斯诺亚尔斯克、巴尔纳乌、巴尔古今、比西克、上乌金斯克、聂尔庆斯克等地都有山西货币商人的金融机构。1907 年，合盛元票号向东发展，在日本神户、东京、大阪、横滨及朝鲜的仁川设立"合盛元银行出张所"。

二、金融机构创新方面

明清时期山西货币商人先后创造了当铺、钱庄（钱铺）、印局（印票庄）、账局（账庄）、票号（汇兑庄）等金融机构。最早的是当铺和钱庄。1576 年（明万历四年）当铺、钱铺有了发展，但在 1625 年（明天启五年）才有人建议向当铺征税，就是说这些早期的金融机构最初是不征税的。1643 年（明崇祯十六年）明思宗命户部采取措施，鼓励汇兑业的发展。这些都为山西货币商人进入全国各商业城市提供了条件。

（一）当铺

当铺是从事消费抵押信用的金融机构，1685 年（清康熙二十四年）全国有当铺 7695 家，其中山西省有 1281 家，占 16.6％；1724 年（清雍正二年）全国有当铺 9904 家，其中山西省有 2602 家，占 26.2％；1753年（清乾隆十八年）全国有当铺 18075 家，山西省有 5175 家，占28.6％。清末著名的银行家李宏龄说："凡是中国的典当业，大半是山西人经理。"[1] 19 世纪 50 年代，在北京有当铺 159 家，其中山西人开办的当铺有 109 家，占 68.55％。

（二）钱庄

钱庄最初是从事钱币、业务的金融机构，后来业务扩展，办理存款放款。1765 年（清乾隆三十年）在苏州一地就有山西人开的钱庄 81 家。1853 年（清咸丰三十四年）在北京有山西人开的钱庄 40 余家。[2] 山西钱商在北方很多城市钱行中居于垄断地位，如北京、苏州、张家口、归化、包头、库伦等地，都有自己的行会。钱业行会如包头的"裕丰社"、归化的"宝丰社"等作为所在城市的钱庄联合体，承担着当地商业票据转账结算、银行清算、确定利率、组织货币市场、管理金融市场等职责，起着现代中央银行的某些职能作用。19 世纪 40 年代后期，金融业界增加了清政府内务府设立的 5 个"天"字号官钱局，1854 年（清咸丰四年）山西

---

① 李宏龄：《晋商盛衰记》。
② 清档《朱批奏折》咸丰三年四月三日。

省也设立了官钱局，这是第一批官办金融机构，以后各地官钱局发展得很快。与此同时，外资银行英商丽如银行在香港、广州、上海设立分行。40年代以后，形成了几次外商银行来华设行高潮，金融业的竞争开始扩大。

（三）印局

印局是办理短期小额信用放款的金融机构，在中国北方相当活跃，无论京城还是蒙古草原。内阁大学士祁寯藻给皇帝的报告说："窃闻京城内外，现有山西等省民人开设铺面，名曰印局，所有大小铺户及军民人等，俱向其借用钱文"，"京师地方，五方杂处，商贾云集，各铺籍资余利，买卖可以流通，军民偶有匮乏日用以资接济，是全赖印局的周转，实为不可少之事"①。

（四）账局

账局是从事商业放款的金融机构。18世纪中后期，山西账局和钱铺在北方迅速蔓延，及时实现了高利贷资本向工商业借贷资本的转化，服务对象也由平民大众转向工商业商人与企业，典当解决了普通平民的短期融资问题，账局和钱庄解决了工商业者的融资问题，山西账局自清初至民国大体存在了300多年，在全国亦处于垄断地位。1853年北京有账局268家，其中山西商人开设的账局有210家。当时负责管理货币事务的户部右侍郎王茂荫说"账局帮伙不下万人。"②1904年北京"账庄商会"成立。

（五）票号

有文字根据的最早的票号是1820年的平遥日升昌，民间传说还有1659年的太谷志成信。19世纪40年代票号已经发展到9家，1862年（清同治元年）仅上海就有山西票号22家，对上海的钱庄放款达300多万两。1871年，票号把自己的业务重心从长江流域的汉口转移到了上海。并于1876年，24家山西票号在上海成立了"山西汇业公所"，但在汉口的票号到1881年（清光绪七年）为止仍然有32家。在1883年的金融大危机中，上海78家钱庄关闭了68家，票号却未受损失。1894年（清光绪二十年），在北京的票号对户部放款100万两。1904年"京师汇兑庄商会"成立。1906年票号分号分布达110多个城市，年汇兑公款达2257万两。

山西商人货币经营资本走到哪里，就在哪里扎根、发展。张家口上堡

---

① 《祁寯藻奏稿》。
② 《王寺郎奏议》卷三。

的日升昌巷，下堡的锦泉兴巷，分别是山西货币商人日升昌票号和锦泉兴钱庄建设并以自己的商号名字命名的街巷。外蒙古的科布多，是库伦通往新疆的要道，山西巨商大盛魁的总号就设在此，在这里它建有一条大盛魁街。这一切，与意大利北部伦巴第商人在伦敦、巴黎建设了伦巴第街，发展了伦巴第银行业务是一样的。

三、金融制度创新方面

（一）股份企业制度

山西人在明代就已经开始组织股份制企业，合作投资，资本金根据投资人的经济实力与意愿确定股份多少，作为股东，经营成果按照股份多寡承担风险和享有收益，创造了中国最早的股权融资制度。

（二）两权分离制度

晋商企业的治理结构，实行两权分离制度。股东委托可靠的有经营能力的人为大掌柜（总经理），授以经营管理企业的全权。"将资本交付于管事（大掌柜）一人，而管事于营业上一切事项，如何办理，财东均不闻问，既不预定方针于事前，又不施其监督于事后"，谓之"用人不疑，疑人不用"。这种完全信任的东掌关系，看似出资人风险较大，但实际上将大掌柜的经营置于全社会的监督之下，大掌柜若经营不善或不够尽心，一方面会面临信誉的损失，另一方面在当时的经理人市场上被人看低，这样的结果对东家、大掌柜及大掌柜的保人都不利，所以大掌柜都是尽心尽力的，谓之"受人之托，忠人之事"。

（三）联号制度

又称网络制度。山西银行实行总分支机构制，总号设在山西本地，分支机构遍布全国各地以至国外。实行统一制度、统一管理、统一核算，统一资金调度。对分号的考核，是以"结利疲账定功过"，但以不对他号造成损失为原则，否则给予处罚。如山西票号总号共 43 家，下辖分号共560 家。[①] 山西银行总号对分号实行的是集中管理，从分号的开立、经营、人员配置、资金、收益等都归总号管理，总号与分号、分号与分号之间，以"正报、复报、附报、行市、叙事报"等方式互通信息，并采取"酌盈济虚、抽疲转快"的办法相互接济。正是这种灵活、严密而庞大的组

[①] 中国人民银行山西省分行、山西财经学院：《山西票号史料》，山西人民出版社 1990 年版。

织制度，使票号具备了"有聚散国家金融之权，而能使之川流不息"的能力。①

（四）人力资本制度

将企业内的管理层职工和业务骨干，按其职责、能力和贡献大小确定"身股"多寡，作为人力资本，与财东的货币资本股一起参与利润分配，谓之"有钱出钱，有力出力，出钱者为东家，出力者为伙计，东伙共商之"，有不少晋商企业后期人力资本股超过了货币资本股。这种企业激励制度比美国的期权制度早了400多年。

（五）员工管理制度

晋商企业人力资源管理的特点：一是东家"疑人不用，用人不疑"，授大掌柜以全权，不设监事会；大掌柜"受人之托，忠人之事"，兢兢业业带领同人崎岖前进，假若自己没有把握，则主动向东家交代，绝不侥幸冒险。二是定期进行人事考核，增加身股，记入"万金账"。三是新员工选拔制需要通过笔试、面试、铺保、吃苦精神考核等程序。四是三年学徒制。五是严格的号规对职工进行约束。

四、金融工具创新方面

在山西票号出现以前，山西货币商人已经根据社会需要创造了许多信用工具。

（一）凭帖

本铺出票，由本铺随时负责兑现，相当于现在的本票。

（二）兑帖

也叫附帖，本铺出票，到另一铺兑取现银或制钱，相当于现在的支票。

（三）上帖

有当铺上给钱铺的上帖和钱铺上给当铺的上帖之分，彼此双方已有合同在先，负责兑付。相当于现在的银行汇票。

（四）上票

非金融一般商号所出的凭帖称上票，信用自然要差一些，钱商也可以接受，相当于现在的商业汇票。

---

① 王钰：《票庄纪略》，转引自《山西票号史料》，山西人民出版社1990年版。

（五）壶瓶帖

有些商号（包括钱庄）因逢年过节资金周转不灵，自出钱帖，盖以印记，用以搪塞债务，因其不能保证随时兑现，只能是"装入壶瓶，并无实用"，故称壶瓶帖，相当于现在的融通票据。

（六）期帖

出票人企图多得一些收入，在易银时，开写迟日票据，到期时始能取钱，须计算期内利息，类似现在的远期汇票。

（七）会券

会券也就是汇票，即异地款项汇兑的提款凭据。唐朝的"飞钱"具有汇票的性质，明清时期使用广泛异地款项汇兑。票号产生以后，办理的汇兑业务，有票汇、信汇，后来又有电汇。但采用最多的仍然是汇票形式。汇票按期限不同又分即票和期票两种。即票即见票即付，期票则是约期付款。

（八）兑条

对小宗汇款，不用汇票，而是书一纸条，即"兑条"从中剪开，上半条给汇款人，由其转寄收款人，下半条寄付款的分号，核对领取，盖不用保。①

（九）旅行支票

山西票号应异地贩运商人在沿途不同地点办货的需要而签发的一种可以一次签发分次在不同地方分支机构支取款项的汇票，类似现在的旅行支票或信用卡。

五、金融业务创新方面

（一）"本平"制度

清代不仅各地的银色不一，就是用来权衡银两的平砝亦不相同，票号要实现异地汇兑，首先要解决的就是银色与平砝之间的差异问题。为此，每家票号都自置了自己的天平砝码，简称"本平"。本平制度的创立，不仅便利了它的存放款和汇兑业务，而且使其总分号账务的记录及汇总有了一个统一的记账货币单位，便于票号的会计核算。

（二）票据贴现

票号的汇票有即票和期票两种，对于未到期的汇票也可以提前支取，

---

① 陈其田：《山西票庄考略》，商务印书馆 1937 年版。

但是需要交一定的费用，相当于现在的票据贴现。

（三）逆汇

逆汇也称倒汇，"倒汇：中国此种汇兑，前所未有，至近年与外国通商，关系密切，内地市场间之贸易随之而盛，汇兑之种类不得不因之变化……有信用之商人立一汇票，交于票号，票号即买取之，送交收汇地之支店，索取现金。"顺汇是甲地先收汇款，乙地后付出；倒汇是存款贷款汇兑的结合，票号不仅多了一层利息收入，而且减少了异地白银运送，谓之"酌盈济虚，抽疲转快"。

（四）代办业务

代收货款、代垫捐纳、代办印结、代垫税款、代发股票、债券等中间业务创新。

（五）掉期业务

19 世纪八九十年代，货币市场和汇兑行市出现后，即因各地白银成色和平砝不同，付款地不同的汇票在交易中出现了价格差异，汇兑行市围绕两地白银的平价，根据银根松紧，在平价加减汇费的范围内浮动。"但在 90 年代上海、西安、桂林汇费支出大于汇费收入好几倍。"[①] 票号业务中的"帖咱"、"帖伊"当是白银"调期"业务。

（六）转账结算

"在有清一代，在现款凭帖而外，大宗过付，有拨兑一法……乃由各商转账，借资周转。"拨兑之外，还有谱银，"盖与拨兑之源流同。其初以汉人来此经商至清中期渐臻繁盛，初仅以货易货，继则加用银两，代替货币，但以边地银少用巨，乃因利乘便，规定谱银，各商经钱行往来拨账，借资周转，此谱银之所勃兴也。虽其作用类似货币，而无实质，然各商使无相当价值之货物，以为抵备，则钱行自不预互相转账，其交易即不能成立"。当时银两转账为谱拨银，铜制钱转账为拨兑钱。这是山西货币商人"悉照内地习惯"在内蒙古的金融活动的记载。[②]

（七）银行同业拆借市场

当时呼和浩特"向例"在市口进行货币资金的交易。"每日清晨钱行商贩，集合于指定地点，不论以钱易银，以银易钱，均系现行市，逐日报

---

① 黄鉴晖：《山西票号史》，山西经济出版社 2002 年版。
② 《绥远通志稿》民国抄本卷三八。

告官厅备查，各钱行抽收牙佣，均遵章领有部颁牙帖、邀帖……谓之钱市"。①

（八）银行清算制度

山西银行间的清算有论证情况，一是系统内清算，如票号各地分支机构相互之间在一定时间内发生的汇差，我欠人，人欠我，以"月清年结"两种账向总号报账，月账年账均以"收汇"和"交汇"两项分列，既有细数，又有合计，均按与各分号和总号业务清列。总号收到报来的清账，核对无误后，将月清收汇和交汇差额分别记入各分号与总号的往来账，收大于交，差额为分号收存总号款项数；交大于收，差额为总号短欠分号款项数，互不计息，全号实行统一核算。这种办法是现代银行清算相互轧差办法之源。二是各金融机构在为企业办理转账结算之后，形成金融机构之间的债权债务，规定定期"订卯"，相互冲销，差额清结。一般是按照标期进行。

（九）信约公履制度

商品交易中产生大量的商业信用和银行信用关系，晋商谓之"信用贷货"与"信用贷款"。其债权债务的清偿和诚信约束，创立了镖局、标期与标利制度，即以社会信约的公履制度，来约束债权债务的清偿。根据镖局押运商品物资与现银的距离远近决定标期，按照标期时间长短和标内标外决定利率（标利）。过标时，第一天清偿银两债务，第二天清偿制钱债券，第三天"订卯"（金融机构间轧差清算）。不能按时履行信约，就不能获得信用。

六、风险控制方面

（一）"护本"制度

中国企业投资实行股份制始于明代的山西商人，多数晋商企业为多个投资人合作，订立合约，记入"万金账"。投资人的资本金一次交足，为"正本"；另外设立"护本"，资金来源：一是从股东和顶身股职员的分红中提取一定比例；二是股东存款或者"统事"。"护本"计息不分红，是票号的风险基金，从而保证了票号的资本充足率。

（二）薪酬社保激励制度

票号对于顶有人身股的职员，每年发给"应支"和"津贴"，应支在

---

① 《绥远通志稿》民国抄本卷三八。

分配红利时扣除，津贴则是每年出账。大掌柜人身股 1 股，津贴是每年 1000 元银元。应支与津贴大体上各半。没有身股的职员，发给薪金，每年银元一二百元。平时食宿费用一律由号上支付。职工遇有婚丧大事，掌柜同事照常随礼，并派人贺吊。掌柜身故，享受 8 年应支、津贴和红利；未任掌柜而身股 1 股者享受 7 年；身股不足 1 股者享受 6 年；身股六七厘者享受 5 年；身股四五厘者享受 4 年，身股三四厘者享受 3 年，身股一二厘者享受 2 年。已故职员所遗子弟才能良好者可以入号当学徒，愿意到别号就业者，亦可以代为介绍和担保。

（三）宗法与担保约束制度

有效执行力需要约束力来保障。票号的约束力来自两个方面：首先是利用宗法关系，他们雇用职员，只用山西人，他省人一律不得援用，事实上主要还是山西中区人，一般都是有身份的当地人引荐，并且为之担保。如果被担保人在号中表现不好被开除出号，不仅断了一家人的财路，还有辱祖宗的面子，家族自然不依。其次，职工进入票号，需要商铺担保，被担保人出事，不仅累及担保人名誉，担保人还要遭受经济损失，担保人更不允许。依靠宗法的力量和经济社会力量来约束职工，这是票号有效执行力的又一个动力。

（四）银行密押制度

为了异地汇款所用汇票的真实而不发生假票伪票冒领款项，票号创造了严密的密押制度：一是汇票一律使用总号统一印制的汇票，计数管理；二是汇票内加"水印"；三是专人书写，字体在总号和各分号预留备案；四是汇票需要加盖 6 枚印鉴：抬头章、押款章、落地章、防伪章、套字章、骑缝章；五是汇款金额、时间设有金额暗号、月暗号、日暗号、自暗号。

（五）金融稽核制度

山西票号在财务核算的协调上，以经济活动为基础，按会计核算程序，分别从进缴表（收支表）和存该表（资产负债表）两个方面进行核算，然后"合龙门"。如果两表不能合拢，说明核算过程有问题，就要查找原因。就是中国早期的复式记账，又是金融稽核，以此保证财务核算的准确无误。

（六）内控制度

票号的内部控制制度的核心是对人的控制，在人身股的激励制度和铺保约束制度的基础上，授权大掌柜统领号事。内控制度的主要措施有：①号内人事由总号大掌柜安排，财东不得举荐人位，干预人事。②财东平时不得在号内食宿、借钱或指使号内人员为自己办事。③大掌柜巡视分号，各分号人位不宜、同人不端、手续不合、市面情形变迁诸事，可立即处置。④各分号不准买空卖空、囤积货物，节外生枝。⑤职员不准在外巨数支使；不准私自捎物；不准就外厚道；不准私代亲族；不准私行囤积放人名贷款；不准奢侈浪费；不准侵袭号中积蓄；不准花酒赌博自堕品行；不准吸食鸦片；不准亲友浮挪暂借；不准向财东和掌柜送礼；不准到财东和掌柜家闲坐；不准到小号串门；伙友之间不准互相送礼；下班归里不准私先回家后到柜上汇报等。严格的内控制度杜绝了票号内部营私舞弊现象的发生。

七、业务经营战略方面

（一）分支机构随盈利与风险大小而伸缩

票号设置分支机构，先行调查研究，在掌握市场动向的基础上添置新号，扩展经营地域。如果不能经营，立刻撤庄。票号分支机构设遍通都大邑商埠码头，如在拉萨、巴塘、理塘、打箭炉、雅安等藏区虽然地理偏僻，因财政和商务原因则设有分号。在太平军进军南京时，曾在长江一线太平军所到商埠收缩。因为日俄战争，营口业务困难，调整力量，设庄于朝鲜仁川，后又伸向日本神户、横滨、大阪、东京。

（二）业务与资金随经济社会需要而松紧

票号的业务经营，主要依靠自有资本，很少发行银行券，这一点与意大利金钱商相似，慎于出票。但是随着业务发展，不仅自己资金不足，也无法满足社会的货币需求。他们通过收受商业票据或者发行自己的短期银行票据，满足社会对交易媒介和支付手段的需要。当时流通的票据有：凭帖（类似本票）；兑帖（类似支票）；上帖（银行汇票）；上票（商业汇票）；壶瓶帖（类似融通票据）。在流通中货币数量不足时，创造票据及其背书转让，有效地调节了当时货币供求的矛盾。

（三）同业行会约束

为防范和控制金融风险，协调票号内部、票号与社会其他机构间利益关系，票号在一些大城市设立行会。如汉口的钱业公所、上海的"山西汇业公所"、北京"汇兑庄商会"、包头的"裕丰社"、归化的"宝丰社"

等。"清代归化城商贾有十二行，相传由都统丹津从山西北京招致而来，成立市面商业……其时市面现银现钱充实流通，不穷于用，银钱两业遂占全市之重心，而操其计盈，总握其权，为百业周转之枢纽者，厥为宝丰社。社之组设起于何时，今无可考，在有清一代始终为商业金融之总汇。"由于钱市活跃，转账结算通行，宝丰社作为钱业之行会，"大有辅佐各商之力"。"平日行市松紧，各商号毫无把握，遇有银钱涨落，宝丰社具有独霸行市之权。"①

宝丰社可以组织钱商，商定市场规程，监督执行，如收缴沙钱，销毁不足价货币铸成铜碑，昭示商民不得以不足价货币行使市面，确保商民利益等，尽管没有垄断货币发行，代理财政款项收解，但它有类似"银行的银行"和管理金融行政的职能，这不能不说是中国早期中央银行制度的雏形。这些行会能够为本行的营业事项订定共同规则组织金融市场运行，如汇兑平色、汇水、市场利率、票据交换、银行清算等，约束同业遵守，协调同行间的无序竞争；同时能够仲裁会员间的商务纠纷，协调会员与其他社会组织以及政府间的关系，维护共同利益，部分地执行了中央银行的职能。

---

① 《绥远通志稿》。

"人身股" 能够为企业改革注入活力

背景说明

本文是 2005 年 7 月 20 日在北京大学社会经济与文化研究中心的演讲。明清直到民国时期晋商人身股制度及内容的核心是活劳动与物化劳动共享新创造的价值，是体现人力资本产权、协调劳资关系、长效激励、培育职业经理人队伍、实现按劳分配和共同富裕的道路。当前国企改革试行人身股可以为企业注入新的活力。

国有企业改革已经走过了承包制、抓大放小、扩股上市等发展阶段，但是国有独资、国家控股的企业至今仍然困难重重；很多民营企业多由家族企业起家，发展到今天，也遇到了如何做大做强的问题。一个企业有没有活力，取决于企业的人。供给什么样的企业制度可以让企业中的人激情满怀，风风火火地干起来，充满竞争力，仍然是当前需要继续研究的问题。笔者认为，中国明清时期晋商创造并坚持的"人身股"制度，是晋商称雄中国商界数百年的秘密武器，一直坚持到 1949 年全国解放后的"一化三改"为止。晋商虽然在 20 世纪上半期衰落了，与人身股制度并没有关系。20 世纪 60 年代在美国出现、90 年代广为流行的经理人期股制度与几百年前的晋商人身股的机理是一致的。国企改革和发展中的民营企业可以试行人身股制度，为企业注入活力。

一、人身股的发展历史

人身股制度由晋商首创，发生于明代中期，晋商在与沿边（长城）商人合作纳粮中盐中曾经通过合约实行"朋合营利"，明隆庆年间总理囤盐都御史庞尚鹏的《清理延绥屯田疏》可以证明："间有山西运商前来镇城，将巨资交与土商朋合营利，各私立契约，捐资本者，讨利若干，躬输纳者，分息若干，有无相资，劳逸共济。"①。后来演变为委托代理关系的所有权与经营权两权分离，并且给经理人员顶以股份，有钱出钱，有力出力，出钱者为股东，出力者为伙计，东伙共而商之。人身股制度到清代广泛流行，到民国时，陆国香评论说："恒有人力股总数超过资本总数者。人力股系晋商特别习惯，俗称顶身股，资本家出钱，劳动者出力，均有股份，一经获利，平等分配，以是经理伙友，莫不殚心竭力，视营业盛衰为切几之利害。"②

晋商人身股制度的基本内容是：

第一，顶人身股的条件。企业的主要管理人员与业务骨干，可以顶零点几厘到几厘以至1股的股份，一般是大掌柜（总经理）最高，通常顶1股，也有顶8~9厘的，超过1股者很少，顶1.2股或者1.3股比较特殊。二掌柜以下数厘不等，最低是部分普通员工顶零点几厘。但人身股不是人人有份，新招员工在3年学徒期没有股份，期满合格，录用为正式职工后，一般要经过几年的锻炼，德、勤、能、绩优秀者才能顶股，最快一两年。有的职员可能十几年甚至更长的时间还不能顶股。

第二，人身股的考核与晋升。谁可以顶股，股份多少，由财东根据职工任职时间、能力、贡献决定。每到大账期，都要进行人事考核，以"结利疲账"定功过，有功者，增加人身股厘数，并且记入股本账"万金账"。他们根据劳动者的品质、能力和绩效来决定是否晋升，晋商多高。当时晋商已经把劳动力当作了资本，对劳动力资本的衡量与考核，已经注意到了劳动者的劳动数量和劳动质量。

第三，人身股的分红。在大账期（会计年度）结账时，掌柜伙计的"人身股"与财东的实物资本股平等参与企业利润分红。在不同的企业，一股的实物资本的数量是不同的，有的企业一股货币资本高达一万数千两

---

① 《明经世文编》卷三五九。
② 陆国香：《山西票号之今昔》，《民族杂志》1936年第4卷第3号。

白银，如大型票号企业；有的只有数百两之多，如一些中小型商号。所有不同企业的人身股的含量是不同的。

第四，人身股的继承和退出。一般企业实物资本股是永远不清退的，但可以转让。人身股不能转让，享有人身股的职工被辞退、解雇或者自动离职，当即终止人身股。享有人身股的职工退休以后，其原有股份照常分红；死亡之后仍可以享受 1～2 个会计年度的分红，叫"故股"，但是家属子女不能继承。

第五，人身股职员的薪酬社保。顶有人身股的职员，没有薪金，每年发给"应支"和"津贴"，应支在分配红利时扣除，津贴则是每年出账。大掌柜人身股 1 股，津贴是每年 1000 元银元，以下数百数十两不等。津贴与应支大体上各半。没有身股的职员，发给薪金，月薪数十数两不等。平时食宿费用一律由号上支付，驻外员工还有衣资补助。职工遇有婚丧大事，掌柜同事照常随礼，并派人贺吊。掌柜身故，享受 8 年应支、津贴和红利；未任掌柜而身股为 1 股者享受 7 年；身股不足 1 股者享受 6 年；身股六七厘者享受 5 年；身股四五厘者享受 4 年；身股三四厘者享受 3 年；身股一二厘者享受 2 年。已故职员所遗子弟才能良好者可，以入号当学徒，愿意到别号就业者，亦可以代为介绍和担保。①

太谷商人王相卿和祁县史大学、张杰组建的大盛魁，成立于康熙初年，历经 230 多年，职工人数达到 7000 多人，它规定每 3 年为一个大账期（会计年度）进行一次结算分红。分红时"把公积金的积累和运用放在重要的地位，以公积金的增长为衡量 3 年经营成果的主要标志，然后才是每股分红，最盛时，每股一次可分到一万两白银。每遇账期总结时，都要评定人员功过，检查 3 年的成绩和问题，整顿号规、调整人事"②，并且调整人身股的厘数。据说，大盛魁后期"人身股"总数已经超过了股东的资本股总数。大德通票号的"人身股"情况，据光绪十五年（1889年）分红账记载，光绪十一至十五年（1885～1889 年）账期共获余利24723.03 两，货币资本股和人身股共 29.7 股，每股分红 850 两，其中乔中堂等货币资本股 20 股，马培德等 23 名职员人身股 9.7 股，以人身股参与分红的 23 名职员中，有 3 名是已去世的职工。大德通票号光绪三十一年至三十四年（1905～1908 年）大账期获利 743545.25 两，货币资本股

① 中国人民银行山西省分行、山西财经学院：《山西票号史料》，山西人民出版社 1990 年版。
② 孔祥毅：《金融票号史论》，中国金融出版社 2003 年版。

和人身股共计 43.95 股参与分红，其中，货币资本股仍为 20 股，人身股达到了 23.95 股，顶股职员达到了 57 人。[1]

晋商的人身股实际就是人力资本制度，比美国的期股大约早 500 年。美国大型企业 90%、小型企业 70% 有此制度。目前我国已经出现少数企业试行人力资本制度。山西省大同市左云县秦家山为了改变家乡的落后面貌，利用当地的煤炭资源优势，发展煤炭产业，1978～1988 年，原煤产量增加到 43 万吨，固定资产达到 1000 万元。但挖煤的工人，大部分是从外地雇来的，随着外来打工者的增加，村民和外来打工者的关系越来越紧张。秦家山党支部根据本村的实际情况，联想到 50 年代初期初级农业社的时候，土地入股，生产资料入股，还有人头股的历史经验，创建了新的秦家山股份有限公司，后改为秦嘉集团股份有限公司，其股份构成为：集体资产股、个人货币资金股、劳力股。该公司在章程中规定，村民与户籍不在本村的煤矿工人，都可以折劳力股；凡在本公司有劳力股者，均属于本公司的股东；本人中途退出公司或不从事本公司的煤矿工作，股份均自行取消。到 1995 年，公司总股数达到 2757410 股，其中集体资产股 250 万股，个人资金股 43800 股，劳力股 216110 股，分别占 90.66%、1.59%、7.84%。1996 年，劳力股的股东为 467 人，其中本村村民 127 人，外来劳力股 340 人。外来劳力享有与本村户籍股东的同等权利。劳资关系和谐，劳力股东的主人翁意识越来越强，在企业集团中起到了越来越重要的作用，有力地促进了生产的发展。秦家山村民人均纯收入 80 年代末为 4500 元，1997 年达到 7100 元，没有贫困户，最穷的家庭也有万元存款。外来劳力股股东年平均工资 7000 元左右，加上资本股和劳力股分红，达到 8000 多元。劳力股富了秦家山，富了外来打工者，他们的经济活动与开发正在扩展。已经成为山西省大同市经济实力最强的乡镇企业，跻身于全国千家先进村行列。[2]

二、人身股的理论分析

晋商人身股体现了人力资本的产权价值，使企业各层次劳动力之间的产权关系明晰。实物资本是以货币或实物形式的物化劳动投入企业的资本，人力资本是以劳动者体力和智力为形式的活劳动投入企业的资本。任

---

① 中国人民银行山西省分行、山西财经学院：《山西票号史料》，山西人民出版社 1990 年。
② 孔祥毅：《中国特色的股份制：人力股＋资本股》，《金融时报》1997 年 12 月 10 日。

何企业的生产经营过程都是实物资本与人力资本相结合的过程。在传统的企业形式中，实物资本的出资方依其出资多少拥有企业的产权，经理及员工等只是资方的雇用劳动者，劳动者按工作量取得相应的报酬，并没有企业的产权，也就没有对企业的收益权和处分权。其实，实物资本和人力资本只是资本的不同形态，一种是物化劳动的表现形态，另一种是活劳动的表现形态，两种形态的劳动共同创造了新的价值。同时，创造价值过程中两种资本价值损耗，对增值价值的贡献的性质是一样的。那么，人力资本产权与实物资本产权就应当是平等的，人力资本也应该享有企业的股权，参与企业利润的分配。晋商的这种创造，与20世纪60年代美国经济学家西奥多·舒尔茨、贝克尔等人的人力资本理论相吻合。晋商人身股制度确保企业财产的归属关系明确，不同权利主体之间的权、责、利清楚。晋商股份制企业实行无限责任制，财东凭实物资本拥有对企业的所有权、处分权和新增价值的索取权，并对企业承担无限责任。掌柜及所有顶股职员凭人身股享有对商号的新增价值的索取权，对企业负有限责任，即企业发生经营亏赔其人身股的"护本"（晋商企业的资本金，分正本和护本（副本），正本是实物资本股东投入的资本；护本是实物资本股东和顶人身股的股东在企业分红时按照股份从红利中提取一定比例的收入存入企业为护本，参加周转，不分红利，付给利息，所有权归个人，但不得提取，企业发生亏损时可以用于偿债，类同风险基金。）将用于偿债，并以此为限。晋商股份制企业的两类股东的产权是非常明晰的。

晋商人身股解决了劳资双方对立的矛盾，协调了劳资关系，实现了劳资双赢的经营格局。因为人身股是在不减少财东利益的前提下，从增量财富（利润）中分割出一块让渡给员工，作为员工拥有的资产，这样就使员工从纯粹的无产者变为有产者。这种做法之所以能被财东接受，是因为财东并没有无偿割让既有的存量资产，只是期利的承诺；这种做法之所以也能使员工接受，因为员工在获得工资收入的同时，可以从利润中分割出一块作为自己的资产。在可以获得一定资产的预期下，员工热情高涨、积极主动地投入工作，使得企业的增量财富（利润）大幅增加，这样，尽管财东从利润中分割出一部分让渡给员工，但他们获得的利润绝对量还是比过去增加了。这样就实现了劳资双方的双赢。人身股制度使员工的利益与财东利益、商号利益统一起来，上下一心，同舟共济，劳资关系得以协调，经营效益得以提高。

晋商人身股又是一种长期有效的激励机制和动力机制。因为顶身股者只有在大账期才能参加对企业利润的分红，一个账期一般是 3～5 年时间不等，这一机制具有延期支付的特点，是一种长期的激励机制，可避免掌柜与伙计的短期化行为。而且由于物质刺激，这一激励机制会呈现一种良性循环：晋商人身股→掌柜伙计努力工作→企业业绩提升→利润分红增加→继续努力→提升人身股→商号业绩继续上升→经理伙计收益继续扩大。收益的无限性必然产生激励的无限性，从而极大地增强了这一激励机制的可持续性。而且人身股对掌柜及伙计来说，既是一种物质上的激励，也是一种精神上的激励。人身股多少，标志着个人的能力、地位、贡献，激发员工的"成就感"和"归属意识"，实现了物质激励与精神激励的协调一致。

晋商人身股也是委托人激励代理人降低委托—代理成本和风险的创新。晋商的财东与掌柜之间的关系是典型的委托代理关系，财东将自己的企业财产全权交由大掌柜经营，前提条件是顶以股份。通常，委托代理关系的关键，在存在不确定性和信息不对称的情况下，委托人应当设计出一个代理人能够接受的契约（即激励机制），促使代理人采取适当行动，在代理人追求自身效用最大化的同时，最大限度地增进委托人的利益。大掌柜的人身股是经由财东、拟聘大掌柜、中证人共同签署的合约确定下来的，有效地解决了委托代理关系的基本问题。其他顶股员工的股份也要签署合约，并且记入"万金账"。各自为了各自的利益"不督责而勤"，保证了委托人财东利益的最大化。

晋商人身股制度有利于职业经理人队伍的成长。晋商企业掌柜们是中国早期的职业经理人。随着科技进步，社会分工越来越细化，职业经理人阶层队伍的发展和扩大是必然的。人身股制度不仅为职业经理人提供了激励，也设置了责任和压力，使之不能随便应聘或者退出，有利于企业管理的稳定，也有利于职业经理人水平的提高和整个队伍的成长。

人在生产经营活动中的地位及相互关系是生产关系的核心内容，生产不能离开劳动力这个最基本的要素，它与生产资料共同构成了剩余产品生产的前提条件。实物资本股是以货币或者实物为形式的物化劳动投入企业的资本，是创造新价值必不可少的要素，是形成生产力的能动者。人身股是以职员的能力、贡献、职责为形式的活劳动投入企业的资本，二者共同构成了股份制企业的资本，既然实物资本与劳动力资本共同创造了新的价值，实现了价值增值，那么人力资本就有权利与实物资本一起平等地参与企业利润的分配，这是合情合理的。人身股制度，虽然是企业管理实践中的创造，但它揭示了一个重要的理论问题，这就是人力资本理论。

首先，在人类生产活动中，劳动力的知识、技能、信息、素质在剩余产品生产中的地位越来越重要。劳动力作为劳动者个人所有的特征，与生产资料所有制性质具有同样重要的意义。所以，承认用货币购买的生产资料在生产经营中的资本性质，也应该承认劳动力知识、技能、信息、素质在生产经营中的资本性质。否则，不仅在逻辑上说不通，就是在社会与道义上也是说不通的。

其次，社会主义市场经济中的股份制，必须坚持解放生产力，消除两极分化，共同富裕。劳动力资本理论在不否定实物资本理论的前提下，比较好地解决了社会主义本质特征所要求的条件。坚持劳动力资本理论，变雇用劳动者为企业主人，充分调动劳动者的积极性，作为股东的劳动者就会以主人翁的精神，关心企业的生产经营，从而较好地解决劳资矛盾，领导与被领导之间的矛盾。

最后，人身股制度比较好地解决了共同富裕的问题。前述实例说明了先富与后富者的矛盾可以在人身股制度下得以统一，也使雇用者与被雇用者在政治上地位平等，在新创造价值上利益共享。共同富裕才是社会主义，人身股坚持共同富裕的方向，并且在实践中创造性地解决了使无产者变成有产者的重大问题，这无论在理论上还是实践上都是一个重大突破。

溯源在于创新，在于指导今日的实践。当今信息技术覆盖到了人类社会生活的各个方面，推动信息社会发展的动力也相应地发生了变化，知识经济下的发展动力将更多地依靠于人力资本。随着知识经济的深入，以人身股为主的企业组织模式将成为推动知识经济发展的新动力，在信息社会的发展中人身股制度将会为企业注入新的活力。

总之，人身股制度的核心是物化劳动与活劳动共同享有企业利润，体现了这种股份制的社会所有制性质，是共同富裕的路子。

三、人身股的操作

人力资本股份制度在美国的具体操作比较复杂，有职工持股、虚拟股票、股票期权计划等形式。我国理论界的讨论也比较复杂，近年北京、上海、武汉等地个别企业引入国外办法进行了类似的一些试验，效果尚不明显。笔者认为，不能套用美国制度，中国自己创造的通行数百年的晋商人身股，适合中国人文习惯，而且操作简单，可以直接拿来试行，或者作必要的改造，就可以为国企改革所用。

第一，高层管理与业务骨干都可以顶股。是不是在企业里干活的任何一个职工都可以顶股？中国历史上的人身股和当今西方的期股都不是人人顶股。由于劳动者的受教育程度、经验、技术等涉及劳动者价值，即劳动者因受教育的投资使智能、技能的积累程度和个人奋斗提高的程度，以及迁移性投资使劳动者掌握的信息和经验等，都应当在顶股中予以重视。那么，决定企业经营管理水平的高层管理者与业务骨干都应当顶股。

第二，依据劳动者对企业贡献因素确定权数、权重和积分。人力资本股企业可以根据劳动者的智力、能力、工龄、级别、贡献、危险及脏累岗位等，确定人身股顶股因素，并且根据各自企业的具体情况明确各因素的权重，进行积分计量。

第三，人身股与实物资本股的折合视企业情况不同而定。1个人身股可以顶多少元的实物资本股，企业可以根据资本金多少、规模大小、总经理责任大小，自定章程。试行人身股起步时，可以参考职员实际收入（基本工资加奖励）与顶股建立某种联系，在年度考核时按照实绩决定晋升。

第四，人身股数不必封顶但要宏观控制。这涉及每个劳动者最多可以顶多少股，也涉及实物资本投入与人力资本投入在全部利润分配中各占多大比重。古代晋商劳力股虽无封顶一说，但总经理一般到一定程度时不再增加。少数老企业劳力股总数至清末民初超过了资本股总数，以致原来的财东无法控制企业。这又涉及劳资双方在企业中的地位问题，可以在本企业章程中做出规定。但是国有资产管理局需要分类做出人身股与实物资本股的比例限定。

第五，人身股可以退出不能继承。劳动者的人身股在本人调动、辞退、自动离职时当即终止人身股。退休职工人身股按工龄折扣，顶股劳动者身故子女不得继承。

第六，劳力资本股与实物资本股同股同酬。晋商是同股同酬不同责，人身股与货币资本股同股同酬，但是财东负无限责任，享有人身股的经理伙计负有限责任。现在没有无限责任企业，也就没有不同责问题。

第七，实行人身股的企业可以上市。如果承认了人身股制度是合法的企业制度，那么就可以上市，但是只能出售实物资本股，不能出售人身股。公布上市企业财务状况时，必须公布该企业的人力资源和人身股情况，供投资者选择。

人身股制度是晋商在企业管理实践中的创造，是一种深深植根于中国、符合中国国情的企业制度，国企改革引入人身股制度是有前途的。

山西商人与中国金融革命

背景说明

   本文是"晋商国际学术研讨会（晋祠）"的主题发言稿，后收录于《中国晋商研究》，人民出版社2006年4月出版。清康熙到道光年间中国发生了一场金融革命。中国金融革命是中国商业革命的必然产物。中国金融业革命的标志：一是中国式商业银行覆盖全国城镇；二是票据流通在大额财富转移中代替金属货币；三是债权债务的非现金清偿制度基本形成；四是金融机构的企业化管理规范运作；五是金融机构开始为政府融资；六是中国商业金融介入国际金融活动；七是金融业同业公会形成并在经济领域发挥重要作用。山西货币商人是这场金融革命的领头雁。但是这场金融革命是一场未成功的革命，它随着晋商的衰落而中断，未能成为影响现代中国金融制度的主要因素。这一变化，与山西货币商人的金融创新建立于落后的银两货币制度、山西票号的异化、受山西货币商人自身诸多特点的制约以及山西货币商人与江浙财团势力的消长等因素有着密切关系。文章在会上引起了较大反响，美籍专家科大卫先生在发言时有较长的一段评论，赞成笔者关于山西货币商人对中国金融革命贡献的评价。

一、中国金融革命的历史背景

从明中期到清晚期，中国发生了一场商业革命。这场商业革命是中国长期农业文明发展的必然结果，其标志性变革，表现为以下几个方面：

（一）农业手工业商品化程度大大提高

从工矿业看，1405 年（明永乐三年）至 1434 年（明宣德九年），铁产量由 114 万斤增加到 833 万斤，增加近 7 倍。1461 年（明天顺五年），仅山西阳城一县产铁就达 700 万~900 万斤，已等于 17 年前全国的铁产量。[①] 从农业看，鸦片战争前全国粮食产量中商品粮约占 10.5%，值银 16333.3 万两；全国棉花国内市场商品量 316 万担，占 30.6%，减除进口商品棉 60.5 万担，国产棉花商品量 255.5 万担，占产量的 26.3%，值银 1277.5 万两；全国棉布消费量，国产棉布自给占 47.2%，国产棉布商品量占 52.8%，值银 9455.3 万两；全国丝产量，商品量占 92.2%，值银 1202.3 万两；全国茶叶国内消费量 200 万担，出口茶 60.5 万担，茶叶产量等于商品量，为 260.5 万担，值银 3186.1 万两；全国食盐产量也是销售量为 32.2 亿斤，值银 5852.9 万两。[②]

（二）一大批商业城市的兴起

鸦片战争前，非农业人口 2000 万，占 5%。[③] 在非农业人口增加的同时，城市的发展很快。据史料记载，明代宣府镇"贾店鳞比，各有名称，如云南京罗缎庄、苏杭罗缎庄、潞州绸庄、泽州帕铺、临清布帛铺、绒棉铺、杂货铺、各行交易铺沿长四五里许，贾皆争居之。"[④] 至于北京，不仅人口增加，店铺林立，而且商业行会组织也达到了相当大的规模。"北京的工商业会馆，成立于明中期的很多，如山西平遥颜料商所建立的颜料会馆……当在明万历以前……还有山西临汾、襄陵两县油、盐、粮商建立的临襄会馆。山西临汾纸张、干果、颜料、杂货、烟叶五行商人建立的临汾东馆（亦称临汾乡祠）。山西临汾商人建立的临汾西馆。山西潞安州铜、铁、锡、碳、烟袋诸帮商人建立的潞安会馆。浙江宁波药材商人建立的四明会馆。陕西关中商人建立的关中会馆等。"[⑤] 到清中期，不仅南京、苏州、扬州、广州、泉州是有名的商业城市，就连张家口、包头、伊犁、库伦、科布多都成了有名的商业贸易城市。

（三）国际商路扩展

东南方面是海上贸易，以广州、泉州、厦门、福州为中心，与交趾、

---

①②③　许涤新、吴承明：《中国资本主义发展史》第一卷，人民出版社 1985 年版。

④　《宣府镇志》嘉靖版卷二十。

⑤　李华：《明清以来北京的工商业行会》，《历史研究》1978 年第 4 期。

泰国、马来半岛、爪哇、菲律宾、日本贸易。日本学者滨下武志教授认为，"亚洲区域内的贸易网，主要是由中国和印度商人到各地去进行贸易而形成，并由此构成相应的结算网。"[①] 北方陆路贸易，以恰克图、塔尔巴哈台等为中心，与俄罗斯及西亚国家进行贸易。恰克图市场在 1723 年（清雍正初年）贸易额为 100 万卢布，1796～1920 年（清嘉庆年间）增至 600 万卢布以上，道光咸丰年间持续增加。17～18 世纪（明万历二十八年至清嘉庆五年），中国对外贸易的大量顺差，使外国银元大量流入国内，总计 13 亿元左右。除销熔、外购鸦片等外，净余白银货币大约 10.8 亿元。另外，大约还有 6 万吨银块。上述这些数字，虽然并不是很准确的，但是，中国有大量的白银净流入，这应当是不争的事实。[②]

（四）商业手工业组织企业化

山西晋城是全国铁生产中心之一，每个生产工场都管理有序：8 个方炉设一大柜，供应 4 个炒铁炉和 1 个铸锅炉；4 个炒铁炉供 16 个条炉和 1 个圪渣炉（处理次铁），各设一大柜；经理、采购、会计、保管分工细致。云南铜场工人分工有领班、打洞、排水、捶矿、洗矿、配矿、煅窑、炼炉等，投资和管理人员分工有场主、管事、炉头等。[③] 从企业组织制度看，明中期以后到清中期，中国手工业、工业、商业、金融业的组织形式企业化，一是独资企业，二是合伙企业，三是股份企业。晋商商号的所有权与经营权两权分离，出现职业经理层，委托代理关系已经普遍有了规范的企业管理制度。

（五）金融业的革命性变化

随着商业的发展，货币数量不足，引起信用工具的发展和金融机构的产生，一场金融革命同时发生了。明朝中期，当铺、钱庄已经遍及大江南北，清代又有印局、账局和票号产生，票号分号设到了日本、朝鲜、俄罗斯等国家。1912 年 11 月，梁启超先生在北京对山西银行业界的一次演讲中谈道："英之金钱商，与吾之炉房类，姑且不论。若以意大利自由都府之钱商与吾票号较，则其相类处有四：一是与商业企业往来不少，但吸收官款存放，并与帝王贵族往来者居多；二是利用各地币制不一和平砝的差

---

① 滨下武志：《近代中国的国际契机》，中国社会科学出版社 1999 年版。

② 根据郝延年：《中国近代商业革命》，上海人民出版社 1991 年版；彭信威：《中国货币史》，上海人民出版社 1965 年版；佛兰克：《白银资本》，中央编译出版局，2001 年等所列资料整理。

③ 孔经纬：《关于中国资本主义关系萌芽》，载《明清资本主义萌芽研究论文集》，上海人民出版社 1981 年版。

异，压平擦色，从中渔利；三是出票慎重，信用卓著；四是同时发生的时代背景相同。"[1]

美国学者费正清先生说："中国在 18 世纪，如果不是更早些的话，已经有了一个真正的国内市场，任何一个地区的供应品，都可以用来满足其他任何地方的需要……好比说欧洲文艺复兴的开端，或者中国商业革命的起步……中国国内市场的兴起可以从各种专业化的商人群体的成长来衡量，诸如批发商、零售商、走南闯北的行商，上层都还有层层的捐客和代理人，他们为不同地区间的贸易服务。"[2]

在这场商业革命中，中国最活跃的商帮有晋商、徽商、潮商、洞庭商、宁波商、龙游商、陕西商、山东商、江右商等。当时，山西人开辟了穿越蒙古沙漠瀚海的中国到欧洲的茶叶之路，其活动舞台遍及国内以至日本、朝鲜、俄罗斯等国家，创造了票号等多种金融机构，其财富积累、组织制度、管理技术等，都处于领先地位，在国内外享有盛誉，成为各大商帮之首。中国金融革命就是在商业革命发展中，由于商品贸易的发展，货币需求量扩大和流通速度加快，导致了信用和信用工具的革命、金融机构、金融业务与金融制度的一系列的创新。

二、中国金融革命及山西商人的贡献

伴随商业革命，中国金融业发生了革命性变化，山西货币商人为这一革命性变化做出了巨大贡献，主要体现在以下几方面。

（一）中国式商业银行覆盖全国城镇

中国的金融机构最早是典当，早在南北朝时已经出现，明朝出现了钱庄，但是，到了清康熙以后，适应中国商品经济发展需要，金融机构得到了迅速发展，不仅当铺、钱庄遍布全国城市集镇以至农村，而且又出现了印局（印票庄）、账局（账庄）、票号（汇兑庄）等金融机构。当铺是从事消费抵押信用的金融机构，1685 年（清康熙二十四年）全国有当铺7695 家，其中山西省有 1281 家，占 16.6%；1724 年（清雍正二年）全国有当铺 9904 家，其中山西省有 2602 家，占 26.2%；1753 年（清乾隆十八年）全国有当铺 18075 家，山西省有 5175 家，占 28.6%。清末著名

---

① 中国人民银行山西省分行、山西财经学院：《山西票号史料》，山西人民出版社 1990 年版。

② 费正清：《伟大的中国革命》，世界知识出版社 2000 年版。

的银行家李宏龄说："凡是中国的典当业，大半是山西人经理。"① 19 世纪 50 年代，在北京有当铺 159 家，其中山西人开办的当铺有 109 家，占 68.55%。钱庄最初是从事钱币兑换业务的金融机构，后来业务扩展，办理存款放款。1765 年（清乾隆三十年）在苏州就有山西人开的钱庄 81 家。1853 年（清咸丰三十四年）在北京有山西商人开的钱庄 40 余家。② 山西钱商在北方很多城市钱行中居于垄断地位，如北京、苏州、张家口、归化、包头、库伦等地，都有自己的行会。钱业行会如包头的裕丰社、归化的宝丰社等作为所在城市的钱庄行会，承担着当地商业票据转账结算、银行清算、确定利率、组织货币市场、管理金融市场等职责。19 世纪 40 年代后期，金融业界增加了清政府内务府设立的五个"天"字号官钱局，这是第一批官办金融机构，以后各地官钱局发展得很快。与此同时，英商丽如银行在香港、广州、上海设立分行。印局是办理短期小额信用放款的金融机构，无论京城还是蒙古草原，在中国北方相当活跃。内阁大学士祁寯藻给皇帝的报告说："窃闻京城内外，现有山西等省民人开设铺面，名曰印局，所有大小铺户及军民人等，俱向其借用钱文"，"京师地方，五方杂处，商贾云集，各铺籍资余利，买卖可以流通，军民偶有匮乏日用以资接济，是全赖印局的周转，实为不可少之事。"③ 账局是从事放款的金融机构，18 世纪中后期，山西账局和钱铺在北方迅速蔓延，服务对象转向工商业商人，账局自清初至民国大体存在了 300 多年。1853 年北京有账局 268 家，其中山西商人开设的账局有 210 家。当时负责管理货币事务的户部右侍郎王茂荫说"账局帮伙不下万人。"④ 1904 年北京"账庄商会"成立。票号主要业务是办理异地款项汇兑，产生于 1823 年（清道光三年），40 年代票号有 9 家，1862 年（清同治元年）上海一地就有山西票号 22 家，对上海的钱庄放款达 300 多万两。1871 年，票号把自己的业务重心从长江流域的汉口转移到了上海，于 1876 年 24 家山西票号在上海成立了"山西汇业公所"，但在汉口的票号到 1881 年（清光绪七年）为止仍然有 32 家。在 1883 年的金融大危机中，上海 78 家钱庄关闭了 68 家，票号却未受损失。1894 年（清光绪二十年），在北京的票号对户部放

---

① 李宏龄：《晋商盛衰记》。

② 清档《朱批奏折》咸丰三年四月三日。

③ 《祁寯藻奏稿》。

④ 《王寺郎奏议》卷三。

款 100 万两。1904 年"京师汇兑庄商会"成立。1906 年票号分号分布达 110 多个城市，年汇兑公款 2257 万两。[①] 总号所在地有：平遥、祁县、太谷、太原、上海、昆明、杭州。分号则有：介休、张兰、交城、文水、汾阳、忻州、大同、曲沃、解州、运城、寿阳、绛州、京师、天津、保定、通州、获鹿、张家口、归化、多伦、包头、喇嘛庙、库伦、恰克图、泊头、赤峰、沈阳、营口、锦州、东沟、吉林、安东、哈尔滨、汉中、西安、三原、孟县、道口、清化、禹州、开封、郑州、周家口、怀庆、赊旗镇、五河、济南、周村、烟台、青岛、南京、徐州、苏州、镇江、柏州、上海、青江浦、安庆、芜湖、蚌埠、正阳关、屯溪、杭州、宁波、福州、厦门、南京、九江、河口、广州、潮州、汕头、琼州、九龙、香港、梧州、桂林、南宁、湘潭、常德、长沙、武昌、汉口、沙市、宜昌、老河口、成都、重庆、万县、自流井、昆明、蒙自、贵阳、雅安、打箭炉、巴塘、理塘、拉萨、宁夏、肃州、甘州、凉州、兰州、迪化等以及日本的神户、大阪、横滨、东京与朝鲜的仁川等地。山西商人走到哪里，就在哪里扎根、发展，张家口上堡的日升昌巷，下堡的锦泉兴巷，分别是山西货币商人日升昌票号和锦泉兴钱庄建设并以自己的商号名字命名的街巷。外蒙古的科布多有一条大盛魁街，是山西巨商大盛魁建设的，这一切，与意大利北部伦巴第商人在伦敦、巴黎建设了伦巴第街，发展了伦巴第银行业务是一样的。

这些土生土长的中国式金融机构，虽然最初是单一的金融业务，但是很快拓展业务，向着存放汇兑发展。在其业务发展中，不断地通过金融创新，推动了金融业务的发展。比如，一是创立"本平"制度，清代货币金属银铜并用，由于各地平砝不一，银色差异，实现异地款项汇兑，首先要解决的就是银色与平砝之间的差异问题。为此，每家票号都自置了自己的天平砝码，简称"本平"，作为记账货币单位，不仅便利了的存放款和汇兑业务，而且使其总分号账务的记录及汇总有了一个统一的核算单位，便于会计核算和财务管理。二是票据贴现，票号的汇票有即票和期票两种，对于未到期的汇票可以办理提前支取，但是需要交付一定的费用，相当于现在的票据贴现。三是顺汇与逆汇，逆汇也称倒汇，"倒汇：中国此种汇兑，向所未有，至近年与外国通商，关系密切，内地市场间之贸易随

---

① 中国人民银行山西省分行、山西财经学院：《山西票号史料》，山西人民出版社 1990 年版。

之而盛，汇兑之种类不得不因之变化……有信用之商人立一汇票，交予票号，票号即买取之，送交收汇地之支店，索取现金。"顺汇是甲地先收汇款，乙地后付出；倒汇是存款贷款汇兑的结合，票号不仅多了一层利息收入，而且减少了异地白银运送，谓之"酌盈济虚，抽疲转快"。四是代办业务，代收货款、代垫捐纳、代办印结、代垫税款，代发股票、债券等中间业务创新。五是"掉期"业务，19世纪八九十年代，货币市场和"汇兑行市"出现后，即因各地白银成色和平砝不同，付款地不同的汇票在交易中出现了价格差异，汇兑行市围绕两地白银的平价，根据银根松紧，在平价加减汇费的范围内浮动。"但在90年代上海、西安、桂林汇费支出大于汇费收入好几倍。"[1] 票号业务中的"帖咱"、"帖伊"当是白银"掉期"业务。六是银行同业拆借市场。当时，呼和浩特"向例"在市口进行货币资金的交易，"每日清晨钱行商贩，集合于指定地点，不论以钱易银或以银易钱，均系现行市，逐日报告官厅备查，各钱行抽收牙佣，均遵章领有部颁牙帖、邀帖……谓之钱市"。[2]

票号与钱庄，实行总分支机构制，分支机构的设置随盈利与风险大小而伸缩。票号设置分支机构，先行调查研究，在掌握市场动向的基础上添置新号，扩展经营地域。如果不能经营，立刻撤庄。票号分支机构设遍通都大邑商埠码头，如在拉萨、巴塘、理塘、打箭炉、雅安等藏区虽然地理偏僻，但因财政和商务原因设有分号。在太平军进军南京时，曾在长江一线太平军所到商埠收缩。因为日俄战争，营口业务困难，调整力量，设庄于朝鲜仁川，后又伸向日本神户、横滨、大阪、东京。同时，他们的业务与资金随经济社会需要而松紧。上述金融机构的业务活动，反映了中国式的商业银行业务开拓的特点。

（二）票据流通在财富转移中代替金属货币

在山西票号出现以前，山西货币商人已经根据社会需要创造了许多信用工具。[3] 一是凭帖，本铺出票，由本铺随时负责兑现，相当于现在的本票。二是兑帖，也叫附帖，本铺出票，到另一铺兑取现银或制钱，相当于现在的支票。三是上帖，有当铺上给钱铺的上帖和钱铺上给当铺的上帖之分，彼此双方已有合同在先，负责兑付，相当于现在的银行汇票。四是上

① 黄鉴晖：《山西票号史》，山西经济出版社2002年版。
② 《绥远通志稿》民国抄本卷三八。
③ 王雪农、刘建民：《中国山西民间票帖》，中华书局2001年版。

票，非金融一般商号所出的凭帖称为上票，信用自然要差一些，钱商也可以接受，相当于现在的商业汇票。五是壶瓶帖，有些商号（包括钱庄）因逢年过节资金周转不灵，自出钱帖，盖以印记，用以搪塞债务，因其不能保证随时兑现，只能暂时"装入壶瓶，并无实用"，故称壶瓶帖，相当于现在的融通票据。六是期帖，出票人企图多得一些收入，在易银时，开写迟日票据，到期时始能取钱，需计算期内利息，类似现在的远期汇票。七是会券，也就是汇票，即异地款项汇兑的提款凭据。唐朝的飞钱具有汇票性质，明清时期异地款项汇兑发展。票号办理的汇兑业务，有票汇、信汇，后来又有电汇。但采用最多的仍然是汇票形式。汇票按期限不同又分即票和期票两种，即票即见票即付，期票则是约期付款。八是兑条，对小宗汇款，不用汇票，而是书一纸条，即"兑条"从中剪开，上半条给汇款人，由其转寄收款人，下半条寄付款的分号，核对领取，盖不用保。[①]九是旅行支票，是山西票号应异地贩运商人在沿途不同地点办货的需要而签发的一种可以一次签发分次在不同地方分支机构支取款项的汇票，类似现在的旅行支票。

（三）债权债务的非现金清偿网络基本形成

清代，金融机构逐渐开始为客户办理债权债务的非现金清偿，其办法：一是转账结算。据《绥远通志稿》记载："在有清一代，在现款凭帖而外，大宗过付，有拨兑一法。……乃由各商转账，借资周转。"拨兑之外，还有谱银，"盖与拨兑之源流同。其初以汉人来此经商至清中期渐臻繁盛，初仅以货易货，继则加用银两，代替货币，但以边地银少用巨，乃因利乘便，规定谱银，各商经钱行往来拨账，借资周转，此谱银之所勃兴也。虽其作用类似货币，而无实质，然各商使无相当价值之货物，以为抵备，则钱行自不预互相转账，其交易即不能成立。"当时银两转账为谱拨银，铜制钱转账为拨兑钱。这是山西货币商人"悉照内地习惯"在内蒙古的金融活动的记载。[②]二是银行清算制度。山西银行间的清算有两种情况：①系统内清算，如票号各地分支机构相互之间在一定时间内发生的汇差，我欠人，人欠我，以"月清年结"两种账向总号报账，月账、年账均以"收汇"和"交汇"两项分列，既有细数，又有合计，均按与各分号和总号业务清列。总号收到报来的清账，核对无误后，将月清收汇和交

①　陈其田：《山西票庄考略》，商务印书馆 1937 年版。
②　《绥远通志稿》民国抄本卷三八。

汇差额分别记入各分号与总号的往来账，收大于交，差额为分号收存总号款项数；交大于收，差额为总号短欠分号款项数，互不计息，全号实行统一核算。这种办法是现代银行清算相互轧差办法之源。②各金融机构在为企业办理转账结算之后，形成金融机构之间的债权债务，规定定期"订卯"，相互冲销，差额清结。一般是按照标期进行。三是信约公履制度。商品交易中产生大量的商业信用和银行信用关系，晋商谓之"信用贷货"与"信用贷款"。为债权债务的清偿和诚信约束，创立了镖局、标期与标利制度，即社会信约的公履制度，来约束债权债务的清偿。根据镖局押运商品物质与现银的距离远近决定标期，按照标期时间长短和标内标外决定利率（标利）高低。过标时，第一天清偿银两债务；第二天清偿制钱债权；第三天"订卯"，即金融机构间轧差清算。不能按时履行合约，就不能获得信用。①

（四）金融机构的企业化管理制度规范运作

清代中国金融机构已经实行企业管理制度，晋商的票号、钱庄、当铺、账局的企业制度的特点：一是股份制。晋商在明代就已经开始组织股份制企业，合作投资，资本金根据投资人的经济实力与意愿确定股份多少，作为股东，经营成果按照股份多寡承担风险和享有收益，创造了中国最早的股权融资制度。二是两权分离制度。晋商金融机构实行两权分离制度。股东委托可靠的有经营能力的人为大掌柜（总经理），授以经营管理企业的全权。"将资本交付于管事（大掌柜）一人，而管事于营业上一切事项，如何办理，财东均不闻问，既不预定方针于事前，又不施其监督于事后"，谓之"用人不疑，疑人不用"。这种完全信任的东掌关系，将大掌柜的经营置于全社会的监督之下，大掌柜若经营不善或不够尽心，不仅被人看低，而且对东家、对自己、对保人都不利，所以大掌柜尽心尽力，兢兢业业，带领同人崎岖前进；假若自己没有把握，则主动向东家交代，绝不侥幸冒险，谓之"受人之托，忠人之事"，这是中国金融业的典型的委托代理制度。三是联号制度。山西金融业实行总分支机构制，总号设在山西本地，分支机构遍布全国各地以至国外。实行统一制度、统一管理、统一核算，统一资金调度。对分号的考核，是以"结利疲账定功过"，但以不对他号造成损失为原则，否则给

① 孔祥毅：《镖局、标期、标利与中国北方社会信用》，《金融研究》2004 年第 1 期。

予处罚。如山西票号总号先后 43 家，下辖分号共 560 家。① 所有分号的开立、经营、人员配置、资金、收益等都归总号管理，总号与分号、分号与分号之间，以"正报、复报、附报、行市、叙事报"等方式互通信息，并采取"酌盈济虚、抽疲转快"的办法相互接济。正是这种灵活、严密而庞大的组织制度，使票号具备了"有聚散国家金融之权，而能使之川流不息"的能力。② 四是人力资本制度。将企业内的管理层职工和业务骨干，按其职责、能力和贡献大小确定"身股"多寡，作为人力资本，与财东的货币资本股一起参与利润分配，谓之有钱出钱，有力出力，出钱者为东家，出力者为伙计，东伙共商之，有不少晋商企业后期人力资本股超过了货币资本股。这种企业激励制度比美国的期权制度早了 400 多年。五是资本金管理制度。投资金融的企业，多个投资人合作，订立合约，记入"万金账"。投资人的资本金一次交足，列为"正本"；另外设立"护本"，在股东和顶身股职员分红中提取一定比例，留存企业，资本股股东存款也列入护本。护本计息不分红，是票号的风险基金，从而保证了票号的资本充足率。六是银行密押制度。为了异地汇款所用汇票的真实而不发生假票、伪票冒领款项，票号创造了严密的密押制度：首先，汇票一律使用总号统一印制的汇票，计数管理；其次，汇票内加"水印"；再次，专人书写，字体在总号和各分号预留备案；复次，汇票需要加盖 6 枚印鉴：抬头章、押款章、落地章、防伪章、套字章、骑缝章等；最后，汇款金额、时间设有金额暗号、月暗号、日暗号、自暗号。七是金融稽核制度。票号在财务核算的协调上，以经济活动为基础，按会计核算程序，分别从进缴表（收支表）和存该表（资产负债表）两个方面进行核算，然后"合龙门"。如果两表不能合拢，说明核算过程有问题，就要查找原因。这是中国早期的复式记账，又是金融稽核，以此保证财务核算的准确无误。八是人力资源管理制度。对新员工实行学徒制，需要通过笔试、面试、铺保、吃苦精神考核等程序，然后成为学徒，期限为三年，中途认为不合格可以辞退；利用宗法关系，所雇职员，一律为山西中区人，他省人一律不得援用；所用人员都是由有身份的当地人引荐，殷实商铺担保；企业内部定期进行人事考核，德能勤绩优秀者增加身股，给号内造成损失者降低身股，其

---

① ② 人民银行山西省分行、山西财经学院：《山西票号史料》，山西经济出版社 1990 年版。

至开除出号；顶有人身股的职员，每年发给"应支"和"津贴"，应支在分配红利时扣除，津贴则是每年出账。大掌柜人身股1股，津贴相当于每年1000元银元。应支与津贴大体上各半。没有身股的职员，发给薪金，每年银元一二百元。平时食宿费用一律由号上支付。职工遇有婚丧大事，掌柜同事照常随礼，并派人贺吊。掌柜身故，享受8年应支、津贴和红利；未任掌柜而身股一股者享受7年；身股不足1股者享受6年；身股六七厘者享受5年；身股四五厘者享受4年，身股三四厘者享受3年，身股一二厘者享受2年。已故职员所遗子弟才能良好可以入号当学徒，愿意到别号就业者，亦可以代为介绍和担保。号内实行严格的内部控制制度，主要措施有：①号内人事由总号大掌柜安排，财东不得举荐人位，干预人事。②财东平时不得在号内食宿、借钱或指使号内人员为自己办事。③大掌柜巡视分号，各分号人位不宜、同人不端、手续不合、市面情形变迁诸事，可立即处置。④各分号不准买空卖空、囤积货物，节外生枝。⑤职员不准在外巨数支使；不准私自捎物；不准就外厚道；不准私代亲族；不准私行囤积放人名贷款；不准奢侈浪费；不准侵袭号中积蓄；不准花酒赌博自堕品行；不准吸食鸦片；不准亲友浮挪暂借；不准向财东和掌柜送礼；不准到财东和掌柜家闲坐；不准到小号串门；伙友之间不准互相送礼；下班归里不准私先回家后到柜上汇报等。严格的内控制度杜绝了票号内部营私舞弊现象的发生。①

（五）金融机构开始为政府融资

清代后期，由于清政府财政恶化，捐纳筹饷是一项扩大财政收入的来源。山西票号发展成为清王朝的财政支柱。一是充当为清政府捐纳筹饷的办事机构，当时规定捐官人纳银，在省则交省库，在京则交户部，省库缴户部或其他用款地点，亦由票号办理，票号成了清政府财政体系中不可或缺的捐纳筹款的办事机构。二是汇兑公款解缴税收，本来公款上解，全系押运现银，主张由票号汇兑公款的理由是：①农民运动使道路不靖，汇兑比解现安全；②解现费用昂贵，汇兑相对费用低廉；③南省款项由水运上解经天津入京须支付海运保险费，保费大大超过汇兑时的汇水，又有海盗威胁；④地方税款所收银两成色大多不佳，不能上解，就地熔炼加工，又增开支，款项必有亏空；⑤由于地方税款往往不能按时收讫，常常不能准

① 人民银行山西省分行、山西财经学院：《山西票号史料》，山西人民出版社1990年版。

时起解，不得不向票号借贷，票号只同意借垫汇兑，不借现银，只得借垫汇兑。故咸同以后，装鞘解现日少，由票号汇兑日增。据不完全统计，1865～1893 年，鲁、赣、湘、鄂、川、晋、浙、苏、皖、滇、黔各省及江海、粤海、闽海、浙海、瓯诲、江汉、淮安各关通过票号汇兑公款达15870 余万两，1862 年为 10 万两，1893 年扩大为 525 万两，32 年增长到52 倍半。① 三是为各省关借垫京饷、协饷，解救清中央政府和地方政府的财政危机。中央政府经费及各种专用款项，诸如"西征薪饷"（镇压西北回民起义的费用）、伊犁协饷、乌鲁木齐月饷、奉省捕盗经费等，本由户部指派各省关将税款直解用款地点。但因各省关收入困难，用款单位则"急如星火"，各省关不得不向票号借款汇解。据部分清档统计，粤海关从同治三年（1864 年）到光绪十六年（1890 年）先后请协成乾、志成信、谦吉升、元丰玖、新泰厚借垫清廷指派"西征"军费，洋务经费等款项 142 万两。其他如闽海、浙海、淮安、太平各关与广东、福建、四川等省，均大量由票号借垫财政款项。光绪十年（1884 年）福州将军兼闽海关负责人穆图善给皇帝的奏折中所说："历年所以无误饷款者，全赖各号商通挪汇解。"又如云南省历年镇压乌索、景东、开化、镇雄、宾川、邓川、宁州及腾越、顺之、永昌各处少数民族起义"紧急军需，刻不容缓，先后向各商号借用银 39.81 万两，填给库收，令付各省分拨归还。""滇省库藏空虚，住特此商号二三家（指天顺祥、云丰泰、乾盛亨票号）随时通融，稍免溃之忧。"② 左宗棠说，从同治五年（1866 年）到光绪六年（1880 年）的 14 年中，左军在湖北、上海、陕西向票号借款 832.373万两，支付票号利息 49.9591 万两。③ 四是为清政筹借、汇兑抵还外债，据清档有关资料记载，阜康票号财东胡光墉为清政府左宗棠军队镇压捻军和回民起义，向怡和洋行、丽如银行等外国商人借款，从同治六年（1867 年）到光绪七年（1881 年）先后六次，第一次 120 万两，第二次100 万两，第三次 300 万两，第四次 500 万两，第五次 175 万两，第六次400 万两，共计 1595 万两，均在上海办妥，由票号汇往山西运城或西安，转左宗棠军队提用。所借款项，以海关税作抵，仍由票号经办将各海关税

① 人民银行山西省分行、山西财经学院：《山西票号史料》，山西人民出版社 1990 年版。
② 清档：军机处《录附奏折》光绪二年，云南巡抚潘鼎新折片。
③ 《左文襄公全集》卷四五、卷五四、卷五五、卷五九。

收汇往上海外国银行还本付息。[①] 五是代理部分省关的财政金库，票号代理财政金库，最初仅是少数省关，以后互相效尤，大多交由票号代理。当时《申报》评论说："无论交库，交内务府、督抚委员起解，皆改现银为款票，到京之后，实银上兑或嫌不便，或银未备足，亦只以汇票交纳，几令商人掌库藏之盈亏矣。"[②] 六是直接为政府融通资金，据档案记载："倭韩事起，征兵构械，需款浩繁。本年（1894 年）八月间，当经臣部（户部）解派司员，向京城银号、票号借银一百万两，备充饷需"。[③] 接着户部又要各省息借商款，解部备用，并订有《息借商款章程》，汉口日升昌票号曾为湖北省提供借款 140 万两。[④] 广州源丰润也为政府提供借款 10 万两。[⑤] 在江西，这种借款，"随收随交蔚长厚、天顺祥两汇票号汇数存储，另立清折计数"，听候藩台文批，发交该二号汇解。[⑥] 七是承办"四国借款"还本付息，《马关条约》签订后，对日赔款 2 亿两，接着又增加赎辽费 3000 万两，当时清政府全年财政收入尚不足 8900 万两。为筹还赔款，被迫三次举借外债，第一次向俄、法借款 4 亿法郎，折合白银 9800 余万两；第二次向英、德借款 1600 万英镑，折合白银 9700 余万两，均以海关税收担保；第三次向英德续借款 1600 万英镑，因汇价变动，折合白银 11200 余万两，以苏州、松沪、九江、浙东货厘及宜昌、鄂岸盐厘担保。四国借款每年计还本付息 1200 万两，加上清政府的其他外国借款还本付息和开支，全国财政支出每年要增加 2000 余万两。户部只得将每年所增开支，按省分摊，由各省筹款，不管是用盐斤加价还是地丁货厘附加等，必须按时将白银汇往上海还债，由几家票号包揽了各省债款汇兑：四川省由协同庆、天顺祥票号包揽，云南省由同庆丰、天顺祥包揽，广东省由协同庆票号包揽，广西省由百川通票号包揽，浙江省由杨源丰、源丰润票号包揽，安徽省由合盛元票号包揽，江西省由蔚盛长票号包揽，湖南省由乾盛亨、协同庆、蔚泰厚、百川通票号包揽，陕西省由协同庆包揽票号，福建省由蔚泰厚、源丰润票号包揽，河南省由蔚盛长、新泰厚、日升昌票号包揽，山西省由合盛元、蔚盛长、日升昌、协成乾票号包揽。八是认购和

---

① 《左文襄公全集》卷二一、卷二九、卷四六、卷五〇、卷五三、卷五八。
② 《论官商相维道》，《申报》，1883 年 12 月 3 日。
③ 清档：户部档光绪二十年十一月二十九日《户部复议侍郎寥寿恒议提各省公款归官借的奏折》。
④ 清档：军机处《录附奏折》，光绪二十一年二月二十七日，湖北巡抚谭继洵折片。
⑤ 清档：《朱批奏折》光绪二十年□月□日，两广总督李瀚章奏折附片。□为字迹不清。
⑥ 清档：《朱批奏折》，光绪二十一年二月初四日，江西巡抚法馨奏折附片。

推销"昭信股票"，1898 年，清政府又以盐税担保，发行"昭信股票"，规定认购 10 两以上者给予奖励。清政府把办理股票推销业务的任务，交给了票号和几家满族人开办的钱庄。其中票号是百川通、新泰厚、志一堂（志成信）、存义公、永隆泰 5 家和恒和、恒典、恒利、恒源 4 家钱庄。当时在京城的 48 家票号，每家认购股票 1 万两，共计 48 万两。① 由于流弊太多，社会抨击，被迫在同年停止了这种股票的发行。九是庚子事变中承办皇帝太后西逃财政事务，慈禧太后与光绪帝逃出北京，亡命西安，经太原时住山西巡抚衙门，慈禧宴请驻太原各票号经理，并请求借款。大德恒票号太原贾继英带头，慷慨应允借银 40 万两，事后贾继英被召入京，赐穿黄马褂。十是承办庚子赔款的借垫汇解任务，1901 年 9 月，清政府与外国侵略者签订了卖国投降的《辛丑条约》，规定付给各国战争赔款白银 45000 万两，年息四厘，分 39 年还清，本息共计 98223 万两。清政府为支付赔款，除从国家财政收入中腾挪出一部分款项外，其余则全部摊派各省，要求各省按年分月汇解上海集中，以便交付外国侵略者。庞大的赔款汇解、垫借汇兑，全部由票号承办，由驻上海的票号集中交付汇丰银行、德华银行、华俄道胜银行、法兰西银行、日本横滨正金银行等外国在华银行，转往外国侵略者手中。

表 1　1865～1893 年山西票号为部分省关汇款和垫汇情况

省关	汇款总额（两）	垫汇额（两）	占比（%）
广东省	9396706	4245561	45.19
粤海关	6607553	4539947	68.71
福建省	8552202	3521645	41.18
闽海关	1033963	295000	28.59
浙海关	125781	50000	39.75
淮安关	45000	14000	31.11
浙江省	2197591	230000	10.47

资料来源：人民银行山西省分行、山西财经学院：《山西票号史料》，山西人民出版社 1990 年版。

① 《户部昭信股票章程》、《认领股票》，《申报》1898 年 4 月 13 日。

表2　1894～1911年票号承汇各省关公款情况　　　　　　单位：两

省/关	金额	省/关	金额
山东省	197000	江西省	5586509
湖南省	4583686	福建省	1223200
广东省	17633782	湖北省	8114672
四川省	28618194	山西省	3217926
江苏省	2184156	安徽省	8724364
浙江省	16545569	江海关	1557777
粤海关	12358814	江汉关	97000
闽海关	7164076	浙海关	1228311
淮安关	110000	蒙自关	133599
太平关	112640	瓯海关	40000
广西省	1063305	云南省	202664
贵州省	463372	陕西省	4838788
河南省	6637303	甘肃省	4518
天津	220246	宜昌	38000
重庆	140000	营口	12000
芜湖	3000	河东道	426863
镇江关	102085	梧州关	30000
江宁	40000	宁波	4308
杭州关	20000	奉省	12314
上海	432485		

（六）中国商业金融介入国际金融活动

铜与白银长期是中国的货币金属，但是中国是贫铜贫银国家。1666年（康熙三十八年）山西介休皇商范氏等提出了低价交售日铜的竞争性条件被清政府准允，垄断中国对日本的生铜贸易70多年。范家的大型帆船每年两次从长江口出海，乘季风开往日本长崎，运中国生丝及丝织品、药材及土产等，换取日本生铜运回国内，年购铜190多万斤，最多时达600万斤。[①] 在清晚期，山西商人对俄罗斯商人在贸易往来中进行融资。俄罗斯商人米德尔洋夫等五家商号对山西货币商人大泉玉、大珍玉、大升玉、独慎玉、兴泰隆、祥发永、碧光发、公和盛、万庆泰、公和浚、复源德、广全泰、锦泰亨、永玉亨、天和兴等欠款62万两白银不能按时偿还，

---

① 孔祥毅等:《三晋经济论衡》，中国商业出版社1993年版。

后来官司打到了彼得堡沙俄政府的中央。俄罗斯的恰克图、伊尔库茨克、新西伯利亚、莫斯科、彼得堡、多木斯克、耶尔古特斯克、克拉斯诺亚尔斯克、巴尔纳乌、巴尔古今、比西克、上乌金斯克、聂尔庆斯克等地都有山西商人的活动。1907 年，合盛元票号向东发展，在日本神户、东京、大阪、横滨及朝鲜的仁川设立"合盛元银行出张所"。

（七）金融业同业公会形成并在经济领域发挥重要作用

为防范和控制金融风险，协调金融业内部及其与社会方面的利益关系，山西金融机构在一些大城市设立同业行会，如汉口的钱业公所、上海的山西汇业公所、北京汇兑庄商会、包头的裕丰社、归化的宝丰社等。"清代归化城商贾有十二行，相传由都统丹津从山西北京招致而来，成立市面商业……其时市面现银现钱充实流通，不穷于用，银钱两业遂占全市之重心，而操其计盈，总握其权，为百业周转之枢纽者，厥为宝丰社。社之组设起于何时，今无可考，在有清一代始终为商业金融之总汇。"由于钱市活跃，转账结算通行，宝丰社作为钱业之行会，"大有辅佐各商之力"。"平日行市松紧，各商号毫无把握，遇有银钱涨落，宝丰社具有独霸行市之权。"① 宝丰社可以组织钱商，商定市场规程，监督执行，如收缴沙钱，销毁不足价货币铸成铜碑，昭示商民不得以不足价货币行使市面，确保商民利益等，尽管没有垄断货币发行，代理财政款项收解，但它有类似"银行的银行"和管理金融行政的职能。这些行会能够为本行的营业事项订定共同规则组织金融市场运行，如汇兑平色、汇水、市场利率、票据交换、银行清算等，约束同业遵守，协调同行间的无序竞争；同时能够仲裁会员间的商务纠纷，协调会员与其他社会组织以及政府间的关系，维护共同利益。

山西商人在其商业活动中，由于商品交易引起的货款清偿、货币借贷、转账结算、异地资金汇划、商业票据发行与流通、票据识别与防伪、商业资本金筹措、资本金管理等一系列问题，从清康熙年间到清道光的近200 年间发生了一系列革命中的金融创新，现有史料能够证明多达 30 余种，这一些构成了清代中国金融革命的主要内容。

三、清代中国金融革命的夭折与原因

18 世纪的中国，商业繁荣，手工业发达，贸易上经常保持巨额的顺

---

① 《绥远通志稿》民国手抄本卷三八。

差，但"天朝帝国"已呈落日的辉煌，到了19世纪中叶以后，中国已经成为西方列强餐桌上的鱼肉。究其原因，得益于文艺复兴运动的欧洲商业革命，它带来了人性的解放和科学的崇尚，带来了民主和技术的进步，商人势力进入了社会主流。而中国的封建"皇权"制度和思想始终没有得以清算，长期占据统治地位，商人阶层没有登上社会主流地位，以山西货币商人为主的中国金融创业者虽然创造了骄人的辉煌，但是这一变革并没有导致中国工商业的迅速发展，显赫一时的商人势力过早的衰亡了，各大商帮中只有宁波帮和洞庭帮经过曲折的买办道路得以保存，缓慢地发展为以上海为中心的江浙财团。以山西货币商人为领头雁的清代金融革命创造了中国历史上从未有的商品经济发展所需要的大量金融工具、金融机构、金融业务技术、金融制度，但是保留在当代中国金融业中的并不多，不能不说这是一场未能完成的金融革命，到了20世纪上半期由江浙财团领头兴办起来的银行业、证券业、保险业，艰难地承担了支持现代中国工商业发展的重任。山西货币商人中途夭折的遗憾是什么因素造成的，是留给现代人来解的谜。笔者有几点朦胧的想法。

（一）票号业务技术建立在落后的银两货币基础上

1436年（正统元年），明政府解除"银禁"，法律上允许用白银作货币，从此确立了明清白银与铜制钱为本位货币的长达500年的历史。当时中国贸易出超，白银大量流入，加之政府库藏和银矿开采所得，白银来源充裕，甚至引起"银贱铜贵"。当时中国是全球经济大国，也是国际贸易的强国、顺差大国。在欧洲人建立了美洲殖民体系，用从美洲掠夺来的白银与亚洲贸易，换取以中国为主的亚洲产品，为了改变贸易中大量输出白银的不利地位，英国最先将殖民地孟加拉的鸦片转销中国，逆转了中国与欧洲之间的贸易顺差，中国开始了长期的白银外流的历史。同时，从全球的视角来看，大洲贸易已经在海路贸易基础上形成大西洋三角体系，西欧拥有海航的商业与军事的优势，这种优势在金属本位货币的条件下，更直接地刺激了海上军事力量与贸易力量的结合，对亚洲的海上贸易的扩展，使原先带有易货贸易特征的中国与欧洲的陆路贸易冷落了。鸦片贸易的继续，引发了中国白银危机，直接瓦解了中国的白银货币基础。中国商业革命与金融革命正好是与白银货币相伴而行。不管中国国内银铜货币金属是"铜贵银贱"还是"银贵铜贱"，随着国际市场的形成，中国自觉不自觉地受到了世界市场的影响。18世纪中后期金单本位制度在世界范围确立，中国却长期坚持银铜本位，而且不是银元本位，而是称量银两货币，这不能不给中国经济带来损失。中国落后的银两货币制度，严重影响了中国商品经济的发展，使曾经商业繁荣、生产先进的中国没有产生工业革命的条件。落后的货币制度给商品经济造成的困难，也使山西货币商人的金融创新难以延续与发展。比如，银两货币制度在存、放、汇、兑中遇到平砝折合的困难，操作中自然存在压平擦色，很难促进社会储蓄转化为资本，办理转账结算的存款银行也很难发挥货币创造功能，严重制约着经济金融的发展。

另外，从明清金银比价的变化，我们很难想象以白银为财富的中国与以黄金为财富的西方国家在经济交往中，中国商人的财富不会缩水。

表3　金银比价的变化

单位：两

时间	金∶银
1368（明洪武八年）	1∶4
1385（洪武十八年）	1∶5
1397（洪武三十年）	1∶5
1413（永乐十一年）	1∶7.5
1662～1795（康熙至乾隆年间）	1∶14.5
1796～1820（嘉庆年间）	1∶15.5
1830（道光十年）	1∶15
1850（道光三十年）	1∶16
1874（同治十三年）	1∶16
1885（光绪十一年）	1∶19
1888（光绪十四年）	1∶22
1893（光绪十九年）	1∶26
1894（光绪二十年）	1∶32
1897（光绪二十三年）	1∶34
1898（光绪二十四年）	1∶35
1902（光绪二十八年）	1∶39
1903（光绪二十九年）	1∶38
1908（光绪三十四年）	1∶38
1909（宣统元年）	1∶39

19 世纪 20 年代，山西票号开张解决的第一个问题就是创造"本平"，即当时异地款项汇兑业务因为各地银两平色不一，全国大体数千种平砝。票号自开始汇兑，就自设平砝，通过折合，统一各地平砝，有了货币记账单位，方使款项"汇通天下"。这本来是应当由政府通过货币立法解决的货币价格标准问题，政府没有解决，票号商人不得不通过金融创新克服这一困难。鸦片战争以后，国内外商品交易继续扩大，中国银两货币的价格标准问题，政府仍然没有关心，几十家票号各自设置本平，得意于汇款本平折算中暗中自有 2‰ ~ 3‰ 的余平利益。然而开放的上海对货币制度的严重问题自然不能等待，1856 年（咸丰六年），上海外国银行与商界公议，将往来账目一律改为以"规元"为标准，即以上海银炉所铸二七宝银折算使用，由公估局鉴定成色，合格者折算成纹银加以升水，支付时再以 98% 除之，所得之数就是上海通行银两的价格。[①] 汉口开埠后，通行二四宝银，外国商人要求汉口商人依据上海"规元"折算的先例，以二四宝银 980 两升成洋银 1000 两的标准，即二四宝银的九八折扣，称为"洋例"。可以看出，鸦片战争以后的沿海沿江城市的外国商人与中国买办商人对中国货币价格标准的再一次创新，一直延续到 1933 年废两改元。这意味着票号商人的地位已经发生了变化。

（二）晋商金融势力让位于江浙财团

当英国殖民者登上香港小岛，他们同中国人做买卖、谈生意的时候，第一关就是要丢开他们所熟悉的英镑、先令和便士，去认识在银戥子上称银锭的本领。因而"英国政府的坚定意图是：香港的货币制度必须建立在英镑、先令和便士的英国体系之上。"[②] 由于强大的中国习俗，英国政府终于在 1862 年同意香港殖民地单独使用银元，亦即法定的记账单位。汇丰银行的出现，是独立的香港货币体系最终完成的一个标志。汇丰银行 1864 年的注册执照中，特别规定有发行钞票的权力，1865 年开业，就立即发行以银元为单位的钞票。1867 ~ 1874 年的 7 年中，汇丰银行的钞票由 120 万元上升到 220 万元。在华南一带广泛流通。之后的英商丽如银行、麦加利银行、有利银行也都发行银元钞票。"进入 19 世纪 90 年代以后，汇丰银行包揽了外国殖民地银行在中国的汇兑、存款和商业放款的绝

---

① 中国银两货币的价格标准，有三次变化：一是 1823 年初山西票号的"本平"；二是 1856 年上海的规元；三是 1933 年废两改元。

② 汪敬虞：《"同治银币"的历史意义》，中国经济史论坛，2004 年 3 月 3 日。

大部分，包揽了发钞业务的绝大部分，还包揽了中国政府外债发行业务的绝大部分，以后又陆续包揽了中国关税和盐税的存放业务。也就是说，它在控制了中国的金融市场以外，又进一步涉足中国财政和经济命脉的控制。"

当外国银行还仅仅是在香港活动的时候，山西货币商人的势力可执中国金融之牛耳。没多久被另一种新的金融理念和制度逐渐替代，其演变的进程大体是：1863 年以前山西票号独占中国金融的领先地位；1864～1893 年，外商银行势力在大陆扩大，尤其在沿海、沿江开放商埠，形成了票号、外国银行、钱庄三足鼎立局面，票号的地位明显地在东南沿海的势力受到挑战。当时钱庄势力弱小，不过沿海沿江钱庄一般具有买办特点，与外国银行联系密切，可以找外国银行融资；同时与票号关系也很密切，也可以找票号融资。灵活应变的由洞庭商、宁波商发展起来的上海商人，根据变化的国内外形势，与洋人合作甚至担任洋行买办，一边服务洋行，一边学习洋人，获得了许多新的经营管理技术。1894～1911 年，民资银行在上海出现①，上海钱庄与银行发展了汇划市场、证券市场，上海成为中外金融贸易的枢纽。他们有中西合璧之长。此时尽管票号在承办清政府对洋人赔款的汇兑上仍然占垄断地位，但是其三分天下有其一的地位实际上已经丧失。

在晋商与江浙财团势力的消长上，江浙财团之所以能够取代票号的地位，除了从竞争对手外国银行方面吸收了外来经验以外，主要还是票号内部问题，如股东资本结构长期不变，对分得利润注重财富的保存，投向原籍土地与宅院建设或者窖藏，不注意资本性运用，没有增资扩股提高实力；不重视吸收小额储蓄存款，聚积社会资本，扩大贷款规模；贷款重人信用大于重物信用，在贷款无法收回时束手无策；在内部治理上，大掌柜全权独揽，没有董事会、监事会制约；实行股东无限责任制，破产清理时，债务累及东家家庭财产。同时，票号早期服务于以异地贩运贸易为主的商业资本，即商业金融，后期主要服务于政府金融，没有与工业资本结合。而 20 世纪上半期发展起来的江浙财团，与外国经济金融势力有斗争有合作，并且注意学习西方金融业的先进技术与管理经验，自己的业务主

---

① 清末设立的商办银行有：1906 年由周廷弼创办的信成银行，总行设于上海，是中国第一家商业兼储蓄业务的银行；1907 年由浙江铁路公司发起组织的浙江兴业银行，主要为铁路股款的筹集和运用服务；1908 年由李云书、朱葆三等人集资和办的四明银行，也是一家商业储蓄银行。

要服务于中国现代工商业。从事商业金融和政府金融的票号让位于新兴的江浙工业金融势力也是合乎逻辑的。

（三）票号的异化

票号的产生与发展，本来是随着商业的发展而发展，是服务商品贸易发展的需要而发展起来的，本属商业金融。但是到清咸丰朝以后，其业务重心转向政府金融，承办捐纳报效清廷，借垫政府财政支出，成为清政府的财政支柱，使自己的性质发生了异化，把自己与政府的命运捆绑在一起，其资产很大一部分是政府的负债。辛亥革命清政府一倒，票号立刻就接二连三倒闭。

商业革命的成功必然伴随成功的金融革命。货币是金融运作的基本媒介，作为媒介商品交换的货币与货币制度的改革与创新，政府应当义不容辞，不能依靠民间企业。当然作为经营、操作货币运行的金融机构，只有积极稳健地推进金融制度的改革创新，才能实现金融与经济、社会的协调发展。在市场的力量不能达到金融、经济、社会协调发展的时候，政府就需要跟进，用行政的力量，解决市场解决不了的问题，才能有助于经济社会的稳定健康发展。

货通天下　汇通天下

背景说明

　　本文是山西省教育厅主办的"山西历史文化讲堂"的讲稿，原题为《晋商称雄》，晋商称雄表现为货通天下和汇通天下，对中国商业革命与金融革命做出过贡献，后来日渐衰落。

　　有人说中国的商圣，是帮助越王勾践复国的范蠡，后来弃政经商，成为巨富，三次分散财富于穷人，三次致富，定居山东定陶，史称陶朱公。据说，范蠡经商曾向计然讨教，计然是晋国公子，那么商圣的老师是山西人了。确实，中国最早的商业活动就在山西晋南地区。《易·系辞下》说："包牺氏没，神农氏作……日中为市，致天下之民，聚天下之货，交易而退，各得其所。"[①]《易·系辞下》接着说："神农氏没，黄帝、尧、舜氏作，通其变……刳木为舟，剡木为楫。舟楫之利，以济不通……引重致远，以利天下。"有历史记载的最早进行商品买卖是虞舜，山西蒲阪人，"舜耕历山，渔雷泽，陶河滨，作什器于寿丘，就时于负夏。"[②] 可以说，舜帝是中国第一商人，华夏商祖。司马迁笔下就有好几位山西的大商人。

　　但是山西商业与商人势力真正形成有影响的商帮，还是明清时期的事情。晋商称雄讲的就是明清山西商人资本问题。

---

① 陈鼓应等：《周易今注今译》，商务印书馆 2005 年版。
② 《史记·五帝本纪》见《史记》三卷本上册，天津古籍出版社 1993 年版。

一、货通天下

关于明清山西商人与商业资本，笔者在 1986 年的一篇文章中说：当时"山西商人不仅垄断了中国北方贸易和资金调度，而且插足整个亚洲地区，甚至把'触角'伸向欧洲市场，南自香港、加尔各答，北到伊尔库茨克、西伯利亚、莫斯科、彼得堡，东起大阪、神户、长崎、仁川，西到塔尔巴哈台、伊犁、喀什噶尔，都留下了山西商人的足迹。有些商人甚至能用蒙古语、哈萨克语、维吾尔语、俄语同北方少数民族和俄国人对答如流。可以说，从蒙古草原的骆驼商队，到吴淞口正在扬帆出海的商船，都有山西人计价核算，从呼伦贝尔的醋味，到贵州茅台的酒香，都有山西人在那里酿造叫卖。他们自称，凡是有鸡鸣狗叫的地方都有山西人"。请看晋商的商路。

（一）商路

清初，山西商人介休范永斗等八大皇商，接办了原来浙江商人海上对日本的贸易权，在 18 世纪往返于长江口与日本长崎之间，垄断从日本进口生铜的贸易 80 余年。海上商路（船帮）：国内各地—长江—吴淞口—黄海—日本长崎。

但是晋商对外贸易路线的开辟，主要不在海上，而是对北亚和欧洲方向的陆路贸易。明代有东西商路，在长城内侧：北京—万全（张家口）—天成卫（天镇）—阳和卫（阳高）—大同—杀虎口—榆林卫—宁夏卫—宁夏中卫—凉州—肃州—敦煌—和田—叶尔羌—客什葛尔—葱岭，进入阿拉伯地区。自清康熙初平定噶尔丹叛乱后，经由内外蒙古和新疆的对俄罗斯及欧洲的贸易进一步活跃起来，被称为"茶叶之路"：武夷山—铅山—九江—汉口—襄樊—赊旗—清化—泽州—潞安—子洪口—太原—忻州—雁门关—黄花墚—西口（杀虎口）—归化—库伦—恰克图—伊尔库茨克—新西伯利亚—莫斯科—彼得堡；或由库伦—科布多—古城—乌鲁木齐—伊犁—塔尔巴哈台—西亚地区；或古城—哈密—吐鲁番—客什葛尔—叶尔羌—西亚；或东口—多伦诺尔—齐齐哈尔—呼伦贝尔—满洲里。

（二）舞台

蒙古市场。在包头有民谚道："先有复字号，后有包头城"，包头城主要是山西祁县乔家商号发展起来的。在张家口皇商八大家，他们持有清政府发给的"龙票"，到外蒙古和俄罗斯经商的特许权，蒙古地区前营、后营、乌里亚苏台、客什葛尔四大部等都是晋商在垄断贸易。

西北市场。晋商在宁夏、青海大做皮货、药材生意，民谚有"先有祥泰隆，后有定远营"、"先有晋益老，后有西宁城"。在陕西、甘肃、新疆，奇台、古城、乌鲁木齐、伊犁、塔尔巴哈台、叶尔羌都有晋商的足迹。现在新疆有一个村叫祁县村，至今还说祁县话。

西南市场。晋商在四川做夏布、井盐、药材生意，自流井、巴塘、理塘、打箭炉、雅安都有山西人的商号。在贵州茅台镇，山西盐商汾阳郭氏于1704年（康熙四十三年）参照汾酒技术，酿造出了驰名中外的茅台酒。

东北市场。前清时期晋商就在东北、朝鲜经营人参、夏布。在辽宁朝阳的太谷曹家有13行、640号、37000职工、1000多万两资本。呼伦贝尔的满洲里由晋商八大家占据市场。据1933年7月1日山海关报告显示，东北沦陷后有17万晋商返回山西，仅占在东北晋商的1/3。

东南市场。明代借食盐开中，晋商就在扬州经营淮盐，现在的瘦西湖、个园分别是山西亢家、黄家的私家花园。晋商在福建武夷山包山收购茶叶，设厂加工，运销蒙古、俄罗斯。

中南市场。河南的开封、周口、洛阳、南阳、赊旗、朱仙镇都有晋商遗迹。阳城商人在豫33县经商。徐沟商人张联辉在陈州组织军队配合清军镇压捻军，被赏穿黄马褂。

九江、六安、羊楼司、羊楼洞是晋商茶叶采购基地。安徽卫视台专题节目"花戏楼"，就是借用了亳州晋商会馆舞台之名。

北京市场。1958年中国人民大学李华先生在北京考察各地驻京会馆，其中明代晋商会馆占36%。新中国成立前晋商在北京垄断性行业有：米面行祁县人，纸张行临汾、襄临人，布匹行翼城人，干果行文水人，颜料行祁县人。现在北京的老字号都一处、六必居、乐仁堂当年都是晋商企业。

国外市场。晋商在朝鲜经营人参、夏布，在日本经营生铜贸易，在俄罗斯经营茶叶、绸缎，购进皮毛、呢绒、金属制品。俄罗斯的莫斯科、多木斯克、耶尔古特斯克、克拉斯诺亚尔斯克、新西伯利亚、巴尔纳乌、巴尔古今、比西克、上乌金斯克、彼得堡等都有山西人。1919年从俄罗斯返回的山西汾阳商人有一万人。中国对俄罗斯贸易主要是恰克图、塔尔巴哈台、满洲里三个市场，基本是由晋商垄断。1843年（道光二十三年）

仅恰克图市场输俄茶叶 12 万箱，价值 1240 万卢布，还有曲沃烟丝、晋城衣针、大同铜器、太原陈醋等。1844 年以恰克图为主的对俄进出口占当年中国进出口的 16% 和 19%。俄国对华贸易占其进出口的 40%～60%。

（三）贡献

晋商组织货通天下的历史贡献：一是开辟了通往欧洲的贸易路线——茶叶之路；二是开发了一批北疆城市诸如满洲里、朝阳、张家口、包头、定远营、西宁、科布多、恰克图等城市；三是创造了中国特色的企业制度，如股份企业、两权分离、人力资本、联号制度以及资本管理、财务稽核等制度；四是创新了大量实用商业技术，如珠算算法、复式记账、本平记账货币、商业票据融资、拨兑转账、订卯清算等；五是形成了独具特色的晋商文化与晋商精神。

二、汇通天下

"山西票号汇通天下"世人皆知，这是指晋商创造的当、钱、印、票、账五大类金融机构在全国以至国外进行的金融活动。随着山西商品经营资本的发展，逐渐从中分离出了一种货币经营资本，先后有当铺、钱庄、印局、票号、账庄等五类金融企业，遍布全国各地乃至亚欧一些国家。外国人把这些金融机构统称为山西银行。有的山西货币资本在国外注册名称就叫银行，如山西祁县合盛元票号在日本、朝鲜挂牌就是"合盛元银行"。据 1909 年日本出版的中国驻屯军司令部编写的《天津志》记载："汇票庄俗称票庄，总称是山西银行。据说在一百多年以前业已成立。主要从事中国国内的汇兑交易，执行地方银行的事务。"美国著名学者费正清说："在外国人来到以前，在最上层信贷的转让，是由钱庄经手，这些钱庄集中于山西中部汾河流域的一些小镇。山西银行常常靠亲属关系在全国设立分号，把款子从一个地方转给其他地方的分号，为此收取一些汇水"。"在上层和低层之间还有几类大大小小的外国人称为地方银行的钱庄。小钱庄可以服务于它们所在地的社区，大的钱庄则常和分布在通都大邑的地方银号有往来。"

（一）山西银行

山西银行包括当铺、钱庄、印局、账局、票号。

当铺。当铺是从事消费抵押信用的金融机构，1685 年（清康熙二十四年）全国有当铺 7695 家，其中山西省有 1281 家，占 16.6%；1724 年

（清雍正二年）全国有当铺 9904 家，其中山西省有 2602 家，占 26.2%；1753 年（清乾隆十八年）全国有当铺 18075 家，山西省有 5175 家，占 28.6%。至于晋商在省外设立当铺的情况，清末著名银行家李宏龄说："凡是中国的典当业，大半是山西人经理。"[①] 19 世纪 50 年代，在北京有当铺 159 家，其中山西人开办的当铺有 109 家，占 68.55%。

钱庄。钱庄最初是从事钱币兑换业务的金融机构，后来办理存放兑换。太谷曹家除开设一家票号锦生润、一家账局锦元懋外，还设锦泉涌、锦泉汇、锦丰焕、锦丰典、锦隆德五家钱庄，分布于山西、津京、东北、华东、西南、内外蒙古、俄罗斯数十个城市。1765 年（清乾隆三十年），在苏州城内就有山西人开设的钱庄 81 家。1853 年（清咸丰三年）在北京有山西人开的钱庄 40 余家。[②] 山西钱商在很多城市钱行中居于垄断地位，有自己的行会组织，如归化城的宝丰社、包头城的裕丰社等。

印局。印局是办理短期小额信用放款的金融机构。在中国北方相当活跃，无论在京城还是蒙古草原。内阁大学士祁寯藻给皇帝的报告说："窃闻京城内外，现有山西等省民人开设铺面，名曰印局，所有大小铺户及军民人等，俱向其借用钱文"，"京师地方，五方杂处，商贾云集，各铺籍资余利，买卖可以流通，军民偶有匮乏日用以资接济，是全赖印局的周转，实为不可少之事。"[③]

账局。账局是专门从事放款的金融机构。自清初至民国大体存在了 300 多年，在全国亦处于垄断地位。1853 年北京有账局 268 家，其中山西商人开设的账局有 210 家，占 78.35%。当时负责管理货币事务的户部右侍郎王茂荫说"账局帮伙不下万人。"[④] 1904 年北京设有"账庄商会"。

票号。最早的票号，一般认为是 1820 年的平遥日升昌，另一说为 1659 年（康熙十八年）太谷志成信。到 1862 年（清同治元年）上海有山西票号 22 家，对上海的钱庄放款达 300 多万两白银。1871 年，票号把自己的业务重心从长江流域的汉口转移到了上海，并于 1876 年在上海成立了"山西汇业公所"，1904 年"京师汇兑庄商会"成立。1906 年票号年汇兑公款达 2257 万两。山西票号在全国的分支机构达 500 多处，恰克图、多伦、迪化、厦门、海南、香港、拉萨、巴塘、理塘、大箭炉等地都

---

① 李宏龄：《晋商盛衰记》。
② 清档：《朱批奏折》咸丰三年四月三日。
③④ 《祁寯藻奏稿》。

有票号机构。日升昌在张家口上堡有日升昌巷，锦泉兴在下堡有锦泉兴巷，与意大利伦巴第商人在伦敦、巴黎建设了伦巴第街，发展了伦巴第银行业务是一样的。但是自咸丰朝开始，票号与清政府关系越来越密切，逐渐由商业金融转向来政府金融，以至到19世纪末成为清政府的财政支柱。因之，票号的声名也就最为显赫。

（二）票号特点

票号的特点：一是总号集中在山西平遥、祁县和太谷三县，分支机构散布全国及国外，实行分支机构制，统一管理，统一核算；二是票号投资者出资后，聘任经营者经营，并授以全权，平时不干预号事，所有权与经营权两权分离；三是企业的组成，为"有钱出钱，有力出力，出钱者为东家，出力者为伙计，东伙共而商之"，出钱股东的货币资本股与出力经营者的人身股共同参与企业利润的分配；四是投资经营票号的股东一般都是其他商品经营资本的所有者，商品经营资本与货币经营资本混合生长，互相支持；五是票号在业务上不断创新，"银行密押"详尽严密，很少有史料显示票号因为被诈骗遭受损失的案例；六是号规严密，行会制度严格，自治自律。19世纪60年代南方商人介入票号领域，被称为南帮，先后有胡雪岩的阜康、胡通裕，云南的天顺祥、云丰泰，浙江源丰润等几家。但是到80年代就先后衰败。执中国金融之牛耳者，山西票号也。

（三）金融创新

山西银行的金融创新，在中国历史上是无人相比的，可以与英国、意大利金钱商相媲美，某些方面超过了西方商人。金融工具创新方面，在山西票号出现前后，山西货币商人已经根据经济社会发展的需要创造了许多信用工具：凭帖（本票）、兑帖（支票）、上帖（银行汇票）、上票（商业汇票）、壶瓶帖（融通票据）、期帖（远期汇票）、会券（汇票）以至旅行支票。金融制度方面，山西货币商人创造了股权融资、人力资本、"本平"制度、票据贴现、转账结算、同业拆借市场、银行清算制度（订卯）、信约公履制度等。金融风险控制方面，有薪酬社保激励、宗法与担保约束、银行密押、金融稽核、内控制度等。其中人力资本制度比当代世界管理学推崇的学科前沿美国期股制度早400年。晋商金融企业资本金管理有正本和副本之分，其副本相当于新近通过的国际巴塞尔银行监管委员会新资本协议规定的经济性资本，晋商资本管理制度比国际新定标准早了300多年。在业务经营战略方面，坚持信用第一，慎于出票，业务与资金随经济社会需要而松紧，机构随盈利与风险大小而伸缩。

当时中国的货币是白银与铜钱，但中国是贫银贫铜国家，晋商从1666年（康熙三十八年）开始，每年两次用大型帆船从长江口出海，乘季风开往日本长崎，先后七八十年，为国家购进生铜约21000万斤，补充了铸造制钱的铜源。1821～1850年，晋商向俄输出商品，每年约800万卢布，而俄国对华贸易的差额用汉堡银来支付，晋商将其铸成银元宝，投入国内市场。17～18世纪，晋商对外贸易，吸收了大量西班牙、墨西哥银元，补充了国内白银货币。晋商对俄罗斯商人贸易融资中，米德尔洋夫等五家俄商对晋商大泉玉等十家商号欠款62万两白银不能偿还，官司打到了彼得堡沙俄政府的中央。1907年开始，祁县合盛元票号在朝鲜的仁川，日本神户、东京、大阪、横滨设立"合盛元银行"，是最早介入国际金融市场的中国商人。

三、称雄商界

晋商货通天下、汇通天下，在明清称雄商界500多年，是什么原因造就了晋商的辉煌？《三字经》道："三才者，天地人"。晋商崛起的原因，可以说是三才和合，天时、地利、人和共同作用的结果。

（一）天时

历史上，人口流动，常常推动商品流通，如同周灭商时的商民被迫从商一样，赵宋王朝在解决太原北汉割据政权时三次将晋民十多万人强迫迁往河南，明代政府几次移晋民充实南京、北京、安徽等地，这些移民与晋商有一定的关系。但更重要的是：一是明代食盐开中，晋商捷足先登。明王朝为了解决大量北部边防80多万驻军的物资供应，实行食盐"开中法"，谁能够把军用物资送抵边关，政府根据其价值发给"盐引"，商人可持之到指定盐场领盐出售，实际上这是一次官卖食盐民营化的历史机遇。明代最活跃的晋商是晋南商人，晋南地处山西主要产粮区，又是著名的潞盐产区，比其他商帮距离边关近，输粮换引成本最低，就近输送军用物资于绥德、大同等边关，迅速致富。后来政府改纳粮领引为纳银领引，晋商进入天津长卢盐场和扬州两淮盐场，取得扬州淮盐、天津长芦盐经营权，走向全国。二是清代开发边疆，晋商进入蒙俄。清入关前还在抚顺时，晋商已与其建立了联系，据说努尔哈赤对明王朝宣战的"七大恨"是由晋商带回关内的，清入关后曾有张家口晋商的八大皇商，隶属内务府。清初蒙古、新疆、西藏归入中国版图，但不久噶尔丹叛乱，康熙为征剿噶尔丹的军事行动，延续了很长时间，大批晋商跟随军队从事军需贸易，如大盛魁的创始人王相钦、张杰、史大学就是随军贸易的"丹门庆"。晋商的内外蒙古市场由此迅速拓展。边疆稳定和开发，是清前期的一项重要国策，为了加强对辽阔边疆的管理，政府建立了以北京为中心的四通八达的驿站网络。从康熙到雍正初年，东北大交通驿站建成，正北、西北的交通驿站也大体在康熙到乾隆初年完成，一方面服务于征剿噶尔丹，另一方面要抑制沙俄南下，漠北（外蒙古）、漠南（内蒙古）、漠西（新疆）驿站管理严格，邮传道路便捷。这庞大的邮传之路也成为商旅之路。在山西，清代山西驿站 125 个，比明代的 58 个增加了一倍多，为山西商人北进提供了重要条件。

（二）地利

地处边关，山西与北部游牧民族以长城为界，地处北部游牧民族与中原农业地区之间的物资交流的中间地带，自汉代以来就是边贸最活跃的地区，南来的烟酒糖布茶，北来的牛羊骆驼马，在山西北部长城关口互市。山西人有着在边关与游牧民族互市的传统和经验。清代疆域扩大，晋人又一次捷足先登，北上南下，贩运贸易，占尽地理优势。加上清初政府开发北疆，鼓励内地人到口外垦荒种地，土瘠民贫、缺吃少穿的山西农民，便纷纷"走西口"，进入内蒙古地区。在与蒙古人交往中，发现蒙古人不善经商，又需要内地来的生活日用品，很多人做起了串蒙古包的游商，后来逐渐发展成为坐商大贾。同时，山西虽然土地瘠薄，但资源丰富，手工业发达，盛产煤铁盐枣丝绸，山西铁货走遍华北，晋城的缝衣针能够供应整个北亚地区。

（三）人和

天时地利需要人来把握。晋商成功很重要的因素之一是晋商精神。一是重商立业的人生观。宋元以来，山西人逐渐形成了一种离经叛道的重商思想，清人纪晓岚在他的《阅微草堂笔记》中说："山西人多商于外，十余岁辄从人学贸易，俟蓄积有资，始归纳妇"，连清雍正皇帝也在其《朱批谕旨》中批道："山右大约商贾居首，其次者尤肯力农，再次者谋入营伍，最下者方令读书。"在民间形成了一种"以商致财，用财守本"的立业思想。二是诚信义利的价值观。大概是关云长故里的缘故，关公一生忠肝义胆，令万民敬仰，晋商的关公崇拜达到了极点，所到之处一经赚钱便

344

修关帝庙，以关公的忠义规范约束员工，坚持先义后利，以义制利、义利相通，这种诚信义利的价值观成了晋商公认的社会行为准则，反对采用任何卑劣手段骗取钱财，不惜折本亏赔也要保证企业信誉。三是艰苦奋斗的创业精神。山西商人贩茶于浙闽，销售于大漠之北，千山万水，沙漠瀚海，夏则头顶烈日，冬则餐饮冰雪，寇贼虫狼，日与为伴，年复一年，奔波于商途，百折不挠，积极进取，不断创新。四是同舟共济的协调思想。山西商人笃信"和气生财"，重视社会各方面的和谐相处。在同业往来中，既要保持平等竞争，又要相互支持和关照。他们称友好的同行为"相与"，凡"相与"必须善始善终，同舟共济。这就是晋商成功的精神武器。

四、历史的沉思

晋商称雄商界 500 年，为中国商业革命与金融革命做出了巨大贡献。但是却在工业革命的曙光初露之时衰败下去了。虽然直到新中国成立前夕在北京市场上还有一些行业尚有不少晋人垄断，然而总体看已经失去昔日的辉煌。在当今旅游业迅速勃起，人们站在先辈留下的高墙大院之中，观看那些曾经雕梁画栋的建筑时，不能只是凭吊创业者们的英灵，而应当沉思那些深刻在大院高墙上的经验与教训，为当代晋人开启重新通向世界市场的大门。

（一）衰落原因

客观上讲，一是科技进步，商路改变。欧洲工业革命后，火车、轮船的开通，欧洲与中国海上贸易迅速发展。陆路贸易迅速冷落，晋商失去地理优势。二是外商入驻，竞争加剧，市场缩小。三是政治动荡，实力损伤。太平天国运动、捻军起义、十月革命、外蒙古独立、辛亥革命，每一次政治动荡，都使晋商资产损失惨重。

主观上讲，一是农商思想，不能远虑。晋商基本是农商，那些祖祖辈辈缺地少房的贫苦农民在走西口中发现商机并致富之后，首先是置房买地，将商业利润转化为豪华建筑与田地，未能投资近代产业。事实上，在明清两代晋人重商立业意识下，读书与智力投资观念在渐渐淡化，明清500 年没有一个山西状元。到清末晋商后人生活奢靡，吸食鸦片，不问号事，不知世界风云，亦不可能在国内外市场剧变中把握自家商业航船的方向。二是故步自封，拒绝改革。晋商实行总分支机构，权力高度集中于山西本土总号的大掌柜，在外商进入，市场剧变时，驻外经理人员虽然了解时局变化，一再建议实行改革，学习西方经营经验与技术，都被决策者拒绝，使晋商特别是票号钱庄不能顺应时代变革与时俱进，竞争力越来越弱。三是依托官府，职能异化。山西票号本来是随着商业的发展而发展，但是后来尤其是在咸丰年间开始结托官场，发生异化，由商业金融转向了政府金融，不能不因辛亥革命中政府垮台而一败涂地。四是晋商企业治理，缺失制衡机制。在社会稳定和传统伦理约束严密时尚能维持，在社会动荡时其企业制度内在的缺陷就暴露无遗。如两权分离中大掌柜权力过大，股东不过问经营，没有董事会和监事会，缺少监督机制；晋商企业实行股份无限责任制，企业破产累及家庭财产，票号倒闭使很多票号东家倾家荡产，流落街头甚至沦为乞丐。

（二）历史的警示

昔日已成历史，当代晋商能不能再现昔日辉煌？昔日晋商的利润导向是异地贩运贸易中获取价差和周到的金融贸易服务，不是出让资源于外人。资源导向型的区域经济必然使自己在贸易中失血。当前，除了几家由信用合作社改组的金融机构外，在晋的各家大银行、金融机构没有一家总部设在山西，在投资环境欠佳的情况下，非本地银行业像抽水机正在把山西这块旱田中本来就很少的水抽到东南沿海地区。当前，山西的干旱正呼唤着新晋商重新定位山西企业的利润导向和经营模式。

近代银币与银行

鸦片战争后的货币制度与货币流通

背景说明

本文是中国人民银行总行教育司组织的第二本金融史统编教材《中国金融史》的第三章第一节，西南财经大学出版社 1993 年出版。19 世纪前期，中国经济的商品化、货币化程度已经发展到了比较高的水平，而货币制度却很落后，一是贱金属作货币；二是复本位，银和铜两种金属平行流通；三是银货币仍然为称量货币，秤平各地各行业极不一致。由于货币银和铜的产量赶不上流通的需要，于是各种货币的代用品就不可避免地出现在流通中，到咸丰年间因为军事原因发生通货膨胀，加上外国银元在中国市场上的流通，使得中国近代市场上货币十分混乱。这一段金融史告诉我们，货币制度必须与经济市场化、商品化、货币化发展水平相适应。

一、银两、制钱并行流通

清代银两、制钱并用，由于白银到清人已成为主要货币，大数用银，小数用钱，因此银、钱之间有比价问题。顺治三年规定银 1 两合钱 1000 文，但市场上这个比价是经常变动的，鸦片战争前夕银 1 两已合钱1600 ~ 1700 文。本来银钱比价，由于银价的跌落，应该银贱钱贵，事实上在 1856 年之前，却是银贵钱贱。这原因很复杂，但鸦片进口所引起的白银外流是银贵钱贱的主要原因。

清代所采用的银两、制钱并行流通的货币制度，是一种不完整的平行本位制。银铜两种金属都作为货币材料，同时流通，彼此之间没有一定的法定价值相联系。清朝政府对制钱的铸造和销毁管得很严，老百姓私铸私销都要被治罪，对于制钱的规格也有大致的法定标准；而对银锭、银块的铸造，政府却不加干涉，银的成色和单位重量也随时随地可以不同，没有按照货币管理的原则来管理白银。平行本位制是复本位制的一种，欧美的金银复本位也已经不能适应发达的资本主义经济的需要了，清朝这种不完整的银铜并行本位制，只能存在于封建社会或半封建社会也就不难理解了。

银两和制钱并行流通，相辅而行，是清代的固有货币制度。但实际流通的货币种类繁多和庞杂，造成了币制的混乱。在市场上流通成为通货的，除了银两和制钱，还有外国流入的银元，后来又有自铸的银元；流通中的钞票（纸元），既有钱庄、银号等发行的钱票、银票，又有清政府一度发行的官票和宝钞，以及外国在华银行发行的兑换券和华商银行发行的兑换券；1900 年起更有铜元的铸造与流通。不仅货币的名目和类别多，还由于旧的、新的，中央的、各省的，官方的、私人的，中国的、外国的，各种货币掺杂混用，实际情况就更混乱。

清代在较长时间里，没有广泛流通的银铸币，一直停留在秤量货币的阶段，对于银两的使用，还要区别是实银还是虚银。实银是实有其物，虚银则是实银的价值符号，按照当时当地的习惯规定而行用，是一种计算单位和记账单位。

实银的种类很多，从形状看，银两或称纹银，或称细丝纹银，又因形状似马蹄而称为马蹄银。从大小来看，重 50 两左右的叫作元宝，重 3 ~ 10 两的叫作中锭，亦有称 10 两为中锭，三五两为小锭。此外还有碎银，一般称为滴珠。

实银的重量和成色，那就复杂了。重量的标准叫作平，而各地的标准不一样，各省有各省的平，梁启超在其所著的《币制条议》中列举了 73 种。[①] 唐有壬根据中国银行所编的《国内汇兑计算法》列举各省平共 171 种，可见其种类之多。成色是指含银的多少，各地实银的成色很不一律，按照成色的不同，又可分为纯银、足银、纹银和标准银。按理，十足银应

———————————

① 《中国近代币制问题汇编》。

是千分之千的纯银，但事实并非如此，如北京十足，银市上最通用，可十足行使，但如果实际化验，尚不足纯银的百分之九十九。足银是纯银，本可作为计算银两之用，但并不应用，而用另一种成色低于足银的标准银，因此在实银（宝银的另一叫法）授受时，须按照标准银对足银的比价计算申水若干，如"二七宝"是指定这个重约 50 两的元宝应申水 2 两 7 钱，意即这 50 两所含有纯分之两等于标准银 52 两 7 钱所含有的纯分之量。实银的重量既如上述复杂，而成色又如此的分歧，要对它认识透彻，掌握运用，不是一种容易的事。

银两的重量标准平有上百种，无法一一列举，但主要的有 5 种：一是为全国纳税的标准，征收各项租税通用的库平；二是征收漕银折色的所用的漕平；三是对外贸易所用的广平（又称司马平）；四是为征收进出口税的标准平；五是公砝平（公法平），北京、上海、天津等地多用这个平来作为两地汇兑价格计算的标准，票号和钱庄在汇款出纳时也多用此平。这 5 种平的重量如何，谁重谁轻，一位在中国海关任职多年的美国人马士以英衡的英厘充当基准，得出 5 种平的绝对数和相对数。[①]

5 种平的绝对数：

关平 1 两 = 581.55 英厘

广平 1 两 = 579.85 英厘

库平 1 两 = 575.80 英厘

漕平 1 两 = 565.65 英厘

京公砝平 1 两 = 555.70 英厘

5 种平的相对数：

关平 100 两 = 广平 100.2927 两

= 库平 100.9986 两

= 曹平 102.8108 两

= 京公砝平 104.6517 两

这种复杂的、各种不同平色的银两，折算起来异常麻烦，这便成为官吏敲诈百姓，钱商盘剥客户的一种手段。清朝征收田赋，除征收实物浮于定额外，还有折钱浮收、折银浮收、火耗、平余等，都是与货币制度有关的，连修史者也难以为之隐瞒，"自乾嘉以来，州县征收钱粮，多私行折

---

① 马士：《中国制度考》，转引自杨端六：《清代货币金融史稿》，三联书店 1962 年版。

价，一石有折钱二十千者"①银两在使用时，不单要称重量，还要验成色，银钱店上下其手，盘剥既甚方便，获利亦就丰厚。

各种货币之间的比价也是矛盾突出。在银钱"相权而行"的情况下，没有固定的价值联系，嘉庆十五年（1810年）前有过银贱钱贵（即银1两换钱千文以下），鸦片战争则几乎是银贵钱贱（即银1两换钱千文以上）。银两、制钱加上银元，这些货币每一种自身都存在问题，它们相互之间的比价又不断波动，币制的混乱状况是多年所积成而又不断加深，其恶果是多方面的，首先是给人民的日常生活和社会生产带来困难，成为人们之间、单位之间和地区之间经济交流的障碍，妨碍社会经济的发展。

二、咸丰朝的通货膨胀

币制的混乱不仅是货币品类庞杂的问题，还有货币的发行及流通数量与客观需要不相适应的问题。

清王朝到了嘉庆年间，已经走完了它的繁盛时期。乾隆时"庶务充阜，部库帑项积至七千余万"。②嘉庆时各省积欠钱粮及杂税，道光时河工需费巨大，鸦片战争后签订丧权辱国的《中英江宁条约》，偿补鸦片原价600万元，偿还行商欠债300万元，赔偿军费1200万元，合计2100万元，约合当时岁入3714万两的一半，太平天国运动兴起后，清政府需饷浩繁，到咸丰三年已支出2700余万两，这一年的六月十六日"银库正项待支银仅存22万7千余两"。③

这时的清朝，政治腐败，经济衰退，旧的货币制度难以为继，遭到太平天国运动的猛烈冲击，政府财政竭蹶，遂广铸大钱，滥发官票宝钞，造成了通货膨胀。

从1853年起，清政府开始滥铸滥发大面额的铜钱大钱，这一方面是当时财政需用巨大，另一方面是铸造制钱的铜、铅等原料缺乏，遂把滥铸大钱作为解决财源之道，因为铸造铜钱大钱的面值越大，铸造的利益也就越多，如当千的铜大钱额面规定每枚等于制钱1000文，但这种金属比价实际只等于制钱38文，增值962文，户部铸钱收入的净利为

---

① 《清史稿》，《食货志》二。
② 《东华录》道光十八。
③ 《东华录》咸丰二十一。

工本的 7.8 倍。① 铸造以铁为原料的大钱，由于它的金属比价低，收入也就更多，每炉每日约可获利合制钱 20 千文到 30 千文。② 与此同时，清政府还印造各种面值的银票和宝钞。当时法令规定铜钱大钱、宝钞、银票三者之间的比价：铜钱大钱每 2000 文折银 1 两，宝钞代表制钱每 2000 文抵银 1 两，代表银的银票，则 1 两抵钱 2000 文，银票、宝钞与大钱、制钱"相辅而行"。民间完纳地丁、钱粮、关税、盐课及一切缴官款项，按一定成数的银票或宝钞缴纳，零星小数以当百、当五十的大钱凑足。对铜钱大钱及制钱的收与放，也有按比例搭配的规定，但实际上日常收付总是多放少收，甚至拒收。至于民间交税时实银和银票、宝钞的比例，开始时为各半，后来改为按银 7 票 3 的比例搭收，目的在于多收实银一成，即有一成实银可以应用。

清政府强制行使官票、宝钞，还通过金融机构来推行。1853 年 4 月第一批官银钱号即俗称"四乾官号"（乾豫、乾恒、乾丰、乾益）设立，发行以户部宝泉局和工部宝源局所铸钱文为"票本"的"京钱票"，充发放八旗兵饷之用；1854 年 10 月第二批官银钱号即俗称"五宇官号"（宇升、宇恒、宇谦、宇泰、宇丰）设立，它们发行的"京钱票"用来收兑宝钞。这种做法，实是仿效民间的钱庄、银号在发行"会票"、"期票"的同时并经常发行"银票"、"钱票"。管理清朝皇室财务的"内务府"从 1845 年起已经设有俗称"五天官号"（天元、天亨、天利、天贞、西天元）的机构，以发行银票、钱票的收益，充作增加皇室的收入。清政府通过一定机构发行货币，开始时还是用取信于民的办法，准许商民持票兑取现钱，一旦扩大发行成功，便有兑取的限制。另外，由"五宇官号"的承办钞务后，户部又进一步扩大宝钞的发行，原先户部宝钞只有 500 文、1000 文、1500 文和 2000 文四种，这时扩大到发行 5000 文、10 千文、50 千文和 100 千文票面的大钞。宝钞越发越多，清朝政府又强令民营钱铺替它代兑宝钞，到了 1860 年 2 月滥发而不可收拾，便宣布"民号宝钞永远停止，以免鏐葛"了。这种滥发的宝钞数累计达 27113000 串。随着票钞日益贬值，行使银票越来越显得"百弊丛生"，也就不得不下令"一概停发"，1867 年限令收回，银票历年发行量累计达 9781200 两。清朝政府中的谋士，把这种以信用形式扩大发行，骗取人民信任，增加财源的办

---

① 彭泽益：《中国近代手工业史资料》第一卷，中华书局 1962 年版。
② 清代钞档：咸丰四年三月十二日惠庆王绵愉等奏。

法赞为"不必抑勒驱迫，而财源已裕于不觉"，[1] 这就清楚地表明，清政府采用通货膨胀政策的用意所在了。

1853～1861 年，大钱和票钞的发行量共合银 60249000 两，为清政府这一时期国库收入 86673000 两的 69.5%。[2] 清政府这种用通货膨胀政策以弥补财政赤字，支付军饷、官俸和其他费用的办法，实际上是用信用手段聚敛民财，因为这种多余通货的发行并没有创造国民收入，只不过是收入的转移，政府收入的扩大正是居民收入的缩小。

严重的财政危机，造成币制、金融的极度混乱，引起物价粮价的不断上涨。1853 年，银两换京钱不过 4 千文，到 1861 年竟达 3 万文。大钱、票钞的发行最集中的地区是京城北京。北京当时是一个庞大的消费城市，粮食、杂货均依赖外地运入，币制一混乱，农户运农产品进城，换回的是大钱，回到本地，不便使用，蒙受亏耗，以后就不愿从事这种贩运。至于外地商人运货到京，售得的大钱，需要七八千文才能换银一两，而京城外面不过 4 千文，商人亏折甚巨，从此裹足不前。货物不能源源运入，势必造成京城百物昂贵，麦面 1 斤，京城以外的乡镇价不过十六七文，而城内则需三十七八文，"一城之隔，价值倍增"。由于当时清政府并非发行不兑现的纸币，而是滥发贱金属和信用货币，因此有人认为这不构成纯粹纸币流通时代那种现代意义上的通货膨胀。固不论这种学术探讨的结论如何，但是大大超过商品流通需要的滥铸劣质大钱、滥发银票与宝钞的行动，确确实实严重影响了居民的生计，也给小生产者和小商贩带来了困难和不利。

三、太平天国地区的货币与金融

太平天国是农民政权，领袖洪秀全崇奉上帝，他是以宗教领袖和政治思想家双重资格领导这个政权的。他所要建立的"天国"，要求人们均应去"私"为"公"，人无私财，天下就会太平。从这一指导思想出发，他在金田起义后就创立了"圣库制度"。这一经济制度，禁止个人蓄私财，只可持有银五两以下的货币。一切缴获尽归圣库，官兵皆无薪俸，衣食用途概由圣库诸馆供给。太平天国另一个重大的经济制度是《天朝田亩制度》，"凡天下田，天下同耕"，这个平分土地的思想，自然获得无地少地

---

① 清代钞档：咸丰三年二月十七日都察院左都御史和淳等奏。
② 彭泽益：《十九世纪后半期的中国财政与经济》，人民出版社 1983 年版。

农民的拥戴，但实际上并未实行过平分土地，而是准许地主收租，但对地租加以限制，一般是按原租额五成收租，然而地主应缴田赋并未减半征收，因此地主剩余所得就不多了。有些地区也实行"着佃交粮"，即将业主收租完粮变为佃户承担田赋而不纳租。太平天国的税制，具有税率轻和纳税办法简便的特点，这同封建政权对商民常多苛索盘剥极不相同。太平天国的土地政策，阻止了商人的资金用于购买土地，因此苏浙一带市场上货币资金不虞匮乏，客观上有利于市场金融的活跃。

太平天国有的货币制度，有关的文献记载甚少，有人甚至怀疑太平天国有无铸钱问世。但太平天国所铸的钱，却被保存下来。根据这些遗留下来的实物和零星的文献记载可知，太平天国定都南京后即开始铸钱，在朝天宫设炉试铸，一两年后即试铸成功。1854 年所铸出的钱，用料较好，质量较高，与当时清政府在北京滥铸大钱是一个鲜明的对照。太平天国所铸的铜钱，名曰"天国圣宝"，面镌"天国"，幕镌"圣宝"，也有的面镌"太平天国"，幕镌"圣宝"。字体有宋体、楷书两种，不论文字怎样排列，有三点都是一致的，即天国的"国"字不作"国"，不计价值，不镌铸造单位和地点，这些特点，可能是为了便于这些铜钱在太平天国境内各地均可流通。①

太平天国所铸铜钱分两类：一是非通用的纪念钱；二是作为通货的钱，包括"当五十"和"当百"，大多铸造得法，配料适宜，刻工亦属精良，中外钱币学家对其评价甚高。说明太平天国前期的财政是比较宽裕的；后期虽然军需浩繁，但也不滥铸滥发。此外，还对市场上流通的银洋设公估庄，以检验其成色和辨别其真伪。

太平天国还铸造过少量的银币和金币，但均非流通，仅属纪念币性质，在当时物质条件较差和战争环境下，能够率先铸造这些金币和银币，说明太平天国对西方的先进科学技术是采取学习和仿效态度的。

太平天国后期，由总揽朝政的洪仁玕所拟，经天王批准颁行的《资政新篇》是一部发展资本主义的施政纲领、从体制到政策均做了全面改革的设想，其历史先进性是十分突出的。其中"兴银行"条，是中国人最早提出的办银行的主张，在这一条上写道："兴银行，倘有百万家财者先将家赀契式禀报入库，然后准颁一百五十万银纸，刻以精细花草，盖以

---

① 魏建猷：《中国近代货币史》，黄山书社 1996 年版。

国印图章，或银货相易，或纸银相易，皆准每两取息三厘，或三四富民共设立，或一人请立，均无不可也。"① 天王在这一条上加眉批："此策是也"。洪仁玕提出这一建议是咸丰九年（1859 年），虽然当时的社会经济条件还远不具备，而且太平天国政权不久就告败，由太平天国办银行的事是不可能实现的，然而这样早就明确地主张设银行，发行纸币，终究是十分可贵的。

四、关于币制问题的论争

清代的货币制度十分落后，流通中货币异常混乱，如前所述，但币制问题突出，出现各种变革币制，改革币制本位的议论却是在 1894 年中日甲午战争之后。

中日甲午战争后，根据《马关条约》，清政府应赔偿日本军费 2 亿两，补贴驻威海卫日军费用 150 万两，赎辽经费 3000 万两，合计 2.315 亿两。这些赔款原定七年内交清，但日本政府这时在币制上拟改为金本位，急需有外汇储备作为金汇兑基金，乃商诸清政府总理衙门，如能在三年内全数还清，可全免利息，但这些赔款，按照商定的汇率（折合英金 3800 余万镑）全部在伦敦交付英金，清政府为此在 1895～1898 年间向英、德、法、俄四国借了 3 笔巨额外债以资应付。这样赔款虽可清偿，但因巨额外债而产生财政困难，从而引起改革币制的拟议也就逐渐增多。

不久，清政府又与有关帝国主义国家签订了丧权辱国的《辛丑条约》，按照条约规定，中国应赔偿各国海关银 4.5 亿海关两，这笔庚子赔偿，分 39 年付给本息，赔款实际上成为债款。在签订条约时各国要挟清政府"本息用金付给，或按应还日期之市价易金付给"。② 这又一次对清政府的财政货币形成巨大的威胁。

对日赔款和庚子赔款虽是引起币制问题争议的直接原因，但深层次原因则是 1873 年后世界银价不断跌落对中国所造成的"镑亏"损失。

从 1895 年到清末的十余年间关于币制问题的争议主要有三个方面。

（一）货币本位问题

金贵银贱，金与银的比例由 1873 年的 1:15 猛升到 1894 年的 1:32。

---

① 彭泽益等：《中国近代史资料选辑》，中华书局 1962 年版。
② 王铁崖：《中外条约汇编》，三联书店 1962 年版。

清末 20 余年间金银比价的变化择几个主要年份列示如下：[①]

表 1　1873～1909 年全银比价变化　　　　　　　　　　单位：两

1873 年（同治十二年）	159323
1874 年（同治十三年）	161714
1886 年（光绪十二年）	206996
1893 年（光绪十九年）	265165
1894 年（光绪二十年）	325873
1897 年（光绪二十三年）	342129
1902 年（光绪二十八年）	391893
1909 年（宣统元年）	402881

如此巨大的变动，对"大数用银，小数用钱"的清代币制是极大的冲击。"镑亏"问题在中日甲午战争前已经存在，但当时外债不多，所以问题尚不突出。甲午战争后，巨额外债和庚子赔款接连不断，镑亏问题也就严重起来。世界银价的不断跌落，对银钱并用的中国的公私经济包括对外贸易都产生了重大影响，而外债本息的偿付，尤感负担加重，赔垫累累。因此，探索币制变革，采取何种货币本位以避免损失的议论甚嚣尘上。在这些议论中，主张采用金本位或虚金本位的颇多，其中有些外国人主张采取虚金本位；但主管财政的度支部则认为难度大，实行匪易，湖广总督张之洞认为不宜实行金本位，加以竭力反对。下面以几个代表性人物的言论为例，以见一斑。

顺天府尹胡橘棻于光绪二十一年（1895 年）闰五月在《变法自强折》中说："各通商口岸，一律设局，自铸金、银、铜三品之钱，预定相准之价，垂为令申。"[②] 一个久在中国的德国人耿爱德对他的评价是："改革币制建议最早者当推顺天府府尹胡橘棻。"[③] 1895 年御史王鹏运奏称："比年来，中国黄金出口由 300 万磅增至 2000 万磅，如自铸金钱，则国宝全空，经受外人挟制……唯救急之法，则宜先铸银钱。"[④] 1896 年太常寺少卿盛宣怀条陈自强大计折中说："今宜在京师特设银元总局……再酌铸金钱及小银钱，使母子相权而行。"[⑤] 同年陈炽条陈，请"厘定圜法，饬

---

① 杨端六：《清代货币金融史稿》，三联书店 1962 年版。
② 《中国近代货币问题汇编》，1932 年版。
③ 耿爱德：《中国货币论》。
④⑤ 《皇朝经典类纂》。

下英美出使大臣购买鼓铸金、银、钱机器一副来京，即于京师设立钱局……明降谕旨，定圜法为三品。金钱为上品，成色轻重同英镑……银钱为中品……铜钱为下品。"① 1897 年通政参议杨宜治奏请仿照英国币制铸造金银货币，认为"燃眉之急，莫切于此"。1903 年驻俄公使胡惟德奏请整顿币制添铸金币折中说："一国之中，必有一定国币，兼用金、银、铜三品，必有一定之比例。凡成色、形式、价值必须全国一律，随外通行，方能利用于民间，取信于外国，而驱驾乎用金之邦，汇兑不致受亏，交涉亦易措注……世间……产银愈多，银价愈落，故近今金贵，在实金贵，乃银贱也。中国习惯用银，故以银为主，自见金日益贵，外国习惯用金，故以金为主，自见银日益贱。当今环球各国，既皆用金，而吾国岂可独居其后乎？"② 1910 年，康有为在《金主币救国论》中，也竭力主张改用金本位。这些都是主张行使金本位的。

反对金本位的张之洞于 1904 年在奏驳厘定金价铸用金币折中说："至于行用金币之说，浮慕西法者坚持此议，汲汲劝办，愚臣窃以为不然。查外国商务盛，货价贵，民业富，日用广，故百年以前多用银，或金银并用。百年以来，欧洲各国专用者始渐多。三十年来，各国遂用金……今计中国全国，仍是银铜并用，而用铜之地十倍用银之地。大率中国之国用者皆以银计，民用仍多以钱计，是中国虽外人名之为用银之国，实则尚是用铜之国，非若外国物贵财多，利于用金之比也。论目前中国情形，若欲行用金币，不但少金可铸，即有金可铸，亦非所宜。"③

主张实行虚金本位的则是美国经总统允许、国会通过设立的"国际汇兑委员会"的委员精琪。他于 1904 年初来到中国，提出"中国新圜法条议"17 条及"中国新圜法案诠解"，④ 条议中提出"单位货币应额定含纯金银若干，大约所值金价应兑银一两"，实施新圜法"应派一洋员为司泉官，总理圜法事务，其实施以能得赔款国之多数满意为归"，其夺取货币主权的侵略野心跃然纸上，无怪遭到中国方面的反对，只好于 1904 年 9 月离开上海回国。

清政府当局态度摇摆，观念模糊。1904 ~ 1905 年，也很想铸发金币，

---

① 《皇朝经典类纂》。
② 张家骧：《中华币制史》，国民大学出版社 1926 年版。
③ 《中国近代币制问题汇编》。
④ 《中国近代货币史资料》、《中国近代币制问题汇编》。

但到 1908 年，决定还是先划一银币。在这一年的上谕中说："欲以实金为本位，则钜本难筹，若定虚金为本位，则危险可虑。自应先将银币整齐划一，然后稳慎筹措，徐图进步。将来行用金币，可望妥实无弊。"[①] 货币本位问题到此暂告一段落，而实际上并没有很好地解决。

(二) 银币的成色与重量问题

清末在市场上流通的银币，不仅有外国流入的，还有各省铸造的，而这些由各省自铸的银币，在成色和重量上各自为政，很不一律，户部为此提出整顿圜法，以归一律。

各省自铸银币的成色，每千分含纯银，高的有 903‰，低的仅有 844‰。光绪三十一年 (1905 年) 十月财政处和户部在奏折中说："拟定每元用化净纯银九钱六分，配合净铜一钱，定为库平足色银一两。"[②] 此议提出，各方面意见很不一致。到了 1907 年 7 月，度支部 (户部改名) 又提出奏折，在所附的章程第一条中规定："查现在中国通用银元，以化学法分之，实得纯银不过六钱四分零，今铸造银币，拟定每元用九成化净纯银六钱四分八厘，配合净铜七分二厘，其重量适合库平七钱二分。"[③] 但政务处和资政院又持异议，在 1908 年 9 月的奏折中认为："综观大势，统筹全局，现在金币未行，主币必以十成为宜。"[④] 即主张用十成纯银。度支部仍坚持九成之议，在 1909 年 4 月的奏折中说："前奏币制一折，兼采各督抚臣复奏各节，折衷核议，惟因成色持论各殊，未敢遽定……兹于调查币制之时，为暂济民用之计，可否仍照前奏，试铸通用银币，成色分量一如其旧，作为暂时通用之币。"翌年，度支部拟定《币制则例》二十四条，确定"大清国币单位定名曰圆"，一圆为主币，五角以下为辅币，计算均以十进，一圆分为十角，一角分为十分，一分分为十厘；主币用数无限制，银辅币用数每次不得过五圆之值；并在第四条规定银币的重量与成色："一元银币，重库平七钱二分，含纯银九成，计六钱四分八厘"。[⑤] 宣统二年清廷批准这一则例并加以公布，则例规定含纯银九成，银币成色问题也就解决。

对于银币的重量问题，亦一直争而未决，中国用银，本来以两为单位，但从外国银币流入后，以 7 钱 2 分为单位亦就沿用为习惯。光绪十三

① 《中国近代币制问题汇编》第一册。

② 中国人民银行参事室编：《中国近代货币史资料》第一辑，中华书局 1964 年版。

③④⑤ 《中国近代货币史资料》第一辑，中华书局 1964 年版。

年（1887年）广东铸造银元，每枚重库平7钱2分，于是银币单位最有代表性成为争议中心的有2种，一为7钱2分，一为1两。1899年，军机处电询各省，银元应否改铸为1两、5钱、2钱、1钱。当时的江督刘坤一、鄂督张之洞、闽督许应骙复电均认为应仍铸7钱2分，以利于流通。在此后五六年中，张之洞改变主意，奏请在湖北试铸重1两的银币，理由是中国赋税皆以两钱分厘计算，银币重1两，便可不必折算。第二年张之洞与袁世凯商量币制亦力主以1两为单位，于是财政处于1905年奏请铸造银币分量成色行用章程折中，主张以库平1两为单位，但未实行。1907年度支部复奏准改定银币单位为7钱2分，然而与上一章程意见相歧。清廷又采取询问各省意见的办法，各省意见汇总后，主张用1两者11省，用7钱2分的8省，7钱者1省，主张并用者3省，以主张用1两为单位者占多数，1908年初，度支部再据理驳斥。上海工商业者亦上书度支部申述种种理由反对铸1两重的银币。[1]同年9月，清廷采纳奕劻等意见，定1两重银元为本位币，然而没有实行。其后度支部上奏，认为"币制深奥，必须博采群言"，宜设立币制调查局进行研究。设局调查结果即制定上述币制则例，清廷在批准这一则例时还强调："中国国币单位，着即定名曰圆，暂就银为本位，以一圆为主币，重库平七钱二分"，银制的重量问题继成色问题之后宣告解决。[2]

（三）铸造铜元问题

光绪二十三年（1897年）市面上发生钱荒，流通中制钱缺乏，每银1两换制钱1200文，每银元1枚换制钱700~800文。有一个监察御史陈其璋奏请："仿造大小铜元，以补制钱之不足。"清政府认为可行。1900年广东最早开铸当十铜元，1枚铜元合制钱20文；1902年初，清廷谕令沿江沿海各省仿造，于是各省均铸当五、当十、当二十的铜元，到1905年5月，户部奏称："铜元开铸，已有17省，设局多至20处。"开始流通铜元时，人们既苦于制钱的缺乏，又看到铜元式样新颖，携带便利，故乐于使用。但是随着各省当局的粗制滥造，大量储购铜斤器材，日夜加工赶铸，到1907年初已达120多亿枚，"铜元灾"也就出现，各省热衷铸造铜元，因为成本低、利润厚，如江宁四个厂1902~1907年共获余利银310万余两，浙江铜币总局1903~1907年共获余利银229万元，铸造铜

① 《上度支部论铸银币书》。
② 严格来说，尚非完全的银本位，因银元、铜元、制钱三者并行，后两者均非银的辅币也。

元最多的湖北，1902～1907 年共获利 556 万余两，广东自 1890 年造出银元，1900 年开铸铜元至 1907 年初共获利 775 万余两，其中很大部分为铸造铜元获利。各省在财政拮据中有此利源，自然全力追逐。1904 年端方由湖北巡抚调任署理江苏巡抚，"到任之初，即首以推广铜元为事"，1905 年到任的直隶总督袁世凯说："各省帑项支绌，筹措为难，惟铜元余利一端，尚堪挹注。"铜元余利在一个时期成为各省筹措练兵、兴学等各种所谓新政的经费来源。

这种追逐铜元余利的行动愈演愈烈，必然引起利害冲突，其矛盾和斗争体现在三个方面：一是各省之间的斗争，主要表现为千方百计将铜元向外省输运，同时查禁外省铜元进入。二是私铸与官铸的斗争，政府严禁私人铸造，但各省"私铸盛行"，私铸者"来踪去迹，诡秘难防"，更有外国投机分子"大收中国制钱，毁成铜块，到华销售……天津、上海租界公然运铜板到埠、开炉铸成铜元，市价每银一两换三百十枚者，彼则百五十枚卖与华人，欲用何省字样，登时有钱模印之。"三是争逐铜元局差使的斗争，各铜元局都从铜元余利中提成若干，作为"花红"分给员司匠役，在腐败的官场中，员司更可上下其手，损公肥己，这些"肥缺"遂成为利禄之徒争逐的对象。更重要的斗争，乃是清朝中央政府与各省地方政府之间的斗争。这种斗争的特点：一是清政府于 1905 年建成的天津户部造币总厂，掌握现代化的造币机构，不仅铸造银元，更大量的是铸造铜元。二是运用政权力量，在整顿货币、划一币制的名义下采取各种措施，包括冻结各省局厂的铸造能力，已设立局厂铸造铜元的各省不得再设分厂，未设者不得新设；限制各省铸造数，江苏、湖北、广东等大省每日铸造铜元数不得逾百万，直隶、四川每日铸造数不得逾 60 万，其余各省不得逾 30 万；裁并各省局厂，以山东归并直隶为一厂，湖南归并湖北为一厂，江西、安徽、江苏归并江宁为一厂，浙江归并福建为一厂，广西归并广东为一厂，加上奉天、河南、四川、云南四厂合共九厂。

货币的铸造和管理从分散于地方进而统一于中央，本是一般国家由封建主义向资本主义过渡的历史进程，铸币权的集中统一，也是建立健全的货币制度的一个前提。但清朝政府由于死守封建统治，加上政府腐败和中央政府权力的削弱，整顿货币并不能收到预期效果，币制混乱表现于铜元方面固然有增无减，表现在其他币种方面也在变本加厉，最后不得不把注意力放在划一币制方案的制订上，但是清政府 1910 年全面解决币制问题的方案《国币则例》和《兑换纸币则例》的制定与公布，并不能使全国币制状况得到改善，相反还在继续恶化，而清政府统治崩溃的日子却已经临近了。

五、银元流通和中国自铸银元

以一定重量和成色的白银，铸成一定形状的本位币来流通的银本位制，在欧洲国家实行较早。外国银元流入中国，始于明代，种类很多，最主要的是两种：一是西班牙银元，俗称本洋，在 19 世纪中叶前盛行于中国沿海各地；二是墨西哥银元，简称墨洋，欲称鹰洋，又讹称英洋，在 19 世纪中叶后，取代本洋的地位。这两种银元，其实都是在墨西哥铸造的，之所以有两种不同的称呼，乃是由于墨西哥原是西班牙的殖民地，到 1821 年才宣告独立，在独立前铸造的银元称为西班牙银元，独立后，1821~1840 年，仍继续铸造本洋，1824 年后墨西哥才开始自己铸造银币，这种银币被称为“鹰洋”，约在 1854 年开始流入中国。

本洋据说于 16 世纪前就输往菲律宾，然后由该处辗转输入中国沿海港口，如广州、宁波、厦门等处，自从中国与欧洲各国有直接贸易后，乃经广州流入。“商务交易多用此币。银行所开汇价，亦以此为根据。”“盖自洋银流入中国，市民喜其计枚核值，便于应用”。可见不论大宗贸易，或是小额支付，银元的行使普遍受到欢迎。外国银元对纹银和制钱的比值日渐抬高。从道光三十年十二月十日（1851 年 1 月 11 日）至咸丰五年五月十四日（1855 年 6 月 27 日），银元兑换制钱的价格一直在上升，由 1:1280 文逐年上升至换 1900 文，比银两与制钱的比价上落更大，用本洋购买 6 个月期的伦敦汇票价格，甚至发生升水 8%~16%。1856 年 9 月 15 日，本洋在上海购买伦敦汇票的价格 1 元可汇得 7 先令 9 便士，同日在广州的鹰洋只能汇得 4 先令 11 便士。[①] 本洋的市价日益高昂，导致上海商界的记账单位改用虚银，即“上海九八规元”，其他各区逐渐以鹰洋代替本洋，“据闻是年上海各银行及商业机关改用上海规元记账时，本洋之市价步涨，适与上海规元价值相等，故账册上只需易数字单位名称，而数字仍可其旧”。[②]

1854 年后流入中国的鹰洋，在此后的 60 年间，行使极为广泛，据度

---

① 马士：《中华帝国对外关系史》第一卷，商务印书馆 1960 年版。
② 耿爱德（Edward Kann）：《中国货币论》，商务印书馆 1929 年版。

支部在宣统二年（1910年）调查，外国银元在中国者约计11亿元，流通数量当鹰洋为最多，"大致当占有1/3，其数当年4万万元左右也"。[1]

银元大量流入中国，对中国的商品流通起到了促进作用，它的交换价值甚至超过它的实在价格的80%以上。但从清朝统治者来看，则是使用银元"太变成法，不成事体"，然而在大潮流的冲击下，它的顽固态度到了光绪中期终于维持不下去，不得不允许各省自铸银币。最早用机器铸造银币是在吉林，据彭信威说"光绪八年（1882年）就有铸造，分一两和半两两种……十年，铸造的比较多，分一两、七钱、半两、三钱、一钱等几种。"[2] 据李瑚考证吉林铸造银币始于光绪十年（1884年）。不论八年或十年均比广东铸造为早，虽然数量远不如广东。

广东铸发银币之议，虽发轫于光绪十三年（1887年），但铸成并在市场上流通则在1890年，广东铸币的机器，每天可铸银币7万余元，铜钱9万余串，所铸造的银元，重漕平7钱3分，库平7钱2分4厘5，所含净银重库平6钱5分4厘，成色902.7‰。以后，1895年武昌造币厂铸造的银元问世，1896年江南造币厂铸造的银元投入流通。据度支部调查，"自光绪十六年（1890年）开铸，至三十四年（1908年）止，各省局厂报告铸数，共约四十余兆，即四千多万。"[3] 这与庞大的外国流入的银元数相比只是一个极小的尾数，说明铸造比较规范化的银元，在当时条件下还不是一件轻而易举的事。

---

[1] 张辑颜：《中国金融论》，商务印书馆1933年版。

[2] 彭信威：《中国货币史》，上海人民出版社1965年版。

[3] 《近代币制问题汇编》。

外国银元流通和中国自铸银元

背景说明

本文是《中国近代金融史》的第二章第二节，中国金融出版社 1985 年出版。中国历史上的货币流通长期行使银两制度，有不少人认为后来的银元制度是舶来品。确实外国银元在中国流通特别是在沿海流通比较早，但不能认为中国银元制度是"进口产品"。文章讨论了外国银元流通对中国的影响、中国行用银元的争论以及中国自铸银元的过程，指出 1662 年（清康熙元年）就铸造"康熙宝藏"，1792 年（清乾隆五十七年）有"乾隆宝藏"流通于西藏，这是官造。民间私铸或地方政府允许民间自铸在乾隆、嘉庆、道光时就有。地方政府铸造银元是清道光十八年，不是一般人说的 1887 年（清光绪十三年）中国才开始铸造银元。

一、外国银元在中国流通的影响

在外国银行及其纸币进入中国之前，外国银元已经出现在中国市场上了。当时商人纷纷来华，购买丝、茶等特产，但却难以找到一项中国人想要向他们购买的商品。他们不得不用银元来进行交易，中国对外贸易一直保持出超地位，每年约有几百万外国银元流入，并在中国市面流通。其银元最初是按其实际重量计价行使，每个银元合中国银两 7 钱 3 分，合制钱六七百文。嘉庆以后，即以枚计算，并出现了银元价格高于含银量的趋势。外国商人便以银元套中国白银出口，加工铸造，再输入中国，赚取差价。

因此，尽管在以后鸦片大量输入，中国对外贸易逆转，外国银元仍继续流入。在中国流通的外国银元种类很多。其主要有本洋、鹰洋、人洋以及美、日、法等国的贸易银元。"洋钱大髻、蓬头、蝙蝠、双柱、马剑诸名，在内地行使，不以买货，专以买银、暗中消耗，每一元抵换内地纹银计耗三四分。福建、广东、江西、浙江、江苏渐至黄河以南各省，洋钱盛行，凡完纳钱粮及商贾交易，无不用洋钱。番舶以购货为名，专载洋钱至各省海口收买纹银。致内地银两日少，洋钱日多"，清政府认为："近年银价日昂未必不由于此"，[①] 逐饬令两广总督禁止外国银元流通。结果适得其反，洋钱不仅未能禁止，反而流通更广。

为什么外国的银元能够在中国市场上广为流通，而且实际价格又高于含银量？从经济上分析，其本因是贸易。从政治上看，主要原因在于清朝货币制度落后，银两本位存在严重的缺点。各地自铸元宝、银锭，其大小、重量、成色、形态各不一致。每次交易均需鉴定成色，度量轻重，即使经公估局批定的元宝，各地平砝不一，还需折合换算，这种称量货币不利于商品流通。至于奸商铸造夹铜、铅的假元宝更屡见不鲜，清政府为此虽定有治罪条例，但投机取巧终不能禁。而外国银元则是一种较为先进的铸币，它不仅制造精美，按数计值，而且便于携带，便于流通。因此，银元受到社会的欢迎，在供求规律作用下，出现了银元价格高于实值，造成中国利益的外溢。

这个时期，中国的进出口贸易名义上仍然是用中国海关两来计算，实际上民间大量交易用银两和银元。另外还有铜钱和外国钞票、中国政府钞票（银票和钱钞）、民间银钱商号钱票和钱帖，在中国市场呈现出多种货币交错流通的局面，从而引起了朝野人士对货币制度的关切。

二、改革币制行用银元的争议

清政府的货币制度基本上是银钱平行本位。清中期以后，由于多种原因，特别是铜源发生困难，造成市场铜钱紧张，甚至在京师的街市上行用"竹牌"。[②] 鸦片战争以后，白银外流，致使银铜币材均感不足。为此，清

---

①　《中国近代货币史资料》，中华书局 1964 年版。

②　竹牌，是在竹片上刻一定名义价值，代替铜钱在市上流通。

政府曾采取许多措施，朝野人士也想了许多办法，但是直到光绪前，除林则徐等少数人外，争议基本上停留在钱钞问题上。至于白银问题只提出了禁止外国银元流通，以铸币代替称量货币流通。但用行政命令禁止外国银元流通，并没有任何效果。

在改革币制、行用银元问题上，林则徐早在道光十三年（1833 年）即上书皇帝提出只要"推广制银之以为银钱"，自铸五钱重的银元，用中国银元自可抵制外国银元。① 但是，这一用经济办法解决经济问题的很好建议，户部坚决反对。咸丰五年（1855 年）周腾虎著《铸银钱说》，提出仿铸洋钱，"变其文字。以为中国宝货"。② 但是守旧派认为这是改变"祖宗成法"，大逆不道，不可采纳。

19 世纪 80 年代初，改革币制、自铸银元的呼声越来越紧。光绪九年十二月九日（1884 年 1 月 6 日）侍讲龙霖湛建议将西藏地区行使银钱的制度推广扩大，取代外国银元。并说明有三大好处：一是有大有小，可与洋钱有一角二角相敌；二是铸钱十万，即增银万两，以中国人民力有余，补财用之不足；三是银元制钱相辅而行，制钱不足也没有关系，并可杜绝奸商利用钱票投机。康有为等人的意见更前进了一步，他不仅指出外国银元流通，与中国银两有不等价交换，利益外溢，以及外国银元较中国银锭易于流通的原因，更重要的是，他指出："查泰西皆用本国之银，如俄用卢布、德用马克、奥用福禄林、英用喜林，外国银钱不许通用。我宜自铸银钱，以收利权。"③

这一争论，一直持续到光绪中年，清廷才勉强同意设厂自铸银元。

三、中国开始自铸银元

中国的银元，大抵始于清康熙元年（1662 年）所铸"康熙宝藏"。④ 见诸史料记载的当是乾隆五十七年（1792 年）的"乾隆宝藏"。⑤ 当时清政府规定：①样式，圆形，边廓写年号，内中方框无眼，正面书汉文"乾隆宝藏"，背书唐古特文"乾隆宝藏"；②重量和种类，分一钱五分、一钱、五分，以后又有半两、三钱、二钱诸种；③成色，一律纯银铸造；

① 《林文忠公政书》，《会奏查议银昂钱贱除弊便民事宜》。
②⑤ 《续文献通考·钱币考》。
③ 《中国近代货币史资料》，中华书局 1964 年版。
④ 中国人民银行总行：《中国历史货币》，新华出版社 1982 年版。

④银元和银两比价，重一钱的银元九枚易银一两，其差额为 1/10，叫作"水火工钱"；⑤垄断铸造，由清政府驻藏大臣派员督同噶布伦等监造，验明成色，不许稍有掺杂，并具有无限法偿能力。这种藏银从康熙、乾隆到嘉庆，道光、历朝都有铸造。

中国银元由西藏开始，这是由它的地理历史因素决定的。新疆、西藏一带历史上曾经是用银钱的地方。同时，西藏和廓尔喀（尼泊尔）、印度等交往颇繁，那时银币流入西藏较多，为适应这种需要，清政府决定在西藏铸造银元。

在沿海和内地铸造银元，多由民间私铸或由地方政府允许民间银钱商号自铸。据说乾隆年间广东布政使曾允许银匠仿铸洋钱，嘉庆以后继续发展，道光间更有广板、福板、苏板、锡板、土板等名目。[①] 地方官吏纷纷向清廷报告："内地销熔纹银，仿铸洋钱"，[②] 可见沿海和内地铸造银元是从民间开始的。

地方政府官铸银元，大概还是林则徐为早。他在江苏巡抚任内，不仅建议清政府自铸银元，据说他还试铸过 1 钱二三分重的银饼。以后是道光十八和二十四年福建当局在台湾和漳州分别铸造过"寿星银元"、"军饷银元"。道光年间，浙江省亦铸过 1 两银元。咸丰六年上海江海关曾指定银号王永盛、郁森盛、经正记 3 家银号铸造 1 两、5 钱两种银饼。同治年间，浙江又铸 7 钱 2 分银元。光绪十年十二月（1885 年 1～2 月）以前，吉林将军曾令该省机器局铸造 1 钱、3 钱、5 钱、7 钱和 1 两 5 种银元，[③]因流通不畅而废止。

中国用机器大量铸造银元开始于广东。光绪十二年（1887 年）两广总督张之洞奏准在广东设造币厂试铸银元，光绪十五年（1889 年）开始铸造，光绪十六年（1890 年）开始流通于市场，计分五种：一号库平7.2 钱，二号 3.6 钱，三号 1.44 钱，四号 0.72 钱，五号 0.36 钱。正面"光绪元宝"四字用满汉两种文字，上环"广东省造"，下环以"库平七钱二分"，背铸龙纹，亦称"龙洋"。[④] 这是清政府批准的正式银铸币，作为中国的法币，可用于商品交易，完粮纳税。它标志着中国银元制度已进入初期阶段。不久，又有湖北、四川等先后成立造币厂，铸造银元，遂使

① 彭信威：《中国货币史》，上海人民出版社 1965 年版。
② 林则徐：《劳省并无洋钱出洋折》，道光十五年（1825 年）。
③④ 《中国近代货币史资料》，中华书局 1964 年版。

中国银元在市面广泛流通。

由此我们可以看到：①中国银元制的建立，最初是由边省到内地，由民间到地方当局，最后才迫使清政府同意推行银元制度。它反映了国内外贸易的发展需要一种新的货币制度。银元制度的初步建立，对于我国商品经济的发展发挥了一定的促进作用。②银元制度的确立和中国银元铸造数量的日益增多，使外国银元流通数量相对减少，对于外国侵略者倒卖洋钱、白银，赚取利差的罪恶活动，也是一个打击。同时也应当看到，新建立起来的银元制度是不完善的。首先，银元的铸造和流通并未完全取代银两，计价单位仍是两元并存。其次，银钱平行本位仍未统一为单本位制度，制钱和银两、银元都具有无限法偿能力。再次，银元铸权分散在地方政府和军阀手中，清政府未能集中统一货币发行权，这就为地方军阀滥铸低劣的铸币留下隐患。最后，外国银元和外国纸币在华流通的问题未能触及。所以，它明显地表现了半殖民地半封建货币制度的特征。

历史上外国银行在中国设立及其活动

背景说明

　　本文是《中国金融史》的第三章第四节，西南财经大学出版社 1993 年 7 月出版。外资金融机构进入中国市场最早是 1805 年的英资保险机构，外资银行进入中国又晚了 40 年。从 1845 年开始到 1858 年的 13 年中，有 5 家外资银行在中国的香港、广州、上海 3 个城市设立分支行 13 个，是清一色的英国银行。19 世纪 60 年代法国银行进入，英国不久又有几家银行进入，而且汇丰银行干脆把总行设到了中国，发行货币，扩张业务，形成垄断地位。到 90 年代，德、日、俄、法、美等国银行相继来华，出现第三次外商银行来华设行高潮，打破了英商银行的垄断，成为列强对华侵略的金融基础。

一、丽如等外国银行在中国的出现

（一）丽如银行首先设立

　　鸦片战争后，外国银行很快进入中国。1845 年，英国占领香港不过 3 年，英商丽如银行（Oriental Bank）就在香港设立分行，在广州设立分理处，1847 年又在上海设立机构，那时的上海"还只有 3 名外国医生，律师们的脚步还没有踏上这块土地"。[①]

---

① 上海《字林西报》，1867 年 1 月 16 日。

在外国银行进入中国沿海口岸之前，承担为开展贸易需要的国际汇兑结算和资金融通业务的是那些较早进入的从事贸易活动的洋行。洋行早在鸦片战争之前已在中、英、印之间和中、英、美之间的三角贸易中充当了金融周转的角色。商号兼营金融性业务，这是商业资本发展过程中的普遍现象，不论是中国或外国均是如此，没有大量的商品商业资本和货币商业资本，发达的资本主义也就不可能建立起来。洋行兼营金融业务，不仅在外国银行进入之前，即使在外国银行进入之后，在一个相当长的时期内仍然继续从事此项业务。在外汇交易上，洋行彼此互相支援，它们或者在相互之间买卖汇票，或者以自己在伦敦的本国银行的存款余额开发汇票，一般不需依靠银行。

但是，附属于商业机构的金融活动，终究不能满足新兴工业资产阶级扩大全球贸易的需要。已经成为"世界工厂"的英国，1820 年时占了世界工业总产值的一半。随着工业的高涨，规模日益扩大的企业投资已非单个资本家所能承担，股份公司形式的企业就产生了。这种股份企业不仅在工业、商业、交通运输业中出现，在金融业中发展也十分迅速。1841 年，英格兰和威尔斯在 321 家私人银行之外，已有 115 家股份银行。[1] 这种股份制银行的潮流，也必然会从西方涌向东方。1830 年，代表英国工业资产阶级利益的那些机构和企业家在中国成立银行的拟议虽然没有成功，1839 年和 1840 年打算设立印度银行（Bank of India）和亚细亚银行（Band of Asia）的计划亦成为泡影，但是英国和印度合资的西印度银行（Bankof Western India）1842 年出现在印度孟买，不到 3 年，总行迁到英国本土伦敦，更名为 Oriental Bank，同年在中国设立机构，成为外资银行闯入中国的"带头羊"。

Oriental Bank 原应译为东方银行，但各地却有不同的名称，在广州它最早被称为银房，在福州被称为东藩汇兑，在香港则被称为金宝，丽如是在上海的中文名称，后来逐渐统一，遂成为它的中文通称。

丽如银行于 1847 年即距上海开埠只有 4 年就在那时被称为"北华"的上海设立机构，这表明英国殖民主义者的注意力已从广州转移到上海，英国驻沪领事阿礼国（Aleck）1848 年向其政府所做的上海贸易报告的附件中述及上一年（1847 年）丽如银行经手输入的银元有 20 万元。[2] 上海

---

[1] 樊亢、宋则行：《外国经济史》第一册，人民出版社 1980 年版。

[2] 汤志钧：《近代上海大事记》，辞书出版社 1989 年版。

不仅具有"负海带江"的优越交通条件，而且附近地区物产富饶，早期成为出口大宗的丝、茶，产区多在江南一带，本来是翻山越岭、长途跋涉运到广州然后出口，现在由邻近的上海港输出，不仅运输费用降低，而且周转时间也缩短，上海无疑是开展国际贸易最好的港口，从而也就被来华设立分支机构的外国银行所重视。

1851年英政府颁给这家银行以"皇家特许状"，让它成为"特许银行"，允许它在"好望角以东任何地区建立机构，经营兑换、存款和汇划事宜"，它的分支机构除了香港、广州、上海外，还扩展到科伦坡、加尔各答、毛里求斯、墨尔本、悉尼、新西兰、爱丁堡和南非。在中国的福州（1866年）、汉口（1877年）、厦门（1882年）、天津（1887年）和澳门（1887年），也增设了分支机构。

早期丽如银行在华的业务活动，注重在汇兑，包括自身买卖汇票和充当供求双方汇票的中介者。由于它的信誉高，它出售的英镑汇票，价钱就高于洋行的英镑汇票。例如在19世纪50年代初期，购买一般英镑汇票，一枚叫本洋的银元可买5先令，购它的汇票只有4先令11便士。它发行钞票，始于1845年，到1859年时共发行72万镑。它吸收存款，在1850年时规定："活期存款每半年结算一次，半年中存取款在2000元以下者，抽手续费5元，超过2500元者，手续费另议。"① 到了60年代虽不再收取手续费，但仍不付给利息。1851年它的实收资本为60万英镑，1856年时已增为126万英镑，在汇丰银行未成立前，有人说它在远东的地位，"几乎像英格兰银行在英国的地位一样"。②

（二）麦加利等4家银行相继设立

继丽如银行在40年代进入之后，到了50年代，又有4家外国银行在中国设立分支机构。

汇隆银行（Commercial Bank of India）1851年成立于印度孟买（后移伦敦），当年就在广州设立分行，1854年在上海成立代理处，③ 1861年又在福州和汉口两地设立机构。1865年时额定资本为200万英镑，实收100万英镑。

阿加剌银行（Agraand United Service Bank Ltd），1833年成立时是英

① 《北华捷报》（North China Herald），1850年12月14日。
② 《北华捷报》（North China Herald），1894年1月19日。
③ 《近代上海大事记》，辞书出版社1989年版。

印合资银行，1858 年根据上一年颁给它的皇家特许状进行登记，额定资本 200 万英镑，实收 100 万英镑，这时的总行已由印度迁至伦敦。1854年在上海设立分行，[1] 1855 年在广州设立分支机构，1858 年在香港设立分行。这一开设分支机构次序，改变了丽如、汇隆银行先在广州设立机构，然后到上海设据点的传统。标志着这时的上海已取代广州成为进出口贸易的重心。以后新的银行进入中国，大多是先上海后广州了。1867 年这家银行改组后，又先后在福州（1875 年）、汉口（1880 年）、九江（1885 年）芝罘（1887 年）设立分支机构。

有利银行（Chartered Mercantile Bankof India, Lond on & China），它的前身亚细亚特许银行（Chartered Bank of Asia）和印度·伦敦·中国商业银行（Mercantile Bank of India, london & China）均成立于 1853 年，前者总行设在伦敦，后者总行在印度孟买，两行于 1857 年合并，总行在伦敦。前者获得英国政府特许状仅次于丽如银行，早于阿加剌银行。两行合并前，后者已于 1854 年在上海设立代理处[2]（1860 年改为分行）。它在其他口岸城市先后设立的分支机构有广州（1855 年）、汉口（1866 年）、福州（1867 年）、九江（1876 年）、芝罘（1878 年）、厦门（1880 年）。

麦加利银行（Chartered Bank of India Australia & China），1858 年 2 月总行正式开始营业，7 月在上海设立分行，[3] 同时在香港设立代理处（第二年才改为分行），可见上海对这家银行的吸引力。它在其他地区设立的机构分别为汉口（1863 年）、福州（1868 年）、厦门（1873 年）、天津（1895 年）。创立这家银行的詹姆士·威尔逊是著名的《经济学家》杂志的创始人，它的董事会成员多数是在东方和与英国殖民地有切身利益的人，开办这家银行的目的是为了"适应澳洲殖民地、英属印度、中国和希腊与小亚细亚地区之间日益扩大的贸易需要"。开业时额定资本为 64.4万英镑，实收 32.2 万英镑，5 年后就增加到 80 万英镑。1864 年它的股息率达到 12.5％，1 张面值 20 英镑的股票在伦敦证券市场的市价曾高达 46英镑 5 先令。早期它在上海的业务也是以国际汇兑和买卖汇票为主，进入19 世纪 60 年代后，西方资本主义各国对中国的国际贸易逐步扩大，金融周转业务也日渐增加。这家银行在中国的发展，超过了先它而设立的 4 家银行，大有后来者居上之势。由于丽如、汇隆、阿加剌 3 家银行均在 19

---

① 汪敬虞：《十九世纪西方资本主义对中国的经济侵略》，人民出版社 1983 年版。
②③ 《近代上海大事记》，辞书出版社 1989 年版。

世纪倒闭，而有利银行发展不如它，还有人认为有利是 1860 年设立的，因此到了 20 世纪，人们往往误以为它是最早在中国开设的外国银行。

从 1845 年到 1858 年的 13 年中，在中国的外国银行，清一色都是英国的，这 5 家英国银行在 19 世纪 50 年代末共设立机构 13 个，计上海 5 个，香港、广州各 4 个。到了 1860 年，才有法国的银行进入中国。

（三）19 世纪 60 年代在华外国银行

1. 法兰西银行

法兰西银行是 19 世纪 60 年代进入的唯一非英资的外国银行。这一金融机构，应该译为"巴黎国家贴现公司"，但因是法国人开设的金融机构，就统称为法兰西银行。这家银行的总行 1848 年在巴黎成立，1860 年在上海设立分行，[①] 1863 年在香港设立分行。以后又陆续在天津（1867年）、福州（1868 年）、汉口（1867 年）、厦门（1876 年）、北京（1887年）等地设立分支机构。它和法兰西火轮公司一样，是法国资本在远东市场上同英国竞争的重要工具。当时巴黎与上海之间尚没有直接的贸易关系和金融联系，中法之间为数不小的生丝贸易也要通过伦敦。法国资本家企图改变这种局面，遂有法兰西银行在刚跨入 60 年代就在上海设立分行之举。但是最初 10 年，它竞争不过英国银行，一直居于劣势。70 年代中期起，逐渐有所转机，80 年代随着中法战争和法国对中国侵略的加紧，在金融界的地位进一步提高。80 年代末期因营业受损进行了改组，1894年后在中国的业务由东方汇理银行所替代。

2. 昙花一现的"小四行"

工业革命所引起的盲目扩大生产和劳动人民贫困化的结果，使英国在 19 世纪初期和中叶不断发生周期性的生产过剩危机。但在危机过后，又往往是新一轮的繁荣和发展，就在 1857 年和 1866 年的两次危机间隔期中，英国又兴起一批目光注视东方的银行，它们之中有 4 家 60 年代初成立并立即在上海和香港设立分行的银行，这就是 1861 年设立的汇川银行（Central Bank of Western India）和 1864 年设立的利生银行（Bank of Hindustan, China & Japan, Ltd.）、利华银行（Asiatic Banking Corporation）、利升银行（Bankof India），[②] 它们的资本额较小，在 50 万~200 万英镑之间，除利生银行 1864~1865 年还设立宁波、汉口、九江、福州分支行外，

①② 《近代上海大事记》，辞书出版社 1989 年版。

其余 3 家均只在上海、香港两地设行，规模不大，我们不妨称它为"小四行"。

这 4 家银行接踵来到中国，是由于美国内战而引起的整个资本主义世界棉业投机狂潮所促成。当时棉花价格由每磅 2 便士猛升到 7 便士，中国棉花也就成为外国投机商人狂热追逐的对象，仅 1868 年下半年，从上海输出的棉花就达 36 万担之多，价值在 200 万英镑之上。这些投机贸易为银行的汇兑业务和外汇投机提供了最理想的条件。外汇投机炽热，市场利率高昂，整个 1864 年上海金融市场处于极度动荡之中，新进入的这 4 家银行也就获得倍于正常收益的高额投机利润，它们的股票市价也因此大幅度上升。然而这一好景并不能长久维持，随着美国内战结束，棉花价格骤落，震撼欧洲的棉业危机也就来临，1866 年伦敦发生金融恐慌，这 4 家银行的总行均受冲击，它们在华分行也一齐倒闭，很快结束短命银行的历程，以致后来的史书上不再提到它们。

由伦敦的金融恐慌引起的上海金融风潮，范围相当广泛，除了这 4 家银行倒闭外，50 年代进入的汇隆银行和阿加剌银行也受到了强烈冲击，前者破产倒闭，后者停业后再度设立。能经受这次风暴的是丽如、有利、麦加利、法兰西和 1865 年设立的汇丰银行。

3. 汇丰银行的崛起

1864 年 8 月 6 日创立，1865 年 3 月 3 日总行正式营业，同年 4 月上海分行开业的汇丰银行，是继 9 家英国银行和 1 家法国银行后的又一家英国银行。

成立的时候，虽然有一些其他国籍商人和企业的股份，但主要投资者和创办人则是那些在远东多年、富有商务经验的英籍大商行。它和上述其他英国银行不同的是，它的总行不在英国本土或老殖民地印度孟买而设在香港，一开始就以中国为其营业基地和主要对象。它的英文名称叫作 Honkong & Shanghai Banking Company，Ltd.，1886 年根据香港政府法令正式注册时，改名为 Hong Kong & Shanghai Banking Corporation，中文取名汇丰，有预期汇兑业务发达的含义。

汇丰银行成立时，资本为 250 万港元。它的投资人的构成，可从它的创立人名单中得到说明。它的发起人所代表的单位除 1 家大英轮船公司外，其余均是洋行。其中英籍的有宝顺洋行（Messrs Dent & Co.）、匕洋行（Messrs Lyall，Still &，Co.）、太平洋行（Gilman & Co.）、费礼查洋行（Fletcher & Co. ）、沙逊洋行（David Sasson & Co. ）、公易洋行（Smith Kennedy & Co. ）、搬鸟洋行（Borneo Co. Ltd. ）；美籍的有琼记洋行（Augustine Heard of Co. ）；德籍的有德忌利士洋行（Douglas Lapraik & Co. ）；禅臣洋行（Siemssen & Co. ）；帕西籍（印度族教徒）的有广南洋行（MessrsP & A Camajee of Co. ）、顺章洋行（Messrs. P. F Cama &. Co. ），还有丹麦籍的毕洋行（John Burd & Co. ）。

这13家洋行和1家轮船公司的代表为发起人所组成的临时委员会中，没有英商怡和洋行和美国旗昌洋行，临时委员会还得为它们保留两个席位，对此，怡和洋行加以拒绝，旗昌洋行虽未拒绝却迟迟不入股，到了1866年汇丰取得正式执照后才开始入股并担任董事；至于怡和洋行直到1877年才正式开始与汇丰银行合作。

在外国银行的扩张过程中，汇丰能够后来居上，业务发展特别迅速，这主要是由于：①它与外商企业特别是英商企业紧密结合，关系十分密切，能充分适应那些商行扩大贸易的需要，它的发起人——十几家洋行原来兼营的金融业务这时都集中到它这里，双方之间的默契配合，达到了亲密无间的程度；②香港政府对它的特殊庇护，不论是申请英国政府批准它的注册，扩大它的发行钞票的权利，或是允许它推迟缴足资本等，都得到了香港政府的支持与优待；③它的总行设在香港，便于就近对中国境内各项业务问题迅速做出正确的决策与判断，这对它的资金运用是很关键的有利条件。这些良好的经营条件，决定它发展迅速并很快就超过其他同行，汇丰银行的崛起，标志着英国海外殖民地银行经营上的重大变化。

二、19 世纪 70 年代中叶，汇丰等英国银行垄断地位的形成

汇丰银行最初10年的营业，是在谨慎应付、站稳脚跟、打好基础的情况下度过的。主要业务是国际汇兑和买卖汇票。到了70年代中期后，特别是80年代起，外国商品倾销中国的闸门已彻底打开，汇丰的业务比较迅速地推进和扩大。经过一段时期的发展，它的业务范围的广泛，种类的众多，经营的灵活，都是别的外国在华银行不能企及的。它在中国境内分支机构的数量也大大超过别家银行。19世纪，它设立的机构依次为福州（1866年）、宁波（1866年）、汉口（1866年）、汕头（1866年）、芝罘（1876年）、九江（1879年）、广州（1880年）、海门（1880年）、天津（1881年）、澳门（1881年）、打狗（高雄，1866年）。

（一）吸收存款和发行钞票

剖析外国在华银行的业务，可以汇丰银行为代表。

按照香港政府 1866 年第 5 号法令第 6 条规定，"汇丰银行的股东应对该行发行的全部钞票负无限责任；除此之外，也对该行的债务负双重责任，即不超过他们所持股票的面额外加他们在资本额中的股额之数。"[①]因此这家银行对负债业务包括存款、发行等均持审慎态度，这既有利于内部管理的严密，也易于取得顾客的信任。汇丰的存款余额，19 世纪 70 年代后已超过 1000 万港元，进入 90 年代更超过 1 亿港元。在开业后 30 年中，存款余额如下，1865 年为 338 万港元，1871 年为 1106 万港元，1874 年为 1755 万港元，1885 年为 6561 万港元，1890 年为 10311 万港元，1894 年为 10430 万港元，增加 30 倍。

就 19 世纪 70 年代中期而论，汇丰的业务虽在逐渐扩展，但还赶不上正处于极盛时期的丽如银行。后者在 1877 年时存款为 1220 万英镑，[②] 超过前者好几倍。在分支机构的铺设上，后者曾达到 40 个，前者还不到 20 个。但一个在 1884 年即由于放款和投资不慎而搁浅，虽经重新组合，气势总不如原先之盛，最后于 1892 年倒闭清理；另一个则越办越发达，业务越来越兴盛，终于成为亚洲首屈一指的银行。

外国在华银行所公布的业务和盈利数字，都是包括各地总支行在内的全行性数字，其中在中国境内的部分究竟占多少，很难加以区分。以汇丰银行而论，它虽然在许多国家有分支行，但是它的业务重心在中国，正如它自己说的，"所有经营对华贸易的关键地点都设有分行。"[③] 这可以理解它的存款的来源直接或间接与中国有关。另据日本东亚研究所于 1941 年12 月太平洋战争爆发后从日接收汇丰银行的账册簿据中加以计算，1936 年时汇丰银行在中国吸收的存款占其全行存款总额的 59.9%，这是 20 世纪 30 年代的数据，在 19 世纪后半期所占的比重肯定以此为大。

汇丰在中国吸收的存款的来源是多方面的。不仅有外国企业周转中的间歇资金，也有中国封建统治阶级人物贪污、搜刮所得的巨额资财，后期还有关税、盐税存款，它不仅注意大额存款，也重视小额存款，例如

---

① 毛里斯·柯立斯：《汇丰银行百年史》（中译本），中华书局 1979 年版。
② 江敬虞：《十九世纪西方资本主义对中国的经济侵略》，人民出版社 1983 年版。
③ 《汇丰银行百年史》，中华书局 1979 年版。

1881 年它曾在报纸上刊登广告，推出 1 元起存的小额储蓄。[①] 至于清朝官吏的大额存款，由于银行对存户采取绝对保密的措施，不会轻易泄露。1891 年 4 月洋务派首脑李鸿章把白银 50 万两存入德华银行，1904 年清王朝的庆亲王奕劻被参以 2 厘低利在汇丰存款 120 万两，是两个较为典型的例子，也是仅有的例子，大量的巨额存户是不可能被了解到的。

外国在华银行的钞票发行业务，在 19 世纪后半期并非很大。银行发行的钞票是一种兑换券，持有钞票者可随时向银行兑取现银，如果现银准备不足，滥肆发行，就有挤兑乃至倒闭的危险。在 60 年代之前，由于中国人并不乐意使用外国银行钞票，也影响了外钞的发行与流通。整个 50 年代，只有丽如银行在香港发行过少量的钞票。60 年代，麦加利和阿加剌银行也在香港发钞。上海流通外国银行的钞票始于 60 年代。1867 年汇丰银行上海分行发行面额为银 1 两的钞票。从 1867 年到 1874 年的 7 年中，汇丰全行发行钞票总额由 120 万港元增加到 220 万港元，其中在华南一带流通的占多数。1873 年在由澳门到广州的一次轮渡上，300 多个乘客几乎全部用汇丰银行所发行的 1 元面额的钞票支付轮渡费，1874 年，上海 4 家英国银行（丽如、麦加利、有利和汇丰）合计发行额为 350 万元，其中汇丰占了一半。直到 1894 年，汇丰全行发钞总额还只有 997 万港元，其所以未超过 1000 万港元，则是因为 1866 年香港政府制定的《汇丰银行法》第五条规定："汇丰银行可发行钞票，发行额不得超过实收股本数，同时须以不少于发行总额 1/3 的硬币或金银存于香港总行作为准备金"。[②] 那时汇丰的实收股本仍为 1000 万港元，由于章程的限制，它的发行额只能保持在实收股本之内。

（二）剧烈竞争的国际汇兑

19 世纪外国银行在中国着重经营的业务，主要是国际汇兑。银行通过国际汇兑业务，使本国进出口商办理结算时获得方便，还可以有融通资金的便利。由于这些便利，进出口商就有可能经营超过自有资金所能容许范围内的业务，从而使本国的商品充斥于中国市场，并能更大规模地收购中国的原料和资源。

1866 年金融风潮过去之后，那些幸存下来的银行在胆战心惊之余，经营上采取稳健的方针。上海的丽如、有利、麦加利和法兰西银行等一起

① 《申报》1881 年 4 月 20 日广告。
② 《汇丰银行百年史》，中华书局 1979 年版。

协议，把过去习惯使用的 6 个月期汇票缩短为 4 个月期，以减少风险。这个同业协议，却遭到汇丰银行的抵制，当其他银行不收 6 个月期汇票时，汇丰银行却大量购进，赢得了众多商号的好评，提高了它在社会上的信誉。汇丰一方面以低价收进商人们急于脱手的 6 个月期的汇票，一方面以高价抛出 4 个月期的本行汇票售给其他银行。最后，竞争对手吃亏，而汇丰赚钱的实践使其他银行重新回到收购 6 个月期汇票的原来的道路上来。

汇丰对经营国际汇兑业务是全力以赴的。1880 年它在纽约设立分行，这是在纽约开业的第一家英国银行。这个机构的设立，大大便利了纽约与香港、上海之间的汇兑业务的开拓。直到 1902 年麦加利银行在纽约开行时为止，汇丰几乎包揽了美国与远东间的全部外汇交易。

从 1874 年开始的世界金银比价的变动，使在中国开设众多分支机构的外国银行处于金银如何平衡的复杂境地。世界市场上一向是金 1 等于银 15 的比价，从 1874 年开始逐渐拉开差距，1886 年为 1∶20，1894 年为 1∶32，1898 年为 1∶35。一家开在用银国家的银行，往往资产类项目是以银为主，而负债类项目则有不少是以金为单位，如果处置不善，汇率上的风险是十分巨大的。汇丰采取的策略是把出口汇票和进口汇票相互划抵，"对金银投资无所倚重"，因此不论汇兑率（即银两汇价）上涨或下跌，仍能获得同样的利润。它的秘诀之一是能预测白银的远期价格，保持白银对黄金的比价继续下跌时不受损失，并且储存白银以便随时进行高利短期放款。它还运用设在印度的加尔各答（1867 年）和孟买（1869 年）两个分行，把总行的准备金用于买卖印度政府发行的白银和金镑两类债券，以保持金银两者的平衡，防止由于银价波动（跌落）遭受损失，这样，到 1907 年 12 月时，它购入的英镑债券增加到 1500 万元，白银债券为 1350 万元。[①] 因此在两者此增彼减之中，盈亏可以相抵。

在 19 世纪的最后二三十年中，汇丰的国际汇兑业务迅速发展。80 年代丽如银行势力削弱，少了一个竞争劲敌，它的汇兑业务更见上升，买入和卖出的外汇总值占上海外汇市场成交量的很大比重，它的应收未收票据（Bills Receivable）和应付未付票据（Bills Payable）两个与买卖汇票有关的科目，前者减去后者的余额，大体上表示了它的运用资金投在国际汇兑和与国际贸易有关等方面的程度。这个余额占它的三项主要运用资金的百

---

① 《汇丰银行百年史》，中华书局 1979 年版。

分比，1869 年为 28.79%，1881 年为 33.13%，1885 年为 36.42%，1894 年更高达 40.56%，[①] 可见这项业务对于汇丰的重要，并且也足以说明这是从金融方面为英国控制中国国际贸易的一种主要方式。

（三）为清政府提供借款

经手贷款给清朝政府，是外国在华银行又一项重要业务。但是最早贷款给清政府的还不是银行而是洋行。1853~1854 年，为筹集攻击上海小刀会起义军的费用，江苏苏松太道吴健彰向上海洋行借款 12.7 万余两，[②] 这是清政府所借的第一笔外债。最先由外国银行承贷的外债则是 1862 年 11 月的苏松太道借款，金额 9.6 万余两，借款人苏松太道吴煦，贷款者英商阿加刺银行，[③] 用途是充作装载攻打太平天国起义军的军械、士兵的运输费，到 1874 年，汇丰银行开始单独贷给清政府，第一笔是台湾海防大臣沈葆桢的"福建台防借款"200 万两，期限 10 年。从此改变了以往 20 年间外债期限短、金额小的情况，这也说明现代银行集中巨额社会货币资本的职能作用是洋行兼办金融业务所不能比拟的。稍后几个月即 1875 年 4 月，丽如银行也贷给清政府 200 万两，年息 10.5%，比汇丰那一笔年息 8% 高了一些，但是汇丰在汇率上进行了榨取，英商在上海出版的《字林西报》也认为"汇丰银行在汇率上所取偿，已可补足八厘与十厘半的差额"。汇丰经手这笔外债为它自己带来新的盈利因素，正如它的董事长在股东会报告时说的："假如没有中国政府这笔借款，我很抱歉，恐怕将无盈余可言。"[④]

1877~1881 年汇丰银行连续三次贷给清政府陕甘总督左宗棠的"西征借款"共 1075 万两。当各国对华资本输出还未形成竞争局面之前，借款的利率是很高的，这三笔借款均由上海著名商人胡光墉（雪岩）居间经手，汇丰贷出的利率年息 1 分或 8 厘，其中两笔由于经手人的佣金，清政府实际付出的为年息 15%。中法战争期间，海防费用剧增，汇丰又贷给清政府金额合计在 1000 万两以上的几笔借款，其中 1885 年的 3 笔合计 585 万两，汇丰在伦敦先后发行 150 万英镑和 75 万英镑两次债券。据它自己说："这两种债券在伦敦很受欢迎，已全部销售，银行自己没有留下

---

① 根据汇丰银行公布的历年营业报告及其所附资产负债表统计。三项主要运用资金是指：贴现与放款，证券与投资，应收未收票据减去应付未付票据后的余额。

②③ 徐义生：《中国近代外债史统计资料》（1853~1927），中华书局 1962 年版。

④ 1875 年汇丰营业报告。

一份。"① 当资本主义还在向帝国主义阶段过渡时，由于国外投资的利润远比国内投资的利润为高，英国就已开始大量输出资本。80 年代汇丰之所以能在中国境内进行巨额贷款，就是由于有伦敦市场可筹集巨资。不计 1853～1873 年那些金额小、期限短的外债，从 1874 年起到 1890 年止清政府共借外债 26 笔，总额为 4136 万两，汇丰一家贷了 17 笔，金额为 2897 万两，占 70.04%。② 这样汇丰就从最初 10 年以汇兑和一般存放业务为主转而成为对中国进行资本输出的大银行。

在大西洋彼岸的美国，这时还没有一家银行在中国设立机构，但在 1877 年时美国人米建威（Michiewicz）代表费城财团就中美合办银行一事在天津与李鸿章的私人代表周馥、盛宣怀、马建忠会谈，拟定了《华美银行简明章程》12 条又专款 1 条，定资本为 1000 万美元，中、美各半，以美国人为总办和副总办，中国人亦派一副总办；银行有铸币和发行钞票权；银行承做奉旨特办的生意，其盈利可由中、美平分；为了感谢李鸿章对开办银行的支持和日后的庇护，银行愿意向李鸿章提供一笔 50 万～150 万元为期 1 年的无息贷款；专款规定，如果中国方面股本不能招足，可先由美方暂垫，中方随时可按原价（每股 100 元）陆续收回，对这一章程，李鸿章迅速批准，并派马建忠前往美国洽谈和借款。马建忠抵美后，筹款顺利，正当他将"鼓舞人心"的消息电告李鸿章时，李鸿章却电令他"中止一切商议，立即回国"，因为列强各国怕被美国资本独占，向清政府施加了压力，清朝的顽固派固然剧烈反对开办银行，连洋务派其他官僚亦不表赞同。西太后直接下旨说："与美商订约股开银行，流弊甚多，断不可行，现在文章弹劾，即行罢议。"这一"轰传世界"的华美银行计划也就宣告破产。③

19 世纪七八十年代，也有其他国家在华设立过银行，如德意志银行 1872 年在上海设立分行，德丰银行 1875～1878 年在上海、福州、汉口、厦门设立分行，俄国对外贸易银行 1876 年和东京第一国民银行 1880 年均在上海设立过机构等，但它们的存在时间都很短，设立不久就撤销或停闭，所以直到 80 年代末，除了 1 家法兰西银行之外，其余都是英国银行，它们在华的分支机构计丽如 6 个，有利 8 个，麦加利 5 个，汇丰 14 个，

---

① 《北华捷报》1885 年 9 月 5 日。
② 洪葭管：《在金融园地里漫步》，中国金融出版社 1990 年版。
③ 谢俊美：《1887 年中美筹开华美银行一事的真相》，载山西财经学院：《科研资料》1983 年第 4 期。

合计 33 个,^① 可以说是英国银行的独霸时期。

三、19 世纪 90 年代后，德、日、俄、法、美等国银行相继开设

进入 90 年代后，英国银行独霸的局面顿然改变，各主要资本主义国家都在中国设立资力雄厚的银行，1890~1902 年的 13 年间，德国的德华银行、日本的横滨正金银行、俄国的华俄道胜银行、法国的东方汇理银行和美国的花旗银行相继设立。加上原已存在多年的英国汇丰银行，形成六强并存的竞争局面。

（一）德华银行（Deutsche – Asiatisehe Bank）

这是一家于 1889 年 9 月在柏林由德意志银行、国家贴现公司和瓦沙公司发起创立的银行。这 3 个单位加华泰银行和斯坦因洋行计 5 个单位共投资达 230 万两，占这家银行 450 万两资本总额的一半以上。德国这些垄断资本家看到许多外国资本银行在中国开设后并没有取得理想的成效，而总行设在中国领土上的汇丰银行却取得显著的成就，他们也就仿照汇丰的模式，把新开设的德华银行的总行设在位居华中要冲、中国最大的商埠上海。

德华银行上海总行正式开业的日期为 1890 年 1 月,^② 额定资本 500 万两，同年 12 月在天津设立分行。发起创立这家银行的虽是银行家和企业家，但是德国政府自始就加以关注和支持，并且具体指示不要分散力量成立两个银行，而宜集中资力搞一个银行，可以执行投资银行的任务，成为正在迅速发展的德国在远东的重要基地，加强德国工业品在中国的竞争力量，扩大德国商界与远东市场的联系。后来的实践证实它担负起投资银行的职责，执行德国资本输出的任务，在 19 世纪末和 20 世纪初，与汇丰银行一起承贷了"英德借款"、"英德续借款"、"津浦铁路借款"等几项巨额借款，也参加了五国银行团承贷的"善后大借款"，这些大借款的资金都是这家银行在柏林金融市场上发行债券筹得的。

（二）率先设分行于上海的横滨正金银行

这家总行设在横滨的银行，成立于 1880 年。从其创立之日起就受到日本政府的关心与支持。最初它的实收资本为 300 万日元，政府只投入 1/3，并存款数百万日元供其周转运用；1882 年日本银行（即日本中央银

---

① 据汪敬虞：《十九世纪外国在华银行年表》（未刊稿）计算。

② 《近代上海大事记》，辞书出版社 1989 年版。

行）成立后，又为它提供长期低利贷款。1913 年资本额增为 1800 万日元，后又增加到 1 亿日元，可见其势力膨胀之快。

它在上海设立分行的拟议始于 1881 年，但那时的条件还没有成熟。1892 年，日本的一些大企业以三菱公司为首拟组成一个足以垄断日本金融业务的银行，并设想以上海为首先建立的分行，这个计划亦未能实现，但三菱公司这一举动却促进了横滨正金银行加紧筹设在中国的分行，它的上海分行于 1893 年 5 月 15 日开业。[①] 日本政府是以这家银行为国家的对外贸易银行，竭力支持它在国外金融领域的竞争力量，除了看准上海可以成为重要枢纽外，还致力于成为远东最大的国际汇兑银行，以此配合日本侵华的策略，处心积虑地在我国东北特别是南浦一带扩展金融势力。陆续开设的分支行有：香港（1897 年）、天津（1899 年）、牛庄（1900 年）、北京（1902 年）、大连（1904 年）、沈阳（1905 年）、汉口（1906 年），开原、长春、哈尔滨（1912 年）等。

（三）沙俄侵华产物华俄道胜银行（Pyccko – Kutauckuu Bank）

这家银行为沙皇俄国的殖民地银行，是其推行侵华政策的工具。1895 年 12 月设总行于彼得堡，次年 2 月 13 日即在上海外滩原法兰西银行的旧址设立上海分行。[②] 以后又在牛庄、天津、汉口、北京、哈尔滨、吉林、沈阳、海城、铁岭、旅顺、张家口、雅加、乌里雅苏台等地设立分支机构。这些地方，除京、津、沪、汉为关内城市外，其余均是关外的城市，可见其图谋东北的侵略野心之一斑。设立时，它的资本为 600 万卢布，其中法国的巴黎国家贴现公司等投资 62.5%，俄国方面投资 37.5%；但在董事席位中，前者只占 3 席，后者却占 5 席。1895 年 7 月签订的《中俄密约》规定，在"俄法四厘借款"4 亿法郎约合 1 亿两中，拨出库平银 500 万两，作为清政府对这家银行所出的资本，与华俄道胜银行合做生意，名曰"入股伙开合同"。但是这种"合伙"，中国方面确确实实出了 500 万两资金，却毫无权利可言。这 500 万两数额，相当于俄法投资总额的 70%，但没有一个董事席位，也无权过问该行的事务。

在华俄道胜银行的章程中，很多条文体现沙皇俄国企图通过开设银行霸占中国的野心。章程规定，它"在中国境内办理租税、赋课之缴纳；支付中国政府公债之利息"，"承受公债……之发行"，这无疑是要替清政

---

①② 《近代上海大事记》，辞书出版社 1989 年版。

府经理国库、统管中国的财政收支。章程又规定"得因中国政府之许可，铸造货币"，"发行两、元及其他货币"只"须有1/3以上的法定准备"，这就是要由它来充当中国的货币发行银行。章程还规定它可"经理铁路、电线的设置"①，这一条也就是设立这家银行的直接动因，因为以后就是由它出面承办中东铁路的建筑和经营，以实现老沙皇多年来想攫取东北而未能实现的欲望。

（四）东方汇理银行（BanquedeL'Indo‐chine）

成立于1875年1月，设总行于巴黎的东方汇理银行，是法国在东方的殖民地银行，专门以开拓印度支那及远东殖民地的金融业务为其职责。刚开业时资本800万法郎，以后增至1.2亿法郎，一度由政府加入官股，并派官股董事参加管理。1888年法国侵占印度支那后，这家银行也被授予在当地发行钞票、代理国库的特权，并在大中城市广设分支机构，控制金融经济。在中国，它于1894年在香港设行，接替法兰西银行原有的地位，法兰西银行就退出了中国，东方汇理银行并于1899年在上海设立分行，② 法国银行资本在19世纪90年代中期以后采取双管齐下的政策，即在中国南方全力扶持东方汇理银行，在中国北方则参加俄国的道胜银行，以增加在中国北方的金融势力。所以在中国南方均为东方汇理银行的分支机构。在中国北方则均为华俄道胜银行的机构，唯一交叉点是上海，上海既有华俄道胜银行的分行，又有东方汇理银行的分行。

（五）花旗银行设立上海分行

花旗银行（The International Banking Corp. New York）到上海设立分行已是1902年，到19世纪末，在中国没有一家美国银行。1902年1月1日设立上海分行③的花旗银行系1901年在康涅狄克州立案注册，当时是美国唯一的可以在海外设立分支机构的银行，香港把它称为万国宝通银行，美国政府授权这家银行经理在华"庚子赔款"事宜。据它自己在1903年刊登的广告中说"系美坚合众国在中国及菲律宾的财务代理人"。④ 额定资本及公积金为1000万美元，实收资本与公积金为789.4万美元，除了办理庚子赔款的收解外，自然也经营一般银行业务。到了1915年，这家银行被纽约国民城市银行（National City Bank of New York）所持有。纽约国民城市银行是华尔街最老的银行之一，成立于1812年，所以花旗银行

①②③ 《近代上海大事记》，辞书出版社1989年版。
④ 中国人民银行金融研究所：《美国花旗银行在华史料》，中国金融出版社1990年版。

的创设年份也可上溯到 1812 年。

此外，20 世纪初在华设立机构的外国银行较为著名的还有比利时的华比银行（Banque Belgepour L'Etranger）（1902 年）、荷兰的荷兰银行（Nederlandsche Handel – Maatschappity）（1903 年）和日本占领台湾后总行设在台北的台湾银行。

终清一代，外国在中国设立过营业机构的银行不下 40 家，但多数银行或清理或倒闭，到清王朝覆没时尚在继续营业的只有：有利、麦加利、汇丰、德华、横滨正金、华俄道胜、东方汇理、花旗、华比、荷兰。

四、外国银行经手巨额借款

清末，许多主要资本主义国家的银行在中国设立分支行或总行后，除了经营一般银行业务为存款、放款、国际汇兑、买卖生金银等以外，还经手对清政府的巨额政治性借款和铁路借款。[①]

1894 年后，各国对华资本输出战激烈展开，列强各国都把贷款作为对中国进行瓜分和划分所谓势力范围的主要手段。1894～1898 年在借款优先权的争夺上，竞争十分激烈。以俄法银行团为一边，英国拉拢德国银行团为另一边，在 5 年中清政府举借的外债共 35091 万两（不包括铁路借款），其中最大的 3 笔是俄法借款、英德借款和英德续借款。

（一）俄法借款

中日甲午战争后，中国战败，签订了《马关条约》。照这个条约规定，对日本赔款和归还辽东半岛赎款共银 23000 万两，其中第一期应归还 8000 万两，双方议定，按银两数折合英金 1316 万英镑，由两国驻英公使于 1895 年 11 月间在伦敦交收清讫。为了解决这笔赔款的来源，清政府先同海关总税务司英国人赫德商量，赫德主张向英国借，并已开始同汇丰银行接触。沙俄听到这个风声，马上向清政府施加压力，说俄国在联合法、德，使日本退出了辽东半岛中有功，借款应先商诸于俄国。这时，与沙俄一起压日本退出辽东半岛的法、德两国也分别向清政府兜揽借款。清政府不敢得罪任何一国，表示愿意向俄、法、德三国分借。但俄国仍气势汹汹，要由它单独或它与法国一起承贷。清政府也终于答应了它的蛮横要

---

① 这几笔巨额借款和铁路借款的详细情况，请参阅徐义生：《中国近代外债史统计资料》，中华书局 1962 年版；丁名楠等：《帝国主义侵华史》第 2 卷，人民出版社 1986 年版；中国人民银行参事室编：《中国清代外债史资料》，中国金融出版社 1991 年版。

求。这笔借款因系俄、法两国银行承贷，所以称为"俄法借款"，金额4亿法郎（合银9896万两），年息4厘，期限36年，前15年不能将借款全数还清，以关税收入为担保，并且声明要均沾"中国海关行政管理权"。债票在巴黎等地发行，很快就认购一空。

（二）英德借款

俄法借款后，德国与英国联合起来。这时法国资本不愿参加，俄国无资金实力，只好罢手。这次借款由英国的汇丰银行和德国的德华银行各半承贷，于1896年3月签订合约，借款总额为1600万英镑，合银9762万两，年息5厘，期限36年，亦以海关税收为担保，债票在柏林、伦敦市场上发行，订购者多，订购额都超过发行额。

（三）英德续借款

清政府借了上述两笔借款后，因尚欠日本8333万两，于是又向汇丰和德华银行商借，这就是1898年3月签订的《英德续借款》。金额也是1600万英镑，由于银两对英镑的比率下降，同样是1600万英镑，1896年3月合银9762万两，这时就合11277万两，相差达1515万两，借款年息4.5厘，期限45年，以海关税收以及7个关卡的货厘和盐厘（均为税收名称）为担保，这些地方的厘金也就归总税务司"督征代缴"。这笔借款还有附带条件：一是偿还期限45年，不得提前或一次还清（以防日后清政府向俄法借款）；二是在借款偿还期内不论英国对华贸易是否仍占第一位，中国海关总税务司一职均由英国人担任（后来果然是英国人赫德、安格联、易纨士、梅乐和等一直占据总税务司这一职位，直到45年以后即1943年，才由美国人李度担任）。在经济利益上，汇丰银行和德华银行承贷这笔借款是按8.3折付给清政府的，但它们在伦敦和柏林市场上却按9折发行，单这一差额收益就有112万英镑。这笔款要到5月8日才在伦敦交给日本的横滨正金银行，还清对日本的赔款，在未交拨前，就成为上海汇丰银行在伦敦的存款。由于承贷这笔借款的好处多，汇丰银行这一年账面的盈利高达640万港元，当时汇丰的资本为1000万港元，年盈利率达64%，比前后几年的盈利都高，可见经手大借款为银行带来的利润是相当可观的。

（四）铁路借款

19世纪末20世纪初，列强各国对中国铁路借款优先权的争夺同样是非常剧烈的。铁路是使落后国家卷入世界资本主义流通范围的重要因素。

往往是某一条铁路由哪一国贷款筑造，哪一国的势力就在这区域迅速扩张，形成一个经济统治中心。以汇丰银行为例，它与另一个在华历史最久、侵略势力最大的英国怡和洋行合组中英公司（即中英银公司，英文名为 British & Chinese Corpora－tion，Ltd.）。即是为了加强争夺铁路借款权利的力量。除了 1898 年的关内外铁路（京奉铁路）借款 230 万英镑由汇丰承贷外，其余各笔（到辛亥革命时止）均由中英公司承贷，包括 1903 年沪宁铁路借款 290 万英镑，1907 年广九铁路借款 150 万英镑。1908 年沪杭甬铁路借款 150 万英镑。此外，汇丰银行又与德华银行一起于 1908 年和 1910 年合贷津浦铁路借款 800 万英镑和 296 万英镑，还与东方汇理银行合贷 1908 年京汉路赎借款 500 万英镑。按照借款合同的条件，英国人担任了许多条铁路管理局的总会计或总工程师。至于这些铁路应用的器材和车辆，虽有在市场采购的规定，但是在价格和质量相同时，英国制造的就享有优先权，所以"不论标价如何，事实上所有的器材都购自伦敦"。这样，资本输出又成了鼓励商品输出的手段。

（五）四国银行团的组成，币制实业借款和湖广铁路借款

清末十几年是国际金融资本在华活动趋于成熟的阶段，随着资本输出的增加，势力范围的扩张，各国垄断集团之间也会达成经济上的国际协定，四国银行团就是在这种背景下成立的，在四国银行团之前，先是英、法、德三国银行在 1909 年 6 月与清政府商定，一起承贷川汉、粤汉铁路借款。美国知道后，一方面向英、法、德三国交涉，向清政府提出要求，于是在 1910 年 5 月，四国在巴黎签订了协定，英、法、德三国财团接纳美国银行团参加湖广铁路借款，四国银行团由此成立。参加的单位，英国是汇丰银行，法国是以东方汇理银行为代表的 8 个单位，德国是以德华银行为代表的 12 家银行和公司，美国是摩根公司和花旗银行等 4 个单位。按照协定规定，四国财团将在以后中国的所有铁路借款中进行合作。湖广铁路借款原名粤汉、川汉铁路借款，因铁路经过地区主要是两湖和广东，一般遂称为湖广铁路借款。这笔借款金额为 600 万英镑（折合银 4540 万两），债票在伦敦发行，四国各占 1/4。借款合同正式签订于 1911 年 5 月。与此同时，美国在我国东三省经过积极活动，与东三省总督谈判，达成了一笔币制实业借款，金额 1000 万英镑。美国虽轻而易举地取得这笔借款的承贷权，但它一方面已参加四国银行团，同时它的国内金融市场也无力承受这样一笔借款，因此把这笔借款权转给了四国银行团来共同承

担。这就是 1911 年 5 月四国银行与清政府签订的币制实业借款合同。按照这两笔借款合同规定的条件，四国银行取得了在中国修建铁路、参与中国币制改革和对东三省工矿实业加以控制等权利。这后一笔借款因不久辛亥革命爆发，借款亦停止支付。

中国现代银行业的产生

背景说明

本文是中国人民银行总行教育司组织的第二本金融史教材《中国金融史》的第三章第五节，西南财经大学出版社1993年7月出版。中国的工业化起步于19世纪60~90年代的洋务运动。随着现代工业的发展，资金需求的增加，传统的金融机构难以满足不断扩大的资金数量、资金融通方式的需要，而外商银行融资条件又相当苛刻，国人自办银行的呼声遂越来越高，1897年，中国人自办的第一家现代银行在上海开张了。在此之后，官办的、民办的、官民合办的、地方政府办的现代银行，在19世纪末20世纪初得到了比较迅速的发展。当年，清政府积极呼吁山西票号参与现代银行改组和建设，均遭谢绝。

一、中国人自办银行的讨论

鸦片战争前，在中国的封建社会中没有银行，鸦片战争后，外国银行侵入，中国在一个相当长的时间内仍然没有自己的银行。银行是随着近代社会经济的发展而发展起来的。马克思曾把银行称为："资本主义生产方式最精巧和最发达的产物。"[1]

中国没有自办银行之前已有自办银行的讨论。在鸦片战争后的一段时

---

[1] 《马克思恩格斯全集》第25卷，人民出版社1974年版。

间里，一些先知先觉者，已经意识到社会要进步，就要发展生产力和科学技术，封建旧制的一套已经不行了。在金融领域里，金融业资产阶级虽还没有形成，而要求自办银行的讨论已经持续了 40 年。早在 1846 年，主张"师夷长技以制夷"的魏源在其名著《海国图志》中即介绍了英国的银行制度；1859 年太平天国后期重要人物干王洪仁玕在其著名的《资政新篇》中已提出"兴银行"的建议，这些都表明舆论往往是超前和先导的。对于银行这个词，许多人以为是日本人先用，然后传到中国。其实最早把英文 Bank 译为银行的，是 19 世纪 60 年代出版的《华英字典》的作者，我国广东人邝其照。① 照汉字的意思，"行"比"店"的规模大，广东就有著名的"十三行"而"银"则是中国历来使用的贵金属货币。他把经营货币业务，规模较大的机构译作"银行"，可说是神来之笔。日本人原先把 Bank 译作"金馆"，1870 年财相伊藤博文正在拟议筹设新的金融机构，看到邝其照的《华英字典》把 Bank 译为银行，认为比他们原译的"金馆"较为恰当，乃在 1872 年发表的《国立银行条例》中沿用了。

19 世纪下半叶，对兴办新式银行的拟议可以说是连绵不绝，有的是言论鼓吹，有的并有所行动。60 年代初，在广州的看银师和洋行买办中间，就有成立合股银行的酝酿。70 年代初汕头的转运行，不但运送货物和金银，而且办理汇兑和吸收存款。福建侨商办理侨汇业务，近似中国人自办海外金融业务的肇始。第一次拟议以股份有限公司形式出现的新式银行，是招商局会办唐廷枢联合热心办洋务的福建巡抚丁日昌为主要发起人，《申报》1876 年 3 月报道了他们拟集资 200 万元创办银行的新闻，但由于筹集股本不易，虽然详尽地订了 99 条试办章程，却也无法试办下去。70~80 年代，设立新的银行和信息接连不断，1877 年有"华人拟在天津设一银行，计本银共 30 万两"，1822 年又有"华人欲在上海仿照西法开一大银行"，1885 年在李鸿章主持下又有人主张在京师"仿照西国银行开设一官汇号"，但均没有成为事实。

跨入 19 世纪 90 年代，银行虽然没有办成，但设想如何办银行的意见却越来越成熟，其中著名的有《盛世危言》作者郑观应、顺天府尹、维新派人物胡橘棻、汪穰卿和《西学东渐记》作者容闳，他们的建议虽没有直接促成银行的产生，但也为新式银行的出现做了舆论准备。

---

① 黄遵楷：《调查币制意见书》，载《中国近代币制问题汇编》。

二、中国通商银行的成立

中国自办的第一家银行中国通商银行成立于光绪二十三年四月二十六日（1897 年 5 月 27 日），尽管那时洋务运动已经破产，但我们仍不能不说，它是洋务运动遗留下来的产物。这家中国人自办的第一家银行的成立，比最早进入上海的外国银行丽如银行足足迟了半个世纪。中国通商银行从筹备到成立，充满着矛盾和曲折。

这家银行的创办人是当时任督办铁路事务大臣、掌管多家洋务企业、刚刚接办汉阳铁厂的盛宣怀。他于 1896 年 11 月 1 日向光绪皇帝上奏《自强大计折》并附"请设银行片"，[①] 这是筹设银行的开始。他认为，中国开办铁厂，不能不办铁路，办了铁路就不能不办银行；银行应由商家来办，官方予以扶持；除办理各项存款、放款和汇款外，还可发行钞票，经办国债、铸造银元；总行应设在商业繁盛的上海，新设银行的用人办事，以汇丰银行章程为准则；将来设立国家银行，与通商银行可并行不悖。皇帝阅后批示：交军机大臣、总理各国事务衙门和户部妥议具奏。11 月 12 日军机处通知盛宣怀说奉皇帝面谕："著即责成盛宣怀选择股商，设立总董，招集股本，合力兴办，以收利权。"[②] 12 月 7 日又正式下了谕旨，命令盛宣怀开办银行，这就是盛宣怀等一再标榜的"奉特旨办银行"的"皇命"。

谕旨一下，盛宣怀即组织他的幕僚和懂商务的一些人拟定《银行成议节略》、《银行成议说帖》，并拟订《中国通商银行章程》22 条，又遴选杨文骏、叶成忠、张振勋、严信厚、刘学询、施则敬、陈猷、严滢、杨廷杲、朱佩珍 10 人为总董。

正在积极筹备时，总理各国事务衙门中有一些人对新设银行还是疑虑重重，对章程多所驳诘。这一驳诘，涉及许多投资人的权益问题，如对于总行所在地宜设在上海，还是上海、北京同时成立总行，利润报效政府应是二成还是五成，铸币获利如何分配，政府可否随时向银行借款，客户往来（除汇款外）金额在 10 万元以上均须报告政府立案等。这一驳诘的内容传出后，招股工作大受影响，正拟入股的裹足不前，已入股的有的也要求退出，原定 1897 年 4 月间开业，也不得不推迟。

---

① 盛宣怀:《请设银行片》,《皇朝经世文新编》卷二。
② 盛宣怀:《愚斋存稿》卷二五。

盛宣怀一面对驳诘各点逐一申述理由加以解释，于 4 月 2 日呈送总理各国事务衙门，同时托翁同龢（户部尚书）、李鸿章（内阁大学士）、王文韶（直隶总督、北洋大臣）等支持他办银行的人从中疏通，4 月 6 日章程获得批准。

一波方平，一波又起。正当开业之前，御史管廷献又上了"官设银行，流弊宜防"奏折，清廷又犹豫起来，究竟利弊如何要王文韶、张之洞（前者任北洋大臣，后者兼任南洋大臣、南北洋大臣，均是管商务的），加以复议。张之洞对盛宣怀办银行颇怀妒意，不愿列衔复奏，经王文韶劝说才勉强同意联名致电总理各国事务衙门，要求批准银行速即开业，否则"若再议而不成，外人将以为中国决无自强之日"。

在此期间，殖民主义者对中国自办银行也多所觊觎。或要求合办，或申请设立在他们控制下的"国家银行"，或另设立中外合资银行，欲拉走商股甚至成立后还提出合并到他们的银行中去，盛宣怀婉拒的理由是："中国是主人，仅一通商银行，论面子亦断不能少"。他倒是利用外国人觊觎这一点，要求清政府早日批准通商银行的开业。

总之，这个第一家华资银行是在清朝统治集团内部意见分歧、倾轧剧烈和外国列强插手觊觎下，几经波折，才于 1897 年 5 月 27 日在上海正式开业的。

它的资本额定为 500 万两，先收半数 250 万两。其中官督商办的轮船招商局和电报局分别投资 80 万两和 20 万两。盛宣怀本人包括代表李鸿章出面的股份达 73 万两，支持盛宣怀办银行的王文韶也入股 5 万两，说是"集众商之力，合力兴办"，但纯粹商人的股份并不多。盛宣怀既怕官股加入，他的权力就要被削弱，又担忧没有官股，不能取信于外国人，最后争取到由户部拨存通商银行 100 万两作为生息公款，5 年后分期归还，名曰息存公款，实际有附本的性质。

在管理体制方面，说是"权归总董，利归股商"。但 10 个总董并不是由股东选举产生，而是由盛宣怀个人指派，照一般企业惯例，应在 10 个董事中推举 1 人为总董，现在 10 个董事均称为总董，实际上谁也不是头，唯一的头就是后来由各总董公举"现任之督办"的盛宣怀。它的内部章则制度全仿照汇丰银行，总行和各重要口岸分行均用西人为洋大班，掌握业务经营上的实权。虽然对于洋大班"如有不合，随时可撤"，而且由华大班与之相互钳制，但是华大班并不熟悉业务。通商银行发行钞票须经洋大班美得仑签字方为有效，总行的账册、簿据亦全部用英文记载。虽说银行开创伊始，需要借鉴外国银行的经验，但其依赖程度确也异乎寻常了。它在开办后的 3 年中，先后在汉口、北京、福州、天津、广州、镇江、烟台、香港、重庆、保定等地设立了分行。这些分行的分董或经理，很少是有银行专门知识，富有事业心和责任心的人，而多数是捐纳的候补道员、豪绅、退职官吏，这些人把银行视为衙门，官气十足，陋习特深，组织散漫，既不懂经营，也不知管理，因此不仅业务无法开展，还常常发生贪污舞弊。

从成立到辛亥革命时 15 年中，中国通商银行的存款总额只有 4 年稍微超过资本额，其余 11 年都没有达到资本额，承揽汇款和其他在途结算资金方面也未见成效。这说明它不能担负起更多地为职能资本家提供货币资本的任务。它在开业后第二年就发行钞票，是华商银行最早发行的银行券，最初几年的发行额也没有超过百万两。由于资金来源不足，它的贷放额就不可能很大，在为数不大的放款中，满足洋务派所掌握的企业，与社会上企业的联系不太广泛，资金出路还要依靠钱庄为之宣泄，在早期的资金运用中也有一定比重贷放给洋行。它的早期业务经营方针，不是建立在与民族资本工商业广泛联系的基础上，缺乏为生产和流通调剂资金、融通资金的决策。在管理不善，经营不得法的情况下，它的天津分行和北京分行又遭到帝国主义八国联军的焚烧、抢劫，损失巨大，不少分行纷纷裁撤，到 1905 年剩北京、汉口两家分行和烟台一家支行了。

中国自办的第一家银行未能办成一家蓬勃发展的现代新式银行，而是陷于腐败、落后、亏损、萎缩的状况中，从根本上说是社会历史条件所决定的。它虽勉强地算是新式信用事业的肇始，但支配它的却是洋务派人物为主的封建主义势力，这也决定它不会有广阔的发展前景。具体分析，主观原因是体制混乱，用人不当，缺乏一批干练人才，客观原因则是外国在华银行势力的强大。中国民族资本银行，只是到辛亥革命后，第一次世界大战期间，列强放松了压迫，民族工商业有了较大发展之后，才能有"南三行"、"北三行"这样一批业务发展较快、办得较为成功的银行的出现。

三、户部（大清）银行和交通银行的设立

（一）户部银行

户部银行由户部草拟章程奏请清廷批准后开办，成立于 1905 年 8 月，

设总行于北京。同年 9 月设天津分行，10 月设上海分行，1906 年设汉口分行和济南分行，1907 年设张家口分行、奉天分行、营口分行、库伦分行，1908 年设重庆分行、南昌分行。1906 年清政府的户部改名为度支部，1908 年户部银行才改名大清银行。1909 年该行又设杭州、开封、太原、福州、长春、广州、芜湖、长沙、西安、云南、江宁等分行。① 户部银行是股份公司形式组建的。开办时资本 400 万两，每股 100 两，共 4 万股。官股即户部认购的股份为 200 万两。1908 年资本增为 1000 万两，除旧股 400 万两外，增招新股的 600 万两，仍由官商双方各半认购，政府和官方人士以这家银行商股股份占了一半，强调它为官商合办，但实际上管理大权操于政府手中，总办张允言、副总办瑞丰亦由户部奏派。1908 年制定的《大清银行则例》中规定业务经营项目为：①短期拆息；②各种期之贴现或卖出；③买卖生金银；④汇兑划拨公私款项及货物押汇；⑤代为收取公私银行、商家所发票据；⑥发行各种票据。国家赋予它的特权是：①代国家发行纸币；②经理国库事务及公家一切款项，并代国家经理公债及各种证券；③代国家发行新铸币。户部（大清）银行历年吸收的存款颇为可观，1906 年为 1056 万两，1907 年为 2208 万两，1908 年为 3526 万两，1909 年为 4381 万两，1910 年为 5401 万两，1911 年上半年为 6339 万两。而同样有众多分支机构的中国通商银行同期所吸收的存款只有 200 万两上下，相比之下，可见其集中社会货币资本的功能有着较大的发挥。存款多，放款的规模也就较大，1911 年上半年放款余额为 5893 万两。1911 年 3 月出任该行正监督的叶揆初主张，凡普通银行能办的事，大清银行竭力缩小范围；中央银行应办的事则须逐步扩大，专以"维持币制，活动金融"为己任，试图向中央银行方向发展。曾致力于统一国库，各地关税由大清银行有关分行经理，清政府向外国赔款亦归由大清银行上海分行经办。但不久，辛亥革命爆发，大清银行亦就宣告停业。

（二）交通银行

1907 年由邮传部奏准筹设，1908 年 1 月北京总行正式开业的交通银行，是中国人自办的第三家全国性银行。

邮传部要求设立交通银行的理由是，由这家新银行办理轮船、铁路、邮政、电报 4 个事业单位的款项收付；以便集中资金、灵活调度，改变分

① 《大清银行始末记》。

头存储，此绌彼盈，资金分散的局面；同时利用银行经理股票、债券、筹集资金，发展交通事业，避免举借外债受制于外国人。资本额定为 500 万两，先收半数即 250 万两。邮传部强调新设银行"纯用商业银行性质"，因"官股四成、商股六成，均照商律办理"。究其实际，则是因为户部银行具有国家银行性质，交通银行如再申请为国家银行，难以得到清廷的批准。在 5 万股的股份中，邮传部认购 2 万股，其余 3 万股，无论官民，均可认购。但"邮传部既认 2 万股，即为最大股东，可派总理、协理"。①管理大权，实际掌握在邮传部手中。交通银行第一任总理是李鸿章的侄子、曾任四川建昌道的李经楚，协理是浚川源银行的创办人周克昌，帮理则是邮传部参议、五路提调（即五条铁路的总办）的梁士诒。梁士诒在辛亥革命后成为袁世凯总统府的秘书长，且一度任北洋政府的国务总理；长期操纵交通银行的大权。

交通银行除在北京设总行外，并在上海、天津、汉口等地设立 23 个分行。它的存款和放款总额虽不及大清银行，但比中国通商银行要大得多。以存款计，1903 年为 1384 万两，1910 年为 2370 万两，1911 年为 1323 万两；放款，1909 年为 1711 万两，1910 年为 2842 万两，1911 年为 1798 万两。存款来源中，因独家经理轮、路、邮、电"四政"的营业收入，政府机关存款较多，1911 年占 65.5%；放款中，包括铁路在内的对政府机关放款只占 25.5%。占较大比重的对私放款，以上海分行为例，除了房地产押款和股票押款占有较多比例外，对民族资本工业的放款通常亦有 10%～20%，规模较大的工业企业如求新造船厂、大生纱厂、振华丝厂、龙纸厂等借款金额多至 5 万～10 万两，最大的也有超过 20 万两的。辛亥革命后，它仍继续营业，历经变迁，到今犹在发挥商业银行的功能。

（三）其他官商合办银行

各省在 20 世纪初办成的地方性银行也不少，其中有：1902 年设立的总行在天津的直隶省银行（时称天津官银号），1906 年设立的总行在四川成都的浚川源银行，1909 年设立总行在杭州的浙江银行，1911 年设立的总行在闽侯的福建银行，它们也都是既有官股又有商股。存在较久的是浙江银行，辛亥革命后官商分家，官股部分改称浙江地方银行，总行仍在杭

---

① 《清朝续文献通考》卷六五。

州，商股部分则改称浙江实业银行，总行设在上海，在银行界最负盛名的李铭（馥苏）主持下，发展为著名的"南三行"之一。在经营上，商办优于官办，从这家银行身上亦得到体现。

四、纯粹私人资本银行的出现

20 世纪初，中国资本主义企业有了初步发展，中国资产阶级业已形成，在金融业投资的，不仅有官僚、地主，而且有纯粹私人资本家，他们投资的银行也出现了。信成银行、浙江兴业银行、四明商业储蓄银行是完全由私人投资设立银行的典型。它们没有清朝中央政府或地方政府投资的官股，也没有像中国通商银行那样由户部拨款，它们的主要创办人和主要当权人当时的身份也不是官僚而是资本家。这三家银行的设立，标志着现代信用制度发展中的一个新阶段。

信成银行成立于 1906 年 4 月 28 日，该行为股份有限公司，资本 50 万元，除经营普通银行业务外，还经商部批准，有发行银行兑换券的权利。它兼办储蓄，"系为方便小本经纪及凡农工商食力之夫积存零星款项而设"，改变过去银行不收受零星小款的情况。不论是中国通商银行或是户部银行，当时都还未办起储蓄（大清银行于 1908 年才附设储蓄银行）。总行设于上海，并在无锡、南京、天津、北京四地设立分行。总理为无锡巨商周廷弼，协理为上海商界活跃人物沈缦云。他们还是最早筹拟设立银行公会的创议者。存款余额最多时为 700 万元，钞票最高发行额为 110 万元。它为辛亥革命的民军和秘密活动提供巨额经费而受累。后来一个写储蓄银行史的人说："辛亥民军起义，该行输纳不少，卒以金融紧迫而告停业。"[①] 信成银行存在的历史虽然只有短短几年，但它以第一家纯粹民间银行的色彩出现在中国大地上的史实，是不会因行龄短暂而被遗忘的。

浙江兴业银行成立于 1907 年 10 月 16 日。在当时一片国人自办铁路声中，浙江成立的铁路公司筹集的股份甚多，为了解决股款的存放问题，乃有附设铁路银行之议，1907 年 5 月先行营业，在 10 月 13 日召开的银行第一次股东会上，多数股东认为铁路公司附设银行，股东责任不明，根据商律，银行应该独立。这个从浙江铁路公司独立出来的浙江兴业银行，于 10 月 16 日正式成立，设总行于杭州（1915 年改设总行于上海）。设分

---

① 王志莘：《中国之储蓄银行史》。

行于上海、汉口。它也有钞票发行权，但发行数不多，资本额定为 100 万元，其中浙江铁路公司的投资占 1/3。1914 年浙路公司收归国有，公司投资于银行的股份陆续出让，承购者绝大多数为工商业者，突出的为丝绸商蒋海筹、蒋抑厄父子，其股份占 23.3%。[1] 这家银行的主要投资人和董事，几乎全是浙江、上海和汉口的商人，民族资本性质是十分明显的，它在辛亥革命后，业务发展十分迅速，成为著名的"南三行"之一，可以说是 20 世纪初代表新兴借贷资本银行业的中流砥柱。

四明商业储蓄银行成立于 1908 年 9 月。[2] 这家银行的发起人，主要投资者和主要当权人物均为旅沪经商的浙江宁波籍人士，开办时资本额定为 150 万两，先收半数，实收 50 万两。总董周晋镳系上海总商会第一任会长，董事袁濂卿为上海钱业公会会长，总经理陈子琴为源丰润票号经理，协理虞洽卿系三北轮船公司创办人。这家银行的 9 名董事和 2 名总协理，集中了宁波旅沪的著名工商者。它在辛亥革命时也是热心资助革命党人以巨额经费的，同盟会机关报曾经就信成银行和四明银行捐输较多做过报道："光复前后九月十三四日的发之军饷，大半由该两行输出。"[3] 可见这些银行不仅在社会上、经济上已取得一定地位，而且在政治上也有自己的倾向和行动。

此外，分别成立于 1906 年和 1908 年，停歇于 1909 年和 1911 年的信义、裕商两银行亦均属于私人资本所开设的银行。

从 1897 年中国通商银行成立起到 1911 年止中国人开设过的银行包括官商合办的和私人资本设立的共为 20 家，[4] 它们都采取股份有限公司形式。这与英国的银行在 19 世纪中叶，既有私人银行又有股份银行的情况有很大不同。中国银行业的肇始不是从票号、钱庄演变而来，而是仿照西方股份银行的模式建立起来的，这与中国新兴的近代企业系把西方企业的模式成套地移植过来是一样的。虽然这些银行有的经营成功，有的躲避不过一个个巨浪的冲击，但它们在 20 世纪最初 10 年的出现本身就反映着中国资本主义在这个时期开始有所发展。

---

① 据浙江兴业银行股本账统计。

② 《近代上海大事记》，辞书出版社 1988 年版。

③ 《民立报》1913 年 1 月 19 日。

④ 据上海社会科学经济研究所黄汉民调查，这 20 家银行是：中国通商、户部（1908 年改名大清银行）、浚川源、信成、信义、浙江兴业、交通、北京储蓄、四明商业储蓄、和慎、裕商、浙江、广西、大信、直隶省、四川、殖业、兴殖、中华、贵州。

五、清末各省官银钱号

清末兴起的各省官银钱号，与咸丰年间的官银钱号虽然都是为数众多，但咸丰年间那些官钱号、官钱局多是在户部自上而下推动下成立的，而清末那些官钱局、官银号则是自下而上，积极主动要求清政府批准设立的。清末官银钱号设立的年份多集中在 1896～1908 年，单是 1896 年这一年中设立的就有湖北、山东、河南、奉天、湖南、四川（蜀通官钱局）、吉林 7 个省，1900～1908 年设立的又有福建、直隶、江西、山西、江苏（裕苏、裕宁两局）、广西、湖南、广东、安徽、甘肃、热河、浙江、黑龙江（广信、官银号两局）等 14 个省，到 1908 年除云南、内蒙古和西藏外，全国绝大多数省份都建立了官钱局或官银号。

各省如此热衷于设立这种地方性的官银号，主要是因为当时通货短绌，而省级财政又十分困难，如通过官银钱号发行通用银钱票，既适合市场对流通手段的需要，又可挹注财政的亏空，名为解决通货不足，实则有利可图，因此均趋之若鹜，地方政府的总督与巡抚对各自的官银钱号，莫不加以关注与控制。它们所发行的可以在本省全境广泛流通使用的银钱票，随着时间的推移越发越广，种类亦越发越多，有银两票、银元票、钱票。钱票又分制钱票和铜元票。这些官钱号均经营存款和放款，有的还办理官款的汇解。它们发行的银钱票的余额，常常超过存款余额的几倍。官银钱号的存款不多，吸收社会资金有限，但是省库支绌，需款者众，多发银钱票以解决放款的资金来源，便成为这些官银钱号的惯用伎俩。这样做的结果，势必造成信用膨胀。但是咸丰朝官银钱号的滥发官票宝钞和滥铸大钱所酿成的通货膨胀的"前车之鉴"犹在眼前，因此在措施上采取一些谨慎的办法，对所发行的银钱票亦有一定的现银准备，在紧迫时仍设法维持兑现，所以基本上具有兑换券的性质。正由于这些通用银钱票尚能保持兑现，因此更具有欺骗性，遂得以在全省范围内通行无阻。复由于官银钱号遍及全国各地，内地省份亦有机构，不像中外银行只设在沿海大中城市，因而它们的银钱票只能伸入到内地边远省份。据计算，各省官银钱号所投放的银钱票合计余额 1908 年为 5183 万元，1909 年为 6032 万元，1910 年更增达 7244 万元。[①]

---

① 谢杭生：《清末各省官银钱号研究（1894～1911 年）》，载《经济研究所集刊》1988 年第 11 期。

官银钱号经理省库，代垫公款，经管官款的汇兑存拨，以多种方式接济官府，无异成为财政的外库，它们与财政关系如此密切，致使原来以经营汇兑官款为主的山西票号的业务大受影响。但亦正由于官银钱号具有这种特征与功能，所以它们之中的不少单位到辛亥革命后有可能改组成为省地方银行。

清末北京城行用竹牌货币

背景说明

　　1978 年作者在国家第一档档案馆查阅山西票号史料时，发现清末北京市场因货币数量不足，民间行用竹牌当货币。2000 年冬在北京琉璃厂古董市场浏览，作者又发现了一种作为筹码的竹牌，印证了清末北京市场行用竹牌作货币的史实。记下来供关心金融史的朋友们参考。

　　1978 年春季，笔者为收集山西票号史料，在国家第一档案馆（北京）查阅清档，偶然发现两件北京市面行用"竹牌"当作货币的历史档案记载。当时随手抄录了下来。

　　第一件：民政部光绪二十四年八月二十四日给度支部咨文中写道：

　　"据内外城巡警总厅会申，查孙公园、源盛粮店、十间房德树林腊铺、南柳巷天顺油盐店、朝阳门大街永顺油盐店、南小街永顺合菜摊等铺，行使竹牌、纸条，找抵零钱，殊为混乱钱法。本月初二日在市政公议研究，所公同提议，据各绅董体察情形，实由于制钱短绌，应请转知度支部多发制钱，以资周转等情申请核办前来。据此，相应资行贵部查核。"①

　　第二件：光绪二十四年九月十六日度支部复函民政部说：

　　"查发行制钱原为流通市面，惟前据宝泉局声称，本月搭放兵饷九千四百余串，实存二万余串，备银行按月支领。该局按月鼓铸并无多余，至

---

　　①　国家第一档案馆，清档民政部卷一五零九。

兵饷搭放制钱，无非散放地面，便于周转，即银行按月所领，亦与各市往来支兑专备民间零星使用，现银行所领制钱业有成数，应由该银行体察情形，务使广为流通，以维市面。惟原咨称粮店等行使竹牌、纸条找抵零钱，殊属淆乱环法，应由贵部剖饬内外城总厅，恺切劝导，设法严禁，以维环法。"①

那么这些竹牌是什么样子呢？当时不知道。

2000 年冬，一个偶然的机会，笔者在北京琉璃厂发现一个古董店有一种古董，用竹片制作，刻制精良，长 8 厘米，宽 2 厘米，厚 0.3 厘米。正面上部刻有"抵大钱一吊"五字，下部刻有"高家隆德号"五字。顶部有孔，可以用细绳串起来。古董商说，这可能是一种筹码，干什么用的不知道。以 20 元一支，买了几支。笔者琢磨，这可能就是晚清时期，北京城内金属铸币数量不足，商人行用竹牌的见证。

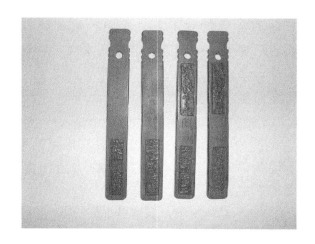

---

① 国家第一档案馆，清档民政部卷一五零九。

透过货币制度求解"李约瑟之谜"

——《货币的力量》简评

背景说明

　　本文是与王永亮硕士合作的为李锦章著的《货币的力量》的书评,商务印书馆 2004 年出版,原载《人民日报》2004 年 12 月 13 日。王永亮当时是山西财经大学副教授,现任晋商银行资产负债管理部总经理。李锦章现任长城资产管理公司山西分公司的总经理。

　　为什么 18 世纪中叶到 19 世纪中叶的工业革命发生在欧洲而不是中国?或者说,为什么引领世界文明 1000 多年的中国在此之后却衰落了?对这个被称为"李约瑟之谜"的问题,学术界有各种各样的诠释。李锦章在《货币的力量》一书中独辟蹊径,尝试从货币制度史的角度求解这一难题。

　　对货币作用或功能的传统分析不外乎两条主线:一是说明货币的使用如何提高交换效率;二是分析货币数量与经济增长、物价变动、利率走向等经济变量的关系。《货币的力量》一书则注重观察货币构成和功能中的宗教文化因子、社会和政治元素,并以此为立论基础,透过货币制度求解"李约瑟之谜"。作者认为,中国农耕时代独特的货币制度,是中国农业文明发达的重要原因。而一连串货币制度革命促成的商业革命,则带来了西欧工业革命的成功。中国封建社会中后期的货币制度严重束缚了商业革命的推进,阻碍了租税货币化的实施,抑制了对外贸易的扩展,甚至影响了宗法社会的裂变，导致了中华文明的衰落。

《货币的力量》对"李约瑟之谜"的解读或许是不完整、不全面的，但它毕竟是基于真实的历史而做出的分析和推测，从而为我们思考这一问题提供了一个新的视角。作者对货币制度在经济社会生活中广泛而深刻的作用的论述还有着重要的现实意义：只有积极而稳健地推进金融改革，充分发挥货币与金融的作用，才能促进经济社会的协调发展。

《中国对外金融关系演进分析》序

背景说明

本文是应张亚兰博士要求，为其专著《中国对外金融关系演进分析》一书所写序言，经济科学出版社 2006 年 8 月出版。张亚兰现任山西财经大学晋商研究院副院长，金融学教授。

张亚兰女士辛勤劳动的成果——《中国对外金融关系演进分析》一书，终于要出版了，作为她的导师，笔者感到无比兴奋。

随着经济金融化，金融全球化进程的加快，中国经济金融日益与世界经济金融融为一体。中国的对外金融关系，对中国经济的发展及其在世界经济金融中的地位，有着至关重要的影响。研究中国对外金融关系，是一个有重要现实意义和理论意义的选题，但是却很少有人涉足。张亚兰女士是第一位大胆的中外金融关系的探索者，其学术勇气是难能可贵的。

说实话，要想把上下几千年，脉络纵横交错、关系复杂多变，跨学科、跨国别、跨时空的中国对外金融关系的演进脉络做一个清晰的勾勒，并得出正确的研究结论，是一件相当不容易的事情。无论是理论的支撑、结构的搭建、资料的收集和语言的表述，每一步都很艰难，挨过多少个"幽咽泉流冰下难"日子，又多少次从布满荆棘的丛林中冲出来，那种感觉只有亲历的人才能深切体会。

好在作者给我们呈现了一张非常清晰的中国对外金融关系演进脉络的动态图，让人们在观察研究中国对外金融关系时，有了一个简单、明了、立体、动态的感觉，使得对外金融关系的重要性跃然纸上。

作者以系统论和协调论作为观察和研究的支点，把中国金融系统放在世界金融这个大系统之下来研究对外金融关系，研究中国与世界金融系统之间的相互协调与影响，这个定位是准确的，这种研究方法使作者正确地把握了研究的对象与内容。

公元前 2 世纪到公元前 8 世纪，中外金融系统是以丝绸之路为纽带，发生在丝路贸易重镇上的货币关系是一种线性的关系，这种关系呈现出相互补充和协调的性质。同时由于中国是贫金贫银国，在货币金属的使用上则稍逊一筹。

公元 8 世纪到公元 16 世纪中期，中外金融关系由线性关系发展到了区域间的关系，欧洲出现"银荒"的同时，亚洲出现了以中国为中心的"铜货币区"，中国开始使用纸币与票据，使中国金融系统与欧洲金融系统的差异开始拉大。

公元 16 世纪中期到鸦片战争之前，国际贸易的大发展和欧洲工业化的突进，中外金融关系出现了全球性和区域性重叠的局面，从中国的货币制度过渡到了银铜双本位制，金融发展从农业金融进入到了商业金融时代，但还没有跨入工业金融的门槛。

鸦片战争到新中国成立前这段时间，中国对外金融关系呈现出较为明显的殖民地半殖民地特征。中国金融系统边界受到西方金融的冲击；民国时期，由于军阀割据和列强的干预，中国金融系统出现了"裂变"，以致无法摆脱外国金融势力的控制。

新中国成立到改革开放前，由于"冷战"及其与苏联关系的恶化，中国金融系统在 20 世纪 60 年代之前处于与西方金融系统相对隔离的以苏联为中心的"社会主义金融区"；60 年代中期以后，中断了与苏联的关系，再加上"文化大革命"的影响，中国金融系统处于近乎"全封闭"状态，国内金融业萎缩，正常的对外金融关系几乎中断。

改革开放以来，中国采取了渐进式的改革开放，对金融系统边界输出、输入的控制和对金融系统内部"涨落"的调节，使中国金融系统的竞争能力和系统功能不断提高，也日益紧密地融入了世界金融系统。但是，鉴于目前中国的金融系统融入世界美元资金循环体系，使中国金融系统进入了动态平衡状态之中，为此，作者根据历史观、系统观和全球谋略观，提出了"主动协调"的对外金融战略及措施，提出了推动区域金融秩序建设与构建外向型的国际金融网络等政策主张，这些战略和政策主张，对正确处理中国金融的对外关系具有重要的理论意义和现实意义。

本书的主要贡献在于：第一，开拓了一个观察、研究、分析对外金融关系的新视角，创造性地将系统论、协调论原理用于中国对外金融关系研究；第二，对中国的对外金融关系做了一次系统的历史与理论梳理，具有重要的史学价值和理论价值；第三，提出了具有说服力的分析和新的观点，如"中国铜货币区"的提出和分析、"中国金融次级地位"及其分析、"中国金融系统目前处于重要的演进分歧点"的分析等。

由于作者进行的是一项开创性的研究，存在一些不足也是在所难免的。如作为一项跨学科、跨时期、跨国别的研究，对相关理论的把握、史料的把握及国别关系的把握是否已经到位，还需要时间和实践的检验。希望张亚兰女士能在这一研究领域继续前进，当然她本人已决定到国外做一年的访问考察，进一步做各国对外金融关系战略的国别比较研究，我们期待着她在这一领域中的新的更丰硕的研究成果。

《国际金融中心历史变迁与
功能演进研究》序

背景说明

　　本文是应余秀荣博士要求，为其专著《国际金融中心历史
变迁与功能演进研究》一书所写序言，中国金融出版社 2011 年
6 月出版。余秀荣现任上海工商学院金融学院院长、教授。

　　国际金融中心是跨国界的金融资源聚集和辐射中心，其功能是不断发
展前进的。由于不同历史时期的金融中心受到其地域经济社会变化的影响
与自身金融创新强弱的历史制约，依次表现出新的功能的演进与提升，从
而使得金融中心不断变迁与转移。13～14 世纪，世界经济金融最活跃的
中心在佛罗伦萨、布鲁日。但是到了 16 世纪，世纪经济金融中心北移到
了阿姆斯特丹，因为荷兰建立了世界上第一家有组织的证券交易所，建立
了世界上最早的能够办理国际清算的近代银行，这就是阿姆斯特丹证券交
易所和阿姆斯特丹银行。加上荷兰政府通过创办规模巨大的特许股份公
司，对广阔的海外商业空间行使专营权和统治权，荷兰进入它历史上的黄
金时代。当时，阿姆斯特丹以规模空前的金融市场为欧洲提供大量短期和
长期信贷，使阿姆斯特丹不但成为欧洲和世界商品交易的货物集散中心，
也成为了欧洲和世界的金融中心。
　　正在荷兰得意之时，英国已存在技术创新的很多成果，因为缺乏大规
模资金，使其不能走向钢铁、纺织、铁路等大规模工业生产。为了解决同
法国、西班牙战争产生的巨额财政赤字，英国创办了能够为政府融资的英

格兰银行，为政府经营国债，有效动员社会资金，导致英国金融革命，带动了私人银行和资本市场的发展，促使英国最早完成了第一次产业革命，让一个小国发展成为"日不落帝国"，伦敦遂取代阿姆斯特丹的地位成为世界金融中心。

进入 20 世纪，经过两次世界大战、一次世界性经济危机，英国在战争中遭受创伤，而美国在借鉴英国经验的基础上，成功地运用股票市场，把世界经济的流动资金、购买力和生产能力集中到了纽约，依靠华尔街为代表的资本市场的强有力的支持，领先他国完成了第二、第三次产业革命，迅速超过英国，一跃成为世界头号强国，纽约取得了世界金融中心的地位。到 20 世纪末以来，美国又创新了风险资本市场，不断把科技成果孵化成为产业公司，使纽约继续维持世界金融中心地位。

世界金融发展史证明，一般情况下金融业的发展是经济发展需求引起的，即金融业随着经济的发展而发展。但是，在一定的条件下，政府为了给经济发展创造必要的金融环境，通过制度与政策创新，使金融创新成功推进，让金融领先发展，从而改变原有经济结构与经济发展水平，提升一个国家的综合国力，会使一个民族或国家迅速崛起。

但是，也有人说阿姆斯特丹、伦敦、纽约世界金融中心的更替，虽然经济力量是重要的，但经济力量不是万能的，而是经由战争实现的，没有战争就很难完成世界金融中心的转移。看一看余秀荣同志的这本《国际金融中心历史变迁与功能演进研究》新作，人们就会发现，世界金融中心转移的根本动因是经济的发展及其为之服务的金融创新，包括金融工具创新、金融业务创新、金融机构创新、金融制度创新、金融监管创新，进而促使某一地区金融资源的集中与积聚，使得该地的金融功能超越了原有的金融中心的功能而居于领先地位，遂成为彼时新的世界金融中心。

这本书是余秀荣同志在她的博士论文基础上修改而成的，它对国际金融中心功能演进的路径、动因、途径以及功能实现机制等进行了系统研究，构建了国际金融中心功能分析的理论框架，引深了国际金融中心功能与建设的理论研究。

作者通过大量历史资料梳理与分析，提出国际金融中心形成的标志是跨国界的金融资源聚集和辐射功能发挥的观点。她认为国际金融中心的核心功能是跨国金融聚集功能和辐射功能，也是国际金融中心历史演进的核心标志。国际金融中心是国际金融资源聚集之地，是现代经济核心的发力点，是跨国界或地区范围发挥金融资源聚集与辐射功能作用的中心城市。

作者谨慎地依据世界经济金融发展史的脉络，把国际金融中心发展演进，划分为农业经济时代晚期国际金融中心的萌芽、商业革命时代国际金融中心的初步发展、工业化早期国际金融中心的成形、工业化成熟期国际金融中心由成熟走向分化、后工业化时代国际金融中心多元化格局的形成五个阶段，进而分析了国际金融中心在不同阶段的形成与发展轨迹。作者认为，每一次国际金融中心的漂移，都是基于国际金融中心功能变化，原有的国际金融中心跟不上经济发展变化的需要而衰落，新的国际金融中心恰恰迎合了经济发展需要的金融中心新功能的诞生和发展。

作者认为，世界经济体系的形成与发展，是国际金融中心功能演进内在的动因；科学技术进步是一个关键的外生变量，它既通过功能演进的内因起推动作用，又通过与金融相互作用，推动着金融中心功能提升；市场环境的变化也是一个重要的外因，市场不确定性的加强，推动国际金融中心为满足环境的需要而不断创新自身功能。金融中心通过市场微观主体的金融创新和政府的制度供给两个方面，实现了功能的演进。

作者从金融中心功能的视角分析出发，认为上海是我国国际金融中心功能实现基础条件最好的中心城市，是我国国际金融中心的最佳区位选择。上海国际金融中心建设的关键，是加强金融功能建设，首先需要逐步提高中国上海国际金融中心的金融资源聚集力，增强国际金融资源聚集密度，提升金融聚集功能；同时需要发展和壮大我国金融中介和金融市场的实力，提高其在大宗商品以及金融资产定价功能、风险管理功能的主动权，提高其跨国资源配置的能力。

本书研究的方法论，是从历史分析出发，从揭示国际金融中心历史变迁的视角，发现了国际金融中心功能演进是其金融中心地理转移的根源，探讨了新的国际金融中心如何适应系统环境所需要的新功能及其功能作用的机理，从而一环扣一环、自然而然地产生了上述结论，给人以客观谨慎、逻辑合理、步步深入、结论自然的美感。作者对国际金融中心研究方法论另辟蹊径，使她突破了传统的金融中心建立的必要性、可能性和政策性建议等一般思路，使得国际金融中心研究的理论得到了提升。

当然，国际金融中心并不是一个层次，有全球性中心、区域性中心等，中国国土辽阔，对外开放，中国国际金融中心应当有哪些层次，以及各类中心功能的协同性与差异性等，本书尚未展开讨论，这自然应当成为作者今后继续研究的对象。余秀荣同志 15 年来从事高等财经教育，在金融学方面已经出版多种教材与数十篇学术论文，孜孜不倦地进行金融理论探索和实务研究，默默地克服了生活中遇到的种种困难和学术上的一个又一个难题，其百折不挠的进取精神令人十分钦佩。笔者相信，余秀荣同志从历史发展中探索金融理论规律性的学术研究方法与方向，仅仅是开始，今后会在这条路上不断前进，并为社会做出更大的贡献。作为他的导师，笔者坚信不疑。

《票号与现代商业银行经营
管理比较研究》序

背景说明

　　本文是应王渊博士要求，为其专著《票号与现代商业银行
经营管理比较研究》一书所写序言，山西经济出版社 2013 年 1
月出版。王渊现任山西省煤炭交易中心资金结算中心主任。

　　王渊同志的这本《票号与现代商业银行经营管理比较研究》专著，
是在人本文化视角下，对历史上山西票号的经营管理与现代商业银行进行
的比较研究，而且也涉及现代中国商业银行与现代西方商业银行的对比。
作者在分析票号经营管理制度形成的经济、社会和文化环境的基础上，从
企业治理、人力资源管理、经营策略、风险控制、金融文化等方面，展开
了对票号与现代商业银行经营管理异同的系统讨论。他认为，商业银行的
经营管理核心在人，提升商业银行的经营管理水平需要抓住对人的经营和
管理，来实现商业银行业务发展和管理的提升。同时，作者又在社会体
系、文化层面讨论了票号与现代商业银行经营管理差异的内在原因，进而
提出了中国商业银行特色发展路径选择的建议。以这样的视角研究票号与
现代商业银行经营管理还很少见，这也是本书独有的创新与特点。
　　大家应该还记得，1908 年美国金融危机波及全球，危机的制造者们，
如美国国际集团（AIG）高管在 2008 年造成 AIG 高达 993 亿美元的巨亏，
一度陷入破产危机，股价由 100 美元跌到 33 美分以下。美国政府不得不
注资 1700 亿美元，才使之得以起死回生。然而，这些高管们竟计划在这

一年派发 4.5 亿美元的分红，使奥巴马总统也万分惊愕，称 AIG 挟持国家当人质，发誓要把"钱要回来"。就在 AIG 等华尔街金融大亨面临经营与信任双重危机时，2009 年 3 月 18 日《纽约时报》刊登了"中国山西票号"的特写文章，被世界媒体解读为"美国大力推销晋商精神，借以警醒处于经营危机和信任危机下的 AIG 类的金融巨头们"，要华尔街金融大亨们学习山西票号。那么，山西票号有什么值得美国金融大亨学习的地方呢？最重要的是稳健审慎的经营原则，诚信义利的商业伦理，恪尽职守的职业操守。首先，票号是中西现代金融业的"财富榜样"。票号追求利润的前提是见利思义，先义后利，以义取利，以义制利。认为有义有德才会有友有财。"仁中取利真君子，义内求财大丈夫。"20 世纪初英商汇丰银行的一位经理说："二十五年来汇丰与山西商人做了大量的交易，数目达几亿两，但没有遇到一个骗人的中国人。"其次，票号是中西现代金融业的"风控榜样"。在资金不足无法满足社会需求时，通常是通过收受商业票据或发行短期银行票据，来满足社会对支付手段的需求，很少发行长期流通券，若发现分号现银摆布不均，则是"酌盈济虚，抽疲转快"。他们将资本金分为正本与副本，正本是股东投资，副本是按股份比例（包括银股和身股）提取的部分红利，周转使用，若发生亏损则由副本支付，绝不能"亏煞老本"，所以也称"护本"。最后，票号是中西现代金融业的"管理榜样"。票号认为义利是相通相济的，始终坚持道御经营，和贯始终，"仁义礼智信信中取利，温良恭俭让让中求财"。处人适情，处物适则，处事适理，人和、物义、事中。笃信"和气生财"，重视与社会各方面的和谐相处。票号的"人身股"，就是"有钱出钱，有力出力，出钱者为东家，出力者为伙计，东伙共而商之"的劳资共创、劳资共赢的制度创新，它将投资者的物化劳动与伙计们的活劳动整合在一个产权制度框架中，将资本所有者与劳动者的物质利益牢固地凝结在一个平台上，使东伙共享新创造的价值，这是企业管理史上成功有效的也是独一无二的晋商的资本论。我们从大德通票号的大掌柜阎维藩给他的一个分号关于章程修改的四条指示，便可以管窥豹：第一条"宗旨宜坚定也"，说的是银行的经营战略原则：一是分号必须坚持本号办号宗旨；二是严格履行本号规矩，"凡事待人以德"；三是初开张不必贪展，宜先虑后动，站稳脚跟，再图发展；四是以营求浮存为要义，不宜大利上款，"作佃官场，为号规所忌。"第二条"择主宜认真也"，说的是银行业务的审慎原则，要求

"占庄因以求利为本，而尤以择主为贵。凡做迟期生意，则须极意详慎选择"，多事之秋，宜诸从活便，庶可进退欲如。勤阅报纸，耳目流通，更吾等分内之事。第三条"操守宜讲明也"。说的是对员工的品德要求，"我号谦慎相传，以高傲自满、奢华靡丽为深戒。且勤为黄金之本，谦和圣贤之基。"第四条"自立宜切究也"。说的是市场竞争策略，"近来银行林立，我号利权几为所夺，值此商战之秋，显然优胜劣败，速筹自立之方。自立之道维何？一曰实事求是，二曰一意从公，三曰随机应变，四曰返璞归真。"简言之，山西票号的以义制利、善待相与、资本管理、慎于出票、人本理念、中和之道等，都是现代"经济人"需要学习的。

王渊同志的这本书，提出了在企业治理方面，票号建立了所有者（财东）、管理者（掌柜）、职工（伙计）、客户四者之间的利益关系统一在一个制度框架中的和谐合作共赢的治理机制；在人力资源管理方面，票号以员工的全面发展为核心，体现个人价值与票号发展目标的统一、人与社会文化的相互融合；在经营策略方面，票号的金融创新，以人本文化为根本出发点和落脚点，体现了人本文化理念在业务经营方面的深化与延伸，同业合作与竞争融合在个人行为的理性化与规范化之中；在风险管理方面，票号注重以信义约束员工，积极挖掘员工自身的道德意识，并借助担保、宗法、号规约束，实现对"人"的管理，使管人与业务内控有机结合，实现有效的风险控制；在金融文化方面，票号以义制利的商业伦理、中和之道的处世哲学，使票号的社会责任与票号职员修齐治平的心智素养相统一。作者认为，票号的经营管理核心是以人为本，以所有者（财东）、管理者（掌柜）、职工（伙计）、客户为本，经营管理活动的出发点和落脚点都是"人"。而现代商业银行的经营管理核心则为价值创造，以利润最大化为本，弱化了对"人"的关注，这是商业银行风险的内在根源。由于票号与现代商业银行秉承的价值观的差异，票号的价值观根植于儒家思想核心的中国文化，而现代商业银行的价值观是建立在"经济人"理念之上的西方文化，价值观的差异，衍生了其经营管理核心的差异。作者认为，中国商业银行应该以人为本，中西结合，融会贯通，在引进西方商业银行的先进发展模式和现代科技管理等经验的同时，必须传承中国传统金融中优秀的经营管理理念、金融文化精华，走一条中国现代商业银行特色化发展的新路。

说实话，近年来研究票号对现代商业银行有借鉴意义的人很多，但是很少有人从金融文化、人本视角展开，作为这一问题的大胆的探索者，需要有一定的学术勇气，王渊同志的尝试确实是难能可贵的。好在作者给我们呈现了一幅非常清晰的山西票号与当代中国商业银行和西方商业银行的经营管理差异的影像图，让人们不再停留在感叹票号汇通天下的雄风，也不必再盲目照搬西方商业银行整套操作规程，而是立足于弘扬中华优秀传统文化精髓，同时又不断地吸取外来文化的先进经验，创建中国特色的商业银行经营管理制度体系。同时，从人本文化的视角把二百年前中国从事存放汇兑的金融机构与当今的商业银行进行比较研究，其时间、空间都有很大的距离，要勾勒出一幅清晰的经营管理理论差异的图像，理出一套贯通古今且具文化视野的商业银行经营管理理论并为现代商业银行所借鉴，确实是一件不容易的事情。无论是历史事实的把握、经济文化的交互融合，还是管理理论的支撑，都有很多挑战，然而本书的作者基本上做到了。作为他的导师，笔者感到无比兴奋。

当然，本书重心是分析研究票号的人本经营管理理念，对票号的分析占比较大，而对现代商业银行特别是对西方商业银行经营管理分析占比较小，现代商业银行优秀的经营管理理念和方法未能全面展开，所以我们还期待着作者有新的现代商业银行研究成果问世。

专　访

孔祥毅纵论山西金融发展史

背景说明

　　本文是《生活晨报》记者的电话采访稿，刊于该报 2001 年 9 月 28 日，讨论山西金融历史。

　　孔祥毅，生于 1941 年 8 月，山西阳城人，中国共产党党员，山西财经大学党委书记，金融学教授，博士生导师，享受国务院特殊津贴专家，部级优秀专家。

　　孔祥毅晋商长期从事金融理论和金融史的教学与研究工作，先后主编了专著、教材 15 本，参编教材、工具书 15 本发表论文和重要研究报告 80 余篇，曾承担 10 多项国家、省部级研究课题。他在山西票号和山西商人的研究方面受到了海内外重视。其著作《中央银行概论》被称为"我国第一本系统地专门论述社会主义中央银行的著作"。

　　晋商的发展及其在金融机构、工具、业务、技术上的创新，对中国以至世界金融业的发展，都有着巨大贡献。

　　明清时期，中国与欧洲在金融业发展上是同步的，晋商就是其显著代表。

　　山西商人对中国以至世界金融业发展的巨大贡献主要体现在三个方面：一是金融机构的创新，如票号、账局、钱庄、印局等；二是金融工具的创新，如汇票、支票甚至旅行支票；三是业务及技术上的创新，如银行密压、汇兑等。

　　公元 1821 年，平遥县达莆村李家开设的"西裕成"颜料庄，被其总经理雷履泰改组为经营银两汇兑和存款、放款业务的票号，这就是被称为我国"第一家银行"的日升昌票号。它的产生结束了我国官府或商人异地运款采用的镖运方式，很快成为众多商号竞相仿效的对象。

几年的时间，平遥又产生了"蔚"字五联号等数家票号，形成了票号"平遥帮"。此后又逐渐也有了"祁县帮"和"太谷帮"。

山西票号从创立到衰落的几百年中，在中国共设票号 51 家，分号 400 余家，各票号分号的设立甚至跨越国界，发展到朝鲜、日本等国。山西票号一度成为"执中国金融界之牛耳"的强大力量，并影响了中国金融业近一个世纪。

20 世纪 30 年代，山西是全国的模范省，这与金融业发达功不可没。

从 20 世纪初到 1949 年新中国成立，山西经济经历了两个发展高潮，金融业在其间功不可没。

第一个高潮是从 1911 年辛亥革命到 1930 年。在此期间，山西推行了"六政三事"，充分运用了企业股份制这一套新的融资办法，引进外资，发展了山西经济，特别是农业、水利以及军事工业。

第二个高潮是从 1932 年到抗日战争爆发。这个时期是山西经济大发展的时期。阎锡山设立"省、铁、垦、盐"四银行（号）及"实物十足准备库"，大办农村金融业。同时，他还大做国际贸易，引进国外资金、技术、推动山西经济的发展。山西的现代工业也由此发展起来。

共产党带着人民银行进城前，革命银行始终支持着革命根据地的发展。到了计划经济时代，山西金融业在全国仍名列前茅。

抗日战争和解放战争时期，共产党在领导山西人民群众建立敌后根据地的同时，新建了三大银行：位于太行山的冀南银行、位于五台山的晋察冀边区银行及位于吕梁山西的西北农民银行，后来，这三家银行和山东北海银行合并，组成中国人民银行。到了解放战争后期，共产党都是"带着人民银行进城"的。

1948 年 10 月 1 日，华北人民政府布告，冀南银行与晋察冀边区银行合并，改名为华北银行。12 月 1 日布告，由华北银行、西北农民银行与山东的北海银行合并为中国人民银行，并从即日起发行人民币。

1949 年以后，在计划经济体制下，人民银行集中资金，支持了国家在山西的重工业基地建设，特别是军工、煤炭、铜铁以及机械制造业。一直到 1985 年，山西经济在全国始终位居前列。

山西的市场经济衰退，金融业有一定的责任。进入 21 世纪，新晋商又悄然崛起。

1985 年后，山西经济开始衰退，造成这种局面我们的金融业也有一定的责任。

当时山西金融业发展的情况是：重国资、轻游资；重长资、轻短资；重外资、轻内资。所以，虽然我们工作做了很多，引进了一些外资用以发展山西经济，成绩应该予以肯定，但同时，山西本土资金大量外流，总的来看，出的多，进的少。

1995 年金融改革以后，金融业由人民银行一统天下，变成了多家金融机构并存的竞争格局。这时，山西的资本货币市场、保险市场、证券市场以及利用外资方面都有了很大发展，但与全国其他省市相比，还有一定的差距。不过，有许多迹象表明，山西金融业发展的后劲是很大的。

在组稿过程中，我们还了解到，目前山西辖区正在着手组建一家综合类证券公司，资产规模将达 10 亿元以上。同时，有关部门已着手从浙江绍兴受让一家期货经纪公司，并上报中国证监会审批。而山西民间力量正在酝酿酬备一家山西本土的民间保险公司。从这些迹象我们不难看出，新一代的晋商正在悄然崛起。

解读晋商

——孔祥毅教授访谈录

背景说明

本文原载《企业管理》2001年第12期，访谈文章前，记者郭学军写道："您可能通过电影《大红灯笼高高挂》知道了山西大院，但是您是否了解那些大院的主人——在中国历史上辉煌了500年之久的晋商？

走遍晋商，我们蓦然发现了一个已经被许多人淡忘的企业管理的知识宝库。晋商曾经在中国商业史上独树一帜，他们运用中国人的传统智慧，创造出一系列企业经营管理方面的独到经验。其中有些做法，即使在今天看来也是颇为先进的，如两权分离的企业治理模式、人力股制度，激励与约束并重的选人、用人机制，完善的行业协会体系等。

不久前，本刊记者赴太原对长期研究晋商现象的山西财经大学孔祥毅教授进行了访谈，并将谈话内容整理成文——解读晋商。

此外，我们还特邀著名学者张承耀先生和钟朋荣先生结合今天企业经营管理的实际进行评析，以期给正在致力于企业改革与管理的读者以一些新的启示。"

卷首语：历史遗留给今天的话题。
晋商现象，是我关注已久的一个话题。

1997 年深秋，我随几位友人到晋中游玩。散步在晋中大地上一座座气势宏伟的深宅大院，祁县、平遥古城中林立的明清遗存商铺，第一次激发了我探究其背后故事的浓厚兴趣。粗略翻阅了几本有关晋商的书籍以后，我有一种非常惊讶的感觉：许多我们今天视为企业改革中的重点、难点问题，在明清两代的数百年间，在山西这块大地上，曾经得到广泛的实践、应用。权责明确的两权分离的企业治理结构、对人力资本的认可、实践（人力股）、有效的行会制度、个人信誉体系的构建……尽管这些实践还远谈不上是最完善的，但在基本方法和思路上，与今天我们从西方引进的管理思想颇多契合。

在日常学习和从事编辑业务的时候，我时时会因相关的问题联想起当年的晋商。在某些问题上，研究前人的东西与研究外来的东西同等重要，两者相结合对我们来说可能更有价值，简单照搬哪一个都难以奏效。在今天后者占尽强势的情况下，了解认识一下我们前人的成功实践肯定是有益的。

对比我们的近邻日本、韩国，以及东南亚一些国家，我们可以明显地发现，在它们的管理文化中，传统的儒家伦理道德和东方特色的思维方式占有很重要的位置。甚至比起我们国内的企业这一特色更加鲜明。应该说，它们对外开放的历史更长久，开放的程度更深。这个奇怪的现象很值得我们深思。

尽管长期以来关注晋商，由于自觉才疏学浅，未敢轻涉。一个偶然的机会，经山西财经大学宋瑞卿先生引见，得以拜识孔祥毅教授，孔教授现任辽宁大学博士生导师、中国商业史学会会长、享受国务院特殊津贴专家。孔教授从教近 40 年，以治学严谨著称，并且对晋商现象的研究有着精深的研究。

不久前，我专程赴太原，与孔教授就晋商话题竟日畅谈，受益良多。现将谈话内容进行整理并经孔教授校正后在本期"特别关注"栏目中刊载。

记者：在我对晋商逐步加深了解的过程中，深感晋商的经营管理对于今天的企业管理仍有着积极的借鉴意义。今天，我们想请您就有关晋商与现代企业管理方面的话题谈一谈。

孔：晋商在其近 500 年的历史实践中，积累了宝贵的精神财富，留给后人以丰富的经营宝训，是一笔泽被世人、恩泽后代的遗产。500 年间，晋商以其勤劳、智慧传承富裕、文明，足迹遍华夏，声名振欧亚，影响之大，在中国、亚洲甚至于世界商史上都有一定的位置。

记者：请您先对晋商的发展脉络做一个简要的介绍好吗？

孔：明清时期，我国封建社会制度开始由盛向衰转变，同时，封建的自然经济、习俗经济也开始出现了向商品经济、市场经济转变的萌芽。明清时期，中国商业达到了一个较高的阶段。清代初期，山西商人不仅垄断了中国北方贸易和资金调度，而且插足于整个亚洲地区，甚至把触角伸向欧洲市场，南自香港、加尔各答，北到伊尔库茨克、西伯利亚、莫斯科、彼得堡，东起大阪、神户、长崎、仁川，西到塔尔巴哈台、伊犁、喀什噶尔，都留下了山西商人的足迹。有些商人甚至能用蒙古语、哈萨克语、维吾尔语、俄语同北方少数民族和俄国人对答如流。其中最大的"通事行"山西人开办的"大盛魁"，从业人员达六七千人，人们曾形容"大盛魁"的财产能用五十两重的银元宝从库伦到北京铺一条路。北京至今留有招牌的著名字号"都一处"、"六必居"、"乐仁堂"等都是山西商人首创和经营。

除了国内贸易外，山西商人还开拓了国外市场，我国从陆路对俄贸易最早最多的是山西人。在莫斯科、彼得堡等十个俄国城市，都有过山西人开办的商号或分号。在朝鲜、日本，山西商人的贸易也很活跃。

记者：在这一历史过程中，其中一定会有许多值得我们当代企业管理学习、借鉴的地方。以下我们分别围绕有关晋商的两权分离及其制约、人身股的实践及其与当代企业的改革、晋商行会对现代行业协会的借鉴、晋商"相与"与现代社会信用、"官商相维"的传承与扬弃、晋商精神的现代意义和晋商衰落的历史教训等方面的话题进行探讨。

两权分离及其制约

记者：一般人认为，所有权和经营权相分离，权责明晰的企业治理结构源自西方发达国家，是现代企业的一个重要标志。但是我在许多资料上看到，在明清时期山西商人有代表性的知名企业中，普遍采用的是这种方法，尽管在细节和具体操作方法上略存差异，但其共有的特征是两权严格分离，权责高度明确，而且这一治理模式存在、运行了数百年之久，很少有因为制度本身的缺陷而导致严重问题的记载。这是我在研究晋商现象时感到最惊奇的地方。请您先谈一谈这方面的有关情况。

孔：晋商实行的两权分离的制度到底是何人首创、何时形成的，史料尚未发现明确的记载。但可以肯定的是，它是随着明清以来晋商迅速成长、崛起，企业的规模日益扩大，而且形成了浓厚的商业氛围，经营管理人才大量涌现而逐步形成、完善起来的。无论是独资企业还是股份制企业，财东（投资人）决定投资某项商业时，先物色一位有经验、可信赖的人做掌柜，并在有中证人参加的宴请席上，授予全权，包括资金运用权、职工调动权、业务经营权，并签有契约合同，规定资本若干，由掌柜自主经营，财东不加干预。在今天看到的许多商号遗存的史料上，晋商普遍采取的是这种两权分离的治理结构。

记者：晋商的两权分离与今天我们正在大力推广、借鉴的西方企业两权分离的治理模式相比，一个显著的特点就是经理的权限非常大，许多在今天看来应该由所有者的代表（董事会）来决策的问题，都是由掌柜决策。

孔：是的。晋商的经营者权力确实非常大，财东对于企业具体的经营过程采取了超然的态度，资本、人事全权委托经理负责，一切经营活动不加干预，日常的盈亏也不过问，让经理大胆放手经营，静候账期（一个会计年度，一般为 4 年）决算。财东的子弟就业，也不得进入本号。财东连举荐人的权力也没有。在大德通商号的号规中有这样一条："各连号不准东家举荐人位，如实在有情面难推者，准其往别号转推。"经理在商号内部实行高度集权制，同仁们虽然有建议权，有身份、有资历的伙计在一些小事情上也可以便宜行事，但大事则由经理裁夺。经理每年年终汇集营业报告表，造具清册，向财东汇报一次，这时财东对经理的经营策略只有建议权，没有决策权。财东只能在结账时行使权力，平时不得在号内食宿、借钱或指使号内人员为自己办事，只有经理才能对外代表商号，财东不得以商号名义在外活动。

记者：那么，为什么会形成这一现象呢？或者说财东这样大胆授权的根据是什么呢？

孔：晋商的财东们之所以敢于对经理们如此大规模地放权，我觉得主要是体现在两个层面：第一个层面是如何选人、用人，包括选人的程序、选人的标准和选拔人以后如何培训教育、如何任用；第二个层面是对于人的约束，这又可以分为两个约束，一是用伦理思想约束，这种约束是潜移默化的，贯穿在日常的企活动之中，二是用企业的规章制度来进行约束，属于内部约束，是通过制度来规范约束人的。由于晋商在选人、用人以及约束、制约员工几个关键的环节处理得比较好，所以财东能够大胆地放手、大胆地授权。

经理的选择："认真察看者得之"

记者：我从史料上看到，晋商在经理的选择上是非常的慎重、认真的。具体的过程是怎样的呢？

孔：山西票号业的著名人物李宏龄总结说："得人者兴，失人者衰，认真察看者得之，不认真察看者不得之。"财东在开办企业之前，第一件要务是物色合适的经理，或是由介绍人引荐，或是由自己注意查访。财东心目中理想的经理应该是能攻善守，有谋有为，特别是要德才兼备。经过反复考察、比较、筛选以后，一旦确定人选，财东便具礼相聘。在正式聘用之前，财东与被聘的经理还要面谈一次，以便当面做最后考察，被聘者也借此机会考察一下财东，看他对自己是否有信心、有决心，在经营思想和方略上是否相一致。这一切都没有问题以后，双方便正式合作。所以说尽管财东在企业正式运作以后采取一种超然事外的态度，但在选人上是从不畏烦难、毫不含糊的。

记者：这样看来，在当时的山西，拥有一支人数可观的职业经理人队伍，是出资者可以有充分的选人余地。在当时的环境背景下，这支队伍又是如何产生的呢？

孔：山西商人在选拔、培养后备人才时也充分表现出"慎于择人"的管理风格。晋商在选择新人时，一般都是在总号所在地本县和邻近地区的青少年中选拔，从很小的时候就开始培养。通常，新人进入企业工作还要有可靠的介绍人作保。比如山西商号中最著名的大盛魁在选择人时，都是从祁县、太谷选择十五六岁的孩子，有一定文化、举止正派、聪慧机灵，而且其家族及上代人均没有污点。选定后让他们步行到归化（今呼和浩特）的分号，然后换乘骆驼一直到科布多（位于外蒙古的西部与新疆交界处）总号，在那里进行培训，主要是外语和少数民族语言，如俄语、蒙古语、维吾尔语、哈萨克语等及商号里的各项规矩，随后分派到各个分号，跟着老职工学习业务，叫学徒，主要是端"三壶"（水壶、茶壶、尿壶）、扫地、抹桌、上下门板等杂活，晚上练习写字、打算盘，向老职工学习各项实用技术，此外还要学习企业里的各项规矩。三年学徒期满，方可以做一些具体业务，经多年实际业务考验，选能任贤、委以重任，不分门户，不问私情，量才任用。晋商财东认为："得人者昌，政界固然，商界何独不然？"他们求贤若渴，一旦发现可用之才，便登门相求。

财东："疑人不用，用人不疑"
掌柜："受人之托，忠人之事"

记者：选拔合适的人选并加以培训后，下一个关键环节就是涉及用人的问题。在这方面，晋商又是如何去做的呢？

孔：刚才讲到的指示选拔、培训方面，这仅仅是使员工拥有了一定的知识和技能，但是员工的主动性、责任感、归宿感、忠诚心和道德觉悟等，则是要在用人的过程中巩固、升华的。晋商深知"疑人不用，用人不疑"的用人之道，即使遇到年终结算发生亏赔，只要不是人为失职或能力不足造成的，财东不但不加以责怪，反而多加慰勉，立即补足资金，令其重整旗鼓，以期来年扭亏为盈。这种充分信任，从而使经理们确立了"受人之托，忠人之事"的行为准则。可以说，这是企业的人力资源管理中最宝贵的资源，它更具有长远性、整体性、全面性和战略性，而要做到这一点，就必须通过有效的管理、大胆的授权、良好的双向沟通、充分的信任和重视等手段才能得以实现。因此，如何用人是企业高层管理者的基本职能之一，它决定着企业的兴衰成败。

记者：有没有这方面的实例来说明财东和掌柜这种信任关系的？

孔：举个例子说，当年太谷曹家觉得沈阳是个很有前途的市场，想在沈阳开设富生峻钱庄，曹财东四处求人推荐合适的人做掌柜，亲自查访候选者的身世、家世，多方面考察其品行、道德、能力，最后又找到了一位德高望重、家道殷实的保荐人，正式聘用了一位掌柜，并将七万两白银交付他作本钱，令其赴沈阳上任。这位掌柜经营了几年，不仅没有为东家赚到钱，反而把东家的本银也赔了进去，掌柜只得回太谷向财东汇报亏损的经过。曹财东听了掌柜的全面汇报，感到导致亏损并不是因为掌柜不能恪尽职守或能力不足，实在是一些意外的因素所致。因此，他没有责怪掌柜，又给他拨付了第二笔资本。不料几年过去，本钱又亏得一塌糊涂。这位掌柜觉得很羞愧，提出引咎辞职，可曹财东听了他的第二次汇报，又进行认真分析，认定这位掌柜断非无能之辈，于是又拿出第三笔本钱，并鼓励这位经理不要灰心，放心去做。掌柜回到东北后，重整旗鼓，整顿人事，在总结前两次失败教训的基础上调整了经营策略，没几年，富生峻钱庄不仅赢回了前两次亏赔的钱，而且获得巨额盈利。掌柜利用这些盈利，利用当地盛产高粱的优势，为东家在四平开办了富盛泉、富盛成、富盛长、富盛义四家酿酒商号，富生峻钱庄也在沈阳金融界确立了稳固的大户地位。

道德与制度：谁更有效？

记者：财东这样大胆地用人，并不能绝对保证对方也是赤胆忠诚、忠心耿耿地为东家效力的，必须有所约束，并要灌输一定的思想来进行说教、劝勉。

孔：对，这就是伦理思想。晋商推崇诚、信、义、利的伦理道德。东家对企业的职员，企业职员对待东家，都讲究诚、信、仁、义。对于职员来说，东家对我信任，我不能对不起东家。不知你是否注意到了这样一个有趣的现象，晋商在外经营赚钱后，首先要修关帝庙。晋商所到之处，几乎没有不盖关帝庙的，一个归化城（今呼和浩特市旧城）就有七个关帝庙。山西商人把关帝庙修遍了全国，就是青藏高原的西宁、拉萨都有关帝庙，甚至于海外，也都有山西商人建的关帝庙。如日本的兵库县至今还有关帝庙。晋商把关云长奉为财神，恐怕主要是因为关云长讲义气，在外经商要讲义气，相互支持。因此，儒家思想在晋商中体现得很突出，这种伦理思想对于晋商产生了很深的影响。

记者：通常人们认为，在中国的传统社会，更多的是体现为人治，而法治精神不足，但是我从有关材料上看到，晋商企业普遍制定了一套近乎严苛的管理制度。晋商是如何通过制定严格的规章制度对经理和普通员工进行有效约束的？

孔：是的，晋商企业有一套严格的管理制度，通过号规即内部制度和行会纪律对从业者进行有效约束。比如，票号各分号与总号之间的关系、业务经营原则、对工作人员的具体要求等，内容非常细致、严密。同时，还会根据业务发展的需要和内外部形势的变化不断进行调整、增删。而且，规矩一旦确认下来，不论经理、伙计、学徒乃至财东，都须严格遵守。如休假制度，总号人员一般两三个月可以休息7天，太原分号一年可休息两个月，其他各地分号大部分要连续工作三年，然后休假半年，路远的分号为五年一次。这种休假制度对职员和经理都是相同的。对企业职工日常行为的约束包括：不准携带亲故在外谋事；不准在外娶妻纳妾；不准向有业务往来的客户借钱；不得挪用号内财物；不准兼营其他业务，用今天的话讲就是不准从事第二职业；不准在号内外赌博；不准嫖娼、吸食鸦片；除非是因公事，不准到小号（总号直接投资兴办的独立经营核算的下属单位）串门；回家休假时不准到掌柜和财东家闲坐；不准向掌柜和财东送礼；如有喜庆婚丧由号内送礼，同事间不准送礼；同事之间不准借钱；不得在外惹是生非；若有过失不得相互推诿包庇。此外，还有打架斗殴者开除、搬弄是非者开除、结伙营私者开除、不听指挥调动者开除，等等。为防止贪污、挪用、做假的现象，对于所有从业人员的个人财产，也有一套严格的控制办法。职员每年的工资不发到个人手里随意支配，而是寄存在柜上随用随支，最后到期返乡时再算账取走。在外地分号工作，每月可以寄平安家信，但不准私寄银钱和物品，包括经理在内一律不准携带家属。一般跨地区经营的企业都有这样的规定：从外地分号回原籍总号的人员，一律要先回总号报到，即使中途路过家门也不得进家，到总号后将随身所带各种物品交付专职人员查验。离开分号时随身携带的物品、银两数目由分号开一张清单，到总号后一一核对，看是否相符。为别人捎带的物品交由总号登记留底后转寄。一切清楚无误后才能回家。

此外，在财务制度、业务信函往来制度、报告制度、经营制度等多方面的规定，经过长期的修订、完善，可以说既细密又严格。山西商号在执行制度方面可以说严酷无情，违反这些制度的，不管是谁，通常的后果是开除出号。

本地人策略：让试图违规者望而却步

记者：制定严格的规章制度并且付诸实施、执行是保证企业正常经营所必需的。但是再周全的制度也难免有漏洞可钻。今天我们的政策、法律、法规以及不同层次的规章制度可以说浩如烟海，远远多于晋商的制度设计。但是常常遭遇"上有政策，下有对策"而使制度失效。比如您提到的回家前先回总号交验行李那一条，只要我中途安排个人接应一下就可以使这项制度形同虚设。怎么解决这个问题？

孔：道德和制度要想真正对人起到约束作用，离不开一定的伦理环境和社会基础。由于晋商生存的社会条件是一个较为封闭的农业社会，而且晋商企业用人也不是五湖四海，基本限于本县及邻近地区，无形中形成了一个较为封闭的圈子，一旦某个经理、某个职员违反了号规，违反了公认的道德准则，被某企业驱逐，别的企业根本不会使用，这个人就完全无法在这个圈子里立足，唯一的出路就是回家务农，潦倒一生，再也没有换个环境重新做人、东山再起的可能。换句话说，就是上了"黑名单"。因为企业的规章制度是依据当时人们公认的道德准则和习俗制定的，违规就意味着违反道德准则。在传统道德观念中，这种人是为人所不齿的，回乡之后也会遭乡邻唾弃。传统的中国人讲究"树高千尺，落叶归根"，不论是经理还是伙计，无论在外是否发了财，最后总是要回归乡里。违规行为要冒巨大的人生风险。而且，更要命的是，我们前面谈过，商号在选人的时候要从本地挑选，考察人品时一个重要的内容就是"查三代"，就是看家族内，特别是近亲、长辈当中有无带有污点的人。如果有，就会重新考虑。这就是说一个人违了规，一旦被发现，不但自己身败名裂，而且影响到自己的家族、子孙的前途。而在传统中国人的意识中，很重视后代的福祉，要为子孙留有"遗泽"，同时，家族意识也很重。这样看来，违规的成本确实大得让绝大多数人望而却步。

记者：这种约束确实是非常强有力的。晋商中相当一部分是跨地域经营，分号的经理和职员远离总部，好几年才回总号一次，违规的机会很多，没有强有力的约束机制恐怕难以为继。这也是今天许多跨地区经营的企业最为头疼的问题。为此也有人设计了许多办法。比如江苏的一家乡镇企业集团，1997 年前曾发生多起在外工作的营销人员坑害企业、携款私逃的事件，为了加强控制，他们做了规定：在外地工作的营销人员，第一必须是当地人；第二必须结婚；第三必须是共产党员或共青团员；第四必须安排其家属在本企业上班。这个企业的老总说，他是想用诸多的社会关系分解营销人员犯错误的风险。这与晋商的做法似乎有相通之处。但是一个关键问题是，晋商那种约束机制发生作用的条件已经不复存在了。在今天这样一种开放、流动的社会背景下，个人信誉已经不构成对行为的强力约束。比如一个经理人在北京坑了老板，到深圳、到广州，同样做他所喜欢的营生，一个造假的商人，另起一个名字、换一个执照也完全可以继续做下去。晋商的这种道德约束手段对今天有什么借鉴意义？

孔：晋商从业者看重个人的信誉，有其特殊的社会条件和道德环境，照搬过来希望以此来约束人们是不可能的。我们不妨看一看西方的经理人，他们为什么就那么珍惜个人的信誉？一个经理人因为自己的能力所限或者道德方面的原因办坏了事情或干了坏事，对他终生的职业生涯都会有影响。比如在美国，如果一个人的企业发生倒闭破产，那么他三年内不得开办任何企业；一个经理人在一家企业工作不称职，他就很难再在其他企业受到重用，甚至找不到工作，至于违规坑人，那后果就更加严重。有这样的一套信誉体系，就不会有易地做官或者改头换面、卷土重来的机会。这与晋商企业的用人制度有异曲同工之效。

社会形态改变了，封闭的、地域化的用人策略失效了，但是今天我们可以更多地借鉴西方发达国家的经验，用先进的信息化手段，给每个从业人员建立起个人信誉档案，形成严密的体系，这从手段上看不是没有可能。只有个人信誉成为每个人的生命，每个人都不得不认真敬业，检点自己的行为，制度约束才可能发挥其作用。我国目前的市场经济秩序比较乱，政府正在花大力气治理。我觉得，单靠严打重罚并不能解决根本问题，只能依靠信息化手段建立起严密的个人信誉体系，让每个人不得不爱惜自己的声誉。企业选人、用人也是一样，有了这样一套体系来约束他，才能使人自觉地敬业、忠于职守。

记者：我们刚才所讨论的晋商的管理制度和其他约束机制中，有很多是与我们今天所倡导的精神和道德相违背的，比如只用本地人，比如企业对员工私生活的深度干预，还有翻检个人物品，可以说是对员工个人人格是一种侮辱性的行为。对有些规章制度，我甚至觉得带有一些奴隶制的色彩，这是有违我们时代发展的。

孔：按照现代人力资源管理理论，晋商的某些用人策略是经不起推敲的。从本地选拔人这种做法最根本的出发点就是"可靠"。前面我们谈到，制度的约束和道德的教化无法解决全部问题，还必须营造一种让每个人视自己的信誉为生命的机制，使违规的成本最大化。那时候的本地人与现在的本地人概念是不同的，那时的儿子必须听老子的，人老了要回归乡里，死了要进祖坟，所以本地人很容易控制。还有一点好处就是本地人便于考察。这就极大地降低了用人方面的风险。俗话说"好事不出门，坏事传千里"。但是在晋商存在的数百年间，很少有掌柜或伙计坑害企业、欺骗财东的记载。当然，在清末和民国时期，社会动荡、战乱频发，晋商企业的经营管理处在一种不正常的状态，违规的现象也是时有发生的，但这是另外一回事。事实证明晋商的两权分离这套办法收到了一定的效果。

当然，只使用本地人的做法的确限制了晋商在更大范围去罗致经营人才，对其发展壮大、扩大视野、形成更加开放的企业文化是不利的。但在当时，这可能还是一种比较好的选择吧。

记者：对于这些规章制度及其历史局限性，您是如何评价和看待的？

孔：看一项制度的好坏，离不开其所处的社会文化环境和人们普遍接受的价值观。晋商企业及其一整套治理企业的办法，其产生的背景是封建社会，人们遵循的是传统的儒家道德观念和行为准则。与西方文化相比较，西方强调个体的自由和权利，而我们更加强调规范、秩序，崇尚"天、地、君、亲、师"，讲究"君君、臣臣、父父、子子"。我觉得对这两种价值观的评价是不能用先进和落后来定论的，而必须同当时的现实情况结合起来才能得出比较客观的评价。

晋商对从业者的约束不仅限于工作方面，对个人工作时间以外的私生活也有严格的约束，从实际结果来看，这种约束是必要的和有效的。过去许多晋商企业在全国各地甚至国外设有分支机构，由于交通不便，员工只能三年五年回总号一次，通信条件也很不发达，如何保持对员工、对分支机构的控制是一个关系企业命运的大问题。员工每天经手大量金钱、货物，如果对于私生活不加检点的话，势必会增加其做手脚的动机和机会，而且旧时商号非常注重自身的社会形象，员工个人在私生活上不加检点的话，会对商号形象产生不良影响。用今天的话来讲就是全程跟踪、考察人，不仅仅看八小时以内，企业的规章制度也不仅仅限于对人工作时间内的控制和约束。一般商号、票号都规定不得在外住宿，包括掌柜在内，全部吃住在号内，企业就像一个大家庭，等级森严，掌柜又像是家长，行使管理、约束的权力。

再如回家前要验看行李这一条，类似的在今天看来不合情理的规矩还有很多。但是在那时人们是普遍接受这一规定的，甚至愿意让人验看，以证明自己的清白，没有人认为这样做是对自己的一种侮辱。晋商企业的制度在很多方面体现的是具有东方色彩的人情味道。

人力股：激励与约束的双刃剑

记者：对大多数企业来说，所有者无法，也没有必要对他的资产进行全程的监督和控制。但是晋商的经理人员拥有如此大的权力，仅仅凭借长期考察、信任、培养、教育以及道德因素来约束，恐怕还不能保证这些经理人正确地使用他的权利。这从我们当今企业管理的实际情况当中可以得到证明。所以我们今天在企业改革中特别强调建立对经营管理者的激励、约束机制。晋商在这方面有一整套独特的做法。我认为这是对我们当前正在进行的企业改革最具有启发性的内容。

孔：晋商企业管理机制中最有特色，也最具创造性的就是晋商普遍推行的人力股制度。也称"身股"、"人身股"或"顶生意"，其确切的发生年代已不可考，但在明末清初已经广为流行，从现有的史料看，晋商的劳力股制度至少曾经历了300多年，直到1949年全国解放为止。这个制度在山西商人的实践中收到了良好的效果。比如清代著名大商号"大盛魁"、"长裕川"、"大德通"、"日升昌"等都实行这种"人身股"制度，这不但使经营管理人员获得极大的利益激励，并且为他的财东带来了极高的经济效益，这同未实行"人身股"制度的商号形成了鲜明的对比。

记者：人力股制度的基本内容有哪些呢？

孔：人力股制度的基本内容可概括为以下几个方面：

首先是"人身股"的确定问题。企业（商号）的主要职工（并非全部职工）可以顶零点几厘到几厘，以至一股的股份，股份的多少由财东根据职工任职时间、能力、贡献大小来决定，一般是大掌柜（总经理）顶一股或九厘，二掌柜（副总经理）顶八厘、七厘，会计主任顶五厘、四厘，学徒工不可以顶股。

其次是"人身股"的分红问题。在一个财期结束时，"人身股"与财东的资本股一起参加分红，一般资本股一万两白银为一股，而总经理（即大掌柜）顶八到九厘，最高十厘即一股。最典型的是太谷商人王相卿和祁县人史大学、张杰组建的大盛魁。该企业历经230多年，职工人数最多达到7000多人，它规定每3年为一个大账期（会计年度），进行一次决算分红。分红时首先把公积金的积累和运用放在重要的地位，以公积金的增长作为衡量3年内经营成果的主要标志。其次才是每股分红，最盛时一股可分到一万两白银，财东和掌柜及顶股员工均受其益，每当遇到账期总结，都要评定职员功过，检查3年的成绩和问题，整顿人事，调整"身股"厘数，并记入"万金账"即股本账，包括银两股和人身股。据说，大盛魁后期"人身股"总数已经超过了股东的资本股总数。大德通票号光绪十五年（1889年）分红账记载，光绪十一至十五年（1885～1889年）账期共获利24723.03两，资本股和"人身股"共二十九分

（股）七厘，每股分红850两。其中乔在中堂等资本股二十分（股），马培德等23名职员"人身股"九分（股）七厘。在这23名享受"人身股"待遇的职员中有3名是已经去世的职工。光绪三十一年至三十四年（1905~1908年）账期获利743545.25两，资本股和"人身股"共计四十三分（股）九厘五毫参与分红。每股分红16917.8两，其中，资本股仍为二十股，而"人身股"达到了二十三分（股）多，顶股职员增加为57人。

再次是"人力股"的衡量与考核。根据史料，山西商人的"人力股"不是每个职工都能得到的待遇。商号新招员工学徒期为三年，三年期满合格，录用为正式职工。一般要经过几年的锻炼，在思想和业务等方面表现良好，德、勤、能、绩表现优秀者才能顶股，最快者一两年。最慢者可能要十几年甚至更长的时间还不能顶股。可见，山西商人的"人力股"制度是根据劳动者的品质、能力和绩效来决定的。晋商对人力资本的衡量和考核，已经注意到了劳动者的劳动数量和劳动质量，劳动力资本和实物资本在企业利润分配中是平等的。

最后是劳力股的继承和退出问题。一般股份企业，实物资本股是永远不清退的，但可以转让。劳力股不能转让，顶股职工被解雇或辞退后，当即终止劳力股。在职工退休后劳力股照常分红，死亡之后仍可以享受一个或两个会计年度的分红，叫"故股"。可见人力股代表的是活劳动资本，所以只能在有劳动时享受，无劳动时不能享受，退休职工劳力股只是一种情感性的照顾而已。劳力股不转让，永远归劳动者个人所有，也不存在子女继承问题。

秦家山——晋商人力股今鉴

记者：晋商的人身股制度在实践中取得了积极的效果。我听说在人力股实践方面，如今山西企业界也有成功的例子，请您介绍一下这方面的情况。

孔：历史常有许多惊人的相似之处。山西省秦嘉企业集团股份有限公司（以下简称秦嘉集团）的前身是山西省大同市左云县的一个乡镇企业，通过"人身股"的尝试，由一个普通的村办煤矿发展成为今天具有一定实力的山西省秦嘉企业集团，其中在人力资本股方面的实践具有一定的典型性。

记者：他们实行人身股实践大约是在什么时候、什么背景下进行的呢？

孔：改革开放不久，大同市左云县秦家山为了改变家乡的落后面貌，利用当地的煤炭资源优势，办起了煤矿，大力发展煤炭产业。从 1978 年到 1988 年，原煤产量增加到 13 万吨，固定资产达到 1000 万元。但挖煤的工人，大部分是从外地雇来的，当地村民与外地打工者之间的矛盾随着生产规模的扩大和外来打工者数量的增加日益显现出来，并且越来越突出。这是他们当时进行人身股实践的背景。

记者：他们是如何想到将人身股制度运用到当代企业的管理中去呢？

孔：秦家山党支部根据本村的实际情况，反复讨论，联想到 50 年代初期搞初级农业社的时候，土地入股，生产资料入股，还有人头股的历史，他们创建了新的秦家山股份有限公司，后改为秦嘉集团股份有限公司，其股份构成为：集体资产股、个人货币资金股、劳力股。该公司章程中规定，户籍不在本村的煤矿工人可以折劳力股；凡在本公司有劳力股者，均属于本公司的股东；本人中途退出公司或不从事本公司的工作，股份均自行取消。到 1995 年，公司总股数达到 2757410 股，其中集体资产股 250 万股，个人资金股 43800 股，劳力股 216110 股，分别占 90.66%、1.59%、7.84%。1996 年，劳力股的股东为 467 人，其中本村村民 127人，外来劳力股 340 人。外来劳力享有与本村户籍股东的同等的权利。这种做法正确处理了劳资关系，劳力股东的主人翁意识越来越强，在企业集团中起到了越来越重要的作用。

秦嘉集团在人力资本股方面的积极实践，使秦家山村民的经济收入发生了可喜的变化，当地村民深切地感受到了通过人力资本股给他们带来的"富民强村"、"共同富裕"的福祉。当地村民人均纯收入在 19 世纪 80 年代末为 4500 元，1997 年达到 7100 元，生活得以明显改观。现在没有贫困户，最穷的家庭也有万元存款，外来劳力股股东年平均工资 7000 元左右，加上资本股和劳力股分红，达到 8000 多元。劳力股富了秦家山，富了外来打工者，他们的经济活动与开发正在向周围地区扩展。现在，秦嘉企业集团已经成为山西省大同市经济实力最强的乡镇企业，秦家山也跻身于全国千家先进村行列。

记者：秦嘉集团的做法在实践和理论上仍然还有一些值得探讨的地方，但是通过其具有代表性的尝试，可以为当前的国企改革提供一些有益的启示。我们今天已经进入知识经济时代，在这样的时代背景下人身股制度有什么时代意义或借鉴吗？

孔：溯源在于创新，在于指导今日之实践。当今，以网络技术为主的信息技术覆盖到人类社会生活的各个方面，改变了人类的生存，世界成为"地球村"，纷繁复杂的市场环节被缩短和拉直。推动信息社会发展的动力也相应地发生了变化，知识经济下的发展动力将更多地依靠于人力资本。结合国内外的实践，可以预见，随着知识经济的深入，以人力资本股为主的企业组织模式将成为推动知识经济发展的新动力，在信息社会的发展中人力资本股将会起举足轻重的推动作用。

记者：在知识经济条件下企业发展的动力问题势必影响到企业的产权制度改革。可以说人力股拓展了物质资本和非物质资本的概念，将有形资产和无形资产整合在一起，这对于企业产权制度提出了挑战。

孔：一个不明晰的产权制度是难以同人力资本挂钩的。人在生产中的地位及相互关系，是生产关系的核心内容，生产不能离开劳动力这个最基本的要素，它与生产资料共同构成了剩余产品生产的前提条件。在现代人类生产活动中，劳动力和知识、技能、信息、素质的地位越来越重要。只有在明晰的产权制度下，才能够将人力资本股和实物资本股结合起来，建立起科学的管理、分配机制，奖勤罚懒，责权利统一，促进企业的发展。

记者：刚才我们谈了晋商的人身股制度在理论和现实方面的意义，那么，我们在实践中如何进行操作，或者说需要注意些什么问题呢？

孔：第一，哪些人力可以折股。并非所有在企业干活的任何一个人都可以折股。秦嘉集团1989年规定了劳动者每年劳动出勤200天以上折0.5股，300天以上折1股，连续折到10股后不再增加。1995年又进行了改革，劳力折股分为三个层次，副经理以上的人员每年出勤250天以上折60股，300天以上折100股；一线体力劳动者当年出勤200天以上折60股，260天以上折100股；二线管理、勤杂人员当年出勤250天以上折30股，300天以上折60股（原来1股合1000元资本股，改为1股合资本股10元）。1995年的改革，体现了劳动者的质量和贡献，也体现了危险和脏累岗位的不同劳动情况，这是合理的。但是，对于工龄、技术级别、文化程度等涉及劳动者价值，即劳动者身上凝结的为提高劳动者素质的投资，仍未加以考虑。其实，劳动者因受教育的投资使智能、技能的积累程度和个人奋斗提高的程度，以及迁移性投资使劳动者掌握的信息和经验，等等，都应当在折股中予以重视。

第二，人力折股的标准问题。即劳动者的智力、能力、工龄、级别、贡献、危险及脏累岗位等各类因素中折股中的比重和权数如何确定问题。明确因素，明确各因素的权重，进行积分计量看来是可以探索的路子。

第三，人力资本股与实物资本股的折合问题。多少劳力股可以顶多少元的实物资本股。这个问题，晋商没有定制，当代晋商也没有在理论和经验上做出结论，还是一个探索的过程。在一定时间内，不同的企业还会有不同的规定。我认为，把实际工资收入（基本工资加奖励）与折股建立某种联系，不失为一条可供参考的路子。

第四，劳力股数是否封顶。这涉及每个劳力最多可以折多少实物资本股，也涉及在全部利润分配中，实物资本投入与人力资本投入在分配中各占多大比重。古代晋商劳力股虽无封顶一说，但总经理一般到一定程度时不再增加。少数老企业劳力股总数至清末民初超过了资本股总数，以致原来的财东无法控制企业。这又涉及劳资双方在企业中的地位问题，仍需要在实践中继续探索。

第五，人力资本股与实物资本股是否同股同酬问题。秦嘉集团1995年集体资产股每股派息1.4元，个人货币资本股每股派息2.1元，劳力股每股派息2.1元。1996年集体资产股每股派息1.6元，个人货币资本股和劳力股每股派息2.4元。我认为，同股同酬这一原则还是应当坚持，操作也会方便得多。

记者：晋商的人身股制度在理论和实践方面的意义是积极的，相信会引起企业界的关注。

孔：人力资本股制度，是晋商在企业管理实践中的创新，是一种深深植根于中国、符合中国国情的制度，它是前人留给我们的真正有价值的实践成果。

晋商行会：自治自束自卫的商人组织

晋商的行会是商人自己组织并管理的，不是官办的，所以数百年间，一直有效地发挥着管理和协调的职能。

记者：我注意到这样一个现象，即使在当年山西商人活跃的地方，留下了很多会馆。晋商在中国明清两代称雄数百年，与行业协会组织强有力的经济管理和协调恐怕是分不开的。

孔：山西商人不论是在何地经营，均要建立会馆，成立行会，如钱行、颜料行、面行、布行等。行会由各号经理轮流担任执事，定期和不定期地举行集会，商量会事。山西商人的行会最初发生于何年已不可考，史料记载很少，根据目前掌握的史料，大约在明万历年间，也就是 16 世纪中期，晋商行会已经较为完善了。晋商行会的基本功能是自我管理、自我约束以及利益自卫。有时候，政府对社会经济秩序的管理也通过行会来实现。如今全国各地许多地方遗留的山西会馆就是当年的行会办公地点，如江苏省戏剧博物馆所在地苏州全晋会馆，就是当年山西钱业会馆所在地。

记者：我想晋商的行会如此普及，如此众多，一定有其重要的作用。晋商行会在其发展壮大过程中，有过什么样的作用呢？

孔：晋商行会的作用，首先表现于组织市场公平有序的交易。商人做生意需要一个稳定的市场环境，因此行会经常会请求政府的支持，制定一些管理市场的办法，并付诸实施。如雍正初年，由山西人把持的河南赊旗市场上衡器混乱，经当地几个行会协商约定，统一戥称，并立石为凭，"犯此者，罚戏三台。如不遵者，举称禀官究治。"可以看出，行会的这种约束手段是得到政府支持的，只有行会解决不了问题时，再由官府出面采取强制手段。再如清代光绪年间，归化城（今呼和浩特市）市场民间私铸的沙钱——就是含铜量低、品质不好的铜钱——越来越多，正常的市场交易受到很大影响。于是各行会的负责人共同协商，决定在三贤庙内设立交换所，让人们以同等重量的沙钱换足制钱，费用由各商户分摊，最后将换来的沙钱熔毁，铸成铜碑一块，碑上铸有"永禁沙钱流通"字样。

记者：这种严格的自律性的行会组织，在维护市场交易秩序、保障行业利益的同时，还颇有点中央银行进行"金融监管"的味道呢。

孔：可以这么说吧。行会的第二个作用就是维护本会成员的共同利益。当共同利益受到其他行业或社会各方面力量的冲击时，单一的商户难以应对，一般是由行会出面解决。其次是维护行业内共同利益，也就是行会是维护和发展本行会利益唯一的机关，积极发展与各方面的联系，根据业务发展需要，及时调整本行业的发展战略。

行会的第三个作用是调解、仲裁行内外商户之间业务纠纷，约束行会成员恪守行规，维护社会秩序。

记者：当时的社会并没有类似于今天的律师事务所、会计师事务所、审计事务所、仲裁委员会等的组织机构，这些职能大部分就依靠行会去承担了，看来，行会当时在维持经济秩序方面作用确实是巨大的，一定程度上它承担了社会中介的监督作用。

孔：行会的第四个作用，晋商行会一般还负责团结、教育商人，举办有利于本行业发展的社会公益事业，比如兴办学校。明代时，山西运城盐商就兴办了商人子弟学校，为本行业培养后备人才。清道光年间，山西商人行会在归化城兴办了所谓"四大义学"。为了树立自身的形象，晋商行会有时还会积极支持地方修路、架桥、建庙等公益事业。

记者：从上述这些方面我们可以看出晋商的行会组织是非常发达，并且有效地发挥了作用。它是真正产生自成员共同的需要，由行会成员自愿组织、自主管理的。

孔：作为行会，唯有如此，才能真正发挥其应有的作用。这与我们今天的许多所谓行业协会是有很大不同的。从某种程度上讲，今天企业面临的许多问题，如市场经济秩序混乱、经营环境不良、假冒伪劣产品充斥市场等问题都与缺乏真正的行会组织有关。换言之，今天在规范市场经济秩序、加强市场管理方面，我们的行业协会还需要真正在加强自律性管理这方面下功夫。晋商行会最值得我们借鉴的是与政府的关系方面。既然行会是一种自律性的行业组织，那么，行会的负责人绝不应该是官员身份，不应当由外部的政府官员去充当这样的组织领导者，它必须真正是由业内最有威信的企业经理人员组成。哪些事应该由政府管，哪些事应由行业协会出面，应该有明确的划分，对于行业协会正常地发挥职能，政府应予以支持、协助。

记者：这同现代法制建设又是密切关联的，我们应当充分发挥自律组织的作用，将他律与自律、法治与德治有机地统一起来。

"利以义制，名以清修"——晋商的诚信观

记者：刚才提到行业协会自律的时候，使我联想到了社会信用问题，您能不能就晋商的信用方面给我们做一介绍呢？

孔：这确实是一个重要的话题。在当今社会信用日下的情况下，重提这点尤其显得重要。山西商人笃信"和气生财"，重视与社会各方面的和谐相处，尤其在同业往来中既保持平等竞争，又相互支持和关照。在晋商中，相互友好的同行称为"相与"。凡是"相与"，必须善始善终，同舟共济。建立"相与"关系，须经过了解，认为可以共事，才与之银钱来往，否则婉言谢绝。既是"相与"，必竭力维持，即使无利可图，也不可

中途绝交。

记者：我想，这方面也一定流传着一些耐人寻味的故事。

孔：榆次常家"天亨玉"掌柜王盛林（山西汾阳人），在东家发生破产，为了还债需要抽回商号资本时，向其"相与"大盛魁借银三四万两，让东家将资本利润全部抽走；此时"天亨玉"毫无资本，全赖借款支撑，改组为"天亨永"，照常营业，未发生倒闭，全凭了王盛林的人格信用。1929年大盛魁危机时，王掌柜派人送2万银元，同事们坚决反对，认为此款无法归还，王正色道："假如20年前没有大盛魁的维持，'天亨玉'早完了，哪里还有'天亨永'呢?"票号经理李宏龄著书《同舟忠告》说："区区商号如一叶扁舟，浮沉于惊涛骇浪之中，稍一不慎倾覆随之……必须同心以共济。"

记者：晋商视商誉如生命，坚持信用第一，做买卖脚踏实地，不冒险取巧，赚不骄傲，赔不气馁，宁赔本也不做玷污商号招牌的事，值得钦佩。

孔：正因为这样，所以晋商在维护商誉方面有许多典型的故事。祁县乔家在包头的复盛油房，运胡麻油回山西销售，经手职工为图厚利，在油中掺假，掌柜发现后，即令另行换装，经济虽受了损失，却招得近悦远来。咸丰年间，复盛西面铺掌柜立账把斗秤放大，比市上加一成，市民争相到该号购买。

记者：晋商的"相与"既是一个维护商业信誉的问题，同时也是一个建立良好的人际关系氛围的问题。

孔：孟夫子说："天时不如地利，地利不如人和。"综观山西商人的成功，"天时"、"地利"固然是重要因素，但以诚信、耐劳、节俭、朴实著称于天下的山西商人，其"人和"的内在因素发挥了重要的积极作用。先义后利，以义制利，本是儒家伦理思想的内核。人们追求功利的行为不能纵欲妄为，而必须受到一种为人们公认的社会行为准则的规范和制约，这就是义。孟子曰"义，人之正路也"。《左传》说"义，利之本也"，"利，义之和也"。义作为一种行为规范与人们的具体利益结合在一起，便形成了中国传统文化中在崇尚功利的同时，更注意以义制利，先义后利，甚至舍利取义的思想。

记者：在儒家义利思想的影响下，山西商人身入财利之场而不污，守信耐劳，堪称商界典范。

孔：山西商人重商誉，以诚信取胜，他们经商虽以盈利为目的，但凡利均以道德信义为根据，"故力能通有无……近悦远来"。晋商王文显，初涉商海不成而经商。但善心计，识重轻，适时机变，恪守信义，40年间，足迹几半天下，成为富庶大户。他训诫其子说："夫商与士同心。故善商者处财货之场而修高明之行，是故虽利而不污。……故利以义制，名以清修，各守其业，天之鉴也。如此则子孙必昌，自安而家肥富。"入清以后，山西商人曾以票号垄断金融界。票号在培养人才时，除业务训练外，还有专门的职业道德教育。凡入店练习生必须"重信义，除虚伪，节情欲，敦品行，贵忠诚，鄙利己，奉博爱，薄嫉恨，喜辛苦，戒奢华。"诚信、重义是职业道德教育的中心内容。可见，义利思想对山西商人的经营观念，有着导向性的至深至远的影响。

记者：由于山西商人把儒家的传统做人准则融入到经营理念中，所以晋商有着良好的社会信誉，重建全社会的信用，在当今尤其显得重要和紧迫。

孔：当代社会信用低下，经济诈骗日趋猖獗，市场信誉出现了严重的危机，这已成为商家经营中最为困惑的问题之一。"债权人成了孙子，债务人成了爷爷"，有人说是"黄世仁怕杨白劳"。一种不良社会现象一旦形成普遍性，就应当从制度上寻找根源。现在商业环境亟待治理，尤其是社会信用低下，坑蒙拐骗，敲诈勒索，骗钱逃债，已成为社会公害。看来整顿社会信用制度已成为当务之急，否则信用交易不能实行，商业汇票不能使用，这是对现代信用经济的极大讽刺。从企业讲，看来提倡晋商的"相与"，恐怕还是一个商业自救的好办法。

稳健、厚实的经营风格

记者：市场中不确定的因素很多，企业在经营中有时难免会因市场风险、信用风险等发生亏赔倒账，一旦发生这种情况，即使想善待"相与"也是不可能的。这样看来，企业间要想做到完全相互信任是不可能的。

孔：为防御风险，晋商设计了一套较完善的办法，叫作"预提倒款，严防空底"，也叫"预提护本"。也就是在账期分红时，从利润中提留一定的比例，预防未来可能发生的倒账损失，建立风险基金的目的，在于防止拖欠倒累，亏折资本，以防出现"空底"，即今日所谓"空壳企业"。

记者：我还听说在晋商的经营管理中有"倍股"、"厚成"及"公座厚利"等说法，这又是怎么回事呢？

孔：为使流动资本保持充足，山西商人在资本运营中创造了"倍股"、"厚成"、"公座原利"等办法。所谓"倍股"就是在账期分红后，按股东股份的比例，提取一部分红利留在企业参加周转使用，充作扩大经营的资金来源。所谓"厚成"，就是在年终结账时，将应收账款、现存商品以及其他资产予以一定折扣，使企业的实际资产超过账面资产，这种做法与西方的现代会计制度有相同之处。另外，还有一些企业实行"公座原利"的制度，就是在职工身股和财东银股未分配之前就提取一部分利润，作为"公座"，它与倍股不同，倍股是由股东分红中提取的，公座是从职工身股和财东银股应分红中提取。不论是倍股、厚成或公座厚利，其目的在于增加商号流动资金，以扩大业务，反对急功近利和短期行为。

记者：晋商在流动资本管理方面给我们留下了很多值得借鉴、思考的东西，除了我们刚才提到的那些外，还有没有其他一些值得借鉴的做法呢？

孔：除了前面提到的之外，还有"酌盈济虚，抽疲转快"。这是晋商货币资本经营中的重要办法，即在总分号之间、各分号之间调度资金，加快资金流动，扩大利润的做法。因为各分号在营业中，经常会出现现金盈绌和行为疲快的矛盾现象：有的地方现金多余，银根松，利率低，款放不出去，资金闲置；另一些地方则现金不足，银根吃紧，利率上升，无款可放，支付困难。为了尽可能盈利，必须在各分号之间调度款项。否则，不仅不能放款生息，而且盈余地客户向短绌地汇款的业务也做不成，因为该地无现银可以付出。这时按理应当调运现银，但费用高昂，而且需要费时等待，又不安全。对此情况，山西票号的做法是"酌盈济虚，抽疲转快"，就是用现银多的地方的钱去接济短绌的地方。

记者：这种"酌盈济虚，抽疲转快"的具体操作是如何做得呢？

孔：具体办法是通过异地顺汇和逆汇办法，实现抽疲转快，酌盈济虚，平衡资金市场供求，扩展业务。如京师分庄盈，库伦分庄短，库伦可主动吸收向京师的汇款，在库伦收款，京师付出，此叫顺汇；也可以由库伦分庄先贷款给当地的商人，允在京师取款购货，京师先付出，库伦后收进，叫逆汇。这样不仅平衡了两地现银盈绌，也多赚了贷款和汇款的业务收入。这种做法要求各分号间及时通报业务，互通信息，这是晋商发达的一个重要诀窍。然而，各地出现盈绌，即使"酌盈济虚"，少量的现银调运还是不可避免的。为了保证银两调运，山西商人自设镖局，武装押运。运现之外，晋商还发展了汇兑。还有"克钱"、"拨兑"以及"谱拨银"、"城钱子"等多种信用工具和融资方法，发行了凭帖（本票）、兑帖（汇票）以及汇兑的其他形式如上帖、上票、壶瓶帖、期帖等，这些商业票据和银行票据实际上与货币并无多大差别。

"官商相维"的喜与悲

没落时期的山西商人，热衷于捐纳官衔封典、花翎顶戴，交结官僚、出入王府衙门，生活方式也以官吏为榜样，前有随从喝道，后有保镖护卫……

记者：我国历史上的历代封建王朝采取的都是重农抑商的政策，士农工商，商人居于最末，晋商在这样的社会背景下发展起来，那么他们与政府和官吏是一种什么样的关系？

孔：尽管在传统思想中，商人的地位一直受到压制，但由于他们在社会生活中的重要作用，商人在当时还是比较受政府重视的，官府对商人的正常经营不加干预。晋商在明清时期的崛起，与当时政府推行的一系列政治、军事、民族方面的政策有很大关系。特别是清代后半期，由于晋商积极为清政府办理筹款、办理捐纳汇兑，代理财政收支汇解等，与清政府的关系迅速密切起来。可以说，与官府的密切勾结使晋商在一定时期内获得了巨大收益，但到清末民初，与官吏的过往太密，也是晋商迅速垮台的原因之一。

从清后期晋商的史料中可以看到一个有趣的现象，凡是经营规模较大的商人，都或高或低地有着"官员"的身份级别。例如祁县的渠氏家族，清朝末期的七代人中，大多有各种各样的职衔，如员外郎、大夫等。这在当时十分普遍。这些官职无疑都是花钱买的，并不用到任，该经商的照常经商。特别是太平天国起义之后，清政府财政拮据，卖官鬻爵之风盛行，山西票庄趁机从中代买官人办理融资，这项"业务"利润远高于其他业务。山西票号结交官吏，互为利用，到清后期成了普遍风气。如"蔚盛长"结交庆亲王，"百川通"结交内阁学士张之洞，协同庆结交慈禧太后的亲信李莲英，志成信结交两广总督叶铭琛等。有些票庄经理与督抚来往密切，为得信任，亦步亦趋。如大德通的经理高钰追随赵尔巽，赵调到东北，高也追随到东北，赵调回北京，高也同来，赵后来调到四川，高又跟到了四川，"大德通"几乎成了赵尔巽的账房。此外，高钰还与陕西巡抚端方、雁平道恩大任等一批官僚私交甚密，互相称兄道弟。结交官吏，为山西票号拉到了很多利润极高的生意。但到清代末期，终因清政府的垮台和官吏日趋走向没落而受到极大的牵累，许多票号、钱庄竟因此而倒闭。

记者：对这种官商关系如何认识？

孔：一个有利的经商环境，不仅在顾客、交通诸方面，更在于政府及其官员对企业的态度及管理。清太宗皇太极未入关之前占领抚顺时，山西商人就与其建立了联系，进行人参、貂皮交易。清入关时，曾以招抚山西商人为一大急务。入关后顺治皇帝召见介休商人范永斗等，赐张家口房产，隶内务府籍。康熙三十五年（1694 年）平定噶尔丹事件时，山西祁县、太谷人张杰、史大学、王相卿等一批商人随军进入外蒙乌里雅苏台和科布多地区从事随军贸易，以服务军需为要务，得清廷赏识，后得以授"龙票"从事蒙俄贸易。这是封建社会的山西商人能在竞争中取胜并不断开拓业务的重要特色。

记者：山西商人尤其是票号与政府的关系为什么那么密切呢？

孔：票号与清政府的关系密切，是他们一致的阶级利益造成的。票号需要政府的政治保护和款项过局的业务利益，政府需要票号的汇兑机构和资金融通。

票号作为一种金融机构，它本身是直接从商业中分离出来的。但是它在 19 世纪 50 年代以后与官吏勾结，攀结政府，逐渐把其业务转向了对政府的金融，成为政府的财政支柱，与商品流通的关系逐渐疏远了。对于普通商人和百姓的小额存、放、汇业务不看在眼中，限定汇额非白银 500 两以上不办，脱离了中小商人阶层，并且追求捐纳官衔封典，花翎顶戴，交结官僚、出入王府衙门，生活方式也以官吏为榜样，不少经理出入要肩舆、轿车，前有随从喝道，后有保镖护卫。在清政府财政危机一天天加深的情况下，二者一步步加紧了勾结，各票号在不同程度上成了清政府的财政支柱。这可以说是山西票号业的一种异化。

记者：如此看来，山西票号有着与中世纪欧洲银行业一样的历程。

孔：是可以这样说。地中海沿岸国家借助优越的地理位置和便利的水上交通在 11～15 世纪，形成了威尼斯、热那亚、比萨、佛罗伦萨、米兰等商业城镇，出现了威尼斯银行、热那亚银行、圣乔治银行等。东西方的早期银行业有着许多相似之处：一是存放汇业务与帝王贵族往来居多；二是封建币制混乱、平色不一是他们共同的利源；三是以银钱过投为主，很少发行钞票，基本没有创造代替金融货币流通的信用流通工具；四是命运相似，大多数都因对政府放款过多，随着政权的灭亡而关门倒闭。

记者：这种"官商相维"，对于我们今天又有何现实意义呢？

孔：有人说自古以来，就是"官商相维"。在西方国家的历史上也有这样的事情，那么这到底是规律、必然，还是一种悖行或特例呢？这反映了商人在经营活动中需要有一个好的经营环境，如经济秩序、社会治安、交易规则、纠纷处理等，完全依靠自行的行会组织未必能解决所有问题，政府的必要的保护、支持或干预也很重要。当代经济更需要国家的宏观调控，立法和执法保护，营造良好的投资环境和市场环境，这样的官商关系一定是要传承的。但是，那种行贿于官吏，纳钱以换得商业便利与特权的做法则是古今中外所不齿的行为。

记者："官商相维"的史实确实值得我们今人发思，个中缘由耐人寻味。

以史为鉴，可以知兴衰

记者：从史料中我看到，晋商在数百年的发展过程中，不断地在进行地域扩张、开拓，而且有些商号、票号将业务成功地扩展到了国外。比如介休的范永斗等作为皇商为政府采办铜材，垄断中日海上贸易 200 年。太谷曹家、榆次的常家对俄国和蒙古地区的市场垄断。在骆驼、骡子、牛车和人力肩挑的交通运输年代，山西商人积极开拓国外市场。在清朝中前期，对外贸易年年出超，欧洲白银滚滚流入中国。清朝晚期，祁县"合盛元"票号在日本大阪、横滨、神户和朝鲜的仁川建立了支行。但是晋商并没有沿着这条开拓的道路一直走下去，反而随着国门的开放迅速衰败下去了。

孔：这是一个复杂的问题，我们要从整个社会、政治、经济、文化的环境中加以分析。1644 年清朝入关后，政治和经济上的逆流太多，一直不能出现制度性的变革。所谓现代化，实际上是制度变革，用今天的话叫体制改革，没有制度改革，就没有现代化。在这样的大背景下，晋商又如何能以一种大的视野去看待世界，进而开拓市场呢？严格地讲，晋商在开拓国外市场方面做得是不够的，这也是晋商衰落的历史教训之一吧。

记者：晋商在称雄中国商界几百年后，到清朝末年开始迅速的衰败下去。对晋商衰落的历史原因，有很多种说法，您是如何看这个问题的？

孔：晋商衰落的原因可以分为客观和主观两方面，从客观方面分析主要有：一是交通改变，商路转移，失却地理优势。山西商人的贸易重心在蒙古、俄国，由于科技的进步，19世纪末铁路、轮船现代交通工具的引入，海上贸易迅速扩大，沿海、沿江（长江）商路扩大，欧洲以及俄国亚洲部分商品多经海上输入中国，出口商品亦由海上输出，原来的经山西北出归化、库伦、恰克图的路线顿时冷落，而京包线的开通，也改变了晋商货运的格局，失却了山西商务的地理优势。这是自然条件造成了交通方面的变化。

记者：其他客观原因还有哪些？

孔：二是外商入侵，洋货泛滥，失却了旧有市场。自鸦片战争，五口通商，洋货输入，洋行入侵，旧有的中国市场上插进了一支坚船利炮为后盾、经营现代机器生产和成本低、质量好的洋商品的洋行这样一支竞争对手。晋商拜倒在清政府下，清政府拜倒在洋人下，自然晋商不是洋商的对手。三是清廷退位，政治动荡，贷款荒废，存款逼提。随着清政府垮台，官吏四散，山西票号对政府的放款，一夜之间成为荒账，而官吏个人的存款却须如数支付，挤兑风潮，将票号逼得只能关门破产。另外，俄蒙革命，晋商财产被没收。1917年俄国"十月革命"，继而外蒙独立，没收私人资本，驻俄、驻蒙失去了一个巨大的北方市场。

记者：社会政治经济形势的急剧变化，使得辉煌了500年的山西商人终于"无可奈何花落去"。从主观方面分析一下衰败的原因，可能对我们更有警示意义。

孔：晋商衰落的主观原因可以归纳为以下几个方面：一是制度缺陷，股东无限责任企业破产后累及老家的财产。晋商在企业组织制度上，采取股东无限责任制，在商号破产倒闭时，对商号所负债务有无限责任，用商号全部财产抵债后仍不能付清时，可向股东追索，股东只得用自己的家产来偿付，最后搞得平遥、太谷、介休等多家商号财东倾家荡产，土地、房产等全部赔光。二是财东腐败，不理号事，管理混乱。清末，山西商人的财东已渐渐失去其创始人的精神和风貌，只知坐家享受，不知业务艰辛，嫖娼纳妾，赌博吸毒，不理号事，而各地商号管理人员见财东腐败，也趁机捣鬼，亏赔增加。三是拒绝改革，固守旧制，失却发展机会。清末，在外商入侵，西方现代银行制度和企业组织形式传入后，江浙商人逐渐摆脱中国封建企业的组织形式，与外商联系，日趋买办化，使其业务获得一定的发展。但是山西商人在商路改变、失却地理优势和洋货深入、土货滞销、市场缩小的情况下，旧有的组织管理形式、经营方针受到严重挑战的情况下，却迟迟没有重大的改革和创新。不少有识之士一致呼吁改革，在京票商经理李宏龄联合在北京的祁、太、平三帮票号经理，倡议各票号共同入股，组建股份有限公司形式的三晋汇业银行，得到了重庆、汉口、西安、济南、营口、兰州、广州等十处票号响应，纷纷寄信山西总号，劝导财东和掌柜改组票号，设立银行，与大清银行等现代金融业抗衡，以保晋商之利益。然而总号负责人骂他们"自谋发财"，"勿庸审议，束之高阁"，以致坐失良机，终被历史淘汰。

记者：在上述众多原因中，最根本的原因是什么呢？

孔：最根本的原因是中国封建社会末期自然孕育的资本主义萌芽，亦即明清商业革命造成的近代工商业的发展，没有发展的大环境。所以，显赫数百年的晋商与其他徽商、鲁商等各大商帮都遭遇了同样的命运。如果光绪年间戊戌变法成功，像日本明治维新一样，在国内造成一个资本主义发展的政治经济社会环境，可能会有不少商业资本转化为现代工业资本，如日本的住友、三井等转化为现代企业一样。

记者：可见，晋商衰退是同大环境有密切关系的。

孔：是这样。整个国家的经济社会发展环境，是制约工商业发展的关键。商人墨守成规，拒绝改革更是企业发展的致命伤。停止创新也就停止发展，长此以往，注定要走向衰亡。

晋商告诉了我们什么

记者：孔教授，我们已就晋商的两权分离、人身股制度与现代企业改革、晋商行会对现代行业协会的借鉴、晋商"相与"与现代信用、"官商相维"的传承与扬弃、晋商衰落的历史教训等话题进行了交谈，请您再就如何学习晋商精神、借鉴前人经验谈一谈看法。

孔：晋商精神，也是晋商文化内涵的核心，我始终认为晋商精神可以用四句话来概括："重商立业的人生观、诚信义利的价值观、艰苦奋斗的创业精神、同舟共济的协调思想。"

我们首先来看重商立业的人生观。山西自宋元以后，逐渐在民间形成了一种重商观念，即"以商致财，用财守本"的立业思想，这就是通过经商获得金钱，然后置房产买田地，再以土地出租和放高利贷，经商获取收入，以其商业收入发展商业和金融业，建立以商业为始点的价值循环和增值过程。这种与传统伦理观念相伴的人生观，是山西商业发达的思想基础。

其次是诚信义利的价值观。山西商人同全国各地人一样受孔孟之道影响，崇尚信义，在其重商立业的创业思想指导下，在"义"和"利"的问题上，有其独特的理解和行为规范，主张"君子爱财，取之有道"。晋商的成功是建立在诚信的基础上的。

最后是艰苦奋斗的创业精神。山西地处黄土高原，自然条件差。而往来于"茶马之路"的山西商人，贩茶于福建、湖南，销售于大漠之北，千山万水，穿沙漠瀚海，夏则头顶烈日，冬则餐饮冰雪，"饥渴劳病，寇贼虫狼，日与为伴"，年复一年奔波于商途，尤其经商于新疆、蒙古、俄国、日本的山西商人，更需要克服语言和生活习惯等障碍，没有艰苦奋斗的创业精神是难以称雄于商界的。

无论对一个企业还是对一个社会来说，没有创新精神就不可能有发展。晋商的创新意识、创新能力以及由此做出的历史贡献是令人注目的，其中有商业与金融机构创新、制度创新、业务技术创新、商业与金融工具创新以及商业与金融观念、理论的创新。诸如人力资本、两权分离制度以及银行汇票、转账结算、旅行支票等都早于西方。因此，在晋商的成功因素中自然包括其创新的因素在内的。

还有一句话叫同舟共济的协调思想。山西商人笃信"和气生财"，重视与社会各方的和谐，尤其是在同业往来中既保持平等竞争，又保持相互支持和关照。

记者：在许多人看来晋商现象已经像晋商大院一样，只有欣赏价值，没有使用价值了。对此，您如何看呢？

孔：研究、了解晋商，重要的是在于指导我们今天的实践。脱离今天的实践，抽象地谈论晋商意义不大。经济和社会的发展具有连续性，近代化是一个历史的过程，在中国近代化的发展过程中无疑渗透了外来势力的影响，但是我们不能因此否认中国内在发展因素在其中的作用。

晋商的以企业制度为核心的经营管理之道，在当时是很完备和先进的。今天，我们需要把晋商的决策、领导、监督、控制等管理机制及其与内外环境的协调，同当代经济学、社会学及管理学、行为科学、心理学等学科结合起来，对研究、探讨今天的企业经营管理会有很高的价值。

目前，我国正式加入了 WTO，面临着新一轮的改革开放。而要搞好改革开放，就必须具有世界的眼光。这种世界的眼光，不仅应具有现实的广度，而且应具有历史的深度。只有从历史方面更好地了解环境，我们才能掌握主动权，深化改革，解决当今出现的新情况、新问题。我们研究晋商不是醉心于颂扬他们当年的辉煌业绩，也不是要沉溺于繁琐的历史细节，而是要实事求是地总结前人的得失成败，去和现实相结合，去指导今天的实践。

华尔街得向山西大掌柜学什么？

——专访中国商业史学会名誉会长、山西财经大学教授、
博士生导师孔祥毅

背景说明

2008 年美国制造的波及世界的金融危机四处漫延时，2009
年 3 月 18 日美国《纽约时报》刊登《中国山西票号》的文章，
引起世界媒体关注，纷纷发表评论。本文是接受《山西商报》
记者王鹏采访时，针对纽约时报文章所发表的感想，原载该报
2009 年 4 月 14 日。

联系上孔祥毅教授的时候，连日忙碌的他刚刚回到太原。孔教授在宏
观金融理论和金融史研究领域颇负盛名，引经据典，畅谈金融危机与晋
商，以解答记者罗列的诸多问题，分析深刻而精辟，现整理如下以飨
读者。

美国媒体的惊人之举

"华尔街海啸"引发的金融危机波及全球，危机的制造者们如美国国
际集团（AIG）高管在 2008 年造成高达 993 亿美元的巨亏一度陷入破产
危机，股价由 100 美元跌到 33 美分以下。美国政府不得不注资 1700 亿美
元，才得以起死回生，而这些高管竟计划派发 4.5 亿美元的红利，使奥巴
马总统也万分惊愕，称 AIG 挟持国家当人质，发誓要把"钱要回来"。在
AIG 等华尔街金融大亨面临经营和信任的双重危机下，3 月 18 日，美国

媒体刊登了《中国山西票号》的特写文章，被媒体解读为美国大力推崇晋商精神，借以警醒处于经营危机和信任危机下的 AIG 类金融巨头们。

华尔街金融大亨得向山西大掌柜学习什么呢？有人说，需要学习山西票号稳健、审慎的经营原则，诚信义利的商业伦理，恪尽职守的职业道德。其实，山西票号值得当今中外银行家学习的地方何止这些？

财富榜样——"诚信义利"

山西票号是中西现代金融业的"财富榜样"。晋商认为，"君子爱财，取之有道"，追求利润的前提是，见利思义，先义后利，以义制利，以义取利。

当然，不创造利润就不能称为企业，但是绝不能唯利是图，要在向社会提供合理价格与合格产品的前提下盈利，强调企业的社会责任。晋商伦理的核心在于"诚信义利"，认为有义有德才有财。"仁中取利真君子，义内求财大丈夫"。商人王文显（1469～1523 年）商海拼搏 40 余年，临终告诫子孙："夫商与士，异术而同心。故善商者处财货之场而修高明之行，是故虽利而不污；善士者引先生之经，而绝货利之径，是故必名有成，故利以义制，名以清修，各守其业，天之鉴也。如此则子孙必昌，自安而家肥富。"

20 世纪初，英商汇丰银行的一位经理说："25 年来汇丰与山西商人做了大量的交易，数目达几亿两，但没有遇到一个骗人的中国人。"然而，西方老板们却宣扬"经济人"概念，认为企业利润是唯一目标。那些证券资产评估机构借用不负责的数学模型，居然能把不达 B 级的证券评为 AAA 级证券，忽悠各国投资者购买他们的证券，将次贷证券泡沫越吹越大，而不管其后果如何。

风控榜样——"晋商资本金管理制度比国际银行监管标准制度还要早三四百年"

山西票号是中西现代金融业的"风控榜样"。山西票号"慎于出票"，严格控制金融风险。在资金不足无法满足社会需求时，通常是通过收受商业票据或者发行自己的短期银行票据，满足社会对交易媒介和支付手段的需要，很少发行长期流通券。若发现分号现银汇兑不合理，则通过扩大"逆汇"，"酌盈济虚，抽疲转快"。

山西票号的资本金管理非常特殊，有正本与副本之分。正本是股东的货币投资，副本是企业利润分红后，按股份比例（包括银股和身股）提取的一部分红利存在企业，周转使用，只计息不分红，经营中若发生亏损，由副本支付，无论如何不能"亏煞老本"，所以副本也叫"护本"。

西方金融业只有资本金的设置，商法规定了资本金与总资产的比率，要求有充足的资本金，但是对于资本金的超杠杆作用却无人去管，导致风险越来越大。

国际监管标准制定者——巴塞尔国际银行监管委员会修订的从 2007 年 1 月 1 日开始实施的"新资本协议"，其中一处重大修改就是从管制性资本到经济性资本的转变。将原来的资本金定为管制性资本，新增加经济性资本，即出于谨慎性原则考虑自身设定的资本额，不规定数量，目的在于降低破产的可能性，并且为经营活动提供融资。这次危机暴露了超杠杆化的祸害，证明了晋商正、副本的资本金管理制度，比巴塞尔国际银行监管委员会新资本协议早三四百年。

管理榜样——"仁义礼智信，信中取利；温良恭俭让，让中求财"

山西票号是中西现代金融业的"管理榜样"。山西票号的掌柜们认为，经商能否成功，是与人打交道，与物打交道，处人、理事、经营要坚持道御经营，和贯始终。

"仁义礼智信，信中取利；温良恭俭让，让中求财"。需要执两用中，无过不及，处人适情，处物适则，处事适理，人和、物义、事中。笃信和气生财，重视社会各方面的和谐相处。建立和谐的"相与"关系。通过同乡同业会馆和关公崇拜，联乡谊，通信息，讲帮靠，协调相互关系。解决商务纠纷，则坚持孔子解决社会冲突的两个理论原则，一曰仁，二曰和，形成了晋商与人为善、求同存异，和气生财、博大宽厚、乐善好施、自强不息的为商之道，提倡商人的商情商智，通过修身正己，实现心智双修。晋商认为管理商号的关键在管人，管人要晓之以理，动之以情，关心人，尊重人，人身股就是晋商称雄商界 500 多年的有力武器。员工初入商号，享有薪金、衣资、号中伙食等待遇，随着年资增长，会有顶身股资格，一个商号的人身股总数常常超过资本股，使员工感到东家和大掌柜为伙计提供了自己为自己工作的机会。晋商退休后待遇不变，死亡后身股享受 1～8 年。

　　华尔街的大企业有严密的法律与制度，讲究依法制企，但是缺少人间情谊，炒鱿鱼司空见惯，企业设置期股制度，仅仅是少数的高管享有，广大员工是不可能享有的，人和机器一样，由管理者按电钮而动。

　　山西票号的大掌柜如何掌控一家分支机构遍布全国以至国外的金融企业，请看大德通的大掌柜阎维藩给成都分号关于章程修改的四条指示：

　　第一条"宗旨宜坚定也"，说的是银行的经营战略原则：一是分号必须坚持本号办号宗旨；二是严格履行本号规矩，"凡事待人以德"；三是初开张不必贪展，宜先虑后动，站稳脚跟，再图发展；四是以营求浮存为要义，不宜大利上款，"作佃官场，为号规所忌"。

　　第二条"择主宜认真也"，说的是银行业务的审慎原则，要求"占庄因以求利为本，而尤以择主为贵。凡做迟期生意，则须极意详慎选择"，多事之秋，宜诸从活便，庶可进退欲如。勤阅报纸，耳目流通，更吾等分内之事。

　　第三条"操守宜讲明也"，说的是对员工的品德要求。"我号谦慎相传，以高傲自满、奢华靡丽为深戒。且勤为黄金之本，谦和圣贤之基。"

　　第四条"自立宜切究也"，说的是市场竞争策略。"近来银行林立，我号利权几为所夺，值此商战之秋，显然优胜劣败，速筹自立之方。自立之道维何？一曰实事求是，二曰一意从公，三曰随机应变，四曰返璞归真。"

　　"要想生活得更好，必须从孔夫子那里寻找智慧。"

　　简言之，山西票号的以义制利、善待相与、资本管理、慎于出票、人力资本所反映的唐晋遗风、商业伦理、创新精神、管理之道、人本理念、中和哲学等，都是西方"经济人"需要学习的。其实诺贝尔奖获得者会集发表的《巴黎宣言》已经讲得很清楚了，人们要想在21世纪生活得更好，必须回到2500年以前从孔夫子那里寻找智慧。

　　当然，我们并不是要美国人放弃自己的科学技术、电脑网络和法律制度，而是要他们实实在在学习东方文明，学习仁、义、礼、智、信，少一点唯利是图的"经济人"本能，多一点平等、正义与和谐，才能远离金融经济危机。

新晋商逆势而起

　　在全球金融危机冲击下，山西票号故乡新的金融企业——山西国信和山西证券等金融企业，正在和全球知名的金融企业如汇丰银行、德意志银行等银行探讨合作发展问题。更为引人注目的是，晋商银行逆势而起，2009 年 2 月 18 日正式挂牌运营。全国晋商大会于 2008 年 12 月 20 日在天津召开，拉开了全国晋商与中国经济同行的系列活动序幕；2009 年 3 月 29 日，全国晋商大会在天津举行了活动系列二，促进了投资创业，取得了可喜的成绩，从而得到官方重视和央视媒体的宣传，沉默了多年的新晋商正在危机中逆势崛起。